《中等职业教育物流专业规划教材》
编写委员会

主　任　刘　忠

副主任　（按姓氏笔画排序）

　　　　王筠镇　周国庆　周雅顺

委　员　（按姓氏笔画排序）

　　　　于　军　万永坤　王筠镇　叶　青　史小峰

　　　　邢　颐　刘　忠　关　宏　李洪奎　李斌成

　　　　李满玉　李嘉怡　邱雪峰　张翠花　罗慧媛

　　　　周国庆　周雅顺　郎德琴　郭元萍　彭仲文

　　　　韩　丽　蒋　坚　谢舸燕　蓝国宏

主编单位　（排名不分先后）

　　　　甘肃省经济学校

　　　　广东省财经学校

　　　　河北省经济管理学校

　　　　陕西省城市经济学校

　　　　陕西银行学校

　　　　陕西省经贸学校

　　　　陕西工业职业技术学院

　　　　首钢高级技工学校

　　　　北京一轻高级技术学校

　　　　兰州商学院

　　　　陕西科技大学

中等职业教育物流专业规划教材

仓储作业实务

史小峰 主编 郭元萍 李桂娥 副主编

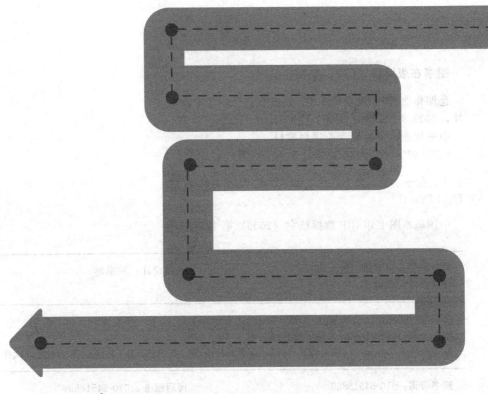

化学工业出版社

·北京·

《仓储作业实务》是"中等职业教育物流专业规划教材"之一。本书全面系统地介绍了仓储作业的基本知识和技能，主要内容包括：仓储日常管理、仓储设施与设备的选择使用、货物储存业务管理、货物储存保管、库存控制、仓储作业安全、仓储管理信息技术、仓储绩效评价等。本书注重可行性与可能性、实操性与模拟性的结合，密切联系物流仓储企业的生产实际，增强了实训的内容，可满足学生适应岗位能力训练的需要。图书配备了内容丰富、实用的多媒体教学课件，以方便教师使用。

本书可作为中等职业学校物流专业或相近专业的教学用书，也可作为物流从业人员的参考用书以及物流工程技术和管理人员的培训教材。

图书在版编目（CIP）数据

仓储作业实务/史小峰主编. —北京：化学工业出版社，2009.9（2023.1重印）
中等职业教育物流专业规划教材
ISBN 978-7-122-05613-9

Ⅰ. 仓…　Ⅱ. 史…　Ⅲ. 仓库管理-专业学校-教材
Ⅳ. F253.4

中国版本图书馆 CIP 数据核字（2009）第 125783 号

责任编辑：张兴辉　贾　娜　　　　　装帧设计：尹琳琳
责任校对：顾淑云

出版发行：化学工业出版社（北京市东城区青年湖南街 13 号　邮政编码 100011）
印　　装：涿州市般润文化传播有限公司
787mm×1092mm　1/16　印张 18¼　字数 547 千字　2023 年 1 月北京第 1 版第 5 次印刷

购书咨询：010-64518888　　　　　　售后服务：010-64518899
网　　址：http://www.cip.com.cn
凡购买本书，如有缺损质量问题，本社销售中心负责调换。

定　　价：46.00 元　　　　　　　　　　　　　　　　版权所有　违者必究

前　言

随着世界经济的持续发展和科学技术的突飞猛进，现代物流作为现代化经济的重要组成部分和工业化进程中最为经济合理的综合服务模式，正在全球范围内迅速发展，并已逐渐成为我国经济发展的重要产业和新的经济增长点。当前，许多大型跨国集团进入我国，各级政府部门和许多市场意识敏锐的企业已把物流作为提高竞争能力和提升企业核心竞争力的重要手段，把现代物流理念、先进的物流技术和现代经营与管理模式引入国家、地区经济建设和企业经营与管理之中。但是，我国的物流教育仍十分滞后，造成现代物流综合性人才、企业尤其是流通企业改造传统物流与加强物流管理、城市规划与物流系统运筹、第三方物流企业的运作技术操作等现代物流人才严重匮乏，阻碍了经济的发展和经济效益的提高。据有关部门预测，物流专业人才已经成为全国最紧缺人才之一。

为了适应现代物流职业教育发展的需要，化学工业出版社组织国内在中职物流教育方面很有影响的院校教师合力编写了这套"中等职业教育物流专业规划教材"。本套教材具有以下鲜明的特色：

（1）教学目标专门针对物流操作技能型人才的培养

本套教材目标明确，即注重物流操作技能型人才的培养，教学内容与物流企业的实际需要紧密结合，所有教学案例均来自企业实际，有很强的针对性和实用性。

（2）充分体现教改的成果

本套教材充分结合了目前中职物流教育的特点和各个学校的教改成果，采用实例导入的编写模式，即每章都有相关案例导入，大大增强了学生的学习兴趣。

（3）教学课件丰富多彩，充分满足了多媒体教学的需要

本套教材很好地适应了职业院校多媒体教学的需要，教材配备了内容丰富、实用的多媒体化的教学课件，教师使用非常方便。

本书为"中等职业教育物流专业规划教材"其中之一。

仓储作业是现代物流作业中一个重要环节，实践性较强，不同作业岗位的要求各有差别。为了促使学生更好地学习和掌握仓储作业的理论与实践，本书根据中等职业技术学校学生的特点和培养目标，围绕够用、适用、实用的原则，编写内容立足于仓储作业模式和作业岗位职业能力的要求，以强化学生的职业技能培养为宗旨，以仓储作业的基础理论和基本操作技能为主线，系统地阐述了现代仓储作业技术与方法。

为了激发学生的学习兴趣，培养学生分析问题的能力，进一步强化专业实践能力，本书注重理论与实践的紧密结合，内容翔实、结构严谨。全书由8章的教学内容组成，每章包括专业素质提升、职业能力训练、职业能力拓展和思考与练习四个模块。本书的编写特点如下：

（1）体例新颖，内容丰富

每章均以精心选编的背景资料和阅读案例说明仓储作业的基本理论与方法，在学生提出问题和讨论的基础上进入教学内容的学习过程。仓储作业基础知识的讲授辅以图片、图例和表格等直观的表现方式，有利于学生对相关知识点的理解和掌握，也便于教师开展教学活动。

（2）注重实践，培养创新

案例阅读突破传统的问答形式，要求学生结合内容需要自行提出问题、交流自己的感受，不求标准统一，但求言之有理，注重对学生分析问题和解决问题的能力培养。职业能力训练模块的编写充分考虑了学生的知识与技能水平，以及教学实施的可行性与可能性、实操性与模拟性，注重联系仓储作业实际和满足学生适应岗位能力训练的需要。通过仿真的情景设置，使学生置身于现实的工作环境中，突出对仓储作业能力的训练，体现教学组织的科学性和灵活性。

（3）拓展能力，适应发展

为便于学生掌握所学知识、检查学习效果，更好地适应仓储作业岗位和职业发展的需要，在编写时有针对性地设计了职业能力拓展模块、思考与练习等模块，借以拓宽学生的知识视野，丰富、提高学生的专业技能水平，并对学习能力强的学生指出自学提高的方向。

本书由史小峰任主编，郭元萍、李桂娥任副主编，李研、李笃、谢舸燕参加了编写。其中，郭元萍编写第1章，李桂娥编写第2章、第4章，史小峰编写第3章、第6章，李研编写第5章，李笃编写第7章，谢舸燕编写第8章。全书由史小峰进行审核、修改并统稿。在本教材的编写过程中，得到了学校领导和同事的支持与帮助，在此表示衷心的感谢。

由于编者水平所限，书中不足之处在所难免，敬请读者和同行给予批评指正。

编　者

目　录

第1章 仓储日常管理

1.1 专业素质提升模块

【知识要点】

- 仓储的概念和作用，现代仓储的基本功能、特点及发展方向。
- 现代仓储管理的基本内容以及不同行业对仓储管理的要求。
- 仓储作业组织的原则，仓储作业岗位的职责和要求。
- 仓储商务活动管理的基本要求，仓储计划的制定及仓储保管合同管理。

1.1.1 现代仓储概述

1.1.1.1 仓储的概念和作用

1. 仓储的概念

仓储是指通过仓库对暂时不用的物品进行储存和保管。"仓"即仓库，是指保管、存放物品的建筑物和场所的总称，是进行仓储活动的主体设施，可以是房屋建筑、洞穴、大型容器或特定的场地等，具有存放和保护物品的功能。"储"即储存、储备，表示收存以备使用，具有收存、保管、交付使用的意思。

仓储是现代物流的重要组成部分，是物流、信息流、单证流合一的作业基础。仓储的对象既可以是生产资料，也可以是生活资料，但必须是实物动产；物质的仓储活动发生在仓库等特定的场所，它不创造产品的使用价值但可以使货品价值增加，具有不均衡性和不连续性。

2. 仓储的作用

仓储从传统的货品存储、流通中心，发展到成为物流管理的核心环节而存在并发挥着整体物流协调的作用，亦成为产品制造环节的延伸。在现代物流的发展过程中，仓储的作用表现在以下几个方面：

(1) 仓储是物流系统中一个不可或缺的构成要素。

(2) 仓储是保持库存货品原有使用价值和保证合理使用的重要手段。

(3) 仓储是确保社会再生产顺利进行的必要条件。

(4) 仓储是加快货品周转速度，节约流通费用的有效途径。

(5) 仓储为货品进入市场做好准备。

1.1.1.2 现代仓储的基本功能和特点

1. 现代仓储的基本功能

仓储通过改变货品的时间状态，克服产需之间的时间差异获得更好的效用。随着社会主义市场经济的变革和科学技术的进步，传统仓储业在服务质量和效益上存在着明显的不足。为适应电子商务、连锁经营的发展需要，仓库原有的存储功能已经发生了根本的转变，现代仓储已经转变成履行中心，其基本功能主要体现在以下几个方面。

(1) 储存功能。通过对绝大多数产品进行储存，避免生产过程堵塞，保证生产过程能够继续进行；另一方面可以有效防止因缺货造成的生产停顿，为企业的市场营销创造良机并为特别的货品需求提供缓冲和有力的支持。

(2) 保管功能。仓储承担着在消费之前保持产品使用价值的任务，因此在仓储过程中需要对产品进行保护、管理、防止损坏而丧失价值。如水泥受潮易结块，使其使用价值降低，因此在保管过程中就要选择合适的储存场所，采取有效的养护措施。

（3）加工功能。货品在保管期间，保管人根据存货人或客户的要求对其外观、形状、成分构成、尺度等进行加工，使仓储货品发生所期望的变化。如对保鲜、保质要求较高的水产品、肉产品、蛋产品等各类食品，可进行冷冻加工、防腐加工、保鲜加工；对金属材料进行喷漆、涂防锈油等防锈蚀加工；对钢材卷板进行舒展、剪切加工；对平板玻璃进行开片加工；木材改制成方材、板材等加工；为满足客户对物品供应的数量、供应构成的要求，对配送的物品进行拆整化零、定量备货等。

（4）整合功能。仓库可以将来自于多个制造企业的产品或原材料整合成一个单元，进行一票装运。其好处是有可能实现最低的运输成本，也可以减少由多个供应商向同一客户进行供货带来的拥挤和不便。

（5）分类和转运功能。仓库接受多个制造商处运来的整车货品后，对于有标签的，就可以按客户类别进行分类；而没有标签的，就按地点分类，然后将货品直接装运到指定的零售店。由于货品不需要在仓库内进行储存，从而降低了仓库的搬运费用，最大限度地发挥了仓库装卸设施的利用率。

（6）提供信用的保证。在大批量货品的实物交易中，购买方必须检验货品、确定货品的存在和货品的品质，方可成交。购买方可以到仓库查验货品，或者将仓库保管人出具的存物仓单作为实物交易的凭证，也可以直接使用仓单进行质押。

（7）市场信息的传感器。现代企业生产特别重视仓储环节的信息反馈，将仓储量的变化作为决定生产的依据。仓储量减少，周转量加大，表明社会需求旺盛；反之则为需求不足。厂家存货增加，表明其产品需求减少或者竞争力降低，或者生产规模不合适。仓储环节所获得的市场信息虽然说比销售信息滞后，但更为准确和集中，信息反应快捷，且信息成本较低。

2. 现代仓储业的特点

仓储业是指从事仓储活动的经营企业的总称。我国的传统仓储业具有明显部门仓储业特征，仓库多而布局不合理，存货量巨大但管理水平较低，仓库设施设备简陋，仓储管理法规不够健全。国内外物流专家一致认为，全球化的供应链管理将使原材料与产品的库存得到有效控制，在这种情况下，仓储业的功能与作用将得到极大提升，需要功能齐全的综合物流企业和专业化的仓储企业。与传统仓储业相比较，现代仓储业的主要特点表现如下：

（1）管理对象由管理仓库到管理物品；

（2）管理手段由手工、垛卡、表单到信息系统；

（3）管理方法由粗放到规范、精细、个性；

（4）服务对象由单一企业到供应链；

（5）服务功能由单一的储存保管到系列化的增值服务；

（6）经营业态由简单、雷同到多元化、细分。

1.1.1.3 现代仓储业的发展方向

仓储是物流、供应链的节点，节点的设施水平、服务质量直接关系到整个物流网络、供应链系统的运作效率。随着我国经济的发展，商业、生产制造企业、连锁超市、零售业等对物流仓储业务的外包需求逐步增多，加上中小物流企业对仓储租赁的需求，使仓储业面临着巨大的发展空间。目前，海尔集团每个月平均接到6000多个销售订单，这些订单的品种达7000多个，需要采购的物料品种达26万余种。在这种复杂的情况下，海尔通过合理的信息化管理，使呆滞货品降低了73.8%，仓库面积减少50%，库存资金减少67%。海尔国际物流中心货区面积7200平方米，但它的吞吐量却相当于普通平面仓库的30万平方米。同样的工作，海尔物流中心只有10个叉车司机，而一般仓库完成这样的工作量至少需要上百人。

1. 传统仓储业向现代仓储业转变的途径

为充分利用仓储资源和提高仓储作业的效率，适应仓储服务社会化、作业标准化、功能专业化、管理现代化的发展需要，提高仓储自身经济效益，我国的传统仓储业在发展过程中，除了政府与行业协会的积极引导协调，引进懂技术、懂管理、会操作的物流人才队伍这些外部推动因素之外，还需要仓储企业自身主动应变，积极探索实践。传统仓储业向现代仓储业转变的主要途径有以下几种。

（1）引进现代物流理念，改善仓库的管理功能。传统仓储业对仓库的考核简单地定在库房利用率、出入库差错率、货品的完好率上，大部分标准的制定与统计都是人工操作，并不注重该货品流转何处，何时、何地实现其使用价值，对于仓储企业来讲，更无货品的时间价值、管理价值的概念。随着现代物流和供应链管理的发展，传统的管理指标已不再是衡量仓储企业优劣的标准，而需要制定新的仓库管理标准。新标准要适应市场的变化，适应少批量、多品种、周转快的货品及货品技术参数的要求，应注意改进并引用先进的管理技术，特别是在管理上体现出更深层次的服务，减少人为性、随意性，为客户提供一个良好的仓储平台。仓储业需要以"产权明晰、权责明确、政企分开、管理科学"的原则进行现代企业改造，建立科学先进的企业治理结构，成为自主经营、自负盈亏的市场竞争主体，才能彻底改变我国仓储业的不良状况，真正成为市场资源，促进仓储业的发展。

（2）注重对仓库的信息化和标准化建设。信息网络平台的搭建是实现仓储现代化的有效手段，通过综合运用现代化科学管理方法和现代信息技术手段，合理有效地组织、指挥、调度、监督货品的入库、出库、储存、装卸、搬运、计量、保管、财务、安全保卫等各项活动，达到作业的高质量、高效率，取得较好的经济效益。如何在仓库、厂商、物流管理者、货品需求者、运输工具之间建立快速、有效的信息网络，实现仓储信息共享，提供仓储更深层次的服务，实现仓储信息化功能，企业应结合自身的业务特点来搭建好仓储信息平台。

现代仓储业的发展，同时也对仓储标准化提出了许多新的要求，比如整个库区消防安全、警示等方面的标识管理，堆码垛、周转箱的倾斜等作业标识的现场管理规范化。仓储标准化不仅是为了实现仓储环节与其他环节的密切配合，同时也是仓储内部提高作业效率、充分利用仓储设施和设备的有效手段，是开展信息化、机械化、自动化仓储的前提条件。仓储标准化主要有：包装标准化、标志标准化、托盘成组标准化、容器标准化、计量标准化、条形码的采用、作业工器具标准化、仓储信息标准化等技术标准化，以及服务标准、单证报表、合同格式、仓单等标准化。因此，传统仓储业要向现代仓储业转换应及早地将标准化纳入到企业战略中来。

（3）注重仓库自动化、智能化建设。先进的基础设施和自动化功能是实现仓储现代化的基础，比如高平台的立体仓库、可存放不同种类货品的货架、有效的作业平台、可进行射频扫码的叉车、自动化货品传送装置、温控装置、喷淋装置、监控装置等。目前，我国有80%以上的仓库依旧沿袭着人工装卸或半人工装卸，也依旧沿袭着人工验收、人工保管、人工发料、人工盘点等人力操作，这无可避免地会出现人为事故，不仅影响物品的验收、发货的准确率，也会严重影响企业的诚信度。因此，传统仓储业向现代仓储业转换，应考虑如何做好"仓库装卸自动化"与"收货、发货、仓存管理智能化"这两项基础性工作。比如：改善仓库的管理功能，企业建立新的仓库管理标准，以适应少批量、多品种、周转快的货品流转特点；引入ISO 9000管理体系，实施标准化管理，快速有效地响应厂家与商家、商家与使用者对物流的需求。

（4）注重加工、配送业务的拓展。现代物流不仅要求仓库有储存、保管功能，还要求有分拣、配货、包装、加工、配送等增值服务功能。传统仓储企业可以充分利用自身的优势，为商家在入库保管过程中实现分拣、包装、加工、配送的功能，不但帮助商家降低流通成本，还能提高仓储企业的创收能力，并完善其服务功能，以实现向现代仓储业的转换，真正实现货品的场所价值、时间价值。

（5）加强横向联合，积极主动建立网络。传统仓储企业要实现现代化物流，应积极主动参与到社会经济的大流通中去，与那些先进的物流企业、生产制造企业、营销企业主动结盟，不仅为他们提供自己的服务，同时从他们当中吸收、引进先进的管理理念，而且有条件地建立自己的网点、配送体系等，形成一个跨地区、跨地域的物流网络。例如：仓储业与运输业、大型商业连锁企业、生产制造企业的日益密切结合，与国外同行的联手协作。

2. 现代仓储业的发展方向

现阶段中国仓储业的稳定发展有三方面特点：一是仓库及其设施的变化，现代物流的需要不仅推动了立体仓库的成批新建，也促进了传统平房仓库与楼房仓库的库内设施的立体化改造；二是仓储业的业态变化，货主企业专业化、个性化的需求不仅促使仓储地产的兴起与发展，也促使仓储服务向物流中心、配送中心、分拨中心等多种业态发展，仓储业将向着更加综合化、专业化、国际化的方向发展，品牌仓储企业将成为客户的首选对象；三是仓储业的经营主题与仓库布局的变化，严格的国土政策将对仓储业产生重大影响，仓库基础设施建设将向集约化方向发展，城市规模的扩大及其规划调整、新的投资人进入、国有企业的重组改制与并构，促进了城内仓库区的用途改变、商业开发或土地置换，催生了多元化的投资与经营主体，仓库向城市外环与高速公路周边发展。

纵观中国仓储业，可以看出有如下发展趋势。

(1) 仓储业向现代物流业发展步伐加快。目前，服务品种多样化、个性化、快速化成为传统仓储企业向现代仓储业发展转变的主要手段，社会仓储需求整体增加，仓储价格呈上扬趋势，仓储业务收入增长率已连续多年超过 GDP 增长率。

(2) 仓储业的物流节点作用日益显现，仓储逐渐由静态向动态方向发展，在满足运输配送、JIT 采购、集散分拨、保税、降低流通成本等方面，仓储业起着越来越重要的作用。

(3) 仓储业的平均库存量增长，周转速度明显加快。在 2004 年中国物资储运总公司组织的全国性仓库调查中，货品平均库存量增长 10%，库存货品平均周转次数为 13.6 次，而 2003 年的周转次数为 10.6 次。

(4) 仓储业的信息化进程加快。以中储为例，其下属国内 50 余家仓库全部推行了统一的仓储管理系统，以统一的规范化的业务流程为客户提供高效率的仓储服务。

(5) 仓储业资源重组与整合步伐加快。企业内部的资源整合、与其他仓储企业的整合、与社会仓储资源的整合等活动频繁。

(6) 仓储物流地产经营日渐成气候。包括美国普洛斯等在内的国内外物流地产商，在物流设施设备出租方面加大了投入力度。

(7) 依托于仓储业的物流金融、生产资料现货市场发展迅速。2007 年，仅中储质押监管业务为客户融资 300 亿元，现货交易市场年成交额达 2000 亿以上。

1.1.2 仓储日常管理

【导入案例】

××××有限公司仓库管理制度

为了加强仓库管理，保管好公司的库存货品，做到数量准确、质量完好、确保安全、收发迅速、服务周到、降低费用，加速公司的资金周转，特制定本制度。

1. 货物出入库管理

(1) 货物出入库应严格按照公司有关货物出入库的流程办理；

(2) 货物入库要严格按照公司的订单数量和质量要求，如有出入和问题应及时向有关部门反映；

(3) 货物入库时，仓库保管员要亲自同交货人办理交接手续，核对、清点货物名称、数量是否一致，并同时通知 QC（Quality Control，质量控制）对货物进行检验，如数量、质量均符合要求的，应在收到货物后的 24 小时内出具货物入库单；

(4) 对超出订单数量以及不符合质量要求的货物应另行存放，待有关部门作出处理意见后再另行作出出入库处理；

(5) 客户退货入库，销售部门允许客户退货时应把经审批的退货申请书书面知会仓库，以便仓库安排收货，货物到仓时，售后服务 QC 应第一时间核对货物的名称、数量是否与退货申请一致，核对无误后出具临时入库单交由有关部门，然后进行检验，并作出检验报告，有关部门根据该检验报告作出是否允许退货的决定，如同意退货的，仓管员出具正式的退货入库单，不同意退货的则退回客户；

（6）货物出库时，应做到手续清楚，仓库保管员应严格按照销售部门出具的并有财务部门确认的发货（调拨）单进行配货、装箱、发货，并应在收到发货单的 24 小时内完成。

2. 库存管理

（1）货物入库后，仓管员应必须随时办理入库手续，及时将货物分门别类地进行上架、归位堆放，并在显著位置挂上货物进销存卡片；

（2）库存货物应有明显标志进行分类，做到账、卡、物相符；

（3）库容管理应严格按照 5S 管理标准，仓库内要保持整洁、美观，物品摆放合理；

（4）各类货物应坚持先进先出、后进后出的原则；

（5）仓库货物如有损失、报废、盘盈、盘亏等，仓管应及时报告有关部门，分析原因，查明责任，按规定办理报批手续；

（6）仓库统计员及时进行进销存的账务登记，并按要求及时把数据报告有关部门。

3. 安全管理

（1）切实加强仓库的安全管理，督促、检查、落实防火、防盗、防虫蛀、防鼠咬、防霉坏等安全措施和卫生措施，保证库存货物的完好无损；

（2）仓管员每日上、下班前，要检查仓库、库区周围是否存在不安全的隐患，门、窗、锁、电源是否完好，如有异常应采取必要措施并及时向有关部门反映，做到早发现早处理；

（3）各类货物之间、货架之间应留有一定的防火通道；

（4）在规定禁止吸烟的地段和库房内，应严禁明火及吸烟，仓库禁止携入火种；

（5）仓管员应保持本库区内的消防设备、器具的完整、清洁，不许他人随意挪用；对他人在库区内进行不安全作业的行为，有权监督和制止；

（6）仓管员对自己所管货物，对外有保密的责任；

（7）仓管员应严格遵守保卫制度，本公司以外人员不得随意进出库房；

（8）仓库是存放公司货品的场所，任何人不得随意将私人物品存入库内；

（9）保管员对入库人员有进行宣传教育、监督、检查的义务。

4. 其他

（1）仓管员应严格执行公司的有关规章制度，按章办事；

（2）仓管员对库存货物以及设备、工具等负有经济责任和法律责任，如有损失，分清责任，视情节轻重，承担相应的经济责任和法律责任；

（3）本制度如有与公司其他制度相抵触的，以公司制度为准。

1.1.2.1　仓储管理概述

1. 仓储管理的概念

仓储管理简单来说是指对仓库及仓库内的货品所进行的管理，是仓储机构为了充分利用所具有的仓储资源提供高效仓储服务及为提高仓储企业经营效益而进行的计划、组织、协调和控制的活动过程。具体来说，仓储管理是对物流过程中货品的储存以及由此带来的包括仓储资源的获得、经营决策、作业管理、安全管理、人事管理和经济管理等一系列的管理工作。仓储管理发展的不同阶段所表现出的特点见表 1-1。

表 1-1　仓储管理不同阶段的特点

阶　　段	特　　点	活　　动
简单仓储管理	数量、品种少、结构简单、设备粗陋	负责出入库计量，管好物品
复杂仓储管理	数量、品种多、职能多、机械化	增加了分类、挑选、整理、加工、包装等活动
现代化仓储管理	计算机控制	自动化

2. 仓储管理的基本内容

仓储管理是服务于一切库存货品的经济技术方法与活动，很显然，其所管理的对象是一切库存货品，管理的手段既有经济的，又有技术的。现代仓储管理的基本内容主要包括如下几个方面。

（1）仓库地址的选择与内部规划建设问题。例如仓库的选址原则，仓库建筑面积的确定，库内运输道路与作业区域的布置等。

（2）仓库机械作业的选择、配置及管理问题。例如，如何根据仓库作业的特点和所储存货品种类以及其理化特性，选择机械装备及应配备的数量，如何对这些机械进行管理等。

（3）仓库的业务管理问题。例如，如何组织货品入库前的验收，如何存放入库货品，如何对在库货品进行保管养护、发放出库等。

（4）仓库的库存管理问题。例如，如何根据企业的生产需求状况，储存合理数量的货品，既不致因为储存过少引起生产中断和服务水平下降而造成损失，又不致因为储存过多而占用过多的流动资金等。

此外，仓储成本核算与绩效分析问题，新技术、新方法在仓储管理中的运用问题，仓库安全与消防管理问题等都是仓储管理所涉及的内容。

3. 仓储管理模式

库存控制和保管是企业生产经营过程和部门管理的重要环节，仓储成本是企业物流总成本的重要组成部分，因此选择适当的仓储管理模式，既可以保证企业的资源供应，又可有效控制仓储成本。仓储管理模式是库存保管方法和措施的总和，按仓储活动的运作方不同可分为自建仓库仓储、租赁仓库仓储和第三方仓储。自建仓库的库存具有稳定的需求，市场密度较大或供应商较集中，可以有效地保证供应链的稳定和成本控制，自建仓库的固定成本相对较高，只有库存周转量较高，平均成本低于公共仓储成本时，才可行；第三方仓储是生产企业和专业仓储企业之间建立的伙伴关系，第三方仓储可以提供专业、高效、经济和准确的分销服务；租赁仓库仓储和第三方仓库仓储只有可变成本，随着储存总量的增加，占用空间就会增加，成本相应增加。

4. 现代仓储管理的任务

仓储管理由简单到复杂直至现代化，是与整个社会的生产力发展水平相适应的。保证质量、注重效率、确保安全、讲求经济是仓储管理的基本原则。目前我国仓储管理的主要任务包括以下几点。

（1）利用市场经济的手段获得最大的仓储资源配置；

（2）建立高效的管理机构和完善管理队伍；

（3）以不断满足社会需求为原则开展商务活动；

（4）以高效率、低成本为原则组织仓储生产；

（5）以优质服务、诚信经营树立企业良好的社会形象；

（6）通过制度化、科学化的先进手段不断提高仓储管理水平；

（7）从技术领域到精神领域提高员工素质。

1.1.2.2　仓储管理规范及不同行业对仓储管理的要求

1. 仓储管理规范

（1）库区管理

① 库区大门明显位置应设立形象标识，提示司机库区所在位置。

② 进入库区，明显位置应设有库区平面图，标识各类产品所在库位相关信息，提示进库路线。

③ 对于同库区有多个仓库时，应对各个仓库进行编号。

④ 库区道路应平整、畅通，不得有物品挡住道路，阻碍车辆通行，至少有 3 个 7.2m 车身宽，不得有物品对通行车辆限高低于 4.5m。

⑤ 库区内应整洁、美观，不应杂草丛生，存在虫、鼠隐患。

（2）库内设置管理

① 库房内应干燥，地面平坦，整洁；仓库大门、窗户应完好，并对所配备锁匙、库门开启装置实行专人管理。

② 仓库灯光应足够，能满足仓库夜间操作（如货运发货等），仓库电源线不得有裸露现象。

③ 仓库应配备足够的消防器材（消防栓 1 个/200 平方米），定期检查有无失效，仓库的消防器材应放在容易发现、方便拿取的位置。

④ 库内应划黄线标明库位、垛位、道路等，库内通道应畅通，不得有物品阻碍车辆通行。

⑤ 仓库应具备进、出货的装卸平台，便于出入库操作。

⑥ 每个仓库应有仓库平面图，且注明库内产品分布、仓库平面结构、仓库面积。

⑦ 库内应具备装卸工装卸时的垫板，具备装卸必备的工具：推车、叉车等。

⑧ 仓库地面应保持无灰尘，无碎屑、纸屑等杂物，库内应具备清洁工具（扫帚、墩布、垃圾箱等），各仓库的推车、扫把等工具应集中摆放在固定、合理的位置，不得随意乱扔。

⑨ 产品每垛标识齐全，更换应及时、准确（型号、数量），每垛货位的标识字迹清楚、格式统一，标识牌的悬挂位置一致。

2. 物流企业对仓储管理的要求

随着经济的不断发展，客户对物流服务的需求正迅速增加，而且客户的个性化需求也越来越高。为了满足客户的需求，物流仓库应配备全自动立体仓库、自动分拣系统、条形码及智能化仓储管理信息系统等。与此同时，对仓储管理人员的业务能力也提出了更高的要求。物流企业对仓储管理的要求主要体现在如下方面：

（1）合理调度仓储运作，对客户需求能作出快速的动态反应。

（2）仓库配备先进的物流软件和硬件设施，包括立体货架、自动分拣系统、条形码管理系统、流通加工设备等。

（3）仓储管理方式应能够满足不同客户需要。

（4）在搞好仓储基本业务管理的基础上，还要进行分拣、配货、包装等，为客户提供个性化的仓储服务。

（5）为客户提供增值服务，包括搞好库存控制和提高流通加工能力等。

3. 流通企业对仓储管理的要求

仓储作为货品营销的保障，能够为货品流通企业开展销售活动提供高效的物流服务。流通企业对仓储管理的要求主要体现在如下方面：

（1）搞好物品的接运。

（2）搞好物品数量和外观质量验收。

（3）分区分类和专仓专储。

（4）进行储存期标识和质量维护。

（5）高效的包装加工作业。

（6）准确发货和及时发运。

4. 生产企业对仓储管理的要求

生产企业的核心竞争力体现在产品的开发、生产和制造上，仓储作为企业生产和销售的保障，主要体现在对物料、备品备件和成品的仓储管理。物料是指企业生产所需的原材料、零部件、在制品等，搞好物料仓储管理对确保企业生产正常进行有着重要意义。生产企业对物料仓储管理的要求主要体现在如下方面：

（1）对供货商的供货资格把关。

（2）物品储存标识符合批次管理和可追溯性要求。

（3）建立库位编码系统，实现物品储存可视化。

（4）合理储存保管，符合先进先出的要求。

（5）限额供料和配送到现场。

（6）对工具、备品备件仓库的库存管理等。

1.1.2.3　仓储活动的基本要求与作业组织

1. 仓储活动的基本要求

仓储组织就是按照预定的目标，将仓库作业人员与仓库储存手段有效地结合起来，完成仓储作业过程各环节的职责，为货品流通提供良好的储存劳务。从仓储活动的宏观角度来看，仓储组织活动具体包括作业过程的空间组织和时间组织，仓储作业过程包括堆存、拼装、分类和交叉、流通加工、配送等基本作业方式，合理进行仓储组织的目标就是实现仓储活动的"快进、快出、多储存、保管好、费用省"。仓储管理人员与作业人员借助仓储设施和设备对库存货品进行收发保管的活动过程中，应按照及时、准确、安全、经济的基本要求开展仓储业务。

（1）及时性。及时性是仓储活动最基本的要求，包括效率与速度。在仓储活动中，如果失去了及时性，轻则影响货品周转，降低企业的经济效益，严重时将贻误商机，威胁到企业的生存。在仓储活动中，对及时性的具体要求如下。

① 货品入库要求做到：及时接运卸车；及时清点验收；及时搬运入库；及时登记、入账；及时传递单据；对存在问题的货品及时提出退换货或拒付索赔。

② 货品管理要求做到：及时堆垛封存；及时检查；及时通风防潮；及时维护保养，做到保管合理、存放有序、质量完好、清洁整齐、便于收发、苫垫严密、配套齐全、账目清晰。

③ 货品出库要求做到：及时备货；及时发运；及时结算。

（2）准确性。准确性是完成仓储任务的质量要求，包括存储货品的质量和工作质量等内容。具体内容如下。

① 入库货品要求做到：品名、规格、型号、数量、质量配套准确。

② 出库货品要求做到：方向、时间、收货单位和件数（或重量）、运货票号准确。

③ 业务手续要求做到：账、卡、证、物准确；单据、报表数字准确；反映情况准确。

④ 财务结算要求做到：单据、金额准确；核收杂费准确；结算银行、户头、账号准确。

（3）安全性。安全性是财富的保证。保证在储货品不受损失，保证人员不发生伤亡事故，是仓储管理工作中极其重要的内容。仓储管理工作的各个环节都不可忽视这个问题，具体要求如下。

① 做好防潮、防热、防冻、防雷、防洪、防火、防虫、防盗等工作，做到无失火爆炸、无霉烂变质、无虫蛀鼠咬、无受潮锈蚀、无过期失效、无被盗丢失、无冻热伤损。

② 严格遵守操作规程和各项安全制度，防止在仓储作业过程中发生事故。

③ 严格审查和控制进入库区人员，加强库区警戒；搞好电源、火源和水源管理，完善消防设施设备，保证其处于良好的技术状态。

（4）经济性。仓库是货品集散地，一定要从源头方面找途径、挖潜力，从节约人力、物力、财力三方面把节约工作做好，不断提高企业经济效益。概括起来有以下几个方面。

① 抓好维修保养，使库存货品保持数量准确，质量完好，并降低维护保管费用。

② 经常清点货品储存情况，避免积压浪费。

③ 做到存储货品合理堆放，提高库房面积和容积的利用率。

④ 组织好合理装卸搬运，做到满载满装，充分利用回空车。

⑤ 合理组织指挥人力和机械作业，提高工作效率。

⑥ 修旧利废，节约包装材料和其他仓用器材。

⑦ 加强仓用设备管理，延长使用年限。

⑧ 充分利用技术革新，提高仓储机械化、自动化水平。

2. 仓储作业组织的原则

仓储作业量在不同时间段具有不均衡性，作业过程具有非连续性，从仓储技术作业过程的作业对象和作业范围看，又具有复杂性特征，这给仓储作业过程组织带来了一定困难。

仓储作业过程主要由入库、保管、出库三个阶段组成，每个阶段可细分为若干个相互联系、又相对独立的作业环节。仓储作业过程管理是指对仓储活动的各种作业要素和作业过程的不同阶段、环节、工序的合理安排，使其在空间上、时间上平衡衔接，紧密配合，构成一个协调的系统，从而使货品的运输距离最短、作业时间最省、耗费最少，达到储存多、保管好、周转快、安全节约、保障供应的目的。为了实现仓储组织的目标，在组织仓储作业过程时，应全面考虑仓储系统各因素的影响，并注意以下两个原则。

（1）保持仓储作业过程的连续性。保持仓储作业过程的连续性，是指储存货品在仓储作业过程的流动，在时间上是紧密衔接的、连续的。储存货品在库期间经常处在不停的运动之中，从货品到库后的卸车、验收、库内搬运、堆码，到出库时的备料、复核、装车等，都是一环紧扣一环，互相衔接的。因此，在组织仓储作业过程时，要求储存货品在各个环节或工序间的流动在时间上尽可能衔接起来，不发生或少发生各种不必要的停顿或等待时间，这样就可以缩短货品在各个环节的停留时间，加快货品运转，提高劳动生产率。

特别是在现代化大生产条件下，对作业过程的连续性有越来越高的要求。因此，要能够满足现代化大生产的客观要求，必须从技术上和组织上采取措施，保证仓储作业过程的连续性。同时，仓储作业是一个统一的过程，组织仓储作业时，考虑到相互联系的各个环节的作业要求，应该从整个作业过程出发来评价和选择作业方案，进行作业安排。例如，货品出入库的堆放位置和堆码形式，不仅要符合货品入库的堆放位置和堆码形式的要求，而且要考虑到货品出库的装卸作业和搬运路线。因此，在组织作业时应强调系统观点，从整个系统的作业效率来决定货品的堆放位置和堆码形式。

(2) 保证仓储作业过程的比例性。保证仓储作业过程的比例性是指仓储作业过程的各个阶段、各个工序之间在人力、物力的配备和时间的安排上必须保持适当的比例关系。例如验收场地和保管场地之间、运输力量和搬运力量之间、验收人员和保管人员之间、验收时间和收发货时间之间等，都要有一个适当的比例。保持作业过程比例性，可以充分利用人力和设备，避免和减少货品在各个作业阶段和工序的停滞和等待，从而保证作业过程的连续性。

而作业过程的比例性主要取决于仓库总平面布置的正确性，特别是各作业环节之间各种设备能力的比例。同时，由于在货品仓储过程中作业技术的改进，以及工人技术熟练程度的提高和仓储货品品种、规格、数量发生变化，作业过程各环节间的比例可能会变得不协调。因此，在组织作业过程中，应充分考虑仓储作业具有不均衡性的特点，要经常了解和掌握各个环节的具体作业情况，事先做好各项准备和安排，采取有效措施，及时调整设备和作业人员，建立新的比例关系，避免某些环节由于缺少人力、设备，延长作业时间，而在另外一些环节上由于作业的停顿和等待，造成人员、设备的空闲等不正常状态。

1.1.2.4　仓储管理人员的基本素质要求与岗位职责

1. 仓储管理人员的基本素质要求

仓储管理人员是从事物流仓储活动和仓储经营的基层作业管理人员，主要负责货品入库验收、储存保管与保养、货品出库、仓储设施设备的使用、仓储信息处理和账务处理、保障仓库和库内货品安全等工作。其不仅要具备仓储作业活动的业务操作实践技能，真正履行好自己的职责，还必须全面掌握仓储管理方面的知识，以确保取得良好的仓储经营效益。

(1) 思想道德素质。能坚持社会主义、爱国、爱企业，有远大的理想、抱负，有良好的职业道德，思想先进，有政治理想；勤勉敬业，高效务实；奋发有为，求索创新；遵章自律，守法奉公；团结协作，诚实守信。

(2) 业务素质

① 具有丰富的货品学知识。对于所经营管理的货品要充分熟悉（品种、类型、规格、价格、质量状况、质量标准），掌握其理化性质和保管要求，能有针对性地采取保管措施，具有准确的维护和养护货品的能力。

② 具有现代物流管理的知识和较强的物流运作管理能力，有较强的业务知识水平，熟悉仓储管理业务，掌握现代仓储管理技术的运用。如：传统的检测技术、堆码苫垫技术，现代的 GPS 技术、RF 无线射频技术、货品条码技术、无线网络通信技术、地理信息系统和无线手持电脑终端等。

③ 熟悉仓储设施设备，具有正确操作与保养设施设备的能力，能合理和高效地安排使用仓储设施设备，如仓储库房与货场、货架、叉车、托盘及各种起重设备等。

④ 办事能力强，能分清轻重缓急、有条不紊地处理各种事务。

⑤ 具有一定的财务分析及管理能力，能查阅财务报表，进行经济核算、成本分析，正确掌握仓储经济信息，进行成本管理，进行价格管理及决策。

（3）其他素质。如身体素质、心理素质等。

2. 仓储经理岗位职责

仓储经理的工作重点主要有：获得仓储资源、经营决策、商务管理、作业管理、仓储保管、人事劳动管理、安全管理、经济管理，制定本部门的年、月、周、日的工作计划和监控计划的执行情况，进行组织、协调、控制、培训、激励、考核等管理活动。其岗位职责有以下几项。

（1）负责仓库整体工作的筹划和控制，与其他部门进行沟通和协调。

（2）负责实施仓库的安全管理，保证物品的安全。经常检查本仓库的"四一致"（仓库账、卡、物、金额相一致）、"五清楚"（数量清、质量清、型号清、规定清、手续清）、"三不变"（不变质、不变形、不残损）、"五要防"〔防火、防潮（水）、防盗、防锈、防腐〕是否符合要求，督促和帮助仓储人员工作。

（3）组织仓储人员定期进行实物盘点，切实查明盘盈盘亏原因，并作如实上报。

（4）负责每月提供月度盘点报告，核实原材料、易耗品、零配件等货品库存量，并根据实际情况提出合理库存计划，避免缺货或断货现象的发生，保障供应。

（5）审核仓库单据，签发仓库各级文件。

（6）对下属员工进行业务培训和绩效考核。

（7）修改、完善仓库的工作规程和管理制度。

（8）负责组织员工切实做好仓库内外环境卫生工作，确保仓库整洁、有序。

3. 仓储保管员的岗位职责

仓储保管员是仓库的主人，现代仓储业的发展要求仓储保管员逐步达到"四懂"、"四会"、"十过硬"的业务水平，认真做好货品的收、发、保管工作，严格执行各项规章制度，加强与有关部门的联系，搞好仓库安全工作。其岗位职责具体包括如下内容。

（1）认真贯彻仓库保管工作的方针、政策、法律法规和制度，具有高度的责任感，忠于职守，廉洁奉公，热爱仓库工作，具有敬业精神；树立为客户服务、为生产服务的观点，具有合作精神；树立讲效率、讲效益的思想，关心企业的经营。

（2）严格遵守仓库管理的规章制度和工作规范，严格履行岗位职责，及时做好货品的入库验收、保管保养和出库发运工作；严格执行各项手续制度，做到收有据、发有凭，及时、准确地登记销账，手续完备，账、卡、物相符，把好收、管、发三关。进出、发放物品要做到日清月结，月盘点库存不得超过损耗标准，如果出现账实不相符情况，应查清原因，报请上级处理。

（3）熟悉仓库的结构、布局、技术定额，熟悉仓库规划，熟悉堆码、苫垫技术，掌握堆垛作业要求；在库容使用上做到妥善地安排货位，合理高效地利用仓容，堆垛整齐、稳固、间距合理，方便作业、清数、保管、检查和收发。

（4）熟悉仓储货品的特性和保管要求，能有针对性地进行保管，防止货品损坏，提高仓储质量；熟练地填写表账、制作单证，妥善处理各种单证业务；了解仓储合同的义务约定，完整地履行义务；妥善处理风雨雪、酷暑与严寒等自然灾害对仓储货品的影响，防止和减少损失。

（5）重视仓储成本管理，不断降低仓储成本。妥善保管好剩料、废旧包装，收集和处理好地脚货，做好回收工作。用具、苫垫、货板等要妥善保管、细心使用，延长其使用寿命。重视研究货品仓储技术，提高仓储利用率，降低仓储物耗损率，提高仓储的经济效益。

（6）加强业务学习和训练，做到熟能生巧。掌握计量、衡量、测试用具和仪器的使用；掌握所分管货品的特性、质量标准、保管知识、作业要求和工艺流程；及时掌握仓库管理的新技术、新工艺，适应仓储自动化、现代化、信息化的发展，不断提高仓储的管理水平；了解仓库设备和设施的性能和管理要求，督促设备维护和维修。

（7）严格执行仓库安全管理的规章制度，时刻保持警惕，做好防火、防盗、防破坏、防虫鼠等安全保卫工作，防止各种灾害和人身伤亡事故，确保人身、货品、设备的安全。

1.1.2.5 物流师职业在仓储管理上的基本素质要求

根据中华人民共和国原劳动和社会保障部制定的国家职业标准（2004年版）的规定，物流师职业共设四个等级：物流员（国家职业资格四级）、助理物流师（国家职业资格三级）、物流师（国家职业资格二级）、高级物流师（国家职业资格一级）。物流师职业能力特征为：有一定表达能力和计算能力，形体知觉好，听觉正常，色觉敏锐，动作协调性强。物流师职业的职业道德的基本要求是：a. 忠于职守，诚信待人；b. 团结协作，顾全大局；c. 爱岗敬业，遵纪守法；d. 钻研业务，讲究效率；e. 保守秘密，保证安全；f. 勇于开拓，善于创新。在仓储管理上，物流师职业的工作要求分别见表1-2～表1-4。

表1-2 物流员的仓储工作要求

工作内容	技 能 要 求	相 关 知 识
入库作业	(1)能够核验单证 (2)能够进行入库验收 (3)能够进行堆垛货品	(1)货物验收知识 (2)货品堆垛知识
装卸搬运作业	能够合理进行装卸搬运作业	(1)装卸搬运设备、设施的有关知识 (2)特殊货品装卸知识 (3)搬运合理化原则
储存作业	(1)能够进行储位管理 (2)能够针对物品特性进行物品养护作业 (3)能够开展仓库安全工作	(1)货品养护知识 (2)仓库安全知识 (3)仓储设施知识
盘点作业	能够对库存物品进行人工盘点和自动盘点	盘点业务知识
出库作业	(1)能够进行出库验收 (2)能够进行退货处理	物品出库作业规范
单证制作	能够制作入库单证、出库单证、转库单证	仓储作业单证制作流程

表1-3 助理物流师的仓储工作要求

工作内容	技 能 要 求	相 关 知 识
仓储作业管理	能够进行入库作业管理、搬运作业管理、储存作业管理、盘点作业管理、出货作业管理、流通加工管理	仓储作业知识
仓储业务方案的实施	能够组织实施公共仓储业务和合同仓储业务	仓储管理技术的有关知识
库存管理	(1)能够分析库存状况 (2)能够制定库存管理计划 (3)能够合理地控制库存	(1)库存管理知识 (2)库存控制的基本方法

表1-4 物流师的仓储工作要求

工作内容	技 能 要 求	相 关 知 识
仓储方案设计	(1)能够进行仓储作业流程规划 (2)能够进行仓储管理决策 (3)能够进行仓储合同管理	(1)仓储作业流程 (2)仓储合同知识 (3)仓储决策知识
库存控制	能够制定库存管理策略	(1)库存计划 (2)库存控制理论与方法
仓储运营管理	(1)能够进行仓储成本分析 (2)能够进行仓储费用报价 (3)能够制定仓储作业绩效评估指标 (4)能够实施仓储作业绩效评估	(1)仓储成本知识 (2)仓储费报价方法 (3)仓储管理制度 (4)仓储作业绩效评估知识

1.1.3 仓储商务管理

【背景资料】

1. 仓储合同中的留置权问题

仓储合同成立后，保管人负有接受和验收存货人货物入库的义务以及返还保管物的义务。保管人应按合同约定，接受存货人交付储存的货物，并对其进行验收，还应当按合同约定的条件和保管要求，妥善保管仓储物。在合同约定的保管期限届满或者因其他事由终止合同时，保管人应当将仓储物原物返还给存货人或者存货人指定的第三人。保管人不得无故扣押货物，未按合同约定的时间、数量交还仓储物的，应当承担违约责任。

存货人应当按照合同的约定及时提取货物。于合同约定的期限届满，或者在未约定期限而收到仓库营业人合理的货物出库的通知时，存货人应当及时办理货物的提取。并且，存货人应该依照合同约定支付保管费。保管费又称仓储费，是指保管人因其保管行为所应取得的报酬，其数额、支付方式、支付时间、地点均由双方当事人约定。如果保管人尽了保管义务，而存货人没有支付保管费，留置权的基本前提即成立。除非当事人另有约定，存货人未按照合同约定支付保管费以及其他费用的，保管人对保管物享有留置权。存货人不得以保管人负有返还保管物为由对抗保管人行使留置权。

2. 仓储合同中的几种特殊权利

仓储合同当事人根据合同约定各自具有特定的权利义务，但有两项特殊权利是法律根据仓储合同的独有特点赋予仓储当事人双方的独特权利，双方当事人应充分合理地行使这些权利，从而在最大限度内保护自己的利益。

(1) 存货人对仓储物的检查权。根据《合同法》有关规定：保管人在仓储物的占有期间，仓储物的所有权仍然属于存货人。存货人为了防止货物在储存期间变质或有其他损坏，有权随时检查仓储物或者提取样品，但检查仓储物或提取样品的行为，不得妨碍保管人的正常工作。如果保管人无正当理由拒绝存货人检查仓储物并提取样品，仓储物发生变质或有其他损害的，保管人应当承担赔偿责任。

(2) 保管人对仓储物的提存权。《合同法》第393条规定："储存期间届满，存货人或者仓单持有人不提取仓储物的，保管人可以催告其在合理期限内提取，逾期不提取的，保管人可以提存仓储物。"所谓提存，是指债权人无正当理由拒绝接受履行或其下落不明，或数人就同一债权主张权利，债权人一时无法确定，致使债务人难以履行债务，经公证机关证明或法院的裁决，债务人可将履行的标的物提交有关部门保存。一经提存即认为债务人已经履行了其义务，债权债务关系即行终止。债权人享有向提存物的保管机关要求提取标的物及其利息的请求权，但须承担提存期间标的物损毁灭失的风险并支付因提存所需要的保管或拍卖等费用，且提取请求权自提存之日起5年内不行使而消灭。

1.1.3.1 仓储商务管理的概述

仓储商务是指仓储经营人利用所具有的仓储保管能力向社会提供仓储保管产品并获得经济收益所进行的交换行为。仓储商务活动是一种商业性的经济行为，是仓储企业对外的基于仓储经营而进行的经济交换活动，其内容包括制定企业经营战略、打造企业形象、市场调研和市场开拓、商务磋商和签订商务合同等。因而，仓储商务发生在公共仓储和营业仓储之中，企业自营仓储则不发生仓储商务。

1. 仓储商务管理的概念

仓储商务管理是仓储经营人对仓储商务活动进行计划、组织、指挥和控制的过程，是企业管理的一部分。仓储商务管理的目的是为了最充分的利用仓储资源，最大程度地实现经济效益，相对于其他企业项目管理，仓储商务管理具有经济性、外向性和整体性的特征。仓储商务管理的作用表现在：

(1) 最充分利用企业仓储资源；

(2) 满足社会需要；

(3) 降低社会成本；

(4) 减少风险；

(5) 塑造企业形象；

(6) 提高经营收益。

2. 仓储商务管理的主要内容

仓储商务管理是企业管理的一部分，包括对参与仓储商务工作的人、财、物等资源的管理，其目的在于创造最大的经济效益。具体而言，仓储商务管理包括以下内容。

（1）市场管理。仓储企业要广泛开展市场调查和研究，加强市场监督和管理，广泛开展市场宣传，使仓储服务能切合市场需求。

（2）资源管理。仓储企业需要充分利用仓储资源，为企业创造和实现更多的商业机会。因此要合理利用仓储资源，做到人尽其才、物尽其用。

（3）制度管理。高效的商务管理离不开规范、合理的管理制度。仓储企业应该在资源配置、市场管理、合同管理等方面建立和健全规范的管理制度，做到权利、职责明确。

（4）成本管理。一方面，企业应该准确进行成本核算，确定合适价格，提高产品的竞争力；另一方面，企业应该通过科学合理的组织，充分利用先进的技术降低交易成本。

（5）合同管理。仓储企业应该加强商务谈判和合同履行的管理，做到诚实守信、依约办事，创造良好的商业信誉。

（6）风险管理。仓储企业通过细致的市场调研和分析、严格的合同管理，以及规范的商务责任制度，妥善处理商务纠纷和冲突，防范和减少商务风险。

（7）人员管理。商务人员的业务素质和服务态度在很大程度上影响着企业的整体形象，因此商务管理还应该包含对商务人员的管理。仓储企业应该以人为本，重视商务人员的培训和提高，通过合理的激励机制调动商务人员的积极性和聪明才智，同时还要加强对商务人员的监督管理，创建一支高效、负责的商务队伍。

1.1.3.2 现代仓储经营计划的制定

计划管理是仓储管理的一项基本制度，也是仓储企业改善经营管理的一项重要措施。在仓储业务活动中坚持按计划办事，既可以防止到货多仓库拥塞或到货少仓库空闲，又可以避免生产、收购和出口货品不能及时进出库，影响任务完成，而且还有利于充分挖掘仓容潜力，提高仓库的使用效能，搞好经济核算。

1. 现代仓储经营计划的种类和内容

科学合理地制定现代仓储业务计划有利于将现代仓储各项经营业务活动有机地结合起来，把与现代仓储经营有直接关系的部门、环节、人员尽可能地合理组织起来，使他们的工作协调、有效地进行，加速货品的周转，合理地使用人力、物力，以取得最大的经济效益。现代仓储经营计划主要包括长期发展计划、仓储业务计划和临时应急计划。

（1）长期发展计划。长期发展计划是根据货品储存发展的客观要求制定的仓储长期规划。一般要求规划五年、十年或更长时间内仓储企业的发展和建设规模。长期发展规划规定了企业在一定时期内应当完成的基本建设任务。例如：完成仓库的扩建或新建，对仓库搬运装卸系统进行改造或装备新的机械设备，以提高现有机械化水平等。长期发展规划确定的任务必须在每一具体的计划期内有详细的计划安排，以保证分阶段进行和按期完成。长期发展规划的目标常常涉及几个计划期，因此，每一年度计划的内容中要包括长期发展规划所涉及本计划的有关发展目标。

（2）仓储业务计划。仓储业务计划是企业日常的工作计划，一般以年度计划为主（包括货品入库和出库的计划），要以各存货单位的货品流转计划为依据，结合仓库储存能力，编制年度、季度、月度的仓储业务计划。其具体内容是合理安排和明确各项业务活动的目标和任务。根据仓储业务特点，日常工作计划主要包括以下几个方面。

① 货品储存计划，也称出入库计划，是仓储业务计划的基础。它规定了企业的年度储存任务和期望目标，影响制约着其他各项计划的制定。货品储存计划有年度计划、半年计划、季度计划和月份计划，最常用的是年度计划。把年度计划分解到短期储存计划中去，就可制定半年、季度和月份储存计划。

② 仓容利用和货品保管、保养计划。针对仓库具体条件、货品储存量以及货品的品种、性能特点等制定的货位、堆码、保养时间、次数、措施等计划，以保证储存货品完好和完成各项规定的指标。

③ 机械设备安排和维修保养计划。根据仓库作业情况配备所需的机械设备，合理安排作业时

间和作业内容，并严格按照设备的例行保养规定制定。

④ 仓库工作人员安排计划。根据任务量的大小制定各项作业定额，提出工作人员安排计划。

⑤ 仓储费用计划。主要是由企业的年度费用预算来体现。其目的是有效地管理和控制各项费用的支出，把一切有关仓储活动的耗费置于统一的计划管理之下。

（3）临时应急计划。临时应急计划是一种短期计划。一般在年度计划期间内，遇到某些特殊情况或在特定时间内采用，如临时性的大批量的货品出入库以及雨季防汛等。制定应急计划的目的是确定在特殊情况下，可能需要预先采取的措施以及对某些未预计到的偶然事件作出必要的调整。

2. 货品储存计划的编制

现代仓储经营计划是现代仓储经营活动的总体安排，而货品储存计划是仓储业务计划中的一项重要内容。储存计划制定的准确与否，对制定其他计划会产生很大的影响。

（1）货品储存计划的编制依据。货品储存计划（包括货品入库和出库的计划）的编制，要以各存货单位的货品流转计划为依据，对需要入库储存的货品品种、数量、时间以及影响货品储存量的因素等进行广泛的市场调查研究，结合仓库储存能力与吞吐能力，统筹兼顾，全面安排，综合编制年度、季度、月度的仓储业务计划。影响货品储存计划的主要因素有以下几个。

① 货品储存的品种数量。品种数量主要是根据采购供应合同、历年统计数字，结合具体市场调查研究作出预测而定，同时需充分考虑时间因素的影响，使货品储存计划能正确反映每种货品及其数量在时间上的变化，以确定不同时期货品储存所需库容。

② 仓库储存能力。仓库储存能力是指在计划期内可以安排的仓容或能够储存的货品总量。不同类型仓库的储存能力，可以根据仓库储存面积和仓容定额共同确定或者按仓库储存货品的重量计算。

（2）货品储存计划的编制方法。编制储存计划的重要方法是综合平衡法，具体包括以下内容。

① 货品储存地区的平衡。各地区、各仓库储存货品的品种、数量需符合货品流转的需要和规律，并注意符合货品合理流向和合理运输要求，使货品储存在地区上保持合理的平衡。

② 仓库类型和储存能力的平衡。不同的货品要求不同的储存条件，不同类型的仓库在具体储存的货品品种方面有所分工。在编制计划时，需要按货品性能和储存要求，结合仓库条件，充分考虑仓库实际储存能力，分类予以平衡。

③ 货品储存时间上的平衡。根据各种具体货品品种、数量和周转情况，考虑到不同时期仓容的需要情况，在各仓库间进行合理调配，使各仓库储存任务保持相对平衡，尽可能缩短出入库之间的空隙时间。

（3）货品储存计划的编制流程

① 时间长短不同的储存计划的编制流程：编制长期计划→编制短期计划→进行综合平衡。

② 性质和作用不同的货品储存计划的编制流程：编制主要计划→编制次要计划→进行综合平衡。

（4）编制计划的步骤。收集、整理资料→分析、确定计划期指标→综合平衡各项指标→讨论、评审及下达。

1.1.3.3 仓储保管合同管理

1. 仓储合同概述

仓储保管合同是指仓储保管人接受存货人交付的仓储物，并进行妥善保管，在仓储期满将仓储物完好地交还给存货人并收取保管费的协议。其中存储货品的一方称为保管人，对方当事人称为存货人；被存储的货物称为存储物，对方当事人支付的费用称为仓储费。仓储合同的种类有一般保管仓储合同、混藏式仓储合同、消费式仓储合同和仓库租赁合同，见表1-5。就仓储合同的性质而言，其具有以下与一般保管合同相区别的显著特征。

（1）仓储保管人必须是拥有仓储设备并具有从事仓储业务资格的人。仓储设备是保管人从事仓储经营业务必备的基本物质条件，从事仓储业务资格是指仓储保管人必须取得专门从事或者兼营仓储业务的营业许可。

（2）仓储保管的对象可以是生产资料，也可以是生活资料但必须是实物动产，不动产不能成为仓储合同的标的物。

（3）仓储保管合同为诺成性合同。作为诺成性合同，只要双方达成一致协议、合同成立，则合同立即生效，双方当事人必须受合同效力的约束，违约一方应承担损失赔偿责任。

（4）存货人的货品交付或返还请求权以仓单为凭证，仓单具有仓储物所有权凭证的作用。作为法定的提取或存入仓储物的书面凭证，仓单是每一仓储合同中必备的，因此仓单是仓储合同中最为重要的法律文件之一。

（5）仓储合同为双务有偿合同。仓储合同以保管人向他人提供仓储保管服务为合同标的，而由存货人给付报酬和其他费用。

表 1-5　仓储合同的类型

仓储合同类型	承　担　责　任	标的物	仓储合同类型	承　担　责　任	标的物
一般保管仓储合同	原物归还	确定物	消费式仓储合同	所有权转移	种类物
混藏式仓储合同	种类、数量、品质相同物归还	种类物	仓库租赁合同	财产租赁，只承担小部分责任	

2. 仓储合同的主要条款

为保证合同双方行使自己的权利和义务，在签订仓储保管合同时，应仔细考虑有关条款。仓储合同的主要条款是检验合同的合法性、有效性的重要依据，是存货人与保管人双方协商一致而订立的，它规定了双方所享有的权利和义务。《仓储保管合同实施细则》中规定仓储合同的主要条款应包括：

（1）双方当事人名称；

（2）合同编号；

（3）合同签订地点；

（4）合同签订时间；

（5）仓储物的品名、种类、规格；

（6）仓储物的数量；

（7）仓储物的质量和包装；

（8）货品验收的内容、标准、方法、时间、资料；

（9）货品保管条件和要求；

（10）货品入库和出库的手续、时间；

（11）货品的损耗标准和损耗处理；

（12）计费项目、标准和结算方式；

（13）违约责任；

（14）保管期限；

（15）变更和解除合同的期限；

（16）争议的解决方式；

（17）货品商检、验收、包装、保险、运输等其他违约事项；

（18）双方当事人签字盖章。

3. 仓储保管合同的签订

（1）签订仓储保管合同的基本要求

① 签订仓储保管合同必须选择保管条件优、保管水平高、信守合同、收费合理的保管方，特别是要根据储存货品自身的质量、性质和对储存的技术要求来选择，如仓库的结构设施，温度湿度控制，库房货场状况，起重搬运设备条件和距离车站、码头远近，保管质量，服务水平都是签订合同时需要慎重考虑的。

② 签订仓储保管合同的核心要求是安全、稳妥、保质、保量储存货品，因此签约时应重点把

握住货品入库验收和出库验收两个环节，要把验收方法、标准以及交接手续条款定清、定准。

③ 由保管方代办运输的条款中，应明确规定保管方有按期作好进站准备、向车站港口申报车船的托运的责任。

（2）签订仓储保管合同的步骤

① 邀约。由委托方向保管方提出订立仓储保管合同的建议和要求。

② 验资。企业法人代表（或委托法人）之间签订合同应出示有关证明法人资格的材料和资信证明。

③ 洽约。由法人授权的业务人员对邀约方提出的合同条款逐条当面商定。

④ 审约。由有经验的专门人员审查合同条款是否符合法律、政策的规定，权力是否平等，条款是否严密，以防责任不明和签订出"不平等条款"。

⑤ 定约。双方的法人代表（或授权的委托人）应在仓储保管合同文本上签字，并加盖公章或合同章。签章后合同即生效。

⑥ 履约。即对合同的履行。

（3）签订仓储合同的注意事项

① 要明确保管货物的品名、品类。由于仓储合同的标的物是委托储存保管的货品，对于存货人来说，无论其为特定物还是种类物，均具有特定的用途，保管人不但应妥善保管，以免发生损毁，而且在保管期满后应当按约定将原物及其孳息交还存货人或其委托的第三人。因此，必须在合同中对货品的品种或品名作出明确、详细的规定。

② 要明确货品的数量、质量、包装。货品的数量依据保管人的存储能力由双方协商确定，并应以法定计量单位计算；货品的质量应使用国家或者有关部门规定的质量标准标明，如货品有保质期的，也应一并说明；货品的包装由存货人负责，有国家或者专业包装标准的，执行规定标准，没有有关标准的，在保证运输和储存安全的前提下，由合同当事人约定。

③ 货品验收的内容、标准、方法、时间。验收由保管人负责，通常验收的内容、标准包括三个方面：一是无需开箱拆捆即直观可见的质量情况，项目主要有货品的品名、规格、数量、外包装状况等；二是包装内的货品品名、规格、数量，以外包装或者货品上的标记为准，无标记的，以供货方提供的验收资料为准；三是散装货品按国家有关规定或合同的约定验收。验收方法有全验和按比例抽验两种，具体采用哪种方法，应在合同中明确约定。验收的期限是自货品和验收资料全部送达保管人之日起，至验收报告送出之日止，日期以运输或邮电部门的戳记或直接送达的日期为准。

④ 货品保管和对保管的要求。存货人委托储存保管的货品种类繁多，性质各异，因而对保管的要求也各不相同，许多货品需要特殊的保管条件和保管方法。如储存易燃、易爆、有毒、有腐蚀性、有放射性等危险物品或者易变质物品，需要有专门的仓储设备及技术条件，应在合同中作相应的约定，存货人应向保管人说明该物的性质并提供有关资料，以免发生货、仓毁损或者人身伤亡。

⑤ 货品进出库手续、时间、地点、运输方式。货品进出库是仓储合同的重要环节，双方应当详细约定具体的交接事项，以便分清责任。对货品入库，应当明确规定是由存货人或运输部门、供货单位送货到库，还是由仓管人到供货单位、车站、码头等处提取货品；同样，对于货品出库，也应明确规定是由存货人、用户自提或是由保管人代送、代办发送手续。无论采用何种方式，都应按照货品验收规定当面交接清楚，分清责任。

⑥ 货品损耗标准和损耗处理。货品损耗标准是指货品在储存、运输过程中，由于自然因素和货品本身的性质或度量衡的误差等原因，不可避免地要发生一定数量的破损或计量误差。因此，合同双方有必要在合同条款中约定货品在储存保管和运输过程中的损耗标准和磅差标准。有国家或行业标准的；采用国家或行业标准，无国家或行业标准的，双方协商确定标准。

⑦ 计费项目、标准和结算方式、银行、账号、时间。计费项目包括：仓储费、转仓费、出入库装卸搬运费，车皮、站台、包装整理、货品养护等费用。此条款中除了要明确上述费用由哪一方

承担外，还应明确各种费用的计算标准、支付方式、地点、开户银行、账号等。

⑧ 责任划分和违约处理条款。仓储合同中可以从货品入库、货品验收、货品保管、货品包装、货品出库等方面明确双方当事人的权利与义务。同时应规定违反上述义务应承担的违约责任。承担违约责任的方式有：支付违约金、赔偿金及赔偿实际损失等。

4. 仓储合同履行过程中的有关问题

（1）违约责任

① 保管人的主要违约责任

a. 保管人不能完全按合同约定及时提供仓位，致使货品不能全部入库，或者在合同有效期限内要求存货人退仓的，应当按约定支付违约金。

b. 保管人未按国家规定或者合同约定的项目、方法等验收储存货品或者验收不准确，应承担由此造成的实际经济损失；验收后发现仓储物的品种、数量、质量不符合规定的，应当承担损害赔偿责任。

c. 货品在储存保管期间，因未按合同规定的储存条件和保管要求保管货品而造成货品损坏、短少、变质以致灭失的，保管人承担违约责任。因保管或操作不当而使包装发生损毁，由保管人负责修复或折价赔偿，造成损失的，由保管人承担赔偿责任。

d. 货品保管期满后，保管人没有按照合同规定的时间、数量返还储存保管物的，保管人应承担违约责任；保管人按照约定负责发货而未按约定的时间、地点发货，承担由此而给存货人造成的经济损失。

② 存货人的主要违约责任

a. 存货人未按合同约定向保管方交付储存货品的，或者在约定的时间内中途要求退仓的，应当支付违约金或赔偿保管方的损失。赔偿损失的数额一般相当于保管方应得费用与报酬，再减去由于空出仓位给保管方带来的其他收入。

b. 货品入库时，存货人未向保管人提供验收资料或提供的资料不齐全、不及时，因此造成损失的，责任自负。储存易燃、易爆等危险品和易变质品未事先向保管人说明并出示有关资料，而造成货品损毁或人身伤亡时，存货人承担损害赔偿责任。

c. 由于仓储物包装不符合约定或者超过有效储存期造成仓储物变质、损坏的，由存货人承担责任。

d. 货品运输方式、到站和接收人有变更而未按合同规定的期限通知保管人，造成延期发货或错发的，存货人承担因此而增加的费用。

e. 储存期届满或保管人已通知货品出库，由于存货人的原因或提货人的原因不能提货出库，存货人除按合同规定交仓储费外，还应偿付合理的违约金。

③ 仓储合同的违约责任的免除情形

a. 因不可抗力而免责。当事人不能预见、不能避免、不能克服的客观情况，包括火山爆发、地震、台风、冰雹、海啸、暴雪、暴雨、狂风等自然灾害和战争、政变、罢工等社会现象。在不可抗力发生以后，作为义务方必须采取以下措施才可以免除其违约责任：应及时采取有效措施，防止损失的进一步扩大，如果未采取有效措施，就无权要求对进一步扩大的损失免除其违约责任；应及时向对方通报不能履行合同的理由；应当取得有关机关的书面证明材料，证明不可抗力发生以及其对当事人履行合同的影响。

b. 因自然因素或货品本身的性质而免责。由于需要避光、干燥、防挥发、防锈蚀、防污染、防破碎等保管条件，当事人双方要在合同中约定免责范围；没有约定，发生损失情况，一般由存货人负责，保管方不承担责任，或双方协商解决。

c. 因受害人的过错而免责。在仓储合同的履行中，受害人对于损失的发生有过错的，根据受害人过错的程度，可以减少或者免除违约方的责任。

（2）常见的无效仓储合同。无效仓储合同是指仓储合同虽然已经订立，但是因为违反了法律、行政法规或者公共利益，而被确认为无效。无效仓储合同具有违法性、不得履行性、自始无效性、当然无效性等特征。主要有以下形式：

① 一方以欺诈、胁迫手段订立合同，损害国家利益的仓储合同；

② 恶意串通，损害国家、集体或者第三人利益的仓储合同；

③ 以合法形式掩盖非法目的的仓储合同；

④ 损害社会公共利益的仓储合同。

（3）解决仓储合同纠纷的方式

① 协商解决。在发生合同纠纷后，当事人双方根据自愿原则，按照国家法律、行政法规的规定和合同的约定，在互谅互让的基础上，自行解决合同纠纷的一种方式。它可以简便易行、及时迅速地解决纠纷，有利于双方自觉执行协议；但双方所达成的协议不具有强制执行的效力，一方当事人可能拒绝执行协议。

② 仲裁。仓储合同纠纷的当事人根据有关法律的规定，以协议的方式自愿将合同争议提交仲裁机关，由仲裁机关按照一定程序进行调解或裁决，从而解决合同争议的法律制度。注意，只有当事人双方经过协商一致所达成的仲裁协议和申请，才能作为仲裁机关受理案件的依据；仲裁裁决具有强制力，可以向法院申请强制执行；自收到裁决书之日起6个月内，可以向仲裁委员会所在地的中级人民法院申请撤销裁决。

③ 诉讼。仓储合同纠纷发生后，当事人协商调解不成，合同中没有订立仲裁条款，或者不能达成仲裁协议，均可直接向人民法院起诉。对仓储合同纠纷，实行合议、回避、公开审判、两审终审的制度。注意，当事人应当向有管辖权的人民法院起诉。

1.1.3.4 仓单

1. 仓单的概念

所谓仓单，就是指仓储保管人在收到仓储物时向存货人签发的表示已经收到一定数量的仓储物，并以此来代表相应的财产所有权利的法律文书。签署仓单是仓储保管人的法律义务，我国《合同法》第385条规定："存货人交付仓储物的，保管人应当给付仓单。"保管人签发仓单，表明已接收仓储物，并已承担对仓储物的保管责任以及保证向仓单持有人交付仓储物。仓单是确定保管人和仓单持有人、提货人责任和义务的依据，是仓储保管人凭以返还仓储物的凭证，同时还是仓储合同的证明。

2. 仓单的形式和内容

（1）仓单的形式。仓单由保管人提供，其样式见表1-6和表1-7。仓储经营人准备好仓单簿，仓单簿为一式两联：第一联为仓单，在签发后交给存货人；第二联为存根，由保管人保存，以便核对仓单。

表1-6 仓单的样式（正面）

公司名称：					
公司地址：					
电话： 账号： 储货人： 货主名称：	传真： 批号： 发单日期： 起租日期：				
兹收到下列货品依本公司条款（见后页）储仓					
唛头及号码	数　量	所报货品	每件收费	每月仓租	进 仓 费	出 仓 费
总件数：			经手人：			
总件数（大写）：						
备注： 核对人：						

表 1-7 仓单的样式（反面）

存货记录：					
日　期	提单号码	提货单位	数　量	结　余	备　注

储货条款：

一、本仓库所储货品的种类、唛头、箱号等，均系按照存货人所称填列，本公司对货品内容、规格等概不负责。

二、货品在入仓交接过程中，若发现与存货方填列内容不符，我公司有权拒收。

三、本仓库不储存危险物品，客户保证入库货品绝非为危险品，如果因存货人的货品品质危及我公司其他货品造成损失时，存货方必须承担因此而产生的一切经济赔偿责任。

四、本仓单有效期一年，过期自动失效。已提货之分仓单和提单档案保留期亦为一年。期满尚未提清者，存货人须向本公司换领新仓单。本仓单须经我公司加印硬印方为有效。

五、客户(存货人)凭背书之仓单或提货单出货。本公司收回仓单和分提单，证明本公司已将该项货品交付无误，本公司不再承担责任。

（2）仓单的内容

① 保管人的签字或者盖章；

② 存货人的名称及住所；

③ 仓储的品种、数量、质量、包装、件数和标记等物品状况，以便作为物权凭证，代物流通；

④ 仓储物的损耗标准；

⑤ 储存场所和储存期间；

⑥ 仓储费及仓储费的支付与结算事项；

⑦ 若仓储物已经办理保险的，仓单中应写明保险金额、保险期间及保险公司的名称；

⑧ 仓单的填发人、填发地和填发的时间。

3. 仓单业务

（1）仓单的签发。仓单由保管人向存货人签发。存货人要求保管人签发仓单时，保管人必须签发仓单。当存货人将仓储物交给保管人时，保管人对仓储物进行查验和理数，确认仓储物的状态，在全部仓储物收妥后，填制并签发仓单。保管人在填制仓单时必须将所接受的仓储物的实际情况如实记录在仓单上，特别是对仓储物的不良状况更要准确描述，以便到期时能按仓单的记载交付仓储物。经保管人签署的仓单才能生效。

保管人对仓储物不良状态的批注必须实事求是。当存货人不同意批注时，如果仓储物的瑕疵不影响仓储物的价值或质量等级，保管人可以接受存货人的担保而不批注，否则就必须批注或者拒绝签发仓单。

（2）仓单份数。《合同法》规定，仓储保管人只签发一式两份仓单，一份为正式仓单，交给存货人；另一份为存根底单，由保管人保管。仓单副本则根据业务需要复制相应份数，但需注明为"副本"。

（3）仓单的分割。存货人将一批仓储物交给保管人时，因为转让的需要，要求保管人签发为几份的仓单，或者仓单持有人要求保管人将原先的一份仓单分拆成多份仓单以便向不同人转让，这就遇到仓单的分割业务。仓单的分割不仅只是单证的处理，还意味着保管人需要对仓储物进行分劈，且达成对残损、地脚货的分配协议并对分割后的仓单持有人有约束力。分割后仓单仓储物总和数与仓储物总数相同。保管人对已签发出的仓单进行分割，必须将原仓单收回。

（4）仓单转让。仓单持有人需要转让仓储物时，可以通过背书转让的方式进行仓储物转让。根据我国《合同法》第387条的规定，存货人或仓单持有人在仓单上背书并经保管人签字或盖章之后，仓单上所具有的提取货品的权利随之转让于新的仓单持有人。民事主体占有仓单与其对仓储物本身的占有具有同样的法律意义，这是仓单交付的首要效力。

① 背书转让方法。作为记名单证，仓单的转让采取背书转让的方式进行。背书转让的出让人为背书人，受让人为被背书人。背书格式为：

兹将本仓单转让给＊＊＊（被背书人的完整名称）

＊＊＊（背书人的完整名称）

背书经办人签名、日期

仓单可以进行多次背书转让，第一次背书的存货人为第一背书人。在第二次转让时，第一次被背书人为第二背书人，因而背书过程是衔接的完整过程。任何参与该仓单转让的人都在仓单的背书过程中记载。

② 保管人签署。存货人将仓单转让，意味着保管人需要对其他人履行仓储义务，保管人与存货人订立仓储合同的意境和氛围都因仓单的转让发生了改变，保管人对仓单受让人履行仓单义务需要了解义务对象的变化，对仓单受让人行使仓单权利也需要对债务人有足够的信任，因而需要对仓单的转让给予认可。所以仓单的转让需要保管人签署，受让人方可凭单提取仓储物。

（5）凭单提货。在保管期满或者经保管人同意的提货时间，仓单持有人向保管人提交仓单并出示身份证明，经保管人核对无误后，保管人给予办理提货手续。

① 核对仓单。保管人核对提货人所提交的仓单和存底仓单，确定仓单的真实性；查对仓单的背书完整，过程衔接；核对仓单上的存货人或者被背书人与其所出示的身份证明一致。

② 提货人缴纳费用。如果仓单记载由提货人缴纳仓储费用的，提货人按约定支付仓储费；根据仓储合同约定并记载在仓单上的仓储物在仓储期间发生的仓储人的垫费、所有人利益的支出、对仓储人或其他人所造成的损害赔偿等费用核算准确并要求提货人支付。

③ 保管人签发提货单证并安排提货。保管人收取费用、收回仓单后，签发提货单证，安排货品出库准备。

④ 提货人验收仓储物。提货人根据仓单的记载与保管人共同验收仓储物，签收提货单证，收取仓储物。如果查验时发现仓储物状态不良，现场编制记录，并要求保管人签署，必要时申请货品检验，以备事后索赔。

（6）仓单灭失的提货。仓单因故损毁或灭失，将会出现无单提货的现象。原则上提货人不能提交仓单，保管人不能交付货品，无论对方是合同订立人还是其他人。因为保管人签发出仓单就意味着承认只能对仓单承担交货的责任，不能向仓单持有人交付存储物就需要给予赔偿。仓单灭失的提货方法如下。

① 通过人民法院的公示催告使仓单失效。根据民事诉讼法，原仓单持有人或者仓储合同人可以申请人民法院对仓单进行公示催告。当60天公示期满无人争议，则由法院审理判决，确定有权提货人，并凭法院判决书提货。

② 提供担保提货。提货人向保管人提供仓储标的物的担保后提货，由保管人掌握担保财产，将来另有人出示仓单而不能交货需要赔偿时，保管人使用担保财产进行赔偿。该担保在叵能存在的仓单失效后，方解除担保。

（7）不记名仓单。如果保管人和存货人达成协议，由保管人签发不记名仓单，则所签发的仓单的存货人一项可以为空白。不记名仓单在转让时无需背书，存期届满由持有人签署，并出示同样的身份证明就能提货。不记名仓单不能提前提货。使用不记名仓单的存货人和保管人双方都存在一定的风险，仓储保管人不能控制仓单的转让，也不知道将来要向谁交货，仓单持有人遗失仓单就等于遗失仓储物。

在仓单的存货人一项不填写真正的存货人或所有人，而只填写通知人或者经手人等非实际仓储物的所有人的仓单也属于不记名仓单。

1.2 职业能力训练模块

1.2.1 现代仓储经营计划的制定

【职业能力训练模拟背景】

西安瑞峰仓储有限公司每年储存能力为120万吨，仓库定额为6.0吨/平方米，其面积利用率为80％，实际面积和建筑面积之比为 0.75，建筑面积是基础面积的 80%。为了更好地适应社会化仓储业务的增长需要，不断提高企业经营的经济效益和社会效益，2009 年公司计划投资建设两栋低温冷库（新增仓储面积 50000 平方米）和一条剪板生产线，并且在主营纺织品、图书音像制品、金属材料、机电产品、家用电器和日用百货等产品的基础上，参与经营农产品、水产品和医疗药品器械等产品，同时开展加工、配送活动。

为合理地使用和管理仓库以利于 2010 年仓储业务的开展，作为仓储主管，你打算如何制定下一年度的仓储经营计划？

【职业能力训练目标要求】

(1) 正确测量仓库的各种相关尺寸，学会仓库各种面积的计算。

(2) 掌握仓库定额与仓库储存能力的确定方法。

(3) 根据相关资料、结合市场调查，掌握现代仓储经营计划的制定步骤及方法。

【职业能力训练设备材料】

(1) 皮卷尺两个。

(2) 计算器、圆珠笔、纸张等用品若干。

(3) 仓房建筑设计图纸。

(4) 不同货品的有关仓储资料。

(5) 仓储设施与设备的技术参数资料等。

【职业能力训练方法步骤】

(1) 收集整理资料。围绕仓储企业的业务特点，在准确分析市场和了解客户需求的基础上，广泛收集仓储业务开展所需的各种资料，其中包括各项仓储经济效益指标、仓库定额和仓库储存能力、仓储作业量的分布状况（货品类别、区域、时期、作业量与要求）、客户业务信息、市场的变化趋势及潜在的服务对象等，并采取科学合理的方法进行资料的整理分类。

(2) 分析、确定计划期目标。通过对各种指标的计算和分析，寻找仓储经营业务的发展变化规律，发现仓储经营现状中存在的问题并提出合理有效的解决措施。借鉴仓储经营作业过程中积累的宝贵经验，在建立预测模型的基础上提出仓储经营计划期目标。

(3) 综合平衡各项指标。采用综合平衡法对货品储存地区、仓库类型和储存能力、货品储存时间等因素的分析，确保仓储经营计划目标的提出更加地科学、合理、可行。

(4) 讨论、评审及下达。组织相关领域的专家和技术人员论证、评议各种不同的仓储经营计划方案，广泛听取不同客户的意见或建议，针对计划中存在的不足及时地进行完善与改进，之后将仓储计划下发至各个经营单位予以实施。

【职业能力训练组织安排】

(1) 学生每 6 人分成一组，分别扮演的角色为仓储主管 1 人（兼任组长）负责仓储经营计划制定、仓储经济效益指标分析 1 人、物流市场调查 2 人、仓储经营场所面积的测量与计算 1 人、资料的整理分析 1 人，具体分工由组长安排。

(2) 以组为单位讨论确定现代仓储经营计划的实施方案，并提交 1000 字左右的文字性资料。

(3) 准备学习用品和测量工具，以组为单位完成仓库面积相关尺寸的测量和市场调查。

(4) 职业能力训练过程中要求教师现场指导，准确了解学生的训练动态及熟练程度，及时解决学生训练过程中的有关问题。

(5) 职业能力训练结束后由各个小组选出代表交流训练的感受并写出职业能力训练报告，教师对训练过程与完成情况进行全面的总结、考评。

(6) 职业能力训练时间安排：2 学时/组。

【职业能力训练报告要求】

(1) 职业能力训练项目名称、训练时间、参加人员。

(2) 职业能力训练目标要求与内容。

(3) 现代仓储经营计划制定的依据与流程。

(4) 参与仓储经营计划制定的感受，以及对于存在问题的描述、认识与处理意见。

(5) 职业能力训练总结讨论。

【职业能力训练效果评价】

现代仓储经营计划制定职业能力训练评价评分表见表 1-8。

【职业能力训练活动建议】

(1) 组织学生到仓储企业进行参观实习和实地调查，邀请有关人员介绍仓储经营计划的制定及实施情况。

（2）职业能力训练过程中根据任务的需要，安排学生交替扮演不同的角色。

表 1-8　职业能力训练评价评分表

考评项目		现代仓储经营计划的制定		
考评人		被考评人		
考评标准	考评内容与要求		权重/%	考评结果
	仓储经营计划制定的各项工作准备充分		15	
	仓储计划制定的依据齐全有效、准确规范		20	
	仓储计划方案内容全面、实际,可操作性强		25	
	岗位职责明确,适应能力强		10	
	人员分工明确,各部门协作性好		15	
	仓储计划制定过程中问题认识准确、分析透彻,处理恰当、到位		15	
合　计			100	

注：考核满分为100分。60分以下为不及格；60～69分为及格；70～79分为中等；80～89为良好；90分以上为优秀。

1.2.2　仓储保管合同的签订

【职业能力训练模拟背景】

2008 年 10 月 25 日，西北仓储物流有限公司接到华东妞妞玩具有限公司的传真，要求租赁仓房。随后双方围绕仓库租赁的细节问题（储存物品的数量、种类、验收方式、入库时间、出库时间和具体方式、手续等）经过进一步的协商并达成一致，2008 年 11 月 20 日签订了仓储租赁合同。合同规定，西北公司（甲方）同意将 2#仓库（仓储面积 10000m²）租给玩具公司（乙方）使用，租赁期限为两年，从 2009 年 1 月 1 日至 2010 年 12 月 31 日；租金共计 68 万元人民币，分别于 2008 年 12 月 20 日、2009 年 5 月 20 日、2009 年 12 月 20 日、2010 年 5 月 20 日前各支付 17 万元。甲方与 2008 年 12 月 25 日前将 2#仓库内的存货清理完毕并交付给乙方使用，仓库租赁期间必须提供配套的仓储实施与设备，确保乙方正常仓储经营活动的开展，并指定专人配合乙方管理 2#仓库，工资（3000 元/月）由乙方另行支付；11 月 30 日前乙方必须向甲方支付定金 5 万元。还约定任何一方有违约行为，必须向另一方支付违约金 10 万元并赔偿损失。

【职业能力训练目标要求】

（1）掌握仓储保管合同签订的步骤，熟悉保管合同主要条款的内容。

（2）根据仓储保管合同中保管方和存货方的权利和义务，熟练完整地进行仓储保管合同的草拟与签订。

（3）能够正确地判断几种无效仓储合同类型。

【职业能力训练设备材料】

（1）计算器、签字笔、纸张等用品若干。

（2）存储货品的有关资料。

（3）仓储设施与设备的技术参数资料等。

【职业能力训练方法步骤】

（1）通过网络或图书馆等途径，分组查阅《合同法》对仓储合同签订、履行等方面的具体规定，全面准确了解存储合同签订过程中的有关注意事项。

（2）做好客户信息与存储货品特性资料的收集、整理和分析工作。

（3）安排学生分别扮演保管方和存货方，模拟邀约、验资、洽约、审约、定约等过程。

（4）由仓储主管（甲方）与教师（乙方）在每个小组起草的仓储合同书上模拟合同文本的签订。

【职业能力训练组织安排】

（1）学生每 6 人分成一组，分别扮演的角色为：仓储主管 1 人（兼任组长），其他人员分别扮演保管方和存货方，具体分工由组长安排。

（2）根据给定的资料和条件，以小组为单位按照仓储保管合同签订的步骤要求，完成仓储保管合同的模拟签订。

（3）以案例中提供的仓储合同为范本，利用提供的训练模拟背景资料，每个小组起草一份完整的仓储合同书。

（4）职业能力训练过程中要求教师现场指导，及时解决学生遇到的实际问题，准确了解学生的训练动态及熟练程度。

（5）职业能力训练结束后由各个小组选出代表交流训练感受并写出职业能力训练报告，教师对训练过程与完成情况进行全面的总结、考评。

（6）职业能力训练时间安排：2 学时/组。

【职业能力训练报告要求】

（1）职业能力训练项目名称、训练时间、参加人员。

（2）职业能力训练目标要求与内容。

（3）仓储保管合同签订的步骤，并附一份完整的仓储保管合同书。

（4）仓储保管合同签订过程中的体会与收获。

（5）职业能力训练总结讨论及合理化建议。

【职业能力训练效果评价】

仓储保管合同的签订职业能力训练评价评分表见表1-9。

表 1-9　职业能力训练评价评分表

考评项目		仓储保管合同的签订		
考评人		被考评人		
考评标准	考评内容与要求		权重/%	考评结果
	模拟训练中态度积极、端正		15	
	准备充分,资料收集、整理、分析真实有效		20	
	理论联系实际,合同条款内容全面、准确		25	
	合同签订过程严格规范、组织有序		25	
	人员分工明确,适应能力强,各部门协作性好		15	
合　计			100	

注：考核满分为100分。60分以下为不及格；60～69分为及格；70～79分为中等；80～89为良好；90分以上为优秀。

【职业能力训练活动建议】

（1）在模拟职业能力训练过程中，学生要严肃认真，仓储保管合同的内容要全面，合同双方的权利义务要明确。

（2）组织学生到仓储企业进行实地调查，查阅已生效的仓储保管合同，并就合同履行过程中的注意事项与有关人员进行交流。

（3）在签订合同之前，必须熟悉仓储保管合同的内容，明确合同双方的权利和义务。

1.3　职业能力拓展模块

1.3.1　仓储增值服务

仓储增值服务是指利用物品在仓库的存储时间，开发和开展多种服务来提高仓储附加值、促进物品流通、提高社会效益。仓储增值服务是相对于常规服务而言的，它是根据客户的需要，为客户提供的超出常规服务或者是采用超出常规的服务方法所提供的服务。创新、超常规、满足客户个性化需要是增值物流服务的本质特征。

最常见的仓库增值服务和包装相关。通常情况下，产品是以散装形式或无标签形式装运到仓库里的，货品之间没有大的区别，但是客户订单上要求的却不是这样。因此，仓库经营方就可以按照客户要求对货品进行定制和发放。举一个例子：一家汽车电池制造商，把未做标志的产品装运到仓库中去，并向仓库经营方提供相关的商标牌号及待印图案。一旦接到客户订单、要求使用特定的标志时，仓库经营方就要把标志图案印制到电池上，并且用定制的盒子将产品包装起来。进入仓库的产品是无区别的，但是顾客接收到的却是已经定制化了的产品和包装，这中间就是仓库经营者提供的增值服务。此外，仓储可以通过优化包装来提高这种增值服务，比如满足客户个性化包装需求或者在产品交付客户以前，去除保护性包装。去除或回收大量的包装材料对顾客来说不是很容易能做到的，仓储企业可以在平衡成本的前提下，购入相应机械设备，为客户提供这种增值服务。

仓库还能够进行相关的生产活动，以优化产品特性，或者在仓库里进行装配时，如果发现一些生产质量问题，可以进行必要的补救。例如，将汽车引擎装运到仓库里，如果汽化器发生了质量问题，就可以在仓库里更换，而无需将每一个装置都退回到引擎厂去。在这种情况下，仓库是作为生产的最后阶段进行增值作业的。

另一个与生产相关的增值服务是对诸如水果、蔬菜之类的产品进行温控，仓储企业可以按照客户要求，依赖储存温度，提前或者延迟水果、蔬菜的成熟。

仓储的增值服务还包括提供有关的市场机密。比如，在美国，进口商为私人牌号的顾客重新加产品标志。这种重新加标志的活动是在产品进入美国后才能完成的，可以防止供应商识别进口商的最终顾客。

市场的逐步开放与活跃为企业增加了种种机会，当货品的装运经历更长的供给线时，仓库增值服务的重要性也随之增加了。然而提供增值的仓储服务，也使仓储企业承担着特别的责任，面临着更大的挑战，比如，仓库包装增值服务要求仓库经营者严格执行厂商内部所适应的质量标准。仓储企业已经对这种种挑战做出了反应，并且有能力开发新的增值服务方法。

1.3.2　仓单质押贷款业务

仓单质押贷款业务简称仓单质押业务，是指货主企业把货品存储在仓库中，然后可以凭仓库开具的货品仓储凭证——仓单向银行申请贷款，银行根据货品的价值向货主企业提供一定比例的贷款，同时，由仓库代理监管货品。仓单质押作为一种新型的服务项目，为仓储企业拓展服务项目，开展多种经营提供了广阔的舞台，特别是在传统仓储企业向现代物流企业转型的过程中，仓单质押作为一种具有三赢性质的新兴业务得到广泛应用。

1. 质押仓单必须具备的条件

（1）必须是出质人拥有完全所有权的货品的仓单，且记载内容完整。

（2）出具仓单的仓储方原则上必须是银行认可的具有一定资质的专业仓储公司。

2. 质押仓单的货品必须具备的条件

所有权明确；无形损耗小；市场价格稳定，波动小，不易过时；适应用途广，易变现；价格明确，便于计算；产品合格，并符合国家有关规定。如钢铁、铝、铜、粮食、大宗化工原料等。

3. 仓单质押贷款业务的形式

目前，仓单质押贷款业务主要有两大形式：一是现有存货的仓单质押贷款，其基本要点是：货主企业把货品存放在仓储企业中，然后凭货品仓储凭证——仓单向银行申请贷款，银行根据货品的价值向货主提供一定比例的贷款，而由仓库代理监管货品。二是拟购买货品的仓单质押贷款，即保兑仓业务，它相对于前者的特点是先票后货，即银行在买方客户交纳一定的保证金后开出承兑汇票，收票人为生产企业，生产企业在收到银行承兑汇票后按银行指定的仓库发货，货到仓库后转为仓单质押。

4. 仓单质押业务的风险

对于仓储物流业来说，仓单质押业务的风险主要有：

（1）客户资信风险；

（2）仓单风险；

（3）质押货品选择风险；

（4）货品监管风险；

（5）内部管理和操作风险。

1.3.3　中央储备粮仓储精细化管理

中央储备粮仓储精细化管理，就是以精益求精、严谨细致的工作态度，以节约成本、增加效益、提高效率、减少劳动强度、确保安全为目的，以优化仓储作业流程、细化各环节仓储管理规范标准和规章制度、量化管理标准、严格考核为手段，运用现代的科学管理方法，强化协作配合，对仓储管理的各个环节和细节实施精细、准确、快捷的规范和控制。通过实施仓储精细化管理活动，达到"五细"的管理目标要求。

1. 推行仓储精细化管理的主要内容

（1）细化管理制度。根据国家和中储粮总公司的有关政策和规章制度要求，结合仓储工作实际，重点在库区管理、仓房管理、出入库管理、粮食日常管理、质量管理、粮食机械与器材管理、储粮药剂管理和日常行为管理等方面进行了细化和量化，做到了执行有制度、行为有标准、工作有考核、责任有落实，突出了仓储精细管理的特点。

（2）细化管理目标。根据仓储精细化管理的总体目标要求，通过设定中央储备粮质量合格率、储粮宜存率、低温（准低温）储粮率、科学保粮率、"一符四无"率、仓储管理人员持证上岗率、安全生产等子目标来推行仓储精细化管理活动。

（3）细化工作程序。按照仓储管理业务的各项工作内容，分解细化业务流程，使各业务流程之间既相互衔接又相互独立，可包括《每周（月）仓储人员工作流程》、《检化验流程》、《出入库流程》、《日常管理流程》、《机械通风技术操作流程》等，对每项仓储业务操作实行程序化作业，任务分解落实到每个时段、每个科室、每个岗位。

（4）细化岗位职能。即细化、量化仓储工作内容、工作标准、工作时限、工作责任，分解到各个岗位，制定具体的岗位职能，将每个仓储人员的工作任务、工作标准进行具体细化、量化，使每人都能明确自己的工作内容、工作应达到的标准及相应的考核要求。

（5）细化成本控制。在粮食出入库及仓储管理各环节实行严格细致的预算，并切实落实到具体岗位和责任人，努力降耗增效，以管理促发展，向管理要效益。

2. 推行仓储精细化管理的主要措施

（1）强化组织领导和宣传。推行仓储精细化管理活动，重点在落实，而落实的关键在领导。为此必须成立专门组织机构，由企业主要领导亲自挂帅。同时还要大力开展仓储精细化管理的宣传与培训，在企业培育追求管理精细化的良好氛围，逐步形成精益求精、严谨细致的工作作风。

（2）强化粮食质量管理。切实做到粮食入库前"四检查"，入库时"三把关"，入库后做到"五及时"。

（3）强化日常粮情检查。在日常仓储工作中应认真落实"六级查仓制"，坚持"一、三、七"粮情检查制度、查虫查水制度和粮情分析会制度，贯彻执行周总结、粮情分析周报及粮情分析月报制度，准确全面掌握粮情动态。

（4）强化科技储粮。针对粮食储藏过程中各库面临的难题，成立科技储粮攻关小组，有针对性地开展科技研究。积极倡导开展科技创新，支持群众性的"小发明、小创造、小革新"活动。同时，进一步完善了科技项目的申报、研发、应用、推广、评审等制度。

（5）强化执行力。推行仓储精细化管理，关键是抓好执行力，将各项措施和目标切实落实到位。一方面提高对推行仓储精细化管理的认识，激发做好精细化管理工作的热情。同时还要加大投入力度，改善和完善储粮设施、规范统一行为，保证精细化管理的顺利实施和推行，使中央储备粮仓储管理再上新台阶。

（6）强化考评激励机制。中粮储山东分公司制定了《仓储精细化管理工作百分考核办法》，每年开展一次考核评比，对表现突出的单位和个人给予奖励。各承储企业也根据工作实际制定了考核办法，按照每月、每季、半年、一年等时段对仓储精细化管理工作进行考核评价，检查仓储精细化管理落实情况，及时总结，落实奖惩，促进仓储管理精细化目标的实现。从而达到人人有工作，工作有考核，考核有结果。

3. 开展仓储精细化管理的成效

山东分公司通过在仓储环节推行精细化管理活动，积极探索绿色储粮、科学储粮的有效措施，努力形成山东中储粮系统的管理特色，使精细化管理的理念进一步深入人心，精细化管理的制度体系进一步完善，管理行为进一步规范，中储粮仓储管理的总体水平得到了提高，取得了初步成效。

（1）仓储管理人员日常行为做到了"五统一"。即：工作时间着装统一、日常工作用语统一、仓内管理标准统一、出入库现场管理统一、每周固定工作流程统一。

（2）库区管理达到"三统一"。即粮仓内外墙壁统一粉刷为浅色，仓房檐口、门、窗、护栏、爬梯、通风口统一刷成蓝色，库区消防箱、消防栓等统一粉刷为红色。

（3）仓房管理达到"三统一"。即：仓顶统一进行隔热保温、仓号牌统一制作悬挂标准、仓内工具箱统一放置在固定位置。

（4）中央储备粮日常管理做到"四个确保"。即：确保入库粮食品质良好，确保储粮科技含量逐步提高，确保储粮和生产安全，确保仓储管理成本不断降低。

（5）科技储粮水平有了明显提高。分公司辖区直属库中央储备粮已全部实现准低温储藏，实现国标以内的中央储备粮出库时，水分减量不超过0.5%。在2006年9月的秋季粮食库存检查中，分公司辖区储粮平均粮温为21℃，宜存率为100%，合格率为100%，储粮费用开支得到了较好控制。取得了较为明显的效果。

（6）员工队伍建设得到了强化。初步形成了"我要干、我要学"的工作氛围，杜绝了大手大脚、铺张浪费现象，精细化的理念逐渐深入人心。

（7）通过开展仓储精细化管理活动，为建立中储粮系统粮食管理的标准化奠定了基础，提供了翔实、准确的数据保障和支持。对进一步提高中央储备粮管理水平、实现"两个确保"、加快企业发展提供了有力的保障。

思考与练习

一、填空题

1. 仓储是指通过____对暂时不用的物品进行储存和保管。

2. 仓储业是_____的总称。

3. 仓储管理要利用_____的手段获得最大的仓储资源配置，它应遵循"_____、_____、_____"的原则，其研究对象为_____。

4. 现代仓储管理的要求是_____、_____、_____和_____。

5. _____是指仓储保管人接受存货人交付的仓储物，并进行妥善保管，在仓储期满将仓储物完好地交还给存货人并收取保管费的协议。

6. 仓储商务发生在_____中，_____不发生仓储商务活动。

7. 仓储合同的签订一般需要经过邀约、验资、_____、_____、定约和履约六个阶段。

8. 仓储合同双方当事人分别为_____和_____。

二、判断题

1. 仓库不需要在特定的场所，可以在任何地方储存货品。（ ）

2. 仓储的对象可以是生产资料、也可以是生活资料，但不一定是实物动产。（ ）

3. 签订消费式仓储保管合同，存货人在存放货品时，同时将货品所有权转移给保管人。（ ）

4. 仓储保管合同为诺成性合同，在合同成立时就生效。（ ）

5. 仓单转让时由出让人进行背书，则仓单受让人就可获得提取仓储物的权利。（ ）

6. 仓容定额是指在一定的条件下，单位容积上允许存放货品的最高数量。（ ）

7. 仓单是有价证券，这种有价证券的价值是固定不变的。（ ）

8. 仓储合同的标的是仓储物。（ ）

9. 仓单是有价证券，这种有价证券的价值是固定不变的。（ ）

10. 仓储经营的经营收益主要来自于存货人支付的仓储保管费。（ ）

三、选择题

1. 仓储的功能包括（   ）。

    A. 是生产顺利进行的必要条件　　　　　B. 调整生产和消费的时间判别，维持市场稳定

    C. 具有劳动产品价值保存的作用　　　　D. 流动过程的衔接

    E. 市场信息的传感器　　　　　　　　　F. 开展物流管理的重要环节

2. 以下哪些不属于按经营主体划分的仓储类别？（   ）

  A. 企业自营仓储 B. 营业仓储 C. 公共仓储 D. 配送仓储

3. 以下哪些是仓储的对象？（ ）

  A. 生产资料 B. 人员 C. 生活资料 D. 建筑物

4. 以下哪些是仓储管理的基本原则（ ）。

  A. 效率的原则 B. 经济效益的原则 C. 统一的原则 D. 服务的原则

5. 有效的仓储管理能降低（ ）。

  A. 仓储成本 B. 运输成本 C. 作业成本 D. 风险成本 E. 机会成本

6. 下列哪一个不属于仓储增值服务的范畴（ ）。

  A. 托盘化包装 B. 产品配套组装 C. 退换货服务 D. 运输中介 E. 交易中心

7. 以下哪些可以作为仓储合同的形式？（ ）

  A. 合同书   B. 经双方签署的计划表

  C. 确认书   D. 仓库单方编制的格式合同

8. 仓单的法律特性主要表现在（ ）。

  A. 仓单是提货凭证 B. 仓单是所有权的法律文书

  C. 仓单不可以转让 D. 仓单是有价证券 E. 仓单是仓储合同的有价证明

9. 搞好仓储活动，是（ ）的有效途径。

  A. 加快货品周转速度 B. 节约流通费用 C. 降低物流成本

  D. 保持库存货品原有使用价值 E. 提高经济效益

10. 以下属于仓库保管员应具备的基本素质的有（ ）。

  A. 熟悉仓储物质的特性和保管要求 B. 具有丰富的货品知识

  C. 良好的市场营销能力 D. 具有一定的财务管理能力

  E. 熟悉仓库的布局、结构、技术定额和规划

11. 以下属于仓单内容的有（ ）。

  A. 储存场所 B. 储存期限 C. 仓储费 D. 填发日期 E. 仓储物的保险金额

12. 我国仓储业的发展将要朝着仓储社会化、仓储产业化、（ ）以及仓储现代化的目标发展。

  A. 仓储技术化 B. 仓储国际化 C. 仓储全面化 D. 仓储标准化

13. 甲乙双方签订一份仓储合同约定由甲方为乙方储存一批货品，乙方该批货品属易燃品，乙方未在合同中注明，货品入库后，由于温度过高，发生自燃，造成甲方库房烧毁，经济损失达 50 多万元，并造成甲方死亡 1 人重伤 2 人，根据法律规定下列表述正确的是：（ ）。

  A. 乙方赔偿甲方的经济损失 50 多万元 B. 乙方负责人承担刑事责任

  C. 乙方向甲方只支付违约金 D. 乙方和甲方共同承担经济损失

14. 成本最低的仓储方式是（ ）。

  A. 保管仓储 B. 混藏仓储 C. 消费仓储 D. 租赁经营

15. 我国合同法规定，当事人在合同中既约定了违约金又约定了定金的，一方违约的，另一方（ ）。

  A. 只能请求适用定金条款 B. 只能请求适用违约金条款

  C. 可以请求同时适用定金条款和违约金条款 D. 可以选择请求适用定金条款或请求适用违约金条款

四、简答

1. 仓储的功能有哪些？

2. 仓储保管合同的特征有哪些？仓储保管合同的主要条款有哪些？

3. 何谓仓单？仓单的功能有哪些？

4. 什么是仓单质押？质押仓单的货品必须具备哪些条件？

五、案例分析题

1. 仓库增值案例

  最普通的增值服务与包装有关。在通常的情况下，产品往往是以散装形式或无标签形式装运到仓库里的，所以，这种存货基本上没有什么区别。一旦收到顾客的订单，仓库经营人就要按客户要求对产品进行定制和发放。有关这方面服务的例子与一家汽车电池制造商有关。他把未做标志的产品装运到仓库中去，而已经出售的电池需要向仓库经营人提供有关商标牌号的待印图案。一旦接到订货、要求使用特定的标志时，仓库经营人就把该标志图案印制到电池上，然后用定制的盒子将产品包装起来。所以即使该产品在仓库里存放时是没有区别的，但是该顾客实际收到的是已经定制化了的产品和包装。由于支持个别顾客需求所需要的安全储备里较少，使该制造商可以减少其存货。与此同时，还可以相应地减少市场预测和生产计划的复杂性。

此外，仓储可以通过优化包装来提高这种增值服务，以满足整个渠道的顾客需求。例如，仓库可以通过延伸包装和变换托盘来增值。这种做法可以使制造商只处理一种统一的产品，与此同时，延期包装，以使包装需求专门化。另一个有关仓库增值的例子是在产品交付给顾客以前，去除保护性包装。在大型器械的情况下，这是一种有价值的服务，因为有时要顾客处理掉大量的包装是有困难的，因此，去除或回收包装材料是提供的增值服务。

仓库经营人还可以通过改变包装特点来增值，诸如供应商将大批量的防冻剂装运到仓库，然后仓库经营者对该产品进行瓶装，以满足各种牌号和包装尺寸的需要。这类延期包装使存货风险降到最低程度，减少了运输成本，并减少损坏（即相对于玻璃包装的产品而言）。

问题：

（1）目前我国仓储企业的利润率普遍偏低，部分企业甚至于出现了亏损。你认为产生这种现状的主要原因是什么？

（2）专业仓储企业如何通过优化包装来提供增值服务？

（3）除了通过改善包装以外，还有哪些途径可以使仓储活动增值？请举例说明。

2. 仓储合同案例

2007年6月1日，原告联手公司（化名）与被告华运通公司（化名）签订仓储配送合同书，约定联手公司委托华运通公司进行仓储、物流配送事宜，华运通公司提供常温库300m²，合同期限为2007年6月1日至2008年5月31日。

2008年1月28日，用于储存联手公司物品的仓库发生屋顶倒塌，将库内部分饮料砸坏。次日，华运通公司向联手公司传真处理方案，称2008年1月27日到28日，上海遭遇到了16年来未遇的雪灾，公司的项目仓库由于屋顶的积雪太重，将仓库屋顶压塌，将库内的货品压在下面。公司立即通知了相关保险部门，同时采取了一定的措施保证人员、货品的安全并加紧善后工作的处理来减少损失。

联手公司认为被告库房倒塌，使其产品暴露在露天严寒下存放一周左右，致使产品受冻，造成产品质量变坏、无法销售，要求华运通公司赔偿。但双方没有达成一致，故诉至法院要求被告赔偿损失。华运通公司辩称，仓库倒塌是属于不可抗力，联手公司要求其承担因不可抗力造成的损害没有法律依据。

法院审理后认为，华运通公司应当提供适宜联手公司产品存储的仓储条件。从当时库房所处地理位置的降雪量来看，导致仓库倒塌的原因不应视为不能预见、不能避免、不能抗拒的不可抗力因素，因此被告的辩解意见不能成立。且其在事件发生后，未能及时采取措施，导致联手公司产品露天存放，因而造成毁损，对此造成的损失华运通公司应当予以赔偿。据此，法院判决华运通公司赔偿联手公司938528.4元。

问题：你是否支持法院的判决？请简述理由。

第2章　仓储设施与设备的选择使用

2.1　专业素质提升模块

【知识要点】
- 仓库的分类、特征和应用领域。
- 托盘和货架等主要仓储设备的类型、结构和特点，及其在使用和保管中应注意的问题。
- 常用仓储设备的性能、特点和使用要求。

2.1.1　常见的仓储设施

【导入案例】

蒙牛乳业自动化立体仓库

内蒙古蒙牛乳业泰安有限公司乳制品自动化立体仓库，是蒙牛乳业公司委托太原刚玉物流工程有限公司设计制造的第三座自动化立体仓库。该库后端与泰安公司乳制品生产线相衔接，与出库区相连接，库内主要存放成品纯鲜奶和成品瓶酸奶。库区面积8323m²，货架最大高度21m，托盘尺寸1200mm×1000mm，库内货位总数19632个。其中，常温区货位数14964个；低温区货位46687个。入库能力150盘/小时，出库能力300盘/小时。出入库采用联机自动。

1. 工艺流程及库区布置

根据用户存储温度的不同要求，该库划分为常温和低温两个区域。常温区保存鲜奶成品，低温区配置制冷设备，恒温4℃，存储瓶酸奶。按照生产—存储—配送的工艺及奶制品的工艺要求，经方案模拟仿真优化，最终确定库区划分为入库区、储存区、托盘（外调）回流区、出库区、维修区和计算机管理控制室6个区域。

入库区由66台链式输送机、3台双工位高速梭车组成，链式输送机负责将生产线码垛区完成的整盘货物转入各入库口，双工位穿梭车则负责生产线端输送机输出的货物向各巷道入库口的分配、转动及空托盘回送；储存区包括高层货架和17台巷道堆垛机，高层货架采用双托盘货位完成货物的存储功能，巷道堆垛机则按照指令完成从入库输送机到目标的取货、搬运、存货及从目标货位到出货输送机的取货、搬运、出货任务；托盘（外调）回流区分别设在常温储存和低温储存区内部，由12台出库口输送机、14台入库口输送机、巷道堆垛机和货架组成，分别完成空托盘回收、存储、回送、外调货物入库、剩余产品，退库产品入库、回送等工作；出库区设置在出库口外端，分为货物暂存区和装车区，由34台出库较输送机、叉车和运输车辆组成，叉车司机通过电子看板、RF终端扫描来叉车完成装车作业，反馈发送信息；维修区设在穿梭车轨道外一侧，在某台空梭车更换配件或处理故障时，其他穿梭车仍旧可以正常工作；计算机控制室设在二楼，用于出入库登记、出入库高度、管理和联机控制。

2. 设备选型及配置

(1) 货架

① 主要使用要求和条件。托盘单元载重能力：850/400kg（常温区/低温区）；存储单元体积：1000（运行方向）mm×1200（沿货叉方向）mm×1470（货高含托盘）mm；库区尺寸9884（m），库区建筑为撕开屋顶，最高点23m。

② 根据使用要求和条件，结合刚玉公司设计经验，经力学计算和有限元分析优化，确定采用具有异形截面、自重轻、刚性好、材料利用率高、表面处理容易、安装和运输方便的双货位横梁式组合货架。其中，货架总高度分别有：21000mm、19350mm、17700mm、16050mm、14400mm和12750mm。货架规模：常温区有14964个；低温区有4668个。

③ 货架主材。主柱：常温区选用刚玉公司自选轧制的126型异型材，低温区采用120型异型材；横梁：常温区选用刚玉公司自轧制异型材55BB及采用5BB型异型材；天、地轨：天轨采用16#工字钢，地轨要采用30kg/m钢轨。

④ 采用的标准、规范。JB/T 5323—1991立体仓库焊接式钢结构货架技术条件；JB/T 9018—1999有轨巷道式高层货架仓库设计规范；CECS23：90钢货架结构设计规范和Q/140100GYCC 001—1999货架用异型钢材。

⑤ 基础及土建要求。仓库地面平整度允许偏差±10mm；在最大载荷下，货架区域基础地坪的沉降变形应小于1/1000。

⑥ 消防空间。货架北部有400mm空间，200mm安装背拉杆，200mm安装消防管道。

（2）有轨巷道堆垛机

① 主要技术参数。堆垛机高度：21000mm、19350mm、17700mm、16050mm、14400mm和12750mm；堆垛机额定载重量：850/400kg；载货台宽度：1200mm；结构形式：双立柱；运行速度：5～100m/min（变频调速）；起升速度：4～40m/min（变频调速）；货叉速度：3～30m/min（变频调速）；停准精度：超升、运行≤±10mm，货叉≤±5mm；控制方式：联机自动、单机自动、手动；通信方式：远红外通信；供电方式：安全滑触线供电；供电容量：20kW、三相四线制380V、50Hz。

② 设备配置。有要巷道堆垛超重机主要由多发结构、超升机构、货叉取货机构、载货台、断绳案例保护装置、限速装置、过载与松绳保护装置以及电气控制装置等组成。

驱动装置：采用德国德马格公司产品，性能优良、体积小、噪声低、维护保养方便。变频调整：驱动单元采用变频调速，可满足堆垛机出入库平衡操作和高速运行，具有启动性能好、调速范围宽、速度变化平衡、运行稳定并有完善的过压、过流保护功能。堆垛机控制系统：先用分解式控制、控制单元采用模块式结构，当某个模块发生故障时，在几分钟内便可更换备用模块，使系统重新投入工作。案例保护装置：堆垛机超升松绳和过载、娄绳安全保护装置；载货台上、下极限位装置；运行及超升强制换速形状和紧急限位器；货叉伸缩机械限位挡块；货位虚实探测、货物高度及歪斜控制；电气联锁装置；各运行端部极限缓冲器；堆垛机设作业报警电铃和警示灯。

③ 控制方式。手动控制：戴盆望天机的手动控制是由操作人员，通过操作板的按钮和万能转换形状，直接操作机械运行，包括水平运行、载货台升降、货叉伸缩三种动作。

单机自动：单机自动控制是操作人员在出入库端通过堆垛机电控柜上的操作板，输入入（出）库指令，堆垛机将自动完成入（出）库作业，并返回入（出）库端待令。

在线全自动控制：操作人员在计算机中心控制室，通过操作终端输入入（出）库任务或入（出）库指令，计算机与堆垛机通过远红外通信连接将入（出）库指令下达到堆垛机，再由堆垛机自动完成入（出）库作业。

（3）输送机

① 主要技术参数。额定载荷：850/400kg（含托盘）；输送货物规格：1200mm×1000mm×1470mm（含托盘）；输送速度：12.4m/min。

② 设备配置。整个输送系统由两套PLC控制系统控制，与上位监控机相连，接收监控机发出的作业命令，返回命令的执行情况和子系统的状态等。

（4）双工位穿梭车。系统完成小车的高度，其中一工位完成成品货物的接送功能，另一工位负责执行委员会的拆卸分配。主要技术参数有：安定载荷：1300kg；接送货物规格：1200mm×1000mm×1470mm（含托盘）；拆最大空托盘数：8个；空托盘最大高度：1400mm；运行速度：5～160m/min（变频调速）；输送速度：12.4m/min。

（5）计算机管理与控制系统。依据蒙牛乳业泰安立体库招标的具体需求，考虑企业长远目标及业务发展需求，针对立体库的业务实际和管理模式，为本项目定制了一套适合用户需求的仓储物流管理系统。主要包括仓储物流信息管理系统和仓储物流控制与监控系统两部分。仓储物流信息管理系统实现上层战略信息流、中层管理信息流的管理；自动化立体仓库控制与监控系统实现下层信息流与物流作业的管理。

2.1.1.1 仓库的概念、功能与分类

1. 仓库的概念

在中华人民共和国国家标准《物流术语 GB/T 18354—2001》中，仓库的概念是指用于保管、储存货品的建筑物合场所的总称，它为货品的保管提供必要的条件和空间。从现代物流系统的角度看，仓库是从事存储、包装、分拣、流通加工、配送等物流作业活动的物流节点设施。仓库在物流系统中是主要承担保管功能的场所，根据其建筑物的不同形态，可分为库房、货棚和露天货场。由中国仓储协会组织起草的《通用仓库等级》国家标准，已由国家标准委批准公布（标准编号 GB/T 21072—2007），并于2008年3月1日起实施。《通用仓库等级》国家标准从仓库设施条件、从业人员素质、服务功能、管理水平四个方面对不同等级的仓库提出划分条件，将通用仓库划分为一星至五星5个等级。

2. 仓库的功能

从现代物流系统观点来看，仓库应具有以下功能。

(1) 储存保管的功能。这是仓库的最基本的传统功能。仓库应具有一定规模的库容量以满足货品储存的需要，并根据储存货品的特性配备相应的设备，以保持储存货品完好性。例如：冷藏仓库及冷冻仓库来储存水果、鱼肉类；储存挥发性溶剂的仓库，必须设有通风设备，以防止空气中挥发性物质含量过高而引起爆炸；储存精密仪器的仓库，需防潮、防尘、恒温，需要设立空调等恒温设备。

(2) 调节供需的功能。现代化大生产的形式多种多样，从生产和消费的连续来看，每种产品都有不同的特点，有些产品的生产是均衡的，而消费是不均衡的，如电风扇等季节性货品；还有一些产品生产是不均衡的，而消费却是均衡不断地进行的，如粮食。这两种情况都产生了供需不平衡，这就需要仓库来起"蓄水池"的调节作用，使生产和消费协调起来，这也体现出物流系统创造货品时间效用的基本职能。

(3) 调节货品运输能力。各种运输工具的运输能力相差很大。船舶的运输能力很大，海运船一般是万吨级，内河船舶也有几百吨至几千吨的；火车的运输能力较小，每节车皮能装运 30～60t，一列火车的运量多达数千吨；汽车的运输能力很小，一般每辆车装 4～10t。它们之间进行转运时，运输能力是很不匹配的，这种运力的差异也是通过仓库或货场进行调节和衔接的。

(4) 配送及流通加工的功能。现代仓库的功能已处在由保管型向流通型转变的过程之中，即仓库由储存、保管货品的中心向流通、销售的中心转变。因此仓库不只要具有储存、保管货品的设施和装备，而且还要增加分拣、配套、捆扎、流通加工，以及物流信息处理等设备。这样不仅扩大了仓库的经营范围，提高了物质产品的综合利用率，又方便了消费，提高了物流服务质量。

(5) 信息传递功能。伴随着以上功能的改变，导致了仓库对信息传递的要求。在处理仓库活动有关的各项事务时，需要依靠计算机和互联网，通过电子数据交换（EDI）和条形码技术来提高仓储货品信息的传输速度，及时而又准确地了解仓储信息如仓库利用水平、进出库的频率、仓库的运输情况、顾客的需求以及仓库人员的配置等。

3. 仓库的分类

由于仓库经营主体、仓储保管条件、仓储功能等不同，使得仓库按不同的标准可进行不同的分类，一个企业或部门可以根据自身的条件和需要选择建设或租用不同类型的仓库。

(1) 按仓库经营主体划分

① 企业自营仓库。是指生产或流通企业为经营需要而建设的附属仓库，完全用于存储本企业的货品（原料、半成品和产成品）。仓库的建设、保管物料的管理以及出入库等业务均处于企业管理责任范围内。所保管物料确定后，企业可选择适合这些物料的仓库结构和装卸设备。

② 营业仓库。营业仓库是指按照仓库业管理条例取得营业许可证，为经营储运业务而修建的仓库。它是以提供货品仓储服务和提供仓储场地服务为经营手段，以收取仓储费为盈利目的的，与自营仓库相比其使用效率要高。如：中储公司（中国货品储运公司）占地 1300 万平方米，货场 450 万平方米，库场 200 万平方米，仓储面积居全国同类企业之首。

③ 公共仓库。国家或公共团体为了公共利益而建设的仓库称为公共仓库，即与公共事业配套服务的仓库，如机场、港口、铁路货场、库房等。不同经营主体仓库的特点见表 2-1。

④ 保税仓库及保税堆货场。根据有关法律和进出口贸易的规定取得许可证、专门保管国外进口而暂未纳税的进出口货品的仓库称为保税仓库。保税仓库适用于存放供来料加工、进料加工复出口的料、件；经外经贸部门批准寄售维修的零备件；外商寄存、暂存、转口货品；供应国际航行船舶的燃料、零配件、免税品；以及在指定地区储存国际天然橡胶组织的天然橡胶。而保税堆货场是为了搬运进出口货品、通关、进行临时保管货品的建筑物。货品在保税仓库存放的期限见表 2-2。

(2) 按仓储保管条件划分

① 通用仓库。一般是指具有常温保管、自然通风、无特殊功能的仓库，用以储存没有特殊要求的货品。在货品流通行业的仓库中，这种通用仓库所占用的比重最大。

② 专用仓库。专用仓库是专门用以储存某一类货品的仓库，或者是某类货品数量较多，或者是由于货品本身的特殊性质，如对温湿度的特殊要求，或易对共同储存的货品产生不良影响，因此，要专库储存。例如金属材料、机电产品、食糖等仓库。

表 2-1 不同经营主体仓库的特点

仓库类型	优 点	缺 点
企业自营仓库	(1)可以根据企业特点加强仓储管理 (2)可以依照企业的需要选择地址和修建特需的设施 (3)长期仓储时成本低 (4)可以为企业树立良好形象	(1)存在位置和结构的局限性 (2)企业的部分资金被长期占用
营业仓库	(1)有利于企业有效利用资源 (2)有利于企业扩大市场 (3)有利于企业进行新市场的测试 (4)有利于企业降低运输成本	对物流活动失去直接控制
公共仓库	(1)需要保管时,保证有场所;不需要保管时,不用承担仓库场地空闲的无形损失 (2)有专家进行保管和进出货品的工作,管理安全 (3)不需仓库建设资金 (4)可以根据市场需求变化选择仓库的租用面积与地点	(1)当货品流通量大时,仓库保管费与自家仓库相比较高 (2)所保管的货品需遵守营业仓库的各种限制规则

表 2-2 货品在保税仓库的存放期限

保税仓库类型	储存期限/年	说 明
公共保税仓库	3	在限期内,货品转移到不同类型的保税仓库时,其总期限不得超过其中最长的一类的规定时间
自有公共保税仓库	2	
专用保税仓库	1	

③ 特种仓库。通常是指用于存放要求特殊保管条件的货品。这类仓库必须配备有防火、防爆、防虫等专用设备,其建筑构造、安全设施都与一般仓库不同,其主要种类包括有冷藏仓库、石油仓库和化学危险品仓库等,见表 2-3。

表 2-3 特种仓库的类型及特点

仓库类型	功 能 特 点
冷藏仓库	安装有制冷设备,可人为地调节库房的温度和湿度,并具备良好的保温隔热性能以保持较低温度的仓库,一般多是用来存储农副产品、食品、工业原料、生物制品以及医药品等对于储存温度有要求的货品
石油仓库	接受、保管、配给石油和石油产品(汽油、轻油、润滑油等)的仓库
危险品仓库	保管危险货品并能对危险品起一定防护作用的仓库。危险品由于可能对于人体以及环境造成危险,根据消防法、火药管制法、毒品及烈性货品管制法、高压燃气管制法等法律,保管危险货品应按其所属的种类,进行分别保管

④ 水上仓库。是飘浮在水面上的储藏货品的趸船、囤船、浮驳或其他水上建筑,或者在划定水面保管木材的特定水域,沉浸在水下保管货品的水域。近年来由于国际运输油轮的超大型化,许多港口因水深限制,大型船舶不能直接进港卸油,往往采用在深水区设立大型水面油库(超大型油轮)作为仓库转驳运油。

(3) 按仓库功能划分

① 生产仓库。用来储存生产或经营所用的原材料的、燃料及产品的仓库,称为生产仓库,这类仓库一般附属于产品生产工厂。

② 流通仓库。这种仓库除具有保管功能之外,还具有进行装配、简单加工、包装、理货以及配送功能,具有周转快、附加值高、时间性强的特点,从而减少在联结生产和消费的流通过程中货品因停滞而花费的费用。流通仓库作为物流服务的结点,在流通过程中发挥着重要的作用,它将不再以储存保管为其主要目的。

③ 储备仓库。通常是指专门长期存放各种储备货品,以保证完成各项储备任务的仓库,如战

略货品储备、季节货品储备、备荒货品储备、流通调解储备等。战略储备物质主要有粮食、油料、能源、有色金属、淡水等。

④ 配送中心的仓库。作为向市场或直接向消费者配送货品的仓库，往往具有存货种类多、存货量较少的现象，一般要进行货品包装拆除、配货组合等作业以及开展配送业务。

⑤ 中转分货型仓库。是以中转储备为主要目的，其中转作用类似配送型仓库中的单品种、大批量型仓库，其储备作用又类似于储备型仓库。

⑥ 加工型仓库。以流通加工为主要目的的仓库称为加工型仓库。一般的加工型仓库是集加工厂和仓库的两种职能，将货品的加工业务和仓储业务结合在一起。

⑦ 出口监管仓库。经海关批准，在海关监管下，存放已按规定领取了出口货品许可证或批件，已对外买断结汇并向海关办完全部出口海关手续的货品的专用仓库。

（4）按照库场的构造划分

① 单层平房仓库。单层平房是指仓库建筑物是平房，结构很简单，有效高度一般不超过5～6m的仓库，见图2-1。这种仓库建筑费用很便宜，是最常见的、也是使用最广泛的一种仓库建筑类型。

图 2-1　单层平房仓库外景与内部布置图

② 多层仓库（或楼房仓库）。仓库为两层以上的钢筋混凝土建造的仓库，可以扩大仓库的实际使用面积，见图2-2。多层仓库一般经常用来储存城市日常用的高附加值的小型货品，一般是使用垂直输送设备来搬运货品。使用多层仓库存在的问题在于建筑和使用中的维护费用较大，一般货品的存放成本较高。

③ 立体仓库（特殊的单层仓库）。又被称为高架仓库，是一种自动化程度较高、存货能力较强的仓库，见图2-3。它利用高层货架来储存货品，在作业方面，主要使用电子计算机控制，有堆垛机、吊机等装卸机械自动运转，货品可以自动进出仓库，进出仓库方便省力，实现机械化和自动化。

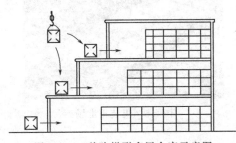

图 2-2　一种阶梯形多层仓库示意图

④ 立筒仓。立筒仓就是用于存放散装的颗粒状或粉末状货品（如原粮、饲料、水泥和化肥等）的封闭式仓库，见图2-4。一般这种仓库被置于高架上，配备气力输送装置等以提高散装货品的进出效率。

⑤ 露天堆场。露天堆场是用于在露天堆放货品的场所，一般堆放大宗原材料，或者不怕受潮的货品。如图2-5所示的是一个用于集装箱堆存的露天堆场。

2.1.1.2　货架的种类及其使用

在仓库设备中，货架是专门用于存放成件货品的保管设备，在仓库中居于非常重要的地位。仓库现代化管理过程中，为了改善仓库的功能，不仅要求仓库货架的数量多、功能多，能满足实现机械化、自动化的要求，而且要求货架的使用要合理。仓库在选择和配置货架时，必须综合分析储存货品的性质、单元装载和库存量，以及库房结构、配套的装卸搬运设备等因素。

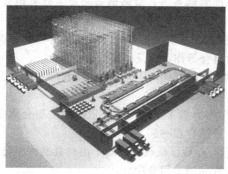 

(a) 分离式　　　　　　　　　　　　　　　　(b) 整体式

图 2-3　自动化立体仓库

(a) 钢板立筒仓　　　　　　　　　　　　　　(b) 混凝土立筒仓

图 2-4　立筒仓

 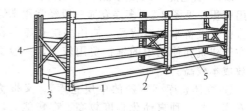

图 2-5　集装箱堆场　　　　　　　　　　　图 2-6　传统货架的结构

1—立柱；2—拉杆；3—托板；4—交叉；5—层板

1. 货架的功能

货架是指用支架、隔板或托架组成的立体储存货品的设施，见图 2-6。货架的功能有如下几个方面：

(1) 可充分利用仓储空间，提高库容利用率，有效扩大仓库储存能力；

(2) 货品互不挤压，有利于货品完整，减少货品的损失；

(3) 有利于货品存取、拣选、计量、清点等作业，有利于提高作业效率，可做到先进先出；

(4) 可以采取防潮、防尘、防盗、防破坏等措施，保证存储货品的质量；

(5) 有利于实现仓库作业的机械化和自动化，提高仓储作业的现代化水平。

2. 货架的种类

随着仓库机械化和自动化程度的不断提高，货架技术也在不断提高，尽管出现了许多新型货架，传统的层架、悬臂架、托盘货架等依然发挥着重要作用。

(1) 按货架的发展可分为传统货架和新型货架。

① 传统货架包括：层架、层格式货架、抽屉式货架、U形货架、悬臂架、栅架、气罐钢瓶架、轮胎专用架等。

② 新型货架包括托盘货架、驶入式货架、驶出式货架、旋转式货架、移动式货架、调节式货架、阁楼式货架、重力式货架等。

（2）按货架的封闭移度分，有敞开式货架、半封闭式货架、封闭式货架。

（3）按照货架的制造材料分，有钢货架、钢筋混凝土货架、钢与钢筋混凝土混合式货架、木制货架、钢木合制货架。

（4）按货架的可动性可分为固定式货架、移动式货架、旋转式货架、组合式货架、可调式货架。

（5）按货架的高度可分为低层货架（高度在 5m 以下）、中层货架（高度在 5～15m）、高层货架（高度在 15m 以上）。

（6）按货架的重量可分为重型货架（每层货架载质量在 500kg 以上）、中型货架（每层货架载重量在 150～500kg）与轻型货架（每层货架载质量在 150kg 以下），如图 2-7 所示。

(a) 重型货架　　　　　　　(b) 中型货架　　　　　　(c) 轻型货架

图 2-7　重型货架、中型货架与轻型货架

（7）按加工形式来可分为：组合式货架和焊接式货架。

① 组合式货架以轻便、灵活、适用范围广为特点，多用于平面仓库和分离式自动仓库。

② 焊接式货架以牢固、承载大、刚性好为特点，多用于库架合一式自动仓库。

（8）按照用途不同来可分为仓储货架和超市货架。

① 超市货架主要用于零售业的店面货品的陈列与销售。

② 仓储货架主要用于工厂、仓库、配送中心的货品的储存、保管、拣选。

3. 几种新型货架的结构和特点

（1）托盘货架。又称工业货架，是使用最广泛的托盘类货品存储系统，通用性较强，如图 2-8、图 2-9 所示。其结构是货架沿仓库的宽度方向分成若干排，其间有一条巷道，供堆垛起重机、叉车或其他搬运机械运行，每排货架沿仓库纵长方向分为若干列，在垂直方向又分为若干层，从而形成大量货格，用以用托盘存储货品。一般采用叉车等装卸设备作业，是机械化、自动化货架仓库的主要组成部分。

托盘货架的特点：

① 托盘货架一般采取组合方式，可任意调整组合，具有很大的灵活性；

② 适合 ABC 分类中的 B 类、C 类货品；

③ 架设施工简易、费用经济；

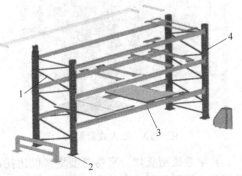

图 2-8　托盘货架结构图
1—斜撑；2—基脚；3—横梁；4—立柱

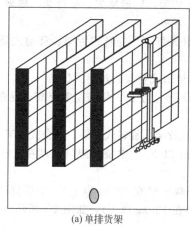
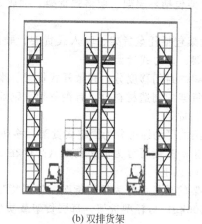

(a) 单排货架　　　　　　　　　　(b) 双排货架

图 2-9　托盘货架示意图

④ 出入库存取不受货品先后顺序之限;

⑤ 一般使用 3~5 层,高度一般在 6m 以下,适合堆高机存取。

(2) 横梁式仓储货架。横梁式货架为组合式结构,层高可随意调节,配以各种类型的托盘和叉车,可实现货品的快速存取。横梁式货架分为轻、中、重量型,每层承重可达 500~5000kg,是最常用的储存方式。存取快捷、方便,保证任何货品都先进先出,无叉车类型限制,较快的取货速度,空间利用率 30%~50%(由叉车类型决定)。

(3) 驶入、驶出式货架。驶入式货架投资成本相对较低,货品存取从货架同一侧进出,“先存后取,后存先取”,如图 2-10 所示。平衡重力及前移式叉车可方便地驶入货架中间存取货品,每层承重 500~2000kg,能充分利用仓库面积。适用于横向尺寸较大、品种较少、数量较多且货品存取模式可预定的情况,常用来储存大批相同类型货品。由于其存储密度大,对地面空间利用率较高,常用在冷库等存储空间成本较高的地方。

驶出式货架与驶入式货架不同之处在于驶出式货架是通的,没有拉杆封闭,前后均可安排存取通道,可实现先进先出管理,如图 2-11 所示。

一般的自动化仓库,有轨或无轨堆垛机的作业通道是专用的,在作业通道上不能储存货品;驶入/驶出式货架仓库的特点是作为托盘单元货品的储存货位与叉车的作业通道是合一的、共同的,这就大大提高了仓库的面积利用率。驶入/驶入驶出式货架采用钢结构,立柱上有水平突出的构件,叉车将托盘货品送入,由货架两边的构件托住托盘。驶入式货架只有一端可供叉车进出,而驶入驶出式货架可供叉车从中通过,非常便于作业。

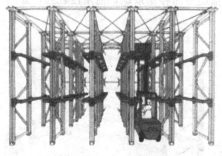
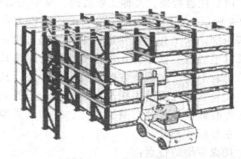

图 2-10　驶入式货架　　　　　　　　　图 2-11　驶出式货架

(4) 窄巷道型货架。窄巷道型货架仅比托盘稍宽,是由金属立柱与横梁组成的简单结构。它继承了托盘式货架对托盘存储布局无严格要求的特点,货叉在叉车沿通道前后运行存取货品的同时左右转动而无需转弯,能充分利用仓库面积和高度,具有中等存储密度,地板使用率达到 45%。窄巷道型货架也可以同时集成货品暂存平台，每层承重 500～5000kg，大幅度提高存储效率。但是窄巷道型货架需用特殊的叉车或起重机进行存取作业，同时还需要其他搬运机械配套，周转时间相比传统的货架较长。由于货架不仅有储存托盘的功能，还需有支撑和加固搬运设备的功能，因此对结构强度和公差配合要求极为严格，必须综合考虑，精确设计、安装。

（5）重力式货架。重力式货架是在贯通式货架和流利式货架的基础上演变而成，重力式货架为"先进先出"型存取模式，故特别适用于易损货品和品种少、存储量大、储存期短的货品，如图 2-12 所示。仓库利用率极高，运营成本较低，但对通道物流布局有特殊要求，即在货架每层的通道上，都安装有一定坡度的、带有轨道的导轨，入库的单元货品在重力的作用下，由入库端流入出库端。

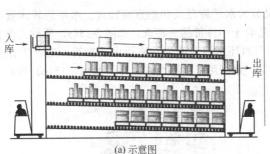

(a) 示意图　　　　　　　　　　(b) 实物图

图 2-12　重力式货架示意图

（6）后推型货架。后推型货架是一种高密度托盘储存系统，托盘的存放和取出是在同一通道上进行的，存入时叉车将托盘逐个推入到货架深处，取出时托盘借重力逐个前移，因而最先放入的托盘是在最后取出的，如图 2-13 所示。该系统既能达到驶入型货架的仓容量，又能达到托盘自滑动型货架的取出能力，与一般托盘货架相比节省了近 1/3 的空间，增加了存储密度，但存取性差，无法实现先进先出的管理。适用于少品种、大批量货品的存储，不适合储存太重货品。

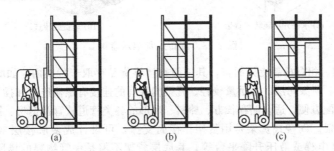

(a)　　　　　　　　(b)　　　　　　　　(c)

图 2-13　后推式货架示意图

（7）移动式货架。移动式货架是一种在货架底部安装有运行车轮，可在地面上运行的货架。按驱动方式不同可分为人力推动式、摇把驱动式和电动式，如图 2-14 所示。移动式货架只需要一个作业通道，可大大提高仓库面积的利用率，广泛应用于办公室或图书馆存放档案文献，金融部门存放票据，工厂车间、仓库存放工具、物料等。适用于库存品种多，出入库频率较低的仓库；或库存频率较高，但可按巷道顺序出入库的仓库。

（8）旋转式货架。旋转式货架设有电力驱动装置，由开关或用计算机操纵货架沿着由两个直线段和两个曲线段组成的环形轨道运行。存取货品时，把货品所在货格的编号由控制盘或按钮输入，该货格则以最近的距离自动旋转至拣货点停止。由于通过货架旋转改变货品的位置来代替拣选人员在仓库内的移动，能够大幅度降低拣选作业的劳动强度，而且货架旋转选择了最短路径，所以，采用旋转式货架可以大大提高拣货效率。

旋转式货架分为整体旋转式（整个货架是一个旋转整体）和分层旋转式（各层分设驱动装置，

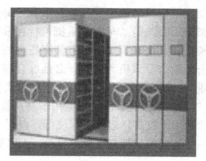

图 2-14　移动式货架示意图

形成各自独立的旋转体系），其中整体旋转式又分为水平旋转式和垂直旋转式。水平旋转式货架是指可以在水平面内沿环形路线来回运行的货架，适合于小件货品的拣选，如图 2-15(a) 所示。垂直旋转式货架与水平旋转式货架相似，只是把水平面内的环形旋转改为垂直面内的旋转，适合于存放长的卷状货品，如地毯、地板革、胶片卷、电线卷等，也可用于储存小件货品，如图 2-15(b) 所示。

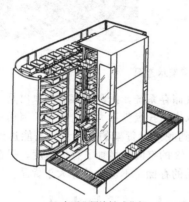
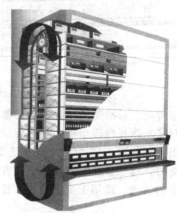

(a) 水平分层旋转式货架　　　　　　　　　　(b) 垂直旋转式货架

图 2-15　旋转式货架示意图

（9）悬臂式货架。相对托盘货架而言，其一般直接将货品存取于货架内，如图 2-16 所示，因此货品的高度、深度较小，货架每层的载重量较轻。货架构件间的连接有螺栓连接和插接两种，其特点是结构简洁、自重轻、装配方便，适合储存长方、棒料、环形的各类管道软管及钢材、钢板等不规则货品。

（10）阁楼式货架。阁楼式货架是用货架作楼面支撑，可设计成多层楼层（通常 2～3 层），设置有楼梯和货品提升电梯或液压升降平台等，其底层货架不但是保管物料的场所，而且是上层建筑承重梁的支撑（柱），承重梁的跨距大大减小，建筑费用也大大降低。阁楼式货架适用于库房较高，货品轻小，人工存取，见图 2-17。

图 2-16　悬臂式货架示意图

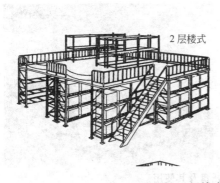

2 层楼式

图 2-17 阁楼式货架示意图

4. 货架的选择依据

在仓库的设备选择中，是否选择货架，选择什么样的货架，必须综合分析库存货品的性质、单元装载和库存量，以及库房结构、配套的装卸搬运设备等因素，如图 2-18 所示。选择货架系统对仓库的使用、管理有利有弊，有利因素有：可以充分利用仓库空间，提高仓储空间利用率和存储能力；货品存取方便；对存放货品的保护较好，货损率低。不利因素有：货架设置以后，不能随意更改，灵活性较差；不适合较重货品的存储；仓库建设标准较平面库高，增加建设成本；货架系统要有较高的仓库管理水平；货架系统投资较大。是否选择货架系统，必须考虑上述因素的影响。此外，还要考虑使用货架所能带来的空间利益，通过权衡各种因素，确定存储设备的最佳方案，避免选择不适当的货架。

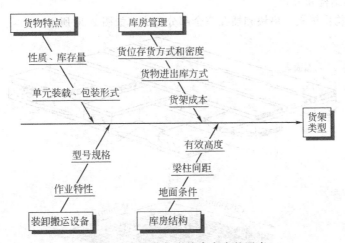

图 2-18 选择货架应综合考虑的因素

2.1.1.3 托盘的种类与使用

托盘是一种重要的集装器具，是现代物流的基础工具之一，它是使静态货品转变为动态货品的载货平台，有人称其为"活动的平台"、"可移动的地面"。在物流活动中，叉车与托盘的共同使用，形成的有效装卸系统大大促进了单元化货品装卸运输活动的发展，使装卸机械化水平大幅度提高。

1. 托盘的概念及特点

托盘又称栈板、卡板、拍子，是为了使货品能有效地装卸、搬运、保管，将货品按一定数量组合放置于一定形状的台面上，这种台面有供叉车从下部叉入并将台面托起的叉入口。以这种结构为基本结构的平台和在这种基本结构上形成的各种形式的集器具均可称为托盘，如图 2-19 所示。因为它好似盘子可以托起食品一样，所以形象地称之为托盘。

托盘包装在国际贸易中已经使用了很多年，被认为是经济效益较高的运输包装方法之一。它不

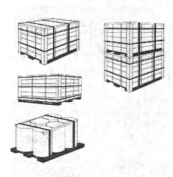

图 2-19　托盘及其使用

仅可以简化包装，降低成本，使包装可靠，减少损失，而且易机械化、节省人力，实现高层码垛，充分利用空间。托盘具有以下特点：

（1）自重量小。用于装卸、运输时托盘本身所消耗的劳动较小，无效运输及装卸相比集装箱小。

（2）返空容易，返空时占用运力很少。由于托盘造价不高，又很容易互相代用，互以对方托盘抵补，所以无需像集装箱那样必有固定归属者，返空比集装箱容易。

（3）装盘容易，不需像集装箱那样深入到箱体内部。装盘后可采用捆扎、紧包等技术处理，使用时简便。

（4）装载量有限。装载量虽较集装箱小，但也能集中一定数量，比一般包装的组合量大。

（5）保护性比集装箱差，露天存放困难，需要有仓库等配套设施。

2. 托盘的基本结构和形式

托盘的基本结构由铺板、垫块和插孔三个部分组成，如图 2-20 所示。

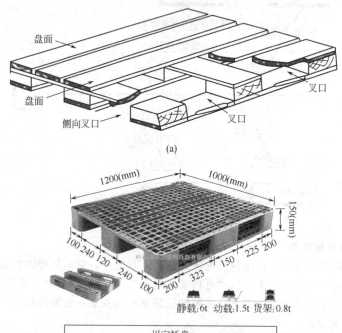

（a）

静载:6t　动载:1.5t　货架:0.8t

川字托盘			
型号	规格 /mm	动载 /t	静载 /t
SL1210-MP	1200×1000×150	1.5	6

（b）

图 2-20　托盘基本结构示意图

3. 托盘的分类

托盘的种类很多，目前国内外常见的托盘，大致可分为平面托盘、立柱托盘、箱式托盘等七大类。

（1）平面托盘（又称平托盘）。是托盘中使用量最大的一种，又称通用托盘，如图2-21所示。具体又可按三种方式分类：

① 按承托货品台面分：单面型、单面使用型、双面使用型、翼型四种。

② 按叉车叉入方式分：单向叉入型、双向叉入型、四向叉入型三种，如图2-22所示。

图 2-21　平托盘

(a) 两向进叉托盘　　　(b) 四向进叉托盘　　　(c) 单面两向进叉托盘

(d) 双面使用托盘　　　(e) 单翼型托盘　　　(f) 复翼型托盘

图 2-22　各种进叉型托盘

③ 按托盘材质分为木托盘、钢托盘、铝合金托盘、塑料托盘、胶合板托盘、纸板托盘、复合材料托盘等。根据不同的使用需求又可分为长期周转用和一次性使用两类。塑料托盘和钢制托盘基本上均为周转用托盘，纸制托盘为一次性使用托盘，木制托盘和复合材料托盘既可生产周转用托盘，也可生产一次性托盘，几种材质托盘的性能比较见表2-4。

a. 木制托盘。木制托盘是托盘中最传统和最普及的类型。由于木材具有价格低廉、易于加工、成品适应性强、便于维修、自重也较轻等特点，而成为绝大多数用户广泛采用的平托盘，见图2-23。材质是决定木制托盘的应用及价格的另一因素，基本分为杨木、松木（黄花松、白松、红松）、硬

表 2-4　几种材质托盘的性能比较

性　能	木塑托盘	木制托盘	塑料托盘	金属托盘
每次使用的费用	最低	高	比较低	比较低
结构尺寸的稳定性	稳定	不稳定	稳定	稳定
强度	高	一般	一般	高
防潮性	高	低	高	高
吸水性	无	高	无	无
被污染性	无	高	无	无
安全性	高	低	高	高
顾客定制尺寸	随意	随意	固定	相对固定

杂类（桦木、柞木）等。在梁式货架上用同规格的杨木、松木、桦木托盘承载同样重量货品，重量加大至一定程度时，杨木托盘断裂，松木托盘有一定弯曲变形，而桦木托盘完好。这个实验比较形象地说明了材质的差异。集合包装常用托盘为木制联运平托盘，其技术条件见 GB/T 4995—1996，形式与代号见表 2-5。

表 2-5　木制联运平托盘的形式与代号

形　式		代　号	说　明
单面使用	A 形	Da	两面都要铺板，只有一面是载货板
	B 形	Db	两面都有铺板，只有一面是载货面，总量下部有吊槽
	四向形	D4	两面都有铺板，只有一面是载货面，纵梁中部有插孔
双面使用		S	两面都有铺板，并且两面都是载货面

　　b. 钢托盘。用角钢等异型钢材焊接制成的平托盘，和木制托盘一样，也有叉入型和单面、双面使用型等各种形式，如图 2-24 所示，多用于石油化工等对托盘有特殊要求的领域。与其他材质的托盘相比，钢制托盘具有最好的承载性、牢固性及表面抗侵蚀性、不易损坏和变形、维修工作量较小。但缺点同样突出，主要是重量大，无法人工搬运且价格高昂。

　　c. 塑料平托盘。塑料托盘一般采用高密度聚乙烯（HDPE）一次生产成形，与钢质托盘相比，具有质轻、平稳、美观、整体性好、无钉无刺、无味无毒、耐酸、耐碱、耐腐蚀、易冲洗消毒、不腐烂、不助燃、无静电火

图 2-23　木制托盘

花、可回收等优点，使用寿命是木制托盘的 5～7 倍，单次使用成本低于木制托盘。它是现代化运输、包装、仓储的重要工具，是国际上规定的用于食品、水产品、医药、化学品、立体仓库等各企

图 2-24　钢托盘

业之储存必备器材，如图 2-25 所示。常见的塑料托盘根据制造材料与工艺的不同分为以下几种：注塑托盘、中空吹塑托盘、日本 DIC 塑料托盘以及韩国塑料托盘等。但由于成本高，此种托盘使用不普及。

图 2-25　川字形、田字形、轻型塑料平托盘

d. 胶合板平托盘。用胶合板钉制台面的平板型托盘，这种托盘质轻，但承重力及耐久性较差，如图 2-26 所示。

e. 纸制平托盘。纸制托盘多采用高强度蜂窝纸芯与高强度卡纸、纤维板组合而成，它利用可靠的力学原理来实现托盘的力学性能，以满足常规运输的要求，如图 2-27 所示。纸制托盘均为一次性托盘，具有重量轻、无虫害、环保、价格低廉以及承重能力强、出口免检、处理简便等优点，目前正成为关注的焦点，缺点在于承载量小。常见的纸制托盘有以下几种：阿贝纸托盘、蜂窝纸托盘、瓦楞纸托盘和滑托盘。

图 2-26　胶合板平托盘

图 2-27　纸制托盘

f. 木塑复合托盘。木塑复合托盘是一种最新的复合材料托盘，它是将塑料和木质纤维（如木粉、稻壳、秸秆等）按照一定的比例混合后加入特定的改良剂，经过高温融合然后挤出一定形状的木塑复合型材，再经过组合装制而成托盘，见图 2-28。它综合了木制托盘、塑料托盘和钢制托盘的优点，基本上摒弃了其不足。其缺点在于自重较大，约为木制、塑料托盘的二倍，人工搬运略有不便，以及由此造成的成本优势不大（约相当于国产注塑托盘）。总体上讲，木塑高密度复合型材是目前国际上非常先进的一种技术产品，在西方发达国家已有较大范围的应用。木塑托盘是一种全新概念的托盘，随着其制造技术的不断完善（主要在减少重量方面），其最终目标将是要替代木制托盘，因而具有广阔的发展前景。

图 2-28　木塑复合托盘

（2）立柱托盘。柱式托盘分为固定式和可卸式两种，其基本结构是托盘的四个角有固定式或可卸式的钢制立柱，柱子上端可用横梁连接，形成框架型，见图2-29。这种托盘最适宜装运袋装货品，防止托盘上放置的货品在运输、装卸等过程中发生滑落。另外，还可以利用柱子加固四角，支撑承重，提高托盘上放置货品的堆码高度，既可节省容积，又不用担心压坏托盘上的货品。

图 2-29　固定柱式托盘

（3）箱式托盘。箱式托盘是四面有侧板的托盘，有的箱体上有顶板，有的没有顶板。箱板有固定式、折叠式、可卸下式三种，四周栏板有板式、栅式和网式，因此，四周栏板为栅栏式的箱式托盘也称笼式托盘或仓库笼，见图2-30。箱式托盘的主要特点包括：一是防护能力强，可有效防止塌垛，防止货损；二是由于四周有护板护栏，这种托盘装运范围较大，不但能装运码垛形状整齐的包装货品，也可装运各种异形、不能稳定堆码的货品。

图 2-30　箱式托盘

（4）塑料垫板托盘和三合箱式托盘。塑料垫板托盘是用塑料聚苯乙烯压成垫板后，在垫板上面粘以双面胶条，再与瓦楞纸箱固定而制成的。有塑料垫板保护箱子可以防止地面潮湿对箱子渗透的影响。

三合箱式托盘是用塑料制成六角，用瓦楞纸制箱和用钢保边地纸板制成，它适合于陆海空各种运输。

（5）滑片托盘（简称滑板）。滑片托盘是一种不用铲车作业的新型托盘，它没有叉口，由一张片料简单地折曲而成，仅在操作方向有突出的折翼，以便进行推、拉操作，见图2-31。按折翼的个数不同分为单折翼型滑片、双折翼型滑片、三折翼型滑片和四折翼型滑片。

（6）轮式托盘。轮式托盘与柱式托盘和箱式托盘相比，多了下部的小型轮子，见图2-32。因而，轮式托盘显示出能短距离移动、自行搬运或滚上滚下式的装卸等优势，用途广泛，适用性强。

（7）特种专用托盘。这类托盘是根据产品特殊要求专门设计制造的托盘。由于托盘作业效率高、安全稳定，尤其

图 2-31　滑片托盘

在一些要求快速作业的场合，突出利用托盘的重要性，所以各国纷纷研制了多种多样的专用托盘，比如罐式托盘、油桶专用托盘、轮胎托盘、平板玻璃托盘等。

① 平板玻璃集装托盘。也称平板玻璃集装架，有 L 形单面装放平板玻璃单面进叉式，有 A 形双面装放平板玻璃双向进叉式，还有吊叉结合式和框架式等。运输过程中托盘起支撑和固定作用，平板玻璃一般都立放在托盘上，并且玻璃还要顺着车辆的前进方向，以保持托盘和玻璃的稳固，如图 2-33 所示。

② 轮胎专用托盘。轮胎的特点是耐水、耐蚀，但怕挤、怕压，轮胎专用托盘较好地解决了这个矛盾。利用轮胎专用托盘，可多层码放，不挤不压，大大地提高装卸和储存效率。

③ 长尺寸物托盘。这是一种专门用来码放长尺寸货品的托盘，有的呈多层结构。货品堆码后，就形成了长尺寸货架。

图 2-32　轮式托盘

④ 油桶专用托盘。是专门存放、装运标准油桶的异型平托盘，见图 2-34。双面均有波形沟槽或侧板，以稳定油桶，防止滚落。优点是可多层堆码，提高仓储和运输能力。

图 2-33　平板玻璃托盘

图 2-34　油桶专用托盘

⑤ 冷冻托盘。冷冻托盘实质上是一种将特种产品所需环境及使用要求结合在一起的技术装置。这是一个自容性的冷冻装运设备（尺寸与一个装运托盘差不多），可放置于一辆普通的干燥火车内，作为一个"拼装"运输。它消除了对冷冻卡车的依赖性，使易坏产品的及时送货成为可能。像冷冻托盘这样的复合技术有助于一批产品迅速有效地流动，它们依赖于通过控制温度以延长货品的寿命及适销性，被新鲜食品、鲜花、化工产品、医疗及冷冻食品所采用。

⑥ 航空托盘。航空货运或行李托运托盘，一般采用铝合金制造，为适应各种飞机货舱及舱门的限制，一般制成平托盘，托盘上所载货品用网络覆罩固定。

4. 托盘的使用

托盘的使用在静态时基本可分为垫板用、堆垛和货架使用，其承重要求依次递增。一个物流企业通常使用的托盘数量较大，其消耗在物流费用中占一定的比例。以一家拥有木托盘 16 万块的企业，按每块托盘 60 元计算，托盘价值 1000 万元，耗用木材 8000m³，年报废率约为 7%，相当惊人。为此，如何合理使用，减少损耗，延长使用寿命，对一个物流企业来说具有重大的经济意义。

（1）托盘使用方法

① 托盘联运。又称为一贯托盘运输，其含义是将载货托盘货体，从发货人开始，通过装卸、运输、转运、保管、配送等物流环节，将托盘原封地送达收货人的一种"门到门"式的运输方法。

② 托盘专用。托盘专用适用于某一领域的要求，这一领域的各个环节采用托盘作为贯通一气的手段。

（2）托盘的正确使用规则

① 承载物应均匀平整地摆放在托盘上，保证托盘表面均匀受力。

② 在使用叉车提升货品前，应保证叉车工作臂完全进入到托盘内且在提升货品时保证叉车工作臂水平。

③ 使用叉车时，切勿直接推拉或撞击托盘，严重的碰撞会令托盘损毁。

④ 员工工作时切勿站立在托盘上，以免发生危险。

（3）使用托盘应注意的事项。托盘的正确使用应该做到包装组合码放在托盘上适当的捆扎和裹包，便于利用机械装卸和运输，从而满足装卸、搬运和储存的要求。为了达到这一目的，主要应从下列几方面加强托盘管理。

① 托盘的载重量。每个托盘的载重量应小于或等于2t。为了运输途中的安全，所载货品的中心高度不应超过托盘宽度的2/3。

② 托盘货品的码放方式。根据货品的类型、托盘所载货品的质量和托盘的尺寸，合理确定货品在托盘上的码放方式。托盘的承载表面积利用率一般不应低于如下要求：

a. 木质、纸质和金属容器硬质直方体货品单层或多层交错码放，拉伸或收缩包装；

b. 纸质或纤维质类货品单层或多层交错码放，用捆扎带十字封合；

c. 密封的金属容器等圆柱体货品单层或多层码放，用木质货盖加固；

d. 需进行防潮、防水等防护的纸质品、纺织品货品单层交错码放，拉伸或收缩包装或增加角支撑、货品盖搁板等以加固结构；

e. 易碎类货品单层或多层码放，增加木质支撑隔板结构；

f. 金属瓶类货品单层或多层码放，增加货框搁板条加固结构；

g. 袋类货品多层交错压实码放。

③ 托盘承载货品的固定方式。托盘承载货品的固定方式主要有捆扎、胶合束缚、拉伸包装，并可相互配合使用。

④ 托盘承载货品的防护与加固。托盘承载的货品进行固定后，仍不能满足运输要求的，应该根据需要选择防护加固附件。加固防护附件由木质、纸质、塑料、金属或者其他材料制成。

⑤ 在使用中，叉车司机和装卸搬运工人要严格执行操作规程。其要点有：

a. 叉车叉取托盘时，叉齿要保持水平，不应上下倾斜；

b. 叉车必须对准插孔，垂直于托盘，不应斜着进出托盘；

c. 严禁甩抢空盘，更不准空托盘以边角落地；

d. 不准用叉齿推移、拖拉托盘；

e. 空托盘应用叉车整齐叠放，避免碰撞和日晒雨淋；单块空托盘不易平放，以避免压坏；

f. 如用绳索捆扎货物，捆扎方向应与边板平行；不应垂直于铺板，以避免钉子受力松动。

⑥ 加强养护和维修。专人检查，一经发现任何损坏，即应停止使用。使用损坏的托盘不仅缩短使用寿命，还会损坏货品；及时修理，按标准的要求更换板、钉，整修恢复到原样。

（4）托盘的保管

① 木托盘引起防水性差，易受潮变形，所以不宜放置于室外，防止被雨水冲刷，从而影响使用寿命。

② 塑料托盘应码放整齐，防止机械损伤，避免阳光暴晒引起塑料老化，缩短使用寿命。

③ 钢制托盘应注意防潮以免生锈，同时注意远离辐射性的化工原料。

④ 复合材料托盘应防止机械性的碰伤。

⑤ 托盘在使用一段时间以后，有可能因各种原因造成损坏，应该及时维修，以保持其使用寿命。对于可组合的托盘应及时更换受损部件，如木托盘的面板。对于整体托盘应及时更换。现在许多塑料厂家承诺三个坏托盘可以换一个新托盘。

（5）托盘的维修

① 在托盘保养管理中，最重要的一点是不使用破损状态的托盘。

② 托盘的破损大多因下列原因产生：叉车驾驶员野蛮驾驶操作，货叉损伤盘面或桁架，人工

装卸空托盘时跌落而造成损伤。要从这三方面加强管理。

③ 对横梁采取增强措施。

2.1.2　仓储设施的规划

在实体分配过程中，仓储起着储存和位移的双重作用，能够解决生产与消费在时间上或空间上的矛盾；同时仓库代表着一个公司赢得时间与地点效益的总体努力的一部分。因此在现代物流系统设计中，如果它能得到服务或成本优势的话，一个仓库应当被建立；而从一项政策的角度看，当销售与市场营销影响总成本增加或减少时，仓库才应当在一个物流系统中建立。对于需要储存的货品，物流企业应合理选择仓库地址，确定仓库类型。

2.1.2.1　仓库选址的标准与考虑因素

1. 仓库选址的标准

库址选择是仓库布局的基础，也是仓库总平面布置的前提。库址选择应遵循满足生产、建设与职工生活要求和有利于所在城镇总体规划实现的基本原则。通过对客户各销售点的分布状况及各点的物流量状况的分析，考虑在分布密集且物流量大的地段设置物流网点（中转库），为物流配送提供时间优势及降低配送费用。具体选址过程中应考虑以下标准。

（1）有利于降低运输费用。为此，要考虑客户的地址、订货量及购买频率。发货作业频繁，仓库的位置一般应选择在靠近干线沿线的地方，即为最大卸货量或最频繁卸货的卸货点位置，与配送点的最短距离。

（2）有利于提高顾客服务水平。仓库应在有利于缩短交货时间、提高交货速度的地方。流通加工库，仓储环境要求符合良好的生产作业标准。

（3）选址要与仓库数量相配合。仓库的合适数目与地理位置是由客户、制造点与产品要求所决定的。

总之，企业在仓库建设过程中，如果盲目扩建（或租借）驻外仓库，对仓库的数量、选址、布局和功能设计等方面只考虑眼前和局部利益，将会导致库存积压严重。

2. 仓库选址的影响因素

仓库的位置对货品流转速度和流通费用产生直接的影响，并关系到企业对客户的服务水平和服务质量。物流企业必须从全局出发考虑仓库的选址问题，要求能够以最少的物流总成本，来达到对顾客服务的预期水平。因而一般的物流储运企业在确定仓库位置时，应考虑的主要因素有如下几种。

（1）结合客户条件，符合生产力布局和物流优化的原则。

（2）交通运输条件便捷，有利于货品吞吐。如接近铁路车站、港口码头应考虑铺设铁路专用线、建设专用水运码头的条件。

（3）环境条件适宜，仓库安全有保证。选择库址时必须对安全条件进行仔细的调查和分析，周围不存在产生腐蚀气体、粉尘、辐射热和易爆的工厂或车间；若有，仓库至少要处于这些单位的上风口。

（4）工程地质、水文地质条件好，地形平坦、地势较高，便于库内运输和地面排水。严防选在断层、岩溶、流沙层、已采矿的坑塌及滑坡上，一般也应选择在当地最高洪水水位之上；如有危险品仓库在下风向，北方给排水管理得比南方深，南方注意台风防洪。

（5）水电供应充足、可靠，能确保生产作业要求。

（6）仓库建设成本合理，地价适宜，力求节约用地，并要考虑仓库远景规划，适当留有发展余地。

具体在选择库址时，应该综合考虑各种因素并加以综合评定，以确定最合适的库址，最终的选址必须决定于运输、市场和地域特征等因素。显然，只有客户密集、交通与装运条件方便、地价低廉等主要条件得到满足的地方，才是合适的仓库地址。其中大型仓库（库房或货场总面积大于9000m²）、中型仓库（库房或货场总面积在5500～9000m²）应在远离市区和居民区的主导风向的下风口和河流下游的地域；大中型仓库与周围公共建筑物、交通干线、工矿企业等的距离应不小于1000m。

3. 仓库选址的方法

传统的仓库选址方法，可划分为以市场定位、制造定位和中间定位三种。不管采用什么原则，仓库的选址决策既需要尽可能多地考虑相关因素，也需要尽量地顾及仓库所在地的物流系统变化的趋势与仓库所在地区（如城市）的发展趋势，应在科学与理论的决策模型（如各种选址模型）支持下，寻求一个实际可行的方案。

（1）以市场定位的仓库。以市场定位的仓库作为从不同货源地和不同供货商那里获取货品并集中装配货品的地点，通常用来提供库存补充，其服务的市场区域的地理面积的大小取决于被要求送货的速度、平均订货量的多少，以及每个单位当地发送的成本。以市场定位的仓库是由零售商、制造商与批发商运作的。他们共同存在并向客户提供库存补充，这不论从服务能力基础或是作为提供物流支持的最低成本方法来看都是合理的。

以市场定位的仓库的例子在各个产业中很容易被观察到，仓库位于邻近被服务的市场，可以以最低成本方法迅速补充库存。例如现代食品分销仓库，在地理上通常坐落在接近它服务的各超市的中心。在这种情况下，由于货品不再需要长距离运输，因此从这个中心仓库位置可以完成迅速到达零售店的经济性运输，所服务的最远距离的零售分销店一般约距仓库560km。其他以市场定位分销仓库的例子可见于制造业物流系统中，在那里部件与零件被陈列着，以实现"适时"战略。

（2）以制造定位的仓库。选择最靠近原材料产地或生产加工地点的位置建造仓库，是考虑到方便原材料的运输和集结，以及产成品加工便利而设定，是以满足生产制造为主要依据的选择。以制造定位的仓库通常坐落在邻近生产工厂，以作为装配与集运被生产的对象的地点，这些仓库存在的基本原因是便于向客户运输各类产品。产品从所生产的专业工厂被转移到仓库，再从仓库里将全部种类的货品运往客户，坐落位置用来支持制造厂，可以以低运费率将产品混合运往客户。这种产品分类的集运促进大量购买产品。

（3）中间定位的仓库。坐落在客户与制造厂之间的仓库被称作中间定位仓库。这些仓库与"以制造定位"的仓库相似，为广泛的库存品种提供集运，从而减少物流成本。当两个或更多工厂的产品被卖给一个客户时，最小总成本的物流解决办法可能是一个中间的集运及分类仓库。该方法综合了前两种方法的优点，既满足了对客户快速配送的要求，对最终客户的服务水平大大提高，又满足了企业生产原材料的及时供应和产成品的及时配送分销，缩短了产品投入市场的周期；同时还考虑了运输能力、运输成本、运输路线的选择以及运输配送数量的合理分配等方面的因素。

仓库选址决策还可以根据运输成本最小化原则和利润最大化原则进行，即将所有相关因素进行量化标定，而后建立相应的目标函数，进行有约束条件下的最优化计算。

例：某公司实际运作过程中存在生产基地周边辐射面积较小，递送与市场、客户需求的衔接有难度；所供应的客户要求较高，小批量、多频次，递送时间、递送速度等需求难以满足，有滞压危险及断货风险等问题。为解决以上问题，结合某公司整体销售策略，环亚运商公司建议在各主要销售区域中，消费较大的城市设立配送中心，保持小批量中转库存并具有区域配送职能。虽增加了部分仓储配送成本，但相应提高了服务质量，增加了递送速度，增强了客户满意度并避免滞压、断货带来的损失（降低运作风险），从而取得的整体收益应远大于部分仓储、配送成本。环亚运商公司建议产品生产下线后转移至中央成品配送中心（北京），根据客户需求大部分产品由干线公路运输形式直接到北京中央成品配送中心，少部分成品以公路或铁路快件形式直接送至各地配送中心，并根据生产情况安排适量补货，由配送中心以整车或零担的方式配送至客户手中，以满足一些中小客户的需求，为其分担存货风险，以此来尽快开拓某某公司的销售市场。

2.1.2.2　仓库合理布局

为了保证各个物流环节的有效运作，完成整个物流作业过程，就必须对仓库的内部进行科学合理的布局，以最大限度的提高仓库的储存作业能力，降低各项储存作业费用。仓库布局是指在一定区域或库区内，对仓库的数量、规模、地理位置和仓库设施道路等各要素进行科学规划和整体设计。而仓库合理布局是仓库管理和储存业务开展的客观需要，其合理与否直接影响到仓库各项工作的效率和储存货品的安全。

1. 仓库合理布局的功能要求

（1）仓库布局要因地制宜，便于货品的入库、装卸和提取，库内区域划分明确、布局合理，如仓库平面布置应与竖向布置相适应，应注意仓库与地面（仓库有低地面、高地面之分）、站台同铁轨的位差、地面与排水的位差等；专用线（铁路）两侧是货品和仓库。

（2）集装箱货品仓库与零担货品仓库尽可能分开设置，库内货品应按发送、中转、到达货品分区存放，并分线设置货位，以防商务事故的发生；要尽量减少货品在库内的搬运距离，避免任何迂回运输，并要最大限度地利用空间。

（3）有利于提高装卸机械的装卸效率，满足先进的装卸工艺和设备的作业要求。如平面布置应能充分、合理地利用机械化，如门式起重机、桥式起重机的布置，卡车、叉车之类要能通过通道等。

（4）仓库应配置必要的安全、消防设施，以保证安全生产和文明生产。如库内各区域间、各建筑间要有防护间距、防火墙、防盗与设施；仓库总平面布置应符合卫生和环境要求等。

（5）仓库货门的设置，既要考虑集装箱和货车集中到达时的同时装卸作业要求，又要考虑由于增设货门而造成堆存面积的损失。

2. 仓库合理布局的原则

（1）尽可能采用单层设备，这样做造价低，资产的平均利用率也高。

（2）使货品在出入时单向和直线运动，避免逆向操作和大幅度变向的低效率运作。

（3）采用高效的物料搬运设备及合理的操作流程。

（4）制定合理有效的存储计划。

（5）在物料搬运设备大小、类型、转弯半径的限制下，尽量减少信道所占用的空间。

（6）尽量利用仓库的高度，也就是说，有效地利用仓库的容积。

2.1.2.3　仓库总平面布置

仓库总平面布置是指一个仓库的各个组成部分，如库房、货棚、货场、辅助建筑物、铁路专用线、库内通路、附属固定设备等，在规定的范围内进行平面和立体的全面合理安排，如图 2-35 所示。由此可见，仓库总平面布置不仅包括库区的划分以及建筑物平面位置的确定，还包括运输线路的组织与布置、库区安全防护以及绿化和环境保护等内容。

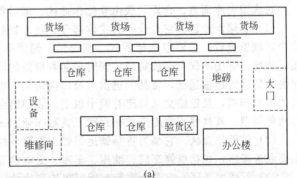

1. 仓库总平面布置的基本原则

（1）利于作业优化。仓库作业优化是指提高作业的连续性，实现一次性作业，减少装卸次数，缩短搬运距离，最短的搬运距离、最少的搬运环节，使仓库完成一定的任务所发生的装卸搬运量最少。同时还要注意各作业场所和科室之间的业务联系和信息传递，保证仓库安全。

（2）单一的物流流向，保持直线作业，避免迂回逆向作业；强调唯一的物流出口和唯一的物流入口，便于监控和管理。

（3）最大限度地利用平面和空间，节省建设投资。仓库中的延伸型设施——供电、供水、供暖、通讯等设施对基建投资和运行费用的影响都很大，所以应该尽可能集中布置。

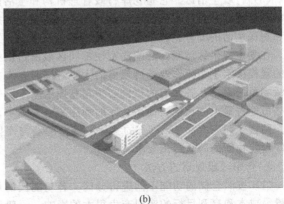

图 2-35　仓库总平面布置图

（4）便于储存保管。提高货品保管质量。仓库的基本功能是对货品进行储存保管，因此总平面布置要为储存保管创造良好的环境，提供适宜的条件。

（5）保管在同一区域的货品必须具有互容性，当货品的性质互相有影响或相互有抵触时，不能在相同的库房内保存。

（6）保管条件不同的货品不能混存。如温湿度等保管条件不同，不宜将它们放在一起，因为在同一个保管空间内，同时满足两个或多个保管条件的成本是非常高的，是不实际的。

（7）作业手段不同的货品不能混存。当在同一保管空间内，物体的体积和重量相差悬殊时，将严重影响该区域作业所配置的设备利用率，同时也增加了作业的复杂性和作业难度。

（8）灭火措施不同的货品不能混存。当灭火方法不同的货品放在一起，不仅会使安全隐患增加，也增加了火灾控制和扑救的难度和危险性。

2. 影响仓库总平面布置的因素

（1）仓库的专业化程度。仓库储存货品的种类越少，则仓库的专业化程度就越高；相反，仓库储存货品的种类越多、越杂，则仓库的专业化程度就越低。各种货品性质不同，装卸搬运方式和存储方法也会有所区别。在仓库总平面布置设计前和布置时，应考虑各种不同货品的作业需要，按专业分工原则，确定货品种类、主要储存货品的要求和作业特点。

（2）仓库规模。仓库总平面布置、库房规模、专用线的布置形式、水电供应等都取决于仓库规模的大小。一般仓库规模越大，库房、设备越多，辅助设施也越多。设计时要从生产和安全两个方面考虑。

（3）环境设施、地质地形条件。

3. 仓库总体构成

仓库总平面布置时，首先应进行功能分区，即根据仓库各种建筑物的性质、使用要求、运输要求和安全要求等，将性质相同、功能相近、联系密切、对环境要求一致的建筑物分成若干组，再结合仓库用地内外的具体条件，合理地进行功能分区，在各个区中布置相应的建筑物。

对大型仓库而言，仓库一般由仓储作业区、辅助作业区、行政生活区三部分构成。

（1）仓储作业区。它是仓库的主体部分，仓储货品的保管、检验、分拣、包装等主要业务都在这个区域里进行，主要包括储货区、交通道。储货区是储存保管货品的场所，具体分为库房、货棚、货场。货场不仅可存放货品，同时还起着货位的周转和调剂作用。铁路专用线、库内交通道是库内外货品的运输通道，货品的进出库及库内货品的搬倒，都通过这些运输线路。专用线应与库内其他道路相通，且道路交叉口应有两个以上。装卸站台是供火车或汽车装卸货品用的，有单独和库边两种类型，其高度和宽度应根据运输工具和作业方式而定，并且装卸作业场所要有顶棚。

（2）辅助作业区。它是为货品储运保管工作服务的辅助车间或服务站，其设置应靠近所服务的主要业务场所，包括机修车间、油库、车库、变电室等。

（3）行政生活区。它是仓库行政管理机构和生活区域。一般设置在仓库出入口附近，便于业务接洽和管理，并且行政生活区与仓储作业区应隔开，并保持一定距离，以保证仓库的安全及行政办公和居民生活的安静。包括有办公楼、宿舍、食堂、学校、幼儿园等。

在划定各个区域时，必须注意使不同区域所占面积与仓库总面积保持适当的比例。其中货品储存的规模决定了主要作业场所规模的大小，同时仓库主要作业的规模又决定了各种辅助设施和行政生活场所的大小。各区域的比例必须与仓库的基本职能相适应，保证货品接收、发运和储存保管场所尽可能占最大的比例，提高仓库的利用率。实际中，在物流企业的大中型仓库内设有库区和生活区，两区之间应有高 2m 以上的实体围墙，围墙与库区内建筑的距离不宜小于 5m，并应满足围墙两侧建筑物间的防火距离要求。

4. 仓库区域规划的方法

（1）按照仓储的功能不同进行分区。各功能区的规划和布局是否合理，将对仓库作业的效率、质量、成本和赢利目标的实现产生很大的影响。一般使用面积的 1/3 被用作非仓储功能，除非受条件所限将物流出入口规划在一个区域。

① 通道。分为主通道、副通道、检查通道。通道要畅通；物流入口和物流出口要挂牌；将通道和功能区域用油漆在地面规划出来；路面要平整和平直，减少转弯和较差。

② 办公区。为了增加保管面积，仓储办公室尽可能设置在仓库内的二楼，或规划在入口处，便于沟通交流和快速反应。

③ 生活区。食堂、更衣室、卫生间、休息区。

④ 工具区。集中管理，便于维修、养护；规定消防设施存放的位置、车库、变电室、油库、维修间。

⑤ 保管区。保管区内功能的规划：验收区、整货区、散货区、备货区、复核区、退货区、废品区和次品区。

（2）按照库存货品理化性质不同进行分区，确定存入同一库房的货品品种理化性质相同，便于采取养护措施；如：金属区、塑料区、纺织区、冷藏区、危险品区等。

（3）按照库存货品使用方向不同进行分区，如专用品：中药、西药、保健品。

（4）按照库存货品供应商不同进行分区，便于项目管理。

2.1.2.4　仓库储存场所的分配及计算

仓库的规模通常以面积、容积、吞吐能力来表示。仓库的空间规模受以下因素的影响：客户服务水平、市场大小、最大日库存量、库存货品尺寸、物料搬运系统、仓库日吞吐任务量、供应提前期、经济规模、仓库布局规划、货架类型、需求模式和水平。规划的重点就是扩大保管面积，缩小非保管面积。

1. 仓容定额与仓库储存能力

（1）仓容定额的概念。仓容定额是指在一定条件下库房或货场单位面积可以储存货品的最高数量，是每平方米储存面积的储存量标准，它可以反映仓库的储存能力。决定仓容定额大小的主要因素是地坪承载能力和货品的允许堆放高度。

地坪承载能力是指库房或货场单位面积允许堆放货品的最大重量，地坪承载能力越大，单位面积可以储存的货品就越多。影响货品的允许堆放高度的主要因素有货品的性能、货品包装情况以及仓储设备类型等。在仓库地坪承载能力允许的范围内，单位面积可以储存的货品数量与货品的允许堆放高度有关（见表 2-6），同时，各个库房或货场由于堆放的货品不同（轻泡货品或实重货品），或使用的设备不同，即使地坪承载能力相同，仓容定额也可能完全不同。

表 2-6　仓库容量与堆码高度、堆码系数的关系

物资名称	单　位	堆存容量 /(t/m²)	堆码方法	堆码高度 /m	堆码密度系数	每平方米堆放数量
方圆扁钢	t	3.5~5.2	堆垛或格架	1.2~1.5	0.45~0.67	2.9~4.2
方圆扁钢	t	3.5~5.2	货架	2.0~2.5	2.0~2.5	4.5~6.0
钢板（厚板）	t	3.5~6.0	堆垛	~2	0.45~0.80	4.1~4.5
钢板（薄板）	t	4.5	堆垛或货架	1.0~1.2	0.54	2.0~4.5
槽钢	t	4.2	堆垛或栅架	1	0.54	2.7~3.0
角钢	t	3.5	堆垛或栅架	1.0~1.2	0.45	2.9~3.2
型钢	t	2.4	堆垛或栅架	0.6~1.0	0.32	0.8~1.6
钢轨	t	1	堆垛或栅架	1	0.35	4.2~4.5
盘条	t	0.9	堆垛	1.0~1.5	0.12	1.3~1.5
生铁铸块	t	5.3	堆垛	1.4	0.74	7.5

（2）仓容定额的确定。根据货品品种、性能和包装特点、仓库技术条件和管理水平等因素来合理确定仓容定额是制定储存计划的重要环节。通常是利用统计分析法和技术测定法制定仓容定额，并采取领导与群众相结合的方法，按照先进合理的原则进行，并经仓库管理部门讨论批准后再具体实施、考核，需要时作以调整。合理确定仓容定额，可以充分地利用现有仓库容积，最大限度地发挥仓库的储存能力。仓容定额制定的太高，会造成错误的计算储存能力，使储存计划目标超过现实可能而无法执行。仓容定额制定过低，又会降低仓容利用率，影响仓库扩大经营和企业总目标的

实现。

（3）仓库储存能力（仓库容量）的确定。在编制仓库的储存计划时，必须准确地计算仓库的储存能力，并通过挖掘潜力、改进技术、优化堆码作业和管理水平，不断提高仓库的储存能力。仓库储存能力是指计划期内可以安排的仓容或能够储存的货品总量。它主要根据仓库的实际储存面积和仓容定额加以确定。

其计算公式为

$$Q = \sum S_i q_i$$

式中　　Q——仓库储存能力（综合），t；

　　　　S_i——各库房、货场实际储存面积，m^2；

　　　　q_i——各库房、货场仓容定额，t/m^2；

　　　　i——库房或货场的序号。

或者简单表示为：仓库容量＝所有货架容量＋所有货垛容量

【例 2-1】　某仓库只储存两种货品，一种货品就地码垛，其单位面积储存定额为 $0.5t/m^2$，已分配的储存有效面积为 $250m^2$；另一种货品存入货架上，它的有效容积为 $500m^3$，每个货架的有效利用高度是 10m，单位面积储存定额是 $0.8t/m^2$，问该仓库的总储存能力是多少？

$$Q_1 = 0.5 \times 250 = 125t$$
$$Q_2 = 500/10 \times 0.8 = 40t$$
$$Q = Q_1 + Q_2 = 125 + 40 = 165t$$

答：该仓库总储存能力为 165t。

（4）货位存货量计算

① 确定单位仓容定额 P。已知存放货品名称进行堆存，确定 $P_库$ 和 $P_货$ 中的较小数值。

a. 库场单位面积技术定额 $P_库$：是指库场地面设计和建造所达到的强度，用 t/m^2 表示，一般为 $2.5 \sim 3t/m^2$，加强型地面为 $5 \sim 10t/m^2$。

b. 货品单位面积堆存定额 $P_货$：是指货品本身的包装及其本身强度所确定的堆高限定。

【例 2-2】　某电冰箱注明限高为 4 层，每箱底面积为 $0.8m \times 0.8m$，每箱重 80kg，存于某仓库，仓库地面单位面积定额为 $3t/m^2$，则单位仓容定额 P 为多少？

$$P_货 = 80 \times 4/08 \times 0.8 \times 1000 = 0.5t/m^2$$
$$P_库 = 3t/m^2$$

$P_货 < P_库$，则单位仓容定额 P 为 $0.5t/m^2$。

② 货位存货数量计算

$$Q = PS$$

【例 2-3】　如仓库此货位占地面积为 $100m^2$，则此货位存货数量为多少？

$$Q = 0.5t/m^2 \times 100 = 50t$$

2. 仓库面积参数的确定

所谓仓库面积，主要根据货品周转量大小及储存货品的种类、储存方法而定。一般包括存货面积、走道和交通线路面积、储运作业面积及办公和生活场所面积。

（1）建筑面积。是指从建筑物勒脚算起，整个建筑物的平面面积，多层楼房的建筑面积等于各层平面面积的总和。

（2）使用面积。是指库房建筑面积扣除外沿、外墙、库内支柱、间壁墙等后剩下的可用于存放货品的面积。

（3）实用面积（S）。是指在使用面积内可实际用于堆存货品的面积。库房实用面积等于库房使用面积扣除房内必要的信道、墙距、垛距、收发货作业区等所占面积之后剩下来的实际用于堆放货品的面积，也等于所有货垛所占平面面积之和。

① 计重货品就地堆码

$$S = Q/D$$

式中　　S——实用面积，m^2；

　　　　Q——该货品的最高储备量，t；

　　　　D——货品的仓容定额，t/m^2。

② 计件货品就地堆码

$$S=单件底面积×总件数/规定堆积层数$$

如白糖总件数 100，规定堆积层数 20，单件底面积 $0.2m^2$。

③ 货架存放

$$货架占用面积 S=Q(LB)/(LBHKR)=Q/(HKR)$$

式中　　　Q——上架存放货品的最高储备量，t；

L，B，H——货架的长宽高，m；

　　　　　K——货架的容积充满系数，%；

　　　　　R——上架存放货品的容重，t/m^2。

(4) 面积利用系数 α

$$面积利用系数 \alpha=\frac{实用面积(S_{实用})}{使用面积(S_{使用})}$$

式中，面积利用系数 α 为实用面积与使用面积的比率，它取决于货品的种类及其堆存方式。一般就地堆放的货品占储存（保管）总面积的 70%～75%，上架存放货品占总面积的 25%～30%。具体见表 2-7。

(5) 仓库额定储量 Q

$$Q=DS_{实用}=D\alpha S_{有效}$$

式中，D 为单位面积额定储量，取决于货品品种和堆放方式，有手册可查。如白糖 5 袋/平方米，20 层高，0.05 吨/袋，则定额为 5 吨/平方米。所以

$$S_{有效}=\frac{Q}{DS}$$

表 2-7　面积利用系数 α 与堆存方式的关系

货品名称和堆存方式	α 值	货品名称和堆存方式	α 值
(1)混合储存		(2)存于料仓的散装货品	0.50～0.70
①用货架		(3)存放在架子上的货品	
（主信道 2.5～4.0m 辅信道	0.30～0.36	①工具	0.25～0.30
1.1～1.2m）		②橡胶品	0.30～0.35
②箱装堆存	0.55～0.60	③有色金属制品	0.35～0.40
③桶装或袋装	0.50～0.60	④电气货品	0.25～0.30
④金属材料		⑤劳保用品(工作服)	0.30～0.35

2.1.3　仓储设备的合理使用

2.1.3.1　仓储设备及其特点

仓储设备是指完成货品进库、出库和储存作业所需的所有技术装置与机具，即仓库进行生产作业或辅助生产作业以及保证仓库及作业安全所必需的各种机械设备的总称。仓库的设备资源根据其功能区分，主要包括装卸搬运设备和包装分拣设备两大类，它对于仓库现代化程度的不断提高起着至关重要的作用。

1. 仓储设备的特点

从仓储设备的作业过程看，仓储设备具有起重、装卸、搬运、储存和堆码的功能。尽管仓储设备从外形到功能差别很大，但由于它是为在特定的作业环境完成特定的物料搬运作业而设计的，因而具有以下一些共性。

(1) 由于仓储设备主要作用于货品的移动和起升，因此其作业范围相对较小，对货品的搬运要求高，但对速度的要求较低。

（2）由于作业场所的限制，且作业场所较固定，因此仓储机械的运动线路也比较固定。

（3）仓储作业由一系列实现特定功能的作业环节或工序组成，但各工序的功能较单一，而工序间的功能差别一般较大，为提高工作效率，使得仓储机械的专业化程度越来越高。

（4）一方面，货品流通各环节对货品的外观和包装提出了标准化要求；另一方面，货品包装的标准化也促进了物流设备包括仓储设备的标准化。

（5）随着条码技术、光学字符识别技术、磁编码识别技术、无线电射频识别技术、自动认证技术、自动称重技术和计数技术的广泛应用，现代仓储设备的机械化、自动化程度大大提高。

（6）仓储过程作为流通领域或企业物流必不可少的环节，为实现货品的价值起到了极其重要的作用，因此为控制仓储成本，在设计和选用仓储设备时，必须考虑其节能性和经济性。

（7）仓储设备由于作业环境的特殊性，必须严格控制其对环境的污染程度。

（8）在仓储作业过程中，要在复杂的环境和有限的空间中保证人员、设备和货品的安全，对仓储设备的安全性要求很高。

2. 仓储设备的选择原则

（1）设备标准化。标准化原则是指在选择物流仓储设备时，应尽可能采用标准化的设备系列，以及标准化的货品单元。标准化既指设备设计制造的标准化，也指仓储设备作业的标准化。不仅大的装卸搬运设备需要实行标准化，即使是小型的、简单的吊货工具和成组工具也需要标准化。

采用标准化机械设备，可以降低购置和管理费用，提高物流作业的机械化水平，提高作业效率和经济效益。特别是选用标准化集装单元器具，有利于搬运、装卸、储存作业的统一化和设施设备的充分利用，有利于国内外物流作业的接轨。同时，设备标准化符合经济原则，可以在很大程度上减少备件的数量，提高维修人员的技术熟练程度和维修质量，既降低维修费用，又大大地简化了作业流程。

（2）使用配套化。在仓储系统中，不仅要注意机械设备单机的选择，还要注意整个系统各环节机械设备的合理配置。如果设备之间不配套，不仅不能充分发挥设备的效能，而且可能在经济上造成很大的浪费。为此，要保证各种机械设备在性能等方面相互配套，机械设备自动化运作与人工管理协调匹配。

（3）成本最小化。物流仓储设备的广泛使用，使得物流效率不断提高，但机械设备并不是越先进越好，越多越好，必须根据物流系统目标，即总成本最小和高质高效服务，来考虑系统中机械设备的配置，注意成套设备的选购和成组技术的选用。使用单位还应重视设备经济管理，加强设备资产投资规划和分析、核算工作，合理制定维修费用指标，保证设备资产的投资效益。同时，要注重挖掘设备的潜力，不仅要充分发挥原有设备的工作能力，还要革新设备结构，改进技术，扩大设备的工作能力，在使用过程中增加其价值，降低成本。

3. 仓储设备的选择要求

仓储设备的配置是仓储系统规划的重要内容，关系到仓库建设成本和运营费用，更关系到仓库的生产效率和效益。在选择仓储设备时，应对仓储设备的技术经济指标进行综合评价。

（1）仓储设备的型号应与仓库的作业量、出入库作业频率相适应。仓储设备的型号和数量应与仓库的日吞吐量相对应，仓库的日吞吐量与仓储设备的额定起重量、水平运行速度、起升和下降速度以及设备的数量有关，应根据具体的情况进行选择；同时，仓储设备的型号应与仓库的出入库频率相适应，对于综合性仓库，其吞吐量不大，但是其收发作业频繁，作业量和作业时间很不均衡。这时，应该考虑选用起重载荷相对较小、工作繁忙程度较高的仓储设备；对于专用性仓库，其吞吐量大，但是收发作业并不频繁，作业量和作业时间均衡。这时，应该考虑选用起重载荷相对较大、工作繁忙程度较小的仓储设备。

（2）计量和搬运作业同时完成。有些仓库，需要大量的计量作业，如果搬运作业和计量作业不同时进行，势必要增加装卸搬运的次数，降低了生产效率，所以希望搬运和计量作业同时完成。例如，在带输送机上安装计量感应装置，在输送的过程中，同时完成计量工作。

（3）选用自动化程度高的机械设备。要提高仓库的作业效率，应从货品和作业设备两个方面着手。从货品的角度来考虑，要选择合适的货架和托盘使出入库作业的效率提高；从仓储设备的角度来考虑，应提高仓储设备的自动化程度，以提高仓储作业的效率。

（4）注意仓储设备的经济性。选择装卸搬运设备时，应该根据仓库作业的特点，运用系统的思想，在坚持技术先进、经济合理、操作方便的原则下，企业应根据自身的条件和特点，对设备进行经济性评估，选择合适的仓储设备。

4. 仓储设备的使用管理

（1）仓储设备管理的方式。设备的管理方式根据仓库规模的大小、设备数量的多少以及设备的集中与分散、固定与流动等使用情况而定。除少数固定的设备统一使用外，其余的都是分散使用。因此设备的管理方式，通常是在统一管理的基础上，实行分级管理、专人操作、专门管理部门负责的方式，以确保设备完好率，保证仓储业务的正常进行。

（2）仓储设备的技术管理。对于仓储设备，必须建立管理、使用、维修、保养制度，这是仓储管理工作中的一个重要环节，尤其是一些大型仓库仓储设备较多，更应加强管理。

① 制定必要的规章制度、操作规程，并认真贯彻执行。

② 加强对操作、维修人员的安全管理和技术培训，实行使用、维修相结合的方法，不断提高技术水平。

③ 加强技术资料的管理工作，建立设备技术档案。

④ 及时总结推广先进经验，努力节约原材料、燃料、降低装卸搬运成本。

2.1.3.2　常见仓储装卸搬运设备的使用

1. 现代化仓库的装卸搬运设备

仓库的装卸搬运活动通常是指货品在仓库内部移动，以及在仓库与运输车辆之间的移动，是仓库内部不可缺少的物流环节。装卸搬运活动是否合理不仅影响运输和仓库系统的运作效率，而且影响企业整个系统的运作效率。因此，在仓库建设规划时，选择高效、柔性的装卸搬运设备，对仓库进行装卸搬运组织，加快进出库速度，提高作业效率是十分必要的。

（1）堆垛机。堆垛机是专门用来堆码或提升货品的机械。普通仓库使用的堆垛机是一种构造简单、用于辅助人工堆垛、可移动的小型货品垂直提升设备，其构造轻巧，人力推移方便，能在很窄的走道内操作，减轻堆垛工人的劳动强度，且堆码或提升高度较高，仓库的库容利用率较高，作业灵活。在大型仓库使用的巷道式堆垛机主要由起升、运行、货叉伸缩机构、载货台、电气装置及安全保护装置等组成，它一般采用半自动和自动控制装置沿货架巷道内的轨道运行，采用货叉伸缩机构，提高仓库的利用率，其运行速度和生产效率都较高，如图 2-36 所示。

（2）叉车。又名铲车、装卸车，是指具有各种叉具，能够对货品进行升降和移动以及装卸作业的搬运车辆，见图 2-37。在仓储作业过程中具有装卸、起重及运输等方面的综合功能，有万能装卸机械之称。叉车具有转弯半径小、结构紧凑、成本低廉、工作效率高、操作使用方便、机动灵活等优点，其标准化和通用性也很高，被广泛应用于对成件、成箱货品进行装卸、堆垛以及短途搬运、牵引和吊装工作。

① 叉车的种类。叉车的类型很多（见图 2-38），结构特点和功能也各不一样，常用的叉车有平衡重式叉车、前移式叉车、侧面式叉车、窄通道叉车等。因此在使用时，应根据货品的重量、状态、外形尺寸及叉车的操作空间、动力、驱动方式进行合理选择，同时，使用叉车时应考虑选择适当的托盘配合使用。仓库使用的叉车类型将极大地影响仓库所需的面积。

② 叉车的选用。叉车的选用要根据作业量、作业高度、叉车的技术性能参数以及空间利用率和成本等因素来进行。叉车的主要性能参数包括：额定起重量、载荷中心距、叉车全高、最大起升高度、自由起升高度和最小转弯半径等。最简单、最便宜的平衡重式叉车大约需要 3～4m 宽的通道，一台国产的平衡重式叉车大约 8 万元，约是顶级进口同类叉车价格的 1/5，旋转叉车可以节省大约 70% 的空间，价格是平衡重式叉车的两倍以上甚至更多。仓库决策者必须权衡可用系统的成本，然后确定选择哪一种。

③ 叉车安全操作规程

 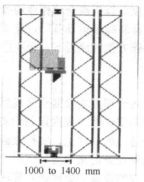 

1000 to 1400 mm

(a) 巷道式堆垛机

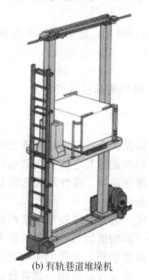 

(b) 有轨巷道堆垛机　　　　　　(c) 无轨巷道堆垛机

图 2-36　堆垛机

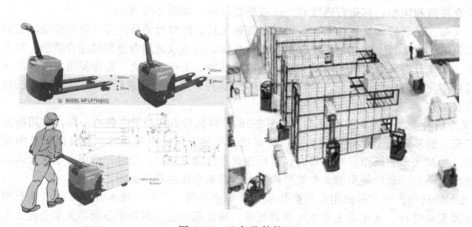

图 2-37　叉车及其使用

a. 检查车辆。按规定的项目、标准检查车辆各部分的技术状况是否处于完好状态。

b. 起步。起步前观察四周，先鸣笛后起步；气压式制动的车辆，制动气压表读数必须达到规定值方可起步；载物起步必须用低速挡。

c. 车辆维护与保养。必须定期进行维护。叉车维护一般分为日常维护、一级维护、二级维护

(a) 平衡重式叉车　　　　(b) 前移式叉车　　　　(c) 侧面式叉车

(d) 窄通道叉车　　　　　　(e) 集装箱叉车

图 2-38　叉车的种类

和季节维护。

（3）搬运车。仓库内可以选用的搬运车种类繁多，有手推车、手动托盘搬运车、手动叉车、无人搬运车等。

①手推车。是一种以人力为主、在路面上水平输送物料的搬运车，见图 2-39。其特点是轻巧灵活、易操作、回转半径小。它广泛应用于工厂、车间、仓库、站台、货场等处，是短距离输送轻型货品的一种方便而经济的输送工具。

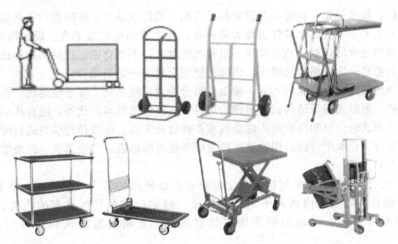

图 2-39　各种手推车

②手动托盘搬运车。用来搬运装载于托盘（托架）上的集装单元货品，当货叉插入托盘（托架）后，上下摇动手柄，使液压千斤顶提升货叉，托盘（托架）随之离地；当货品搬运到目的地后，踩动踏板，货叉落下，放下托盘（托架）。它操作灵活、轻便，适合于短距离的水平搬运，见图 2-40。

图 2-40　手动托盘搬运车

图 2-41　手动叉车

③ 手动叉车。是一种利用人力提升货叉的装卸、堆垛、搬运的多用车，见图 2-41。它操作灵活、轻便，用途广泛。

④ 无人搬运车。就是无人驾驶自动搬运车，它可以自动导向、自动认址、自动执行程序动作，具有灵活性强、自动化程度高、可节省大量劳动力等优点。目前无人搬运车有 AGV、LGV 和 AHV三种，见图 2-42。

图 2-42　无人搬运车

（4）输送机。输送机是一种连续搬运货品的机械，其特点是在工作时连续不断地沿同一方向输送散料或重量不大的单件货品，装卸过程无需停车。其优点是生产效率高、设备简单、操作简便。缺点是一定类型的连续输送机只适合输送一定种类的货品，不适合搬运很热的物料或者形状不规则的单件货品；只能沿一定线路定向输送，因而在使用上具有一定局限性。

根据用途和所处理货物形状的不同，输送机可分为带式输送机、辊子输送机、链式输送机、重力式辊子输送机、伸缩式辊子输送机、振动输送机、液体输送机等。此外，还有移动式输送机和固定式输送机、重力式输送机和电驱动式输送机等多种划分方法。在选择连续输送机时，应根据货品的物理特性来进行。仓库中可以运用的输送机主要是辊道输送机、带输送机、链条输送机和悬挂式输送机，见图 2-43。

（5）起重机。起重机是在采用输送机之前曾被广泛使用的具有代表性的一种搬运机械，它是指将货品吊起在一定范围内做水平运动的机械。起重机按照其所具有的机构、动作繁简程度以及工作性质和用途，可以归纳为简单起重机械、通用起重机械和特种起重机械三种，见图 2-44。

2. 装卸搬运设备的选择依据及方法

（1）选择依据。选择恰当的设备和设备系统是件复杂的工作，通常可以从以下几方面入手。

① 明确是否确实需要进行这个搬运步骤。

② 要有长远发展的眼光，即制定设备选择计划时要考虑长远发展的需要。

③ 牢记系统化的观念。所选用的设备不仅仅局限于仓库作业的某一个环节，它要在整个系统

(a) 辊道输送机

(b) 带输送机

(c) 链条输送机　　　　　　　　　(d) 悬挂式输送机

图 2-43　输送机

的总目标下发挥作用。

④ 遵循简单化原则，选择合适的规格型号。为完成某种轻量级工作而购买价格昂贵的重量级设备，或者选用使用寿命不长的设备都是极不恰当的，在可能的条件下应尽可能利用重力输送的长处。同时，应尽可能采用标准设备，而不采用价格昂贵的非标准化设备。另外，在增加投资前，一定要确信现有设备得到了充分利用。

⑤ 要进行多方案的比较。不要只依靠一家设备商去选择完成某项搬运工作的设备和搬运方法，要想到可能会有更好、更低价的设备和搬运方法。

(2) 选择方法

① 根据距离和物流量指示图，确定设备的类别，如图 2-45 所示。简单的搬运设备适合于距离短、物流量小的搬运需要；复杂的搬运设备适合于距离短、物流量大的搬运需要。简单的运输设备适合于距离长、物流量小的运输需要；复杂的运输设备适合于距离长、物流量大的运输需要。

② 根据设备的技术指标、货品特点以及运行成本、使用方便等因素，选择设备系列型号，甚至品牌。在设备选型时要注意：

a. 设备的技术性能。能否胜任工作以及设备的灵活性要求等。

b. 设备的可靠性。在规定的时间内能够工作而不出现故障，或出现一般性故障易立即修复且

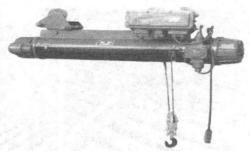

(a) 简单起重机械

(b) 轮胎式龙门起重机

(c) 桥式龙门起重机

(d) 轨道式龙门起重机

(e) 港口专用起重机

图 2-44　起重机

安全可靠。

　　c. 工作环境的配合适应性。工作场合是露天还是室内，是否有振动、是否有化学污染以及其他特定环境要求等。

　　d. 经济因素。包括投资水平、投资回收期及性能价格比等。

　　e. 可操作性和使用性。操作是否易于掌握，培训的复杂程度等。

　　f. 能耗因素。设备的能耗应符合燃烧与电力供应情况。

　　g. 备件及维修因素。设备条件和维修应方便、可行。

　　3. 装卸搬运设备数量的确定

　　装卸搬运设备的配置数量主要根据仓库作业量确定，并使仓库有较高的设备配置系数。

　　(1) 配置系数。配置系数可按下式计算

$$K = \frac{Q_c}{Q_t}$$

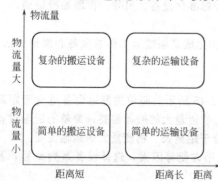

图 2-45　距离、物流量和搬运
运输设备的关系

式中　K ——仓储设备配置系数，一般取 $K=0.5\sim0.8$；

　　　Q_c ——仓储机械设备能力，即设备能完成的物流量；

　　　Q_t ——仓储过程总物流量。

通常情况下，当 $K>0.7$ 时，表明机械化作业程度高；当 $K=0.5\sim0.7$ 时，表明机械化作业程度中等；当 $K<0.5$ 时，表明机械化作业程度低。

在为仓库配置机械设备时，可以根据仓库的要求预先规定一个 K 值，来计算设备所需完成的物流量，从而进行设备的配置计算。

（2）仓储设备数量。设备数量配置，可用下式计算

$$Z=\sum_{i=1}^{m}Z_i$$

式中　Z ——仓库内仓储设备总台数；

　　　m ——仓储设备类型数；

　　　Z_i ——第 i 类仓储设备台数。

$$Z_i=\frac{Q_{ci}}{(Q_c\beta\eta\delta\tau)_i}$$

式中　Q_{ci} ——第 i 类仓储设备计划完成的物流量；

　　　Q_c ——设备的额定起（载）重量；

　　　β ——起重系数，即平均一次吊装或搬运的重量与 Q_c 的比值；

　　　η ——单位工作小时平均吊装或搬运次数，由运行距离、运行速度及所需辅助时间确定；

　　　δ ——时间利用系数，即设备年平均工作小时与 τ 的比值；

　　　τ ——年日历工作小时，一班制取 7 小时乘以工作日数。

仓储设备能力的评价参数 $\beta\eta\delta$ 值应根据作业场所的性质、货品种类以及仓储设备类型进行实测确定。

（3）总物流量 Q_t 可由下式计算

$$Q_t=\sum_{i=1}^{n}(H_i a_i)$$

式中　n ——作业场所的数目；

　　　H_i ——第 i 个场所的年吞吐量；

　　　a_i ——第 i 个场所的倒搬系数，根据货品的重复搬运次数确定。无二次搬运时，$a_i=1$。机械设备计划完成的总物流量，可由总物流量 Q_t 乘以设备配置系数 K 求得，即

$$Q_c=KQ_t$$

计算某类仓储设备数量时，Q_{ci} 可由 Q_c 分配决定。

4. 起重机的选择原则

由于各类起重机结构特点、起重量、起升高度、速度和工作级别等的不同，适用范围也各异。起重机的选择主要根据以下参数进行：

（1）所需起重货品的重量、形态、外形尺寸等；

（2）工作场地的条件（长、宽、高，室内或室外等）；

（3）工作级别（工作频繁程度、负荷情况）的要求；

（4）每小时的生产率要求。

根据上述要求，首先选择起重机的类型，然后再决定选用这一类型起重机中的哪个型号。

2.2　职业能力训练模块

2.2.1　货品储存仓库参观调研

【职业能力训练模拟背景】

（1）选择参观当地一家社会化的专业仓储企业、商业零售企业的配送中心仓库或生产制造企业（如日用

化工品、饮料食品或医药制品等）的原料仓库及成品仓库，了解仓库所处的位置及其总平面布置、仓房或货棚的建筑结构、仓容定额及仓库储存能力等资料，以及仓储作业过程中使用的不同仓储设施与设备（货架、托盘、堆垛机等）的类型、结构特点、数量配置、使用要求等，实地观察仓储作业不同环节中货架、托盘、堆垛机、输送机、叉车等的使用过程。

（2）选择参观铁路或码头的集装箱堆场，由工作人员讲解叉车、起重机、龙门吊等设备的结构、用途与管理方式，以及托盘、集装箱等承载器具的结构、特点、使用与管理方法，了解堆场的设施条件、货位规划与堆垛规则、集装箱堆垛作业要求，实地观察装卸搬运设备的完整作业过程。

（3）选择参观化学危险品仓库、低温冷藏食品仓库、粮食储备仓库或出口加工区保税仓库等，分别从仓库的地址选择与建筑结构形式、设施设备、仓储条件、仓储成本及作业安全要求等方面与普通仓库进行对照分析。

【职业能力训练目标要求】

（1）了解不同仓库的总体结构特征与使用要求、总平面布置原则等。

（2）了解常用仓储设施设备及各种承载器具的结构特点、用途等。

（3）掌握仓储定额和仓库储存能力的确定依据及其计算方法。

【职业能力训练设备材料】

（1）不同仓库的背景及相关业务资料。

（2）仓储作业的管理制度规定与安全要求。

（3）仓房建筑设计图纸。

（4）仓储设施与设备的技术参数资料等。

（5）计算器、圆珠笔、纸张等用品若干。

【职业能力训练方法步骤】

（1）收集整理资料。通过网络、图书馆等多种途径广泛收集拟参观仓库的背景资料，全面了解仓库的有关管理制度要求、拟参观仓库的地理位置与交通条件、相关仓储业务范围与特点、仓储设施设备类型与数量、客户与社会对企业的评价等。

（2）仓库的实地参观调研。在实训指导教师或学校的组织安排与协调下，拟参观仓库（最好是专业实训基地的校外指导教师）选派仓储主管负责介绍企业仓库的区位优势及总平面布置、仓储业务经营范围与规模、仓库的组织结构及岗位设置与人员构成、仓储作业流程及要求、仓储设施设备的配置情况与作业能力等之后，学生可以分组的形式深入到仓库的各个仓储业务环节，观看仓储作业实施过程（接收、发货、查验、码放、加工等）、仓储设施设备的使用步骤与方法，向仓储作业岗位人员详细咨询有关仓储作业安全事项、不同岗位技能要求，认真听取从事仓储岗位工作的感受等。

（3）讨论交流与参观总结。围绕拟参观仓库的业务开展情况，结合学生们对仓储企业现场作业的调查了解，邀请不同仓储管理岗位人员与学生一起参加的交流讨论会，各小组返校后提交仓库参观调研报告一份（1500 字以上）。

【职业能力训练组织安排】

（1）学生每 10 人分成一组，指定组长 1 人，负责参观期间本组人员的组织分工与安全管理、收集拟参观仓库的背景资料及参观过程中资料的汇总、汇报交流参观感受、撰写调研报告等。

（2）职业能力训练过程中要求任课教师与实训指导教师全程负责，做好与拟参观仓库方的沟通协调工作，及时解决学生训练过程中的有关问题。

（3）在条件允许的情况下利用企业的会议室等场所，邀请仓库方有关人员与学生进行座谈交流，听取小组代表的参观感受、集中解答参观过程中的疑惑、讨论交流对仓储业发展的认识，最后由拟参观仓库方与实训教师分别作总结发言。

（4）职业能力训练结束后每个小组提交仓库参观调研报告一份（1500 字以上）。

（5）职业能力训练时间安排：4 学时/组。

【职业能力训练报告要求】

（1）职业能力训练项目名称、训练时间、参加人员。

（2）职业能力训练目标要求与内容。

（3）绘制拟参观仓库的总平面布置图。

（4）提交拟参观仓库的仓储设施设备配置表一份。

（5）职业能力训练参观感受与讨论。

【职业能力训练效果评价】

货品储存仓库参观调研职业能力训练评价评分表见表 2-8。

表 2-8　职业能力训练评价评分表

考评项目		货 物 储 存 仓 库 参 观 调 研		
考评人			被考评人	
考评标准	考评内容与要求		权重/%	考评结果
	参观前的各项工作准备充分		15	
	参观过程中资料收集全面、准确		20	
	观察仔细认真、善于发现并提出合理性问题		25	
	小组配合与协作性好		10	
	参观调研报告内容完整，文字通顺		25	
	参观过程中态度积极、端正、讲文明、重礼仪，纪律表现良好		15	
合　计			100	

注：考核满分为 100 分。60 分以下为不及格；60～69 分为及格；70～79 分为中等；80～89 分为良好；90 分以上为优秀。

【职业能力训练活动建议】

（1）结合本地实际，选取拟参观的仓库应符合区位优势明显、业务范围广、仓型多样、仓储设施完整、作业管理规范等要求。

（2）学生可利用业余时间了解小型仓库的作业情况，并作出比较分析。

2.2.2　叉车的使用与维护

【职业能力训练模拟背景】

2009 年 3 月 10 日，天牛仓储中心接收到一批已码放在托盘上的货品，货品的品名、规格、数量、重量、包装情况如表 2-9 所示，计划安排搬运人员用叉车将力士香皂和洁银牙膏搬运到日化仓库 3♯储区和 8♯储区的指定货位，分别将奇强洗洁精和雕牌洗衣粉搬运到指定储位"4-5-3-12"、"5-4-4-8"。由于储位需要重新分配，随后又将力士香皂和洁银牙膏分别与奇强洗洁精和雕牌洗衣粉的储位调换。

假定接受了这一作业任务，你是否能够胜任实施搬运作业的岗位？

表 2-9　天牛仓储中心入库货品资料

序号	品　名	规格	数量	包装	重量	作业单元
1	力士香皂	200 克/块	5000 块	50 块/箱	11.5 千克/箱	20 箱/托盘
2	洁银牙膏	120 克/支	6000 支	100 支/箱	13.3 千克/箱	15 箱/托盘
3	雕牌洗衣粉	500 克/袋	1000 袋	10 袋/箱	6.5 千克/箱	25 箱/托盘
4	奇强洗洁精	500 克/瓶	1000 瓶	20 瓶/箱	10.5 千克/箱	24 箱/托盘

【职业能力训练目标要求】

（1）熟悉托盘基本用途，学会运用托盘堆放货品。

（2）了解叉车的总体构造，初步掌握叉车驾驶技术和叉车作业技能。

（3）掌握叉车装卸搬运操作，学会使用叉车将货品按规定的线路和货位运送到位。

【职业能力训练设备材料】

（1）手动液压叉车　　　　　　　5 台　（5）托盘货架　　　　　　　　2 个

（2）手动堆垛机　　　　　　　　2 台　（6）桩杆　　　　　　　　　　12 根

（3）内燃（或电瓶）平衡重叉车　2 台　（7）废旧轮胎　　　　　　　　10 个

（4）托盘　　　　　　　　　　　12 个

【职业能力训练方法步骤】

（1）熟悉叉车的总体构造。由教师根据叉车讲解实体叉车的总体构造，演示叉车作业的形式与过程，学生熟悉各个仪表和操作机构与手柄位置,知道其用处和作用并进行实际操作练习。

(2) 叉车的使用练习。教师先演示一遍正确的操作方法,并说明操作要点及要求。学生按要求进行练习叉车起步、挂挡、向前及倒车行驶、转向、制动及定点停车与倒库操作,叉车货架的升降、门架的前后倾操作,如叉车直线门洞标杆行驶、叉车"S"标杆绕行、叉车"8"字绕行等。在行驶操作训练时,其他学生必须远离操作训练场地,教师必须坐在叉车上对每个学生进行实地辅导操作,发现问题及时纠正。

(3) 叉车装卸搬运操作。操作前先检查托盘、叉车、货架,确保正常使用。将托盘从一个货架,移到另一个货架(线路不限定,货架层次不限),按叉车倒库的线路进行货品的装卸搬运,并使用叉车将货品按规定的线路和货位运送到位,如搬货过桩、取放单块托盘操作、双托盘取放、托盘货架取放、叉车进库出库、库内库外托盘取放流程作业等。

(4) 叉车操作考试。将货品(托盘)按规定的线路从一个货架搬运至另一个货架,在规定的时间内完成货品装卸及搬运作业。

【职业能力训练组织安排】

(1) 学生每8人分成一组,每小组指定组长1人,具体负责实施叉车作业训练。

(2) 以组为单位,每组轮流使用手动液压叉车、手动堆垛机或内燃(或电瓶)平衡重叉车在指定的场地练习。

(3) 内燃(或电瓶)平衡重叉车职业能力训练过程中要求教师现场指导,准确了解学生的训练动态及熟练程度,及时解决学生训练过程中的有关问题。

(4) 严格按照叉车安全操作规程进行操作训练,教师对训练过程与完成情况进行全面的总结,并按国家有关考试标准进行考核。

(5) 职业能力训练结束后每个小组必须提交一份职业能力训练报告。

(6) 职业能力训练时间安排:2~4学时/组。

【职业能力训练报告要求】

(1) 职业能力训练项目名称、训练时间、参加人员。

(2) 职业能力训练目标要求与内容。

(3) 叉车的总体结构、叉车驾驶与装卸搬运操作要求及操作方法。

(4) 叉车装卸搬运操作职业能力训练总结讨论。

【职业能力训练效果评价】

叉车的使用与维护职业能力训练评价评分表见表2-10。

表2-10 职业能力训练评价评分表

考评项目		叉车的使用与维护		
考评人		被考评人		
考评标准	考评内容与要求		权重/%	考评结果
	能够正确说出叉车构造及操作要领		15	
	熟练驾驶掌握叉车的驾驶技术		20	
	按规定线路行驶、在规定时间内完成作业		25	
	各项操作要领规范、严密,考核成绩优良		25	
	小组配合与协作性好		15	
合　计			100	

注:考核满分为100分。60分以下为不及格;60~69分为及格;70~79分为中等;80~89为良好;90分以上为优秀。

【职业能力训练活动建议】

(1) 组织学生严格按照叉车安全操作规程进行操作训练,并学会对叉车进行日常维护保养作业。

(2) 在有条件的情况下可以事先安排学生练习操作手动叉车与手动堆垛机。

(3) 叉车驾驶训练是一项带有危险性的生产作业,为了人员和车辆的安全,教练人员必须持有叉车驾驶资格证及教练证书。

(4) 叉车驾驶练习场地必须独立并有标准训练划线。

2.2.3　托盘的使用与维护

【职业能力训练模拟背景】

2009 年 5 月 10 日，北斗星仓储公司接收到一批不同包装规格的货品，货品的品名、规格、数量、重量、包装情况如表 2-11 所示。仓储部接到入库通知后，计划将货品码放在托盘上，同时整托盘搬运到仓库指定的位置或货架上。

假定你是仓储主管，当接受了这一作业任务后，你是如何选择并有效利用托盘的？

表 2-11　北斗星仓储公司入库货品资料

序号	品　名	包装规格	数量	重量	作业单元
1	可口可乐	2.5L×6 瓶/箱	500 箱	16.2 千克/箱	20 箱/托盘
2	一路行轮胎	40cm×8 只/托盘	60 托盘	13.3 千克/托盘	8 只/托盘
3	重型三杆执手门锁	1×20 副/箱	100 件	21.5 千克/箱	15 箱/托盘
4	PLAYBOY 男式皮鞋	一双/盒	100 盒	10.5 千克/箱	40 盒/托盘
5	百合花压榨菜籽油	5L×4 瓶/箱	85 箱	20.5 千克/箱	16 箱/托盘
6	不锈钢专用复合脱氧剂	25 千克/袋	108 袋	25 千克/袋	25 袋/托盘
7	纳米铝塑环保乳胶漆	20 千克/桶	68 桶	20 千克/桶	18 桶/托盘
8	高级磨砂茶具	1＋6/套	60 套	2.2 千克/套	25 套/托盘

【职业能力训练目标要求】

(1) 熟悉托盘的类型及规格，学会根据货品的不同选用合适的托盘堆放货品。

(2) 掌握托盘的正确使用规则，学会托盘的保管、养护和维修。

(3) 学会分析托盘塌垛的原因，并能够采取有效的处理措施。

【职业能力训练设备材料】

(1) 手动液压叉车　　　　　　　　　　　　　5 台

(2) 手动堆垛机　　　　　　　　　　　　　　2 台

(3) 内燃（或电瓶）平衡重叉车　　　　　　　2 台

(4) 木制、塑料、纸、不锈钢等材质的平托盘　各 4 个

(5) 轮式托盘与轮胎托盘　　　　　　　　　　各 2 个

(6) 托盘货架　　　　　　　　　　　　　　　2 个

【职业能力训练方法步骤】

(1) 通过多媒体教学、仓储企业参观、网络等途径收集有关托盘的主要特点、托盘材料、种类与使用方法等资料。

(2) 熟悉托盘的构造与使用要求。由教师讲解实体托盘的基本结构、使用要求，演示托盘的形式与操作过程，学生进一步熟悉托盘的正确使用规则及应注意的事项，了解托盘的保管与维修方法。

(3) 准备好托盘和货品，进行装盘码垛。根据需要处理的货品性质的不同和包装容器的规格大小，结合托盘的制造材料、尺寸和结构等，有针对性地选取托盘，货品的装盘码垛主要采用重叠式、纵横交错式、正反交错式和旋转交错式等方式，并采取捆扎、网罩、框架、中间夹摩擦材料、粘合、胶带粘扎、平托盘周边垫高、收缩薄膜或拉伸薄膜等紧固方法。一般准码高度不得超过 2m。

(4) 托盘塌垛的原因分析。当遇到托盘塌垛时，应结合货体的表现认真分析原因，并采取有效的处理措施以保证货品码放质量。其中托盘货品的塌垛表现主要有货体倾斜、货体整体移位、货体部分部位错位外移部分落下和全面塌垛等情形，而发生托盘塌垛的原因一方面是运输工具、运输线路及路况意外事故等外部原因造成的；另一方面是码放不当造成的。

【职业能力训练组织安排】

(1) 学生每 6 人分成一组，每小组指定组长 1 人，具体负责托盘码垛及搬运作业训练。

(2) 每组使用手动液压叉车、手动堆垛机或内燃（或电瓶）平衡重叉车 1 台和不同材质的托盘 4 个，轮流在指定的场地进行托盘码货、装卸搬运上架等操作练习，并学习托盘的保管养护和维修。

(3) 托盘使用职业能力训练过程中要求教师现场指导，准确了解学生的训练动态及熟练程度，及时解决学生训练过程中的有关问题。

(4) 每组选派一名同学为代表汇报表演托盘码货作业，教师对训练过程与完成情况进行全面的总结。

（5）职业能力训练结束后，每个小组必须提交一份职业能力训练报告。

（6）职业能力训练时间安排：2 学时/组。

【职业能力训练报告要求】

（1）职业能力训练项目名称、训练时间、参加人员。

（2）职业能力训练目标要求与内容。

（3）托盘的基本结构、规格型号、使用规则要求及应注意的事项。

（4）托盘使用与维护职业能力训练总结讨论。

【职业能力训练效果评价】

托盘的使用与维护职业能力训练评价评分表见表 2-12。

表 2-12 职业能力训练评价评分表

考评项目	托盘的使用与维护		
考评人		被考评人	
考评标准	考评内容与要求	权重/%	考评结果
	能够准确说出托盘的构造及使用要求	15	
	托盘选用正确，码货整齐、牢固	20	
	托盘搬运方法得当、上架过程流畅	25	
	托盘塌垛原因分析正确，处理措施有效	15	
	托盘的保管和维修措施得当	15	
	小组配合与协作性好	10	
合计		100	

注：考核满分为100分。60分以下为不及格；60~69分为及格；70~79分为中等；80~89为良好；90分以上为优秀。

【职业能力训练活动建议】

（1）组织学生严格按照托盘的操作训练，并学会对旧托盘进行日常维护保养作业。

（2）安排学生深入物流企业调查了解托盘的使用环境及存在的管理问题。

2.3 职业能力拓展模块

2.3.1 低温仓库及其使用

1. 低温冷藏与低温冷库

冷藏是指在保持低温的条件下储存货品的方法。由于在低温环境中，细菌等微生物大大降低繁殖速度，生物体的新陈代谢速度降低，能够延长有机体的保鲜时间，因而对鱼肉食品、水果、蔬菜及其他易腐烂货品都采用冷藏方式仓储。另外对于在低温时能凝固成固态的液体流质品，由于采取冷藏的方式有利于运输、作业和销售，也采用冷藏的方式仓储。此外，在低温环境中，一些混合物的化学反应速度降低，对其也采用冷藏方式储藏。

低温仓库是指通过机械制冷的方式使库内保持一定的温度和湿度，以储存食品、工业原料、生物制品和医药制品等对温度、湿度有特殊要求货品的仓库。作为一种专业化仓库，低温仓库具有较为特殊的布局和结构、用具，货品也较为特殊，其管理技术、专业水平要求也较高。

2. 低温冷库分类

（1）低温冷库按控制的温度和制冷方式不同，分为冷冻仓库、冷藏仓库、气调冷库和流动的冷藏车、冷藏集装箱等。

（2）按用途分为生产性冷库（如肉类加工厂或药品加工厂用以储存半成品或成品使用）、周转性冷库（批发流通企业为保证市场供应的连续性和长期储备的需要）和综合性冷库（连接产品的生产与货品的流通）。

（3）按规模分为大型冷库（储量 5000t 以上）、中型冷库（储量 500～5000t）和小型冷库（储量小于 500t）。

3. 冷库的结构

（1）冷却和结冻间。货品在进入冷藏间或冷冻库房之前，先在冷却或冷冻间进行冷处理，将货品均匀地降温到预定的温度。对于冷藏货品，降温至 2～4℃；冷冻货品则迅速地降至 -20℃ 使货品冻结，因而冷却和冻结间具有较强的制冷能力。

（2）冷冻库房。经预冷达到冷冻保存温度的冷冻货品较长时间地保存的库房。冷冻货品的货垛一般较小，以便降低内部温度。库内采用叉车作业为主，大多采用成组垛。

（3）冷藏库房。冷藏库房是冷藏货品存储的场所。货品在预冷后送入冷藏库房码垛存放。冷藏货品仍具有新陈代谢和微生物活动，还会出现自升温现象，因而冷藏库还需要进行持续的冷处理。冷藏库一般采用行列垛方式码垛存放，由于冷藏存放期较短，货品在库内搬运活性较高，托盘成组堆垛较为理想。

（4）分发间。冷库内不便于作业，而且会造成库内温度波动较大，因此货品出库时采取迅速地将冷货从冷藏或冷冻库移到分发间，在分发间进行作业装运。

4. 低温冷库的使用

（1）低温冷库的使用要求

① 低温冷库分为冷藏库和冷冻库，应按照库房的设计用途使用，两者不能混用。库房改变用途时，必须按照所改变的用途进行制冷能力、保冷材料、设施设备改造，完全满足新的用途。

② 冷库要保持清洁、干燥，经常清洁、清除残留物和结冰，库内不得出现积水。冷库在投入使用后，除非进行空仓维修保养，必须保持制冷状态。即使没有存货，冷冻库保持在 -5℃，冷藏库控温在露点以下。

③ 要按照货品的类别和保管温度不同分类使用库房。如食品库不得存放其他货品，食品也不能存放在非食品库房；控制温度不同的货品不能存放在同一库房内。

（2）货品出入库。货品入库时，除了通常仓储所进行的查验、点数外，要对送达货品的温度进行测定、查验货品内部状态，并进行详细的记录，对于已经霉变的货品不接受入库。货品入库前要进行预冷，保证货品均匀地降到需要的温度。未经预冷冻结的货品不得直接进入冷冻库，以免高温货品大量吸冷造成温度升高，影响库内其他冻货。

货品出库时认真核对，由于冷库内大都储存相同的货品，要核对货品的标志、标号、所有人、批次等区别项目，防止错取、错发。对于出库时需要升温处理的货品，应按照作业规程进行加热升温，不得采用自然升温。

（3）冷货作业。为了减少冷耗，货品出入库作业应选择在气温较低的时间段进行，如早晨、傍晚、夜间。出入库作业时集中仓库内的作业力量，尽可能缩短作业时间。要使装运车辆离库门距离最近，缩短货品露天搬运距离；防止隔车搬运。在货品出入库中出现库温升温较高时，应停止作业，封库降温。出入库搬运应采用推车、叉车、输送等机械搬运，采取托盘等成组作业，提高作业速度。作业中不得将货品散放在地坪，避免货品、货盘冲击地坪、内墙、冷管等，吊机悬挂重量不得超过设计负荷。

库内堆码严格按照仓库规章进行。选择合适货位，将存期长的存放在库里端，存期短的货品存放在库门附近，易升温的货品接近冷风口或排管附近。根据货品或包装形状合理采用垂直叠垛或交叉叠垛，如冻光猪采用肉皮向下、头尾交错、腹背相连、长短对弯、码平码紧的方式堆码。货垛要求堆码整齐，货垛稳固，间距合适。货垛不能堵塞或者影响冷风的流动，避免出现冷风短路。堆垛完毕在垛头上悬挂货垛牌。

拆垛作业时应从上往下取货，禁止在垛中抽取。取货时要注意防止因货品冻结粘连强行取货而扯坏包装。

（4）冷货保管。冷库内要保持清洁干净，地面、墙、顶棚、门框上无积水、结霜、挂冰，随有随扫除，特别是在作业后，应及时清洁。制冷设备、管系上的结霜、结冰及时清除，以提高制冷功能。

定时和经常测试库内温湿度，严格按照货品保存所需的温度控制仓库内温度，尽可能减少温度波动，防止货品变质或者解冻变软发生倒垛。

按照货品所需要的通风要求，进行通风换气。通风换气的目的是为了保持库内有合适的氧分和湿度。冷库一般采用机械通风的方式进行通风换气，要根据货品保管的需要控制通风次数和通风时间，如冷藏库每天 2～4 次，每次换气量为冷藏间体积的 1～2 倍，或者使库内二氧化碳含量达到适合的范围。库藏通风意味着外部的空气进入库内，也将空气中的热量、湿度带入库内，因而要选择合适的时机通风换气。

2.3.2 集装箱堆场的管理

集装箱堆场（Container Yard，简称 CY）一般有两种含义：广义的集装箱堆场可理解为进行装卸、交接和保管重箱、空箱的场地，包括前方堆场、后方堆场和码头前沿在内；狭义的集装箱堆场是指除码头前沿以外的堆场，其中也包括存放底盘车的场地在内。集装箱堆场的设计目标要满足服务的精确性、单位堆放与流转速度和旺季存储能力的需要。

集装箱堆场是集装箱运输过程中的重要环节，当前在集装箱运输要求快捷化、节约化、简单化及标准化的前提下，要求港口集装箱堆场向自动化、无人化、快捷化方向改进。世界上第一个自动化码头堆场建于 1993 年的荷兰鹿特丹港，2002 年德国汉堡哈拉码头也建成了自动化集装箱码头堆场。2004 年我国第一个全自动无人码头集装箱堆场亮相上海港，该堆场能与德国汉堡哈拉港相媲美，并通过建立港口智能化管理平台，提高码头港口的装卸效率，缩短船舶在港停泊时间，提升上海港集装箱处理能力，达到世界先进水平，使上海港的吞吐量、技术含量和核心竞争力都达到世界一流大港口的水平。

1. 集装箱堆场应具备的条件

（1）地面平整能承受所堆重箱的压力，有良好的排水条件。

（2）必要的消防设施，足够的照明设施和通道。

（3）必要的交通和通讯设备。

（4）有符合标准并取得环保部门认可的污水、污染物处理能力。

（5）围墙、门卫和检查设施。

（6）有一定的集装箱专业机械设备。

（7）有集装箱箱卡管理或电子计算机管理设备。

2. 集装箱堆场管理

（1）堆场堆垛规则。堆场堆垛的基本规则就是保证集装箱堆放安全，减少翻箱率。工艺不同，集装箱的尺寸不同，集装箱装载的货种不同，堆垛的方式就不相同。以下主要介绍按工艺分类、按箱型状态分类时几种基本的堆垛规则。

① 轮胎龙门吊作业的堆垛规则

a. 箱区的编码方式。集装箱堆放在码头堆场，一般都要用一组代码来表示其在堆场内的空间位置，这个位置就是堆场位置，又称"场箱位"。它是组成集装箱堆场的最小单元（如图 2-46 所示）。

场箱位由箱区、位、排、层组成。箱区的编码分为两种，一种是用英文字母表示，由一个或两个字母组成，其中第一位表示码头的泊位号，第二位表示堆场从海侧到陆侧后方堆场的顺序号。国内码头普遍采用一位字母或两位数字作为箱区的编码。"位"的编码用两位数字表示，一个箱区由若干个位组成。由于一个 40ft 箱占用两个 20ft 箱的位置，因此，一般用奇数表示 20ft 箱的"位"，偶数表示 40ft 或 45ft 箱的"位"。"层"和"排"用一位数表示。因此，

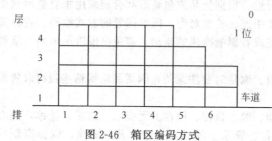

图 2-46 箱区编码方式

集装箱的箱位一般由"五位"或"六位"表示。如"A0111"表示该箱在 A 箱区 01 位第一排第一层；"210111"表示该箱在 21 箱区 01 位第一排第一层。

在码头设计建造时，箱区的长度往往与泊位的长度相对应，而宽度则应视轮胎龙门吊的跨度而定，一般箱区的排数为六排。堆箱层数视轮胎吊的高度而定，不同类型的轮胎吊系统，堆垛高度也不相同，一般是四层或五层。

b. 箱区的高度与轮胎吊的起吊高度的关系。堆三过四的轮胎吊，一般堆三层高，箱区最高限度堆四层。堆四过五的轮胎吊，一般堆四层高，箱区最高限度堆五层。原则上，堆三过四的轮胎吊不能进入堆四过五的轮胎吊堆放的箱区作业。

c. 安全要求。轮胎吊作业区域，若是堆三过四的轮胎吊箱区，第六排应比其他排少堆一层。若是堆四过五的轮胎吊箱区，则第六排应堆二层，第五排应堆三层。

集装箱进场选位时，应充分考虑堆放的安全系数。相邻排孤立的层高之差不得大于 3。各箱区之间要有合适的通道，使集卡、铲车等机械能在堆场内安全行驶。

② 不同箱型的堆垛规则

a. 基本原则：

（a）重、空箱分开堆放；

（b）20ft、40ft 和 45ft 集装箱分开堆放；

（c）冷藏箱、危险品箱、特种重箱堆放在相应的专用箱区；

（d）进口箱和出口箱分开堆放；

（e）中转箱按海关指定的中转箱区堆放；

（f）出口重箱按装船要求分港、分吨堆放；

（g）空箱按不同持箱人、不同的尺码、不同箱型分开堆放，污箱、坏箱分开堆放；

（h）重箱按堆场荷载要求堆放。

b. 出口箱进场安排。出口箱进码头堆场堆放时，必须遵循一定的原则，使出口箱在配载装船时，能减少翻箱，提高装船效率。一般有以下几个原则：

（a）按排堆放。同一排内，堆放同一港口、同一吨级的箱；但同一位内不同的排，可以堆放不同港口、不同吨级的箱；

（b）按位堆放。同一位内，堆放同一港口、同一吨级的箱；

（c）按位、排堆放。同一位内，堆放同一港口、同一吨级的箱；而该位的同一排内，堆放相同港口、相同吨级的箱；

（d）在同一位中，较重的箱堆放于靠近车道的第二排，较轻的箱堆放在最里面的两排，中间等级的箱堆放于较中间的排，且重吨级的箱可以压较轻吨级的箱；

（e）在多条路进箱时，有两种方式可以选择：一种是根据集卡的车号判别交替进箱，如第一辆车进 A 区，则第二辆车进 B 区，依此类推；另一种则是先进完 A 区，然后再进 B 区。

c. 进口箱进场安排

（a）同一位中相同的提单号，进同一排；

（b）一个位结束后，再选另一个位。

d. 空箱进场安排。根据持箱人、箱型的不同，选择不同进场位置。

（2）箱区的分类

① 按进出口业务可分为进口箱区和出口箱区；

② 按集装箱货种可分为普通箱区、危险品箱区、冷藏箱区、特种箱区和中转箱区；

③ 按集装箱空、重箱可分为空箱区，重箱区。

危险品箱区、冷藏箱区因有特殊设备，如冷藏箱区有电源插座，危险品箱区有喷淋装置及隔离栏，所以该箱区是相对固定的。中转箱区虽无特殊设备，但因海关部门有特殊要求，因此该箱区也是固定的。码头箱管人员在安排箱区时，原则上各箱区应相对固定地堆放某一类集装箱。但也可以根据进出口箱的情况、码头实际堆存情况、船舶到港情况，以及船公司用箱情况，适当调整各箱区的比例。如当某一期间内进口箱量大于出口箱量，码头箱务管理人员可将部分出口箱区调整为进口箱区；而当船舶集中到码头，出库重箱箱量又大大增加时，码头箱务管理人员可将部分进口箱区或部分空箱箱区调整为出口箱区。码头箱务管理人员应灵活使用该办法，特别是在船舶集中到港，进、出口箱有较大的不平衡时，该办法可以在原有条件下最大限度地提高码头堆场的使用率和码头堆场的通过能力。

（3）码头各类作业在集装箱进场时的堆场安排流程

① 进口箱卸船进场。根据船务代理提供的卸船图或集装箱清单，遵循堆场堆垛规则安排场箱位。

② 出口箱进栈进场。根据船代理提供的预配清单或工作联系单，登录卸货港、目的港，制定"进栈分港分吨要求"，堆场计划员遵循堆垛规则编制"进场堆存计划表"。

（4）集装箱堆场内的归位、并位、转位

① 归位是指码头堆场内箱状态发生变化后，从变化前的箱区，归入状态改变后的指定箱区的作业过程。如出口重箱退关后，箱状态由"出口重箱"变成"退关箱"，就需将该箱从出口重箱箱区归入退关箱区。

② 并位一般指同一堆场箱区同一箱位内，将零星分散的集装箱整理合并在一起的作业过程。一般由一台场内作业机械就可完成作业。

③ 转位一般指同一堆场不同箱区间，或同箱区不同箱位间集装箱整理转移的作业过程。一般需两台场内作业机械及水平运输机械配合才可完成作业。

集装箱堆场内归、并、转的主要目的是为了提高堆场利用率和箱区的作业效率，减少码头作业出差错的可能性，减少翻箱。主要有以下集中情形：

a. 在装船结束后，集装箱转入指定区域；

b. 箱区内进行过提箱作业后，对零星的集装箱进行归并；

c. 根据客户申请的下昼夜提箱计划，可将此类要作业的集装箱转入一个箱区。这可以在客户提箱时减少轮胎吊频繁跨箱区移动，加快客户的提箱速度，合理使用轮胎吊。轮胎吊较少的码头应采用该办法；

d. 对完成拆箱提货作业后的空箱进行归并；

e. 提前进场的出口箱或中转箱，在装船前，按不同的卸货港进行归转作业。

（5）集装箱的疏港。集装箱堆场是运输过程中的周转性堆场，不能用作中、长期储存。码头为了保证船舶装卸作业的正常作业，保证堆场畅通，根据国家关于集装箱疏港的有关规定，结合码头实际堆场的情况，可将进口集装箱疏远至海外堆场。

3. 码头集装箱作业流程和机械设备

（1）船——堆场

① 重箱（冷藏箱、特种箱）。船→集装箱岸边起重机→集装箱牵引半挂车→轮胎式集装箱龙门起重机→堆场。

② 空箱。船→集装箱岸边起重机→集装箱牵引半挂车→空箱堆高机→空箱堆场。

③ 危险品箱。船→集装箱岸边起重机→集装箱牵引半挂车→集装箱叉车→危险品箱堆场。

（2）堆场——拆装箱库。堆场→轮胎式集装箱龙门起重机→集装箱牵引半挂车→集装箱箱内叉车→拆装箱库。

（3）堆场——货主。堆场→轮胎式集装箱龙门起重机→集装箱牵引半挂车→货主。

（4）拆装箱库——货主。拆装箱库→集装箱箱内叉车→汽车→货主。

思考与练习

一、填空题

1. 仓库是用来_____等设施，按仓库营运形态分_____、_____和_____。

2. 托盘一般指的是_____，它既可以作为储存设施，也可以作为_____。

3. 叉车选择的影响因素有_____、地坪、电梯、集装箱高度等和日作业量，常用的叉车有_____、

_____、_____、_____。

4. 仓储设施主要指_____，它由仓库的_____、辅助建筑和附属设施构成。

5. 仓库的生产作业区由_____等组成，辅助生产区是为货品储运工作服务的_____。

6. 层架一般由_____构成，其特点是_____，_____，主要用于_____。

7. 托盘货架的储物形态为_____，以_____存取货。

8. 堆垛机主要用于_____，普通仓库中的堆垛机也称_____。巷道式堆垛机电气控制设备包括_____、_____

_____等，其货叉伸缩机构装于_____，货叉在_____可伸缩，叉取托盘。

9. 冷藏仓库根据其用途分类可分为生产性冷库、_____、综合性冷库，当将货品从冷冻间转入冻结货品冷藏间

时，货品温度不应高于冷藏间温度_____。

10. 大、中型甲类仓库和乙类仓库与邻近居民点和公共设施的间距应_____，与企业、铁路干线间距离

_____，与公路间距应保持_____。

二、选择题

1. 以保管国家应急的储备货品和战备货品的仓库是（　　）。

　　A. 采购供应　　　　　B. 零售　　　　　　C. 批发

　　D. 储备　　　　　　　E. 中转　　　　　　F. 加工

2. 下面是按照保管货品的特征分类的仓库是（　　）。

　　A. 原料仓库　　　　　B. 水面仓库　　　　C. 恒温仓库

　　D. 保税仓库　　　　　E. 流通仓库　　　　F. 多层仓库

3. 按托盘的适用性可将托盘分为（　　）。

　　A. 平托盘　　　　　　B. 箱式托盘　　　　C. 滚轴托盘

　　D. 立柱式托盘　　　　E. 罐式托盘　　　　F. 纸托盘

4. 存放长、大件货物和不规则货品时用（　　）货架。

　　A. 阁楼式货架　　　　B. 悬臂式货架　　　　C. 旋转式货架　　　　D. 移动式货架

5. 承重能力强、结构牢靠、不易损坏的托盘是（　　）。

　　A. 塑料托盘　　　　　B. 金属托盘　　　　　C. 纸制托盘　　　　　D. 冷冻托盘

6. 出库时受先进先出限制的货架是（　　）。

　　A. 重力式货架　　　　B. 驶入式货架　　　　C. 驶出式货架　　　　D. 阁楼式货架

7. 一般仓库主要由物料储存区、（　　）和管理及生活间、辅助设施等部分组成。

　　A. 装卸站台　　　　　B. 专用线　　　　　　C. 验收分发作业区　　　D. 配电室

8. 某仓库标注"5t"表示（　　）。

　　A. 该仓库可以存 5t 货品　　　　　　　　B. 该仓库储存的货品每件重量不得低于 5t

　　C. 该仓库地面承受力小于 5t　　　　　　　D. 该仓库地面每平方米承受力小于 5t

9. 以下哪些货品可以堆放在露天堆场（　　）。

　　A. 煤炭　　　　　　　B. 散粮　　　　　　　C. 桶装油脂　　　　　D. 粗钢

10. 仓库按保管形态可以将仓库划分为（　　）。

　　A. 普通仓库　　　　　B. 保温仓库　　　　C. 特种仓库　　　　D. 水上仓库　　　　E. 流通仓库

11. 移动式货架特点是（　　）。

　　A. 通道面积少　　　　B. 地面利用率高　　　C. 不受先进先出的限制

　　D. 成本高　　　　　　E. 方便拣货

12. 重力式货架特点是（　　）。

　　A. 通道数量少　　　　　　　　　　　　B. 能实现严格的先进先出

　　C. 作业效率及安全性高　　　　　　　　D. 方便拣货

　　E. 用于配送中心

13. 驶入、驶出式货架特点及用途包括（　　）。

　　A. 位密度高　　　　　　　　　　　　B. 库容利用率高

　　C. 适用于大批量少品种　　　　　　　D. 不适用于太重或太长的货品

　　E. 存取货无先后限制

14. 叉车特点及用途有（　　）。

　　A. 机械化程度高　　　B. 机动灵活性好　　C. 可"一机多用"　　D. 可提高仓库利用率

E. 有利于进行集装化运输（托盘、集装箱）　　F. 经济可靠

15. 托盘的特点是（　　）。

    A. 搬运及出入库作业方便　　　　　　　　　B. 理货手续少，货差货损少

    C. 投资少，收益快　　　　　　　　　　　　D. 托盘回收利用难度大

    E. 占有一定的仓容空间

16. 起重机种类主要有（　　）。

    A. 龙门起重机　　　　B. 桥式起重机　　　　C. 汽车起重机　　　　D. 轮胎起重机

17. 堆垛机的特点是（　　）。

    A. 构造轻巧　　　　　　　　　　　　　　　B. 人力推移方便

    C. 可在窄的通道内操作　　　　　　　　　　D. 堆码提升高度大

    E. 提高仓库容积利用率　　　　　　　　　　F. 作业灵活

18. 仓库按保管货物的特性分类时，存放易燃易爆品的仓库属于（　　）。

    A. 采购供应仓库　　B. 批发仓库　　　C. 零售仓库　　　D. 危险品仓库

    E. 中转仓库　　　　F. 加工仓库　　　G. 保税仓库

19. 在安排阁楼式货架的货位时，底层一般堆放（　　）的货品。

    A. 较轻　　　　　　B. 较重　　　　　C. 快速流动　　　D. 周转较慢

20. （　　）式货架平时可以密集相连排列，存取货品时货架沿轨道滑出，这样可以将仓库面积利用率提高到 80%，在档案管理等重要或贵重货品的保管中使用。

    A. 旋转式货架　　　B. 驶入式货架　　C. 移动式货架　　D. 重力式货架

三、判断题

1. 由于自建仓库需要投入大量资金，所以采取自建仓库比采用公共仓库投入的成本费用要高很多。（　　）
2. 托盘的应用领域包括装卸，储存，运输等领域。（　　）
3. 侧面式叉车是目前应用最广泛的叉车，占叉车总量的 80% 左右。（　　）
4. 立体仓库是特殊的单层仓库。（　　）
5. 按库房高度划分，5～10m 为中层自动化立体仓库。（　　）
6. 保温仓库不包括冷藏仓库。（　　）
7. 多层仓库充分利用土地资源，建设仓库时应完全采用多层仓库。（　　）
8. 仓库的立柱间距应以标准托盘的尺寸倍数为依据确定。（　　）
9. 集装箱堆场一定要有固定货位，但不需要固定设施。（　　）
10. 托盘货架的优点主要是它可以实现先进先出和高堆垛，避免直接堆满时对下层货品的挤压。（　　）

四、简答与计算题

1. 仓储选址应考虑的因素有哪些？
2. 简述托盘货架、流动式货架、移动式货架和旋转式货架的优点。
3. 某仓库近期有 8400 件计算机显示器到库，单件外形尺寸为：60cm×60cm×60cm，重 50kg，外包装上标示的堆码极限标志为 6，问需要为此批货品准备多大的货位？其储存定额是多大？若该批显示器全部存放在一个使用面积为 650m² 的仓库中，该仓库的面积利用率和储存该货品的有效容积为多大？
4. 某一配送中心准备建一综合型仓库，计划采用两种储存方法：一种是就地堆码，其货品的最高储存量为 1200t，已知这种货品的仓容货品储存定额是 5t/m²；另一种是上货架存放，其货品最高储存量为 630t，货架长 8m、宽 1.5m、高 4m，货架容积充满系数为 0.7，上堆存放货品的单位质量为 150kg/m³，若该库的面积利用系数是 0.5，则设计此仓库的有效面积是多少？使用面积是多少？
5. 某仓库进了一批木箱包装的货品共计 200 箱，每箱重 20kg，箱高 8cm，低面积为 0.1m²，箱上标志表示最多允许承载的重压力为 45kg，底坪承载能力为 4.5t/m²，库房可用面积高度为 5m，如果不用货架储存，该货品的货架可堆高层数、货垛高度及占地面积各是多少？
6. 某公司某月入库储存的甲货品 12000kg，体积 90m³。入库的乙货品 50000kg，体积 40m³，入库的丙产品 8000kg，体积 32m³。求该仓库本月的货品储存总量。

第3章　货品仓储作业管理

1. 入库流程

2. 出库流程

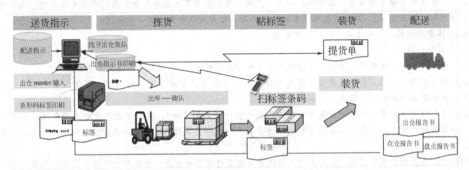

3.1　专业素质提升模块

【知识要点】

▶ 货品仓储作业过程的合理组织、仓储业务的受理及管理要求。

▶ "7S"管理活动的内容、障碍与实施技巧。

▶ 货品入、出库作业的管理原则与组织实施。

▶ 货品盘点作业的目的、原则与组织实施，货品盘点结果的评估。

3.1.1　货品仓储作业管理概述

【导入案例】

上海保税仓库业务操作步骤

1. 保税货物进库

(1) 接报关进区的货物，操作流程如下：

① 保税货物进库前，货物所有权人应尽可能提前将预备进保税仓库的货物发票和装箱单复印件或传真件交仓储部，以便仓储部经理安排仓位和相关资源。

② 货物进库时，有纸报关的，送货人需将经卡口海关工作人员确认的备案清单复印件交仓库管理员；无纸报关的，送货人需将经卡口海关工作人员确认的《放行通知书海关验放联》及《货主留存联》及此货物的发票和装箱单交仓库管理员。

③ 货物抵库后，仓库管理员向送货人索要上述单证并核对货物的数量、唛头和包装是否吻合，如发现货物数

量、唛头有任何不符合，应立即上报仓储部经理并与客户联系，及时处理。如发现外包装破损时，应及时联系客户，并在原地拍照取证。

④ 货物验收完毕后，仓库管理员应将货物堆放整齐，及时填写入库理货记录，做好《三级台账》。将《入库理货记录》签字后连同单据移交给单证管理员，并将桩脚卡挂好。

⑤ 单证管理员接到单据后，根据仓库管理员的《入库理货记录》，将数据录入海关仓储管理系统，作进库处理，将单据归档。无纸报关的，还需将《放行通知书海关验放联》交清关部或客户向通关科交单。

(2) 先进区再报关出口的货物（视同出口或结转）操作流程如下：

① 货物进库前，货物所有权人应尽可能提前将预备进保税仓库的货物发票和装箱单复印件或传真件交仓储部，以便仓储部经理安排仓位和相关资源。

② 货物进库时，送货人在海关卡口需填写《非保税货物进区登记单》，详细填写入库货物的品名、数量、重量、金额及核销单号等，经卡口海关工作人员核对签字、盖章带回。

③ 货物抵达仓库后，仓库管理员凭送货人带回的已经卡口海关工作人员核对签字、盖章的《非保税货物进区登记单》收货（无此凭证仓库管理员有权拒收此货），核对无误后填写《入库理货记录》，连同进区登记单交单证管理员。

④ 单证管理员接到《入库理货记录》和《非保税货物进区登记单》后，将《非保税货物进区登记单》和相关报关资料交指定的报关公司报关。

⑤ 报关完毕后，单证管理员在收到海关电子数据后，根据《入库理货记录》并比对海关电子数据，如数据一致的，在海关保税仓储系统中作入库处理；如不一致的，需在查明原因后再处理，否则不作入库处理。入库后单证管理员需打印《进库清单》，传真《进库清单》给客户后与正本进境备案清单一体归档。

⑥ 仓库管理员将桩脚卡挂好，填写入库台账。

2. 保税货物出库

(1) 根据客户传来数据录入海关仓库管理系统生成《出库提货单》，交客户或报关员报关。

(2) 报关完毕后，将提货单及报关单原件交交回我司仓储部，单证管理员将报关单号输入海关保税仓储系统后，发送电子数据给海关，并接收海关电子放行通知。

(3) 接客户货物出库指令后，仓储部经理按此指令制订《出库通知》，将出库通知交仓库管理员，由仓库管理员按《出库通知》要求，组织叉车驾驶员和仓库出货人员，将待发货物挑选出来并摆放在待发区或装上指定承运工具上。

(4) 货物装上指定承运工具，收货人对货物数量及包装情况签署意见，仓库管理员将收货人证件复印件、客户货物出库指令、仓储部经理《出库通知》和收货人收货意见表一起交单证管理员，单证管理员根据上述资料，将出库数据录入海关保税仓储系统，并生成实际《已核对通过出库提货单》，交收货人。

(5) 提货人到仓库提货所需资料如下，否则仓库不予发货：

① 需提供海关盖放行章的提货单（仓库核销联）等海关放行单证（已提供的不再提供）。

② 客户正本出库指令或与仓储合同所示委托方传真号一致的传真件正本的出库指令。

③ 与出库指令一致的收货人身份证明原件。

(6) 仓库管理员在收货人提货后，登记桩脚卡，填写出库台账。

3.1.1.1 仓储作业过程及其特点

1. 仓储作业过程

仓储作业过程是指以保管活动为中心，从仓库接受货品入库开始，到按需要把货品全部完好地发送出去的全部过程。仓储作业过程主要由验收入库、保管保养、出库发运三个阶段组成，包含了实物流过程和信息流过程两个方面。

(1) 实物流过程。实物流是指库存物实体空间移动过程。在仓库里，它是指从库外流向库内，并经合理停留后再流向库外的过程，见图 3-1。

(2) 信息流过程。信息流是指仓库库存物信息的流动。信息流是实物流的前提，控制着实物流的数量、方向、速度和目标，即实物流组织是借助于一定的信息来实现的，见图 3-2。

2. 仓储作业过程的特点

仓储作业过程与制造生产过程相比较，主要特点表现在以下四个方面。

(1) 非连续性。仓储作业的整个过程，从货品入库到货品出库不是连续进行的，而是间断进行的。这是因为各个作业环节往往是不能密切衔接的，例如：整车接运的货品，卸车后往往不能马上

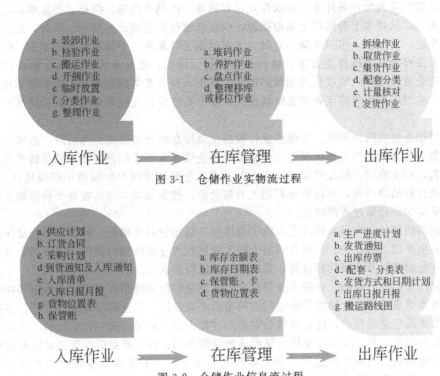

图 3-1　仓储作业实物流过程

图 3-2　仓储作业信息流过程

验收，而是要有一段待验时间；入库保管的货品有一段保管时间；货品分拣包装完毕，需要一段待运时间等。这与一般工业企业的流水线作业不同。

（2）作业量的不均衡性。仓储作业每天发生的作业量是有很大区别的，各月之间的作业量也有很大的不同。这种日、月作业量的不均衡，主要是由于仓库进料和发料时间上的不均衡和批量大小不等所造成的。有时，整车装车和卸车数量很大，装卸车任务量很重，作业量大；而有时无整车装卸，任务就较轻。因此，仓储作业时紧时松，时忙时闲。

（3）仓储作业对象的复杂性。一般生产企业产品生产的劳动对象较为单一，例如制造机床的主要劳动对象是各种钢材。而货品仓储作业的对象，是功能、性质和使用价值等各不相同的千万种货品。不同的货品要求不同的作业手段、方法和技术，情况比较复杂。

（4）仓储作业范围的广泛性。仓储的各个作业环节，大部分是在仓库范围内进行的，但也有一部分作业是在库外进行的，例如货品的装卸、运输等，其作业范围相当广泛。

仓储作业的上述特点对仓储设施的规划、配备与运用，仓储作业人员定编、劳动组织与考核，对作业计划、作业方式的选择与方法等，均产生重要影响，对合理组织仓库作业带来很大的困难和不便。因此，在具体进行仓储设施的规划、配备与运用时，应综合各方面的相关因素慎重考虑。

3. 仓储作业过程合理组织

仓储作业过程合理组织，是指按照货品仓储的客观要求和管理上的需要，把与货品仓储有直接关系的部门、环节、人和物尽可能地组织搭配起来，从而达到仓储作业系统的最优化的目标：快进、快出、多仓储、保管好、费用省。为了实现最优化的目标，要抓好以下工作。

（1）仓储作业过程的连续性。仓储作业过程的流动在时间上是紧密衔接的、连续的。仓储货品在库期间经常处于不断的运动状态之中，从货品到库后的卸车、验收、库内搬运、堆码，到出库时的备料、复核、装车等，都是一环紧扣一环，互相衔接的。因此，在组织仓储作业过程时，要求仓储货品在各个环节或工序间的流动，在时间上尽可能地衔接起来，不发生或少发生各种不必要的停顿或等待时间。

保持作业过程的连续性，可以缩短货品在各个环节的停留时间，加快货品周转和提高劳动生产率。特别是在现代化大生产条件下，要求作业过程的连续性越来越高。因此。要能够满足现代化大生产的客观要求，从技术上和组织上采取措施，保证仓储作业过程的连续性。同时，我们都知道仓储作业是一个统一的过程。组织仓储作业时，考虑到相互联系的各个环节的作业要求，应该从整个作业过程出发来评价和选择作业方案，进行作业安排。例如，货品出入库的堆放和堆码形式的确定，不仅要符合货品入库的堆放位置和堆码形式的确定，而且要考虑到货品出库的装卸作业和搬运路线。因此，在组织作业时应该强调系统观点，从整个系统的作业效率来决定货品的堆放位置和堆码形式。

（2）仓储作业过程的协调性。仓储作业过程的协调性是指仓储作业的各阶段、各环节、各工序之间的生产能力应保持适当的比例关系，并根据货品仓储作业要求配备各作业环节的工人人数、机器设备的数量，相互协调、相互适应，防止上下工序或仓储环节间发生脱节中断或比例失调现象。保持仓储作业过程的协调性，可以充分利用人力和设备，避免和减少货品在各个阶段和工序上的停顿和待料，从而保证仓储过程的连续。

仓储过程的协调性，在很大程度上取决于仓库总平面布置的正确性，特别是各仓储作业环节之间，各种设备生产能力的比例。欲提高货品仓储作业过程的连续性和协调性，应根据仓储业务规模的大小、专业化程度以及机械化程度等，采取不同的组织形式。

（3）仓储作业的空间组织。仓储作业的空间组织就是如何划分作业过程以及确定其在一定平面上的布局。基本要求是保证仓储货品在空间上的搬运距离最短、作业环节最少。在划分各项作业过程时，应根据货品仓储的特点，使仓储货品在生产过程中径直前进，避免往返运转。为此，一方面要合理划分作业班组；另一方面要保证仓储设施的合理布局。作业班组的设置主要应根据仓库的吞吐规模、仓储货品的类别和生产过程的特点等因素而建立，一般多按照专业化形式设置班组。例如：装卸搬运队专门负责货品的装卸、搬运、堆码；验收组专门负责货品的验收等。

（4）仓储作业的时间组织。仓储作业的时间组织是指整个仓储过程中各阶段在时间上的合理安排，从而保证生产连续性，消除或减少停工时间，提高工效。货品在仓储中的时间主要取决于供货合同的规定。但仓储作业各环节组织是否合理，同样也影响着时间，特别是急需货品。各项作业的结合方式直接影响作业时间。有的仓库实行一次性作业，即卸车、验收和堆码一次性完成。当然，作业在时间上的结合方式与机械化程度、设备能力、工人技术水平有关。为此，仓储作业过程的时间组织应考虑各方面的条件和可能。

3.1.1.2 货品仓储作业管理

1. 货品仓储业务受理的形式

按照所有权性质的不同，仓库可以分为自有仓库与公共仓库，其中自有仓库的仓储业务全部来自企业内部，不存在业务受理问题；而公共仓库的仓储业务则主要来自外部市场，它必须通过一定的方式接受来自其他企业的仓储业务，这便是仓储业务的受理。具体的受理形式主要有以下几种。

（1）计划委托仓储。存货单位根据生产计划、流转计划、采购供应合同、运输计划等的需要，在货品入库前，向仓储部门提出在一定时期内要求仓储货品品种、数量等的仓储计划，仓储部门根据所能接受货品的仓储能力，通过内部平衡，确定计划接受数，并明确仓储位置，落实作业人员，然后将受理结果以书面形式反馈给存货单位，作为货品入库和出库的依据。

计划落实以后，仓储业务部门必须加强与货主单位或对口送货单位的联系，积极组织货品入库，使仓储业务活动根据已确定的计划按时入库。计划委托仓储方式一般是企业附属仓库采用，因此收费标准，有关手续制度，票据流转等作业环节均按企业内部规定执行。

（2）合同协议仓储。合同协议仓储是根据平等互利、等价有偿的原则，仓储企业与货主之间采取签订仓储保管合同或协议仓储的一种形式。合同协议仓储的形式大体上有三种形式：

① 定品名、定数量、仓储业务由仓储企业统一安排。

② 定库房、定面积、定货品大类，进、出、存操作由保管方承担，即"包仓代管"。

③ 定库房、定面积、定货品大类，进、出、存由存货方自理，即"包仓自管"。

（3）临时委托仓储。临时委托仓储是仓储企业接受系统外或社会性的货品临时仓储而采取的一种仓储方式。采取这种方式时，首先由货主向仓储部门提出临时委托仓储的申请，在仓库认为可能接受的条件下，填写委托仓储申请单。根据仓库的出入库手续制度，组织货品入库后，立即开具仓储凭证。对这类仓储形式，仓库应采取"逐笔清"的方式，即一批货品仓储业务完结后立即进行费用结算。

2. 货品仓储作业管理的一般要求

（1）"两齐"——库区整齐、工位整齐；

（2）"三一致"——账、物、卡；

（3）"三防"——防尘，防腐和防锈；

（4）"三定"——定量、定容、定位；

（5）"四化"——仓库管理科学化、存放规范化、堆放架子化、养护经常化；

（6）"四保"——保质、保量、保生产、保安全；

（7）"四清"——材料清、账目清、质量清、用途清；

（8）"五防"——防火、防潮、防盗、防虫、防变形。

3. 货品仓储作业存在的主要问题

（1）仓库无采购订单，未按订单要求收货；

（2）需退回供方的不合格品未及时退回，待废货品未及时处理；

（3）货品或包装箱上无货品名称、编码标识，货品编码不正确或无编码；

（4）货品堆放不整齐，通道被阻塞，存在安全隐患；

（5）无区位标识，查找货品较困难；

（6）发料未按先进先出的原则发放；

（7）仓库资料保留不善，记账方法不正确，账实不符；

（8）未按时盘点。

4. 货品仓储作业管理流程

由于仓储作业是仓库的重心所在，客户要求的送货量、订单数、进货量、拣货量、补货量等，无一不涉及库内人力与设备的配置与运用。因此，如何管理仓库的仓储作业，先要从了解仓储作业的基本活动开始。由于货品的种类繁多，货品性质不同，因而仓储作业的要求也就不同。货品仓储作业管理流程见图3-3。

3.1.1.3　"7S"管理

"7S"是整理（Seiri）、整顿（Seiton）、清扫（Seiso）、清洁（Seiketsu）、素养（Shitsuke）、安全（Safety）和速度/节约（Speed/Saving）这7个词的缩写。因为这7个词日语和英文中的第一个字母都是"S"，所以简称为"7S"，开展以整理、整顿、清扫、清洁、素养、安全和节约为内容的活动，称为"7S"活动。"7S"活动起源于日本，并在日本企业中广泛推行，它相当于我国企业开展的文明生产活动。"7S"活动的对象是现场的"环境"，它对生产现场环境全局进行综合考虑，并制订切实可行的计划与措施，从而达到规范化管理。"7S"活动的核心和精髓是素养，如果没有职工队伍素养的相应提高，"7S"活动就难以开展和坚持下去。

1."7S"活动的内容与实施

（1）整理。把要与不要的人、事、物分开，再将不需要的人、事、物加以处理，这是开始改善生产现场的第一步。其要点是对生产现场的现实摆放和停滞的各种货品进行分类，区分什么是现场需要的，什么是现场不需要的；其次，对于现场不需要的货品，诸如用剩的材料、多余的半成品、切下的料头、切屑、垃圾、废品、多余的工具、报废的设备、工人的个人生活用品等，要坚决清理出生产现场，这项工作的重点在于坚决把现场不需要的东西清理掉。对于车间里各个工位或设备的前后、通道左右、厂房上下、工具箱内外，以及车间的各个死角，都要彻底搜寻和清理，达到现场无不用之物。坚决做好这一步，是树立好作风的开始。日本有的公司提出口号：效率和安全始于整理！

整理的目的是：改善和增加作业面积；现场无杂物，行道通畅，提高工作效率；消除管理上的

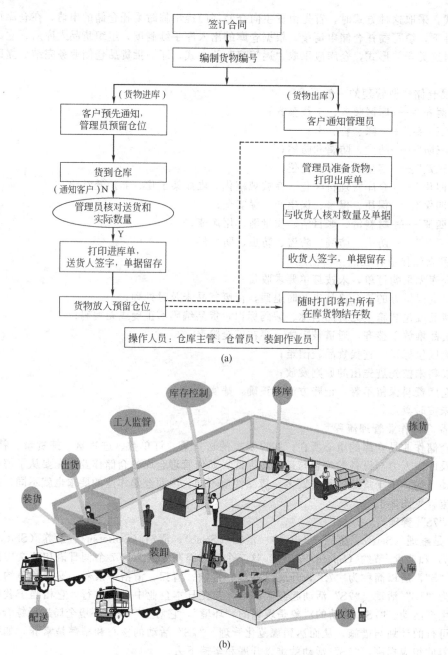

图 3-3　货品仓储作业管理流程图

混放、混料等差错事故；有利于减少库存、节约资金。

（2）整顿。把经过整理出来需要的人、事、物加以定量、定位。通过前一步整理后，对生产现场需要留下的货品进行科学合理的布置和摆放，以便用最快的速度取得所需之物，在最有效的规章、制度和最简捷的流程下完成作业。整顿的关键是要做到定位、定品、定量。抓住了上述几个要点，就可以制作看板，做到目视管理，从而提炼出适合本企业的东西放置方法，进而使该方法标准化。

整顿活动的目的是工作场所整洁明了，一目了然，减少取放货品的时间，提高工作效率，保持井井有条的工作秩序区。

（3）清扫。就是彻底地把工作场所打扫干净，设备异常时马上修理，使之恢复正常。生产现场在生产过程中会产生灰尘、油污、铁屑、垃圾等，从而使现场变脏。脏的现场会使设备精度降低，故障多发，影响产品质量，使安全事故防不胜防；脏的现场更会影响人们的工作情绪，使人不愿久留。因此，必须通过清扫活动来清除那些脏物，创建一个明快、舒畅的工作环境。

清扫活动的重点是必须按照决定清扫对象、清扫人员、清扫方法、准备清扫器具，实施清扫的步骤实施，方能真正起到效果。目的是使员工保持一个良好的工作情绪，并保证稳定产品的品质，最终达到企业生产零故障和零损耗。

清扫活动应遵循下列原则：

① 自己使用的货品如设备、工具等，要自己清扫而不要依赖他人，不增加专门的清扫工；

② 对设备的清扫，着眼于对设备的维护保养，清扫设备要同设备的点检和保养结合起来；

③ 清扫的目的是为了改善，当清扫过程中发现有油水泄漏等异常状况发生时，必须查明原因，并采取措施加以改进，不能听之任之。

（4）清洁。整理、整顿、清扫之后要认真维护，使现场保持完美和最佳状态。清洁，是对前三项活动的坚持与深入，从而消除发生安全事故的根源。创造一个良好的工作环境，使职工能愉快地工作。清洁活动实施时，需要秉持三观念：

① 只有在"清洁的工作场所才能产生高效率，高品质的产品"；

② 清洁是一种用心的行为，千万不要在表面下功夫；

③ 清洁是一种随时随地的工作，而不是上下班前后的工作。

清洁的要点原则是：坚持"3 不要"的原则——不要放置不用的东西，不要弄乱，不要弄脏；不仅货品需要清洁，现场工人同样需要清洁；工人不仅要做到形体上的清洁，而且要做到精神的清洁。清洁活动的目的是：使整理、整顿和清扫工作成为一种惯例和制度，是标准化的基础，也是一个企业形成企业文化的开始。

（5）素养。素养即教养，努力提高人员的素养，养成严格遵守规章制度的习惯和作风，这是"7S"活动的核心。没有人员素质的提高，各项活动就不能顺利开展，开展了也坚持不了。所以，抓"7S"活动，要始终着眼于提高人的素质。

目的：通过素养让员工成为一个遵守规章制度、并具有良好工作素养习惯的人。

（6）安全。清除隐患，排除险情，预防事故的发生。目的就是要维护人身与财产不受侵害，以创造一个零故障、无意外事故发生的工作场所，保障员工的人身安全，保证生产连续、安全、正常地进行，同时减少因安全事故而带来的经济损失。

实施的要点：不要因小失大，应建立健全各项安全管理制度；对操作人员的操作技能进行训练；勿以善小而不为，勿以恶小而为之，全员参与，排除隐患，重视预防。

（7）节约。就是对时间、空间、能源等方面合理利用，以发挥它们的最大效能，从而创造一个高效率的、物尽其用的工作场所。

实施时应该秉持三个观念：能用的东西尽可能利用；以自己就是主人的心态对待企业的资源；切勿随意丢弃，丢弃前要思考其剩余之使用价值。节约是对整理工作的补充和指导，在我国，由于资源相对不足，更应该在企业中秉持勤俭节约的原则。

2. "7S"活动的障碍

（1）环境的整洁与否是小事，不要大惊小怪；

（2）"7S"是琐碎的事，何必劳师动众；

（3）工作已经忙得很，哪有时间搞"7S"；

（4）清洁是清洁工人的事，不用其他人参与；

（5）现状已经很好了，何必再搞；

（6）要整理，整理应该一下子全部搞完；

（7）"7S"对公司有好处，对个人没有好处；

（8）不积极参与，不按计划执行；

（9）不能坚持，不能养成良好的习惯；

（10）不能提高个人素养；

（11）不能提高企业影响；

（12）只是按照规章制度的要求去做，不动脑筋想办法如何做得更好；

（13）认为只要做好本职工作就可以了，没有必要再花时间学习业务知识；

（14）认为安全工作与己无关，是公司管理人员或电工的事；

（15）认为货品的安全自己无能为力；

（16）虽已向领导提出了安全方面的建议，但未被采纳，长此以往觉得应该如此。

3. "7S" 的实施技巧

（1）检查表。根据不同的场所依据所出台的 "7S" 书面规定编制不同的检查表，即不同的 "7S" 操作规范，如《车间检查表》、《办公室检查表》、《仓库检查表》等，示例见表3-1。通过检查表，进行定期或不定期检查，以便发现问题并及时采取纠正措施。

表 3-1 "7S" 检查标准表

场 所	检查对象	检 查 项 目	记 录
车间	通道	是否划线（整顿）	
		有没有无用的货品堆放（整理）	
		通道能否顺利通行（整顿）	
		地面是否平整（清扫）	
		地面是否干净（清扫）	
办公室	办公现场	办公现场有无无用货品	
		使用频率低的货品是否放置仓储处	
		经常使用的货品是否摆放在办公现场	
		货品摆放是否有合理规划，容易寻找	
		货品摆放是否整齐	
		抽屉、柜筒、文件类货品是否做有标识	
		办公现场是否清洁	
		办公设施是否干净	

项 目	检 查 内 容
1. 整理（Seiri）	（1）工作区域是否有无用的设备/工具 （2）生产或检验的现场已报废材料是否放指定地方，并给予标识 （3）工作区域/抽屉/桌垫底下是否有无用的货品 （4）机器设备是否有堆放其他无用的货品、工具等 （5）张贴物脏污、破损、过期、无效，有无及时去除 （6）是否有变形或损坏的包装箱或捆包材料 （7）其他是否有不明用途货品或混乱管理货品 （8）地面上是否直接放置产品或物件
2. 整顿（Seiton）	（1）不良品（盒）有无标识，如有，是否明显 （2）员工作业时的半成品或成品是否摆放整齐 （3）料架、自检台、文件柜、工作箱等内之货品，是否按所标识放置货品，是否整齐 （4）所有生产用的工具、夹具、量具、零件等是否定位摆放？使用完毕后是否准确归位 （5）各类工业用油、化学溶剂是否明确标识管理，是否有放渗漏措施，是否有专人负责使用管理 （6）周转箱、铁筐、纸箱、传送带是否定位摆放，是否采用标识管理 （7）作业指导书等其他悬挂表单吊挂是否整齐 （8）良品与不良品有无混放一起 （9）加工中物料、待检物料、成品、半成品是否堆放整齐 （10）不同工作区域是否用标识牌划分，并用颜色加以重点 （11）文件、记录是否分类别放置？标识是否清楚？存档的质量记录有无指定地方存放并定期检查？常需文件是否容易取出及归档及明确管理责任者 （12）每筐产品必须有流转卡且便于得到而不容易丢失 （13）盛铁屑、油泥的小车、容器是否有其他杂物

项　目	检　查　内　容
3. 清扫（Seiso）	（1）天花板、墙角、门窗是否清洁干净 （2）办公桌面、柜子、抽屉是否干净、整齐 （3）工作台面/仪器仪表是否清洁干净 （4）地面是否打扫干净？有无杂物 （5）摆放是否整齐 （6）厂区内绿化是否定时保养，无杂草丛生现象 （7）管路、线路等是否杂乱无章
4. 清洁（Seiketsu）	（1）有无周末大扫除？或相关清洁清扫运动 （2）有无"7S"责任区分图或相关规定，如有，与现状做法一致吗
5. 节约（Save）	（1）水，电，气等资源使用是否正常开关 （2）货品的领用量是否恰当？办公资源是否再生利用，是否有浪费现象
6. 安全（Safe）	（1）电源、线路、开关、插座是否有异常现象出现 （2）配电房有无开关功能使用说明图？各开关有无标识 （3）货品的摆放是否妨碍安全通道 （4）是否知道消防栓和灭火器的使用方法 （5）员工下班时有无关闭机器电源 （6）消防设施设备是否处于可使用状态，有无点检记录 （7）消防设施、设备前面或下面（一米范围）是否堆放物件 （8）对倾倒货品是否采取纠正措施及预防措施 （9）消防栓和灭火器有无明显标示 （10）沾有油之抹布、手套、废弃容器等危废、易燃货品，是否按规定摆放及废弃 （11）地面是否有大量工业用油存留或乱流 （12）动力供给系统是否有加设防护物或警告牌 （13）货品堆放根据其属性不同应对堆放高度作出明确规定，是否有超过规定高度
7. 素养（Shitsuke）	（1）员工知道"7S"的含义吗 （2）员工是否佩戴胸卡，穿着厂服上班 （3）上班有无随意串岗、谈笑聊天的现象 （4）有无穿拖鞋上班？有无穿不雅或奇异之服饰上班 （5）是否有员工染怪异色头发（男生） （6）就餐是否按序排队，刷卡就餐，有无浪费粮食现象 （7）吸烟应在规定的场所吸烟，不得在禁烟区吸烟 （8）各类品质记录/生产进度等报表是否按时如实填写

　　（2）"红牌"战略。制作一批标有不合格项的"红牌"：整理不合格、整顿不合格、清扫不合格、清洁不合格、素养不合格、节约不合格、安全不合格，配合检查表一起使用，在"7S"实施不合格处贴上醒目的"红牌"限期改正，并进行记录。仓库内各部门或个人的目标就是尽量减少"红牌"的发生机会。

　　（3）目视管理。目视管理即一看便知，一眼就能识别，在"7S"上实施运用，效果也不错。

　　（4）在"整理、整顿、清扫、清洁"。"4S"中制订工作规范，即仓库管理要做到"两齐"（库容整齐、堆放整齐）、"三清"（数量、质量、规格）、"三洁"（货架、物件、地面）、"三相符"（账、卡、物）、"四定位"（区、架、层、位对号入座）；二是结合每周一次的不定期检查，对结果进行张榜公布并通报全公司，责成责任单位负责人定期改正；三是每年对仓管员进行一次轮训，强化"安全"、"节约"和"素养"的意识。

3.1.2 货品入库作业管理

【背景资料】

1. 货品出入库常用的工具

(1) 计数工具：RF、卡片、计数器；

(2) 计重工具：地量衡、天平、电子秤、磅秤；

(3) 检尺工具：卷尺、皮尺、直尺、千分尺、游标卡尺，见图3-4；

(4) 记录工具：手工记录本、计算机；

(5) 换算工具：金属材料换算表、木材换算法、汇率换算表等。

图 3-4　游标卡尺与千分尺

2. 货品出入库的机具要求

(1) 货品的重量在2t以下，使用2t叉车或库内2t行吊；5t以下使用5t叉车、8t吊车、抓管机、库内5t行吊；

(2) 货品的重量在5～10t时，使用库内10t行吊、商检料场的10t龙门吊、20t吊车。

(3) 货品的重量在10～20t时，使用站台30t龙门吊、25t吊车。

(4) 货品重量在20t（含20t）以上时，使用50t吊车。

3. 出入库货品的设备要求

(1) 小五金、贵重金属等货品小批量出入库计量，使用TG500型台秤、TG100型台秤、5kg盘秤。

(2) 钢材、化工、建材等货品大批量出入库计量，使用皮尺、TG500型台秤、地磅。

(3) 钻采配件等货品的出入库计量，使用直尺、游标卡尺。

(4) 贵重金属（硬质合金类）和剧毒氰化物的出入库计量，使用天平。

(5) 货物开箱、封箱时，使用开箱钳、撬杠、打包机、榔头。

(6) 在货品管理信息系统内处理账务时，使用计算机、打印机。

4. 货品的数量验收

(1) 货品数量验收的具体要求

① 计重货品的数量检验

a. 计重货品一律按净重计算。

b. 国产金属材料以理论换算交货的，按理论换算验收。

c. 定尺和按件标明重量的货品，可以抽查。

d. 不能换算或抽查的货品，一律全部过磅计量、逐磅填写码单。

e. 凡计重货品验收时，应注意按层分隔，标明重量，力求入库一次过磅清楚，以便复查和出库，减少重复劳动。

② 计件货品的数量验收

a. 计件货品应全部清查件数（带有附件和成套的机电设备需清查主件、部件、零件和工具等）。

b. 固定包装的小件货品，如内包装完整，可抽验内包装5％～15％，无差错或其他问题时，可不再拆验内包装。

c. 用其他方法计量的货品（木材、胶带、玻璃等）按规定的计量方法进行检查。

d. 贵重货品应酌情提高检验比例或全部检验。

(2) 数量检验的范围

① 不带包装的（散装）货品的检斤率为100％，不清点件数；有包装的毛检斤率为100％，回皮率为5％～10％，清点件数为100％。

② 定尺钢材检尺率为10％～20％；非定尺钢材检尺率为100％。

③ 贵重金属材料100％过净重。

④ 有标量或者标准定量的化工产品，按标量计算，核定总重量。

⑤ 同一包装、规格整齐、大批量的货品，包装严密、符合国家标准且有合格证的货品采取抽查的方式验量，抽查率为 10%～20%。

5. 货品的质量验收

(1) 质量检验的范围

① 带包装的金属材料，抽验 5%～10%；无包装的金属材料全部目测查验，少于 10%；运输、起重设备 100% 查验。

② 仪器仪表外观质量缺陷查验率为 100%。

③ 易于发霉、变质、受潮、变色、污染、虫蛀、机械性损伤的货品，抽验率为 5%～10%。

④ 外包装质量缺陷检验率为 100%。

⑤ 对于供货稳定，信誉、质量较好的厂家产品，特大批量货品可以采用抽查的方式检验质量。

⑥ 进口货品原则上 100% 逐件检验。

(2) 质量检验的步骤

① 首先核对货品的名称、型号、材质、规格尺寸和等级等。

② 检查货品外表面的质量状况。

③ 检查设备是否成套，应附带的零附件是否齐全。

④ 一般性的检查货品内部结构，如对机电产品必要的电阻测试。

⑤ 在检查中发现问题，需做进一步的理化性能检验时，应报告业务部门和供方联系处理。

⑥ 需要开箱和拆件时，应保证不损坏货品本体，检验后恢复原件和原包装。

⑦ 检验结束时，填写检验单。

货品的入库是货品仓储业务活动的起点。它包括货品入库的准备、入库货品接运、验收、搬卸、装运、检查包装、点清数量、验收质量、货品堆码、办理交接手续和登账手续等一系列的操作过程。入库作业的工作质量，直接影响到货品的储存保管以及出库作业等工作的顺利进行。

3.1.2.1　货品入库作业组织

入库作业组织是指仓储部门按照存货方的要求合理组织人力、物力等资源，按照入库作业程序，认真履行入库作业各环节的职责，及时完成入库任务的工作过程。具体内容包括：入库货品的接运、验收；根据货品入库凭证，清点数量，检查货品的品名、规格、等级、产地、牌号等是否与入库凭证上所列相符；若发现货品残损、短少以及质量不合要求，如发霉、生锈、受潮等，要做好记录，以备查询，并在规定的时间内向主管领导和存货单位报告，按规定程序办理各种进库手续和凭证。

1. 货品入库作业的管理原则

(1) 尽量使进货地点靠近货品存放点，避免货品进库过程的交叉、倒流；

(2) 尽量将卸货、分类、标识、验货等作业环节集中在一个场所完成；

(3) 通过制作作业相关性分析图，合理布置作业顺序，避免倒装、倒流现象；

(4) 对作业人员及搬运设备的调度安排与进货作业的日常活动分布相配合；

(5) 入库货品流动尽量设计成直线；

(6) 对小件货品或可以使用托盘集合包装的货品，尽量固定在可流通的容器中进行搬运或存储；

(7) 详细、认真地记录进货信息，以备后续作业的查询及信息资料的管理。

2. 货品入库作业的基本流程

货品入库作业阶段由接运、验收和入库交接三个环节组成，不同入库方式的基本作业流程大致相同，主要作业流程见图 3-5 所示。

3.1.2.2　货品入库前的准备与接运

1. 货品入库前的准备

货品入库前的准备工作主要有两方面的内容：一是编制仓库的货品入库计划；二是入库前的具体准备工作，见图 3-6。具体包括以下内容。

(1) 准确了解入库货品。仓库业务管理部门应了解货主及入库货品的品种、规格、数量、包装

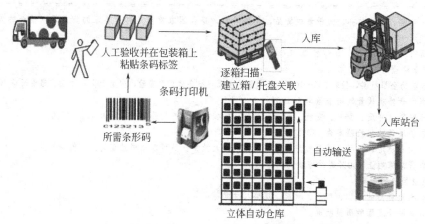

图 3-5　货品入库作业流程示意图

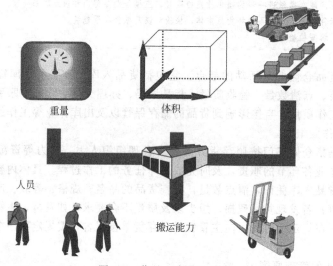

图 3-6　货品入库前的准备

状态、单件体积、到库确切时间、地点、运载工具、货品存期、将来的流向、货品的理化性质与保管要求等，从而精确地、妥善地进行库场安排、准备。

（2）精心编制仓储计划。仓库业务部门根据货品情况、仓库情况、设备情况，制订仓储计划，并将计划下达到相应的作业单位、管理部门。

（3）妥善安排仓容货位。仓库部门按入库货品的品种、性能、数量、存放时间等，结合货品的堆码要求，维修、核算占用货位面积大小，确定存放位置与苫垫方案、堆垛方法，以及进行必要的腾仓、清场、打扫、消毒、准备好验收的场地等工作。

（4）备足苫垫材料用具。根据入库货品的性能、仓储要求、数量多少以及保管场所的具体条件等，确定入库货品的堆码形式和苫盖、下垫形式，准备好苫垫物料，做到货品的堆放与苫垫工作同时间内一次性完成，以确保货品的安全和避免以后的重复工作。

（5）充分准备验收作业。仓库理货人员根据货品情况和仓库管理制度，确定验收方法，合理配备验收器具并做好事前检查。

（6）科学制订搬运工艺。根据货品、货位、设备条件、人员等情况，科学合理地制订卸车搬运工艺，保证作业效率。

（7）合理安排人力设备。按照货品到达的时间、地点、检验、堆码等人力的组织安排，预先做好到货接运、装卸搬运、验收、堆码等人力的安排；并根据入库货品的种类、包装、数量等，确定搬运、验收、计量等方法，以配备好所用车辆、验收器材度量器和装卸、搬运、堆码、苫垫的工具数量等情况及接运方式，及必要的防护用品用具等。

（8）收集齐全文件单证。仓库管理员应妥善保管货品入库所需的各种报表、单证、记录簿等，如入库记录、理货验收单、料卡、残损单等，以备使用。

2. 货品入库接运方式

货品到达仓库的形式除了一小部分由供货单位直接运到仓库交货外，大部分要经过铁路、公路、航运、空运等运输方式转运。凡经过交通运输部门转运的货品，均需经过仓库接运后，才能进行入库验收，因此要求货品接运人员熟悉交通运输部门及有关供货单位的制度要求，根据不同的接运方式，处理接运中的各种问题。例如，发货人和运输部门的交接关系及责任的划分；铁路、航空或海运等运输部门在运输中的责任；收货人的责任；铁路或其他运输部门编制的普通记录和货运记录及公路运输交接单的范围；向交通运输部门索赔的手续和必要的证件等。在完成货品接运的同时，应认真填写接运记录单如表 3-2 所示。一般货品接运形式主要有以下几种。

（1）到承运单位提货。这种提货大多是零担托运、到货批量比较小的货品。

（2）铁路专用线接货。这是指仓库备有铁路专用线、大批整车或零担到货接运的形式。仓库直接和铁路部门在库内发生货品交接的一种方式，遵循"安全、快捷、准确、方便"的收卸原则。

（3）到供货单位提货。仓库受托运方的委托直接到供货单位提货，提货时最好当场进行货品的初步验收。

（4）送货到库内接货。供货单位或承运部门将货品直接送达仓库，交接时当面验收并做好记录。这种接货方式通常是当托运单位与仓库在同一城市或附近地区，不需要长途运输时被采用。

（5）到车站、码头提货。这是由外地托运单位委托铁路、水运、民航等运输部门或邮局代运或邮递货品到达本埠车站、码头、民航站、邮局后，仓库依据货品通知单派车接运货品。

表 3-2　接运记录单

序号	到 达 记 录									接 运 记 录					交 接 记 录			
	通知到达时间	运输方式	发货站	发货人	运单号	车号	货品名称	件数	重量	日期	件数	重量	缺损情况	接货人	日期	提货通知单编号	附件	收货人

3. 货品接运中出现问题的处理

（1）破损。造成破损的原因主要是接运前和接运中厂商、发货或承运单位的责任。其中，货品本身的破损影响其价值或使用价值，甚至导致货品报废；包装的破损影响货品的仓储保管。

（2）短少。接运前短少的，应向承运部门索取有关的事故记录作为索赔依据；接运中因装载不牢或无人押运被窃等短少的，签收时报告保卫部门处理生产或保管不善、存期过长等。

（3）变质

① 生产或保管不善、存期过长等原因导致货品变质。

② 承运中因受污染、水渍等原因导致货品变质，责任在承运方。

③ 提运中，因货品混放、雨淋等原因造成变质的，是接运人员的责任。

（4）错到

① 因发运方的责任，如错发、错装等导致错到，应通知发运方处理。

② 因提运、接运中的责任，如错卸、错装等导致错到，保管员在签收时应详细注明，并报仓库主管负责追查处理。

③ 因承运方责任，如错运、错送等导致错到，应索取承运方记录，交货主交涉处理。

④ 对于无合同、无计划的到货，应及时通知货主查询，经批准后，才能办理入库手续。

3.1.2.3　货品入库验收作业

仓库的货品来源复杂，渠道繁多，运输方式、出厂日期、货品的性质及供应商的信誉等因素，

图 3-7　货品的入库验收

都可能给货品的数量和质量带来影响。凡货品进入仓库仓储，必须经过检查验收，只有验收后的货品，方可入库保管。货品验收是根据合同或标准的规定要求，对标的物的品质、数量、包装等进行检验查收的总称，如图 3-7 所示。

1. 货品验收的基本要求

验收的主要任务是查明到货的数量和质量状态，把好货品入库质量关，防止仓库和货主遭受不必要的经济损失，同时对供货单位的产品质量和承运部门的服务质量进行监督。货品验收的基本要求如下。

（1）及时。到库货品必须在规定的期限内完成验收入库工作。这是因为货品虽然到库，但未经过验收的货品没有入账，不算入库，不能供应给用料单位。只有及时验收，尽快提出检验报告才能保证货品尽快入库入账，满足用料单位的需求，加快货品和资金的周转。同时，货品的托收承付和索赔都有一定的期限，如果验收时发现货品不合规定要求，要提出退货、换货或赔偿等请求，均应在规定的期限内提出，否则，供方或责任方不再承担责任，银行也将办理拒付手续。

（2）准确。就是以货品入库凭证为依据，准确地查验入库货品的实际数量和质量状况，并通过书面材料准确地反映出来。做到货、账、卡相符，提高账货相符率，降低收货差错率，提高企业的经济效益。

（3）严格。仓库的各方都要严肃认真地对待货品验收工作。验收工作的好坏直接关系到国家和企业的利益，也关系到以后各项仓储业务的顺利开展。因此，仓库领导应高度重视验收工作，直接参与验收人员要以高度负责的精神来对待这项工作，明确每批货品验收的要求和方法，并严格按照仓库验收入库的业务操作程序办事。

（4）经济。货品在验收时，多数情况下，不但需要检验设备和验收人员，而且需要装卸搬运机具和设备以及相应工种工人配合。这就要求各工种密切协作，合理组织调配人员与设备，以节省作业费用。此外在验收工作中，尽可能保护原包装，减少或避免破坏性试验，也是提高作业经济性的有效手段。

2. 验收作业程序

运输工具及其到货状态是验收工作的起点，从验收人员的眼光接触到所需验收的货品及其运载工具时，验收就开始了。货品验收包括验收准备、核对凭证、确定验收比例、实物检验、做出验收报告及验收中发现问题的处理。

（1）验收准备。验收准备是货品入库验收的第一道程序。仓库接到到货通知后，应根据货品的性质和批量提前做好验收的准备工作，包括以下内容：

① 全面了解验收货品的性能、特点和数量，根据其需求确定存放地点、垛形和保管方法。

② 准备堆码、苫垫所需材料和装卸搬运机械、设备及人力，以便使验收后的货品能及时入库保管存放，减少货品停顿时间；若是危险品，则需要准备防护设施。

③ 准备相应的检验验收工具，并做好事前检查，以便保证验收数量的准确性和质量的可靠性。

④ 收集和熟悉验收凭证及有关资料。

（2）核对凭证资料。核对的凭证主要有：

① 货品的入库通知单、仓储合同或订货合同副本等。

② 供货单位提供的质量证明书或合格证、装箱单、磅码单、发货明细表等。

③ 运输部门提供的运单，若入库前在运输中发生残损情况时，必须有普通记录和商务记录。

（3）确定抽检比例与验收方式。由于受仓库条件和人力的限制，对某些批量大在短时间内难以全部验收、全部打开包装会影响货品的储存和销售、流水线生产的产品质量有代表性无需全部验收等情况，可采用抽验的方法。确定抽验比例应以合同规定为准，合同没有规定时，一般应考虑以下因素。

① 货品价值。货品价值高的，抽验比例大，反之则小，有些价值特别大的货品应全验。

② 货品的性质。货品性质不稳定或质量易变化的，验收比例大，反之则小。

③ 气候条件。在雨后或梅雨季节，怕潮货品验收比例大，在冬季怕冻货品抽验比例大，反之则小。

④ 运输方式和运输工具。对采用容易影响货品质量的运输方式和运输工具运输的货品，抽验比例大，反之则小。

⑤ 厂商信誉。厂商信誉好，抽验比例小，反之则大。

⑥ 生产技术。生产技术水平高或流水线生产的货品，产品质量较稳定，抽验比例小，反之则大。

⑦ 储存时间。入库前，储存时间长的货品，验收比例大，反之则小。

在按比例抽验时，若发现货品变质、短缺、残损等情况，应考虑适当扩大验收比例，直至全验，彻底查清货品的情况。

（4）实物验收。当货品入库交接后，仓库管理员应及时根据入库单和有关技术资料对实物进行验收，即复核货品数量是否与入库凭证相符，货品质量是否符合规定的要求等。仓库在一般的情况下，或者合同没有约定检验事项时，仓库仅对货品的品种、规格、数量、外包装状况，以及无需开箱、拆捆而可以直观可见可辨的外观质量情况进行检验，对于内容的检验则根据合同约定、作业特性确定。但是在进行分拣配装作业的仓库，就需要检验所有货品的品质和状态。

① 条形码验收。如图 3-8 所示。在作业时应抓住两个关键：一是检验该货品是否是送货预报的货品；二是验收该货品的条形码与货品数据库内已登录的资料是否相符。

② 数量验收。数量验收是保证货品数量准确不可缺少的重要步骤。在进行数量验收时，必须注意同供货方采用相同的计量方法。采取何种方式计数要在验收记录中做出记载，出库时也要按同样的计量方法，避免出现误差。按货品性质和包装情况的不同，货品数量的验收方法主要有：

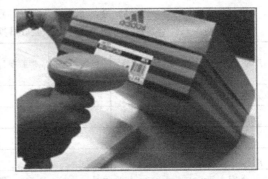

图 3-8　货品入库条形码验收

a. 检斤重量称量。凡按重量交货的货品，验收时应全部过磅称量，也称检斤验收，如对于散装货品、标准装准许有误差的产品等。

b. 检尺。凡用量具检尺的货品，都应用量具（皮尺、钢尺、卡尺、千分尺）量出其长度、宽度、厚度及其内外径等。如对于标准的型材、木材、堆积标准的货品及精细产品的检测。

c. 点数。按同一重量包装的货品，一般是在全部清点出货品件数后再计算其重量，计数的方法有手工点数或仪器点数，如：水泥、炸药等。对于数量大、件数多、包装完整的货品，或包装严密、拆包后不易恢复原来包装的货品，可采取抽点的办法验收；对于稀贵货品，要尽量进行全部点收。

d. 求积。对那些使用货品数量比较大的建筑材料，不能简单计数或计算费用的货品，通常需通过换算来获得数量。如沙、石等可先将沙、石堆放成一定的几何形状后丈量出体积来验收，一般以 m^3 为单位；标准的钢材、木材检尺与体积换算的数量验收。

③ 质量验收。仓库对到库货品进行的质量验收是根据仓储合同约定来施行的。合同没有约定的，按照货品的特性和惯例确定。质量检验验收包括外观质量检验验收和内在质量检验验收，仓库常采用的验收方法有视觉检验、听觉检验、触觉检验、嗅觉检验、味觉检验、测试仪器检验和运行检验等。

a. 货品的外观质量检验是指通过人的感觉器官，检验货品的包装外形或装饰有无缺陷；检查货品包装的牢固程度；检查货品有无损伤，例如撞击、变形、破碎等；检查货品是否被污染，有无潮湿、霉腐、生虫等。凡是通过人的感觉器官检验货品后，就可决定货品质量的，由仓储业务部门自行组织检验，检验后做好货品的检验记录；对于一些特殊货品，则由专门的检验部门进行化验和技术测定。要准确地进行外观质量检验，就要求保管人员拥有丰富的识货能力和判断经验。对外观检验有严重缺陷的货品，要单独存放，防止混杂，等待处理，并填写检验记录单。

b. 货品内在质量检验是指对货品的物理性能、力学性能检验及货品的化学成分、含量的检验。对货品内在质量的检验要求一定的技术知识和检验手段，仓库一般不进行。若用户要求仓库进行内在质量检验，仓库可进行检验。仓库有条件的，自行检验；没有条件的，则由仓库技术管理职能机构取样，委托专门检验机构检验。

④ 包装验收。货品包装的好坏、干潮直接关系着货品的安全仓储和运输。所以对货品的包装要进行严格验收，凡是产品合同对包装有具体规定的要严格按规定验收。检查内容：包装是否变形、陈旧、一致、破损、污损，箱板的厚度，打包铁腰的匝数，纸箱、麻包的质量等。对于包装的干潮程度，一般是用眼看、手摸的方法进行检查验收。

(5) 填写验收报告。货品验收完毕后，应尽快签署验收入库凭证，不能无故积压单据。仓库保管员应按质量合格的实际数量填制"货品入库验收单"；如果数量不符，还应填制"货品溢余短缺报告单"；如果有轻微质量问题，还应对这些货品填写"货品残损变质报告单"。经仓库负责人核对人核对签字后，作为今后与供货方、运输方交涉的凭证。单据填写时除注明实收数量外，还应在备注栏内或验收情况栏内简明写上验收情况，如果验收数与入库通知数不符时，应以实际验收数为准，货品验收报告单如表3-3。

表 3-3　货物验收报告单

编　　号：_____

供货方：_____　合同号：_____　运单号：_____　车牌号：_____
运货日期：_____　到货日期：_____　验收日期：_____　入库单号：_____

序号	货物名称	型号规格	包装单位	检验项目	检验状况	应收数量		实收数量		盈亏
						件数	重量	件数	重量	
1										
2										
3										
...										

仓库主管：_____　　验收员：_____　　复核员：_____

货物验收报告单

验 收 单								
供货商：			采购订单号：			验收员：		
运单号：						验收日期：		
运货日期：			到货日期：			复核员(日期)		
序号	储位号码	商品名称	商品规格型号	商品编码	包装单位	应收数量	实收数量	备　注

3. 货品验收应注意的问题

（1）在货品入库凭证未到或未齐之前不得正式验收。对于货品已经进库，但入库单未到的可以预验，应单独存放保管，作为待验货品处理，直到单据齐全后，方可入库上账。

（2）供货单位提供的质量证明书，与规定的技术标准或与订货合同不符时，应立即通知货主，由货主与供货方交涉解决。

（3）当发现货品数量、规格、质量和包装不符合要求时，要会同有关人员当场作出详细记录，交接双方在记录上签字；保管人员可先验收合格品，不合格部分应单独存放并进行查对，核实后将不合格情况以及残损、降级程度做出记录，提供给货主向供货方交涉处理。在交涉期间，保管人员对不合格部分应妥善保管。

（4）当重量发生溢、缺时，在规定的"衡器公差"以内，保管人员可按实际验收重量验收。超过规定的"衡器公差"时，应进行核实并做出验收记录和磅码单，交货主向供货方交涉处理。

（5）凡有关证件已到齐，但在规定时间内货品尚未到库的，保管人员应及时向有关方面查问处理。

4. 货品验收中异常问题的处理

在货品验收中，如果发现货品数量或质量的问题，应该严格按照有关制度的手续，在规定的期限内向有关部门提出索赔要求，并将处理方式和结果填入表 3-4 中。在问题处理过程中，将验收中发现问题、等待处理的货品，应该单独存放，妥善保管，防止混杂、丢失、损坏。

表 3-4　货品验收中异常问题的处理方式

常见问题处理	数量溢余	数量短少	品质不合格	包装不合格	规格品类不符	单证与实物不符
通知供货方						
按实数签收						
维修处理						
查询等候处理						
改单签收						
拒绝收货						
退单、退货						

（1）单据不全的处理。凡验收所需的证件不齐全时，到库货品仍作为待验货品处理，待证件到齐后再进行验收，若条件允许也可提前验收。

（2）单单不符的处理。单单不符是指供货单位提供的质量证明书等与存货单位（货主）提供的入库单不符。遇到这种情况应立即通知货主，并按货主提出的办法办理，但应将全部事实处理经过记录在案备查。

（3）质量有异的处理。凡规格、质量、包装不符合要求或在途中受损变质者，均称质量有异。此时，应先将合格品验收入库，不合格品分开堆放，做出详细记录，并立即通知货主。

（4）数量不符的处理。若实际验收数量小于送验数量并小于合同中的磅差率时，则以送验数量为验收数量；若实验数量大于送验数量时，则以送验数量为验收数量；若实验数量小于送验数量并大于合同中的磅差率时，经核实后立即通知货主。在货主未提出处理意见前，该货品不得动用。如供货单位来复磅，验收员应积极配合，提供方便；若供货单位不来复磅，验收员需提供到货登记表、检斤单、检尺单、铁路记录等相关验收证明材料（复印件），并加盖公章。验收过程中如遇严重问题应填写货品异常报告。

（5）有单无货的处理。有单无货是指有关单据已到库，但在规定时间内货品未到。此时，应及时向货主反映，以便查询。

（6）错验的处理。验收员在验收过程中发生数量、质量等方面的差错时，应及时通知货主，积极组织力量进行复验,及时更正。

3.1.2.4 货品入库交接手续的办理

货品经过质量和数量验收合格或对验收中发现问题处理完毕后,由货品验收人员或保管员在货品入库凭证上盖章签收表示仓库接受货品,仓库留存货品入库保管联,并注明货品存放的库房、货位,以便统计、记账。同时,将货品入库凭证的有关联迅速送回存货单位,作为正式收货的凭证。在卸货、搬运、堆垛作业完毕后,与送货人办理交接手续,并登记账目、设立货卡、建立货品档案。

1. 交接手续

交接手续是指仓库对收到的货品向送货人进行的确认,表示已接收货品。办理完交接手续,意味着划清运输、送货部门和仓库的责任。完整的交接手续包括接收货品、接收文件和签署单证等方面,到接货交接单见表3-5。

表3-5 到接货交接单

送货人:_____   接收人:_____   经办人:_____

收货人	发站	发货人	货品名称	标志标记	包装单位	件数	重量	货物存放处	车牌号	运单号	提货单号
备注											

2. 登账

为了保证货品数量能准确反映其进、出、存情况,除仓库的财务部门有货品账凭以结算外,保管业务部门也要建立详细反映库存货品进、出和结存的货品明细料账,用以记录库存货品的动态,并为对账提供依据,即登账。货品明细料账是根据货品入库验收单和有关凭证建立的货品保管明细合账,并按照入库货品的类别、品名、规格、批次等,分别立账。它是反映在库储存货品进、出、存动态的账目,见表3-6。

表3-6 货品明细料账

货品出入库明细账卡		卡 号	
		货主单位	
		货 位	
货品名称		规格型号	
计量单位		供货单位	
应收数量		送货单位	货物验收情况
实收数量		包装情况	

年			入库数量		出库数量		结存数量		备注
月	日	收发货单证号	摘 要	件数	重量	件数	重量	件数	重量

3. 立卡

"卡"又称"料卡"、"料签"或"货品验收明细卡",是直接反映该垛货品的品名、型号、规格、数量、单位及进出动态、积存数的保管卡，由负责该货品保管的人员填制，是保管业务活动进行的"耳目"。货卡按其作用不同可分为货品状态卡、货品保管卡，货品保管卡（包括标识卡和储存卡）等，见表 3-7 和表 3-8。货品入库堆码完毕应立即建立一垛一卡片，仓库保管员将货品保管卡插放在货架的支架上或货垛的显著位置，这个过程即为立卡。

表 3-7　货品状态卡

待检品	合格品	隔离品
供货单位：_____	供货单位：_____	供货单位：_____
图号：_____	图号：_____	图号：_____
货品名称：_____	货品名称：_____	货品名称：_____
进货日期/批号/生产日期：_____	进货日期/批号/生产日期：_____	进货日期/批号/生产日期：_____
标记日期：___年___月___日	标记日期：___年___月___日	标记日期：___年___月___日
标记人：_____	标记人：_____	标记人：_____
备注：_____	备注：_____	备注：_____

表 3-8　货品储存卡

存放位置	库	货品名称		类　别	
	排	型号规格		单　位	
	架	生产厂别		单　价	
	层			出厂日期	
	位			入库日期	

年		单证号	摘　要	收入数量	发出数量	结存数量	备　注
月	日						

4. 建立存货档案

建立货品档案，是将货品入库作业全过程的有关资料进行整理、核对，建立资料档案，为货品的保管、出库业务活动创立良好条件。

（1）存货档案的资料范围

① 货品出厂时的各种凭证和技术资料；

② 货品运输单据、普通记录、货运记录、残损记录及装载图等；

③ 入库通知单、验收记录、磅码单、技术检验报告等；

④ 仓储期间的检查、保养作业、通风除湿、翻仓、事故等记录；

⑤ 存货期间室内外温湿度记载及其对货品的影响情况；

⑥ 货品出库凭证、交接签单、送出货单、检查报告等；

⑦ 回收的仓单、货垛牌、仓储合同、存货计划、收费存根等。

（2）货品建档工作的具体要求

① 一物或一票一档。存档资料包括：

a. 货品出厂时的各种凭证和技术资料，如货品技术证明、合格证、装箱单、磅码单、发货明细表等；

b. 货品运输资料及其他凭证，如货品运输普通记录、货运记录或公路运输交接单等；

c. 货品验收的入库通知单、验收记录、磅码单、技术检验报告等；

d. 货品储存保管期间的检查、维护保养、溢补损坏变动等情况的记录；

e. 室内外温湿度记载及其对货品的影响情况；

f. 货品的出库凭证和其他有关资料。

② 档案应统一编号。货品的档案应统一编号，并在档案上注明货位号，同时在货品保管明细料账上注明档案号，以便查阅。

③ 应当妥善保管。在货品保管期间，仓库可根据情况，由业务机构统一管理或直接由保管员管理好货品档案。某种货品全部出库后，除必要的技术证件必须随货同行不能抄发外，其余均应留在档案内，并将货品出库证件、动态记录等整理好一并归档。如当机电产品整进整出时，有关技术证件应随货品转给收货单位；金属材料的质量保证书等原始资料应留存，而将复制件加盖公章转给收货单位；货品整进零出时，其质量保证书可复制加盖公章代用。

货品档案部分资料的保管期限，可根据实际情况决定。其中有些如库内温湿度记载资料、货品储存保管的试验材料等应长期保留。

3.1.2.5 货品入库作业的单证流转

入库单证也叫入库票。由于各存货单位经营方式不同，因此，入库票的式样大小和单位名称等都不可能求得统一，但不论差异如何，从入库业务的要求来说，完整的入库单必须具备以下四联（有的是存货单位一次套写，有的是仓库补开）：送货回单、储存凭证、仓储账页和货卡，在仓库范围内进行流转（如图3-9所示）。

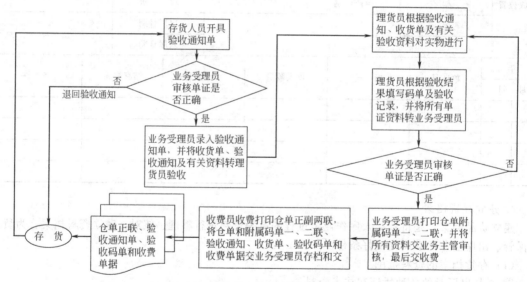

图 3-9　货品入库作业单证流转示意图

（1）业务受理员接收存货人的验收通知（也可由存货人委托仓库开具）、货品资料（如质保书、码单、装箱单、说明书和合格证等），登建货品档案，并将存货人验收通知单作为货品储存保管合同附件的形式进行管理，其信息录入计算机中生成验收通知单。然后将存货人验收通知单作为验收资料、收货单及其他验收资料一并交理货员。

（2）理货员根据业务受理员提供的收货单、验收资料、计量方式等确定验收方案、储存货位、堆码方式、所需人力和设备等，做好验收准备工作。

（3）由理货员开具作业通知单，进行验收入库作业，做好有关记录和标识。

（4）货品验收完毕后，理货员手工出具验收单，一式一联，一并交给复核员。同时负责作业现场与货位的清理和货牌的制作、悬挂。

（5）复核员依据收货单、验收码单对实物的品名、规格、件数和存放货位等逐项核对，签字确认后返回给理货员。

（6）理货员在经复核员签字的收货单、验收码单等诸联加盖"货品验收专用章"后，将验收码单录入到计算机中，据此生成仓单附属码单，根据验收结果填写存货人验收通知和收货单，并与其他验收资料一并转回业务受理员处。

（7）业务受理员在对理货员返回的单据和验收资料审核无误后，由计算机打印仓单附属码单一式两联，依据收货单、验收码单、计算机打印的仓单附属码单第一联和第二联、存货人验收通知以及有关验收资料、记录，报主管领导或授权签字后，连同存货人验收通知、收货单、仓单附属码单第一联和第二联转给收费员。

（8）收费员依据仓单、货品储存保管合同约定的收费标准，结算有关入库费用并出具收费发票。

（9）业务受理员将仓单正联、存货人验收通知、仓单附属码单一联及收费单据等一并转交（寄）给存货人，其余单证资料留存并归档管理。

3.1.3　货品盘点作业管理

【导入案例】

怎样使用货架货品清单提高盘点效率

货架货品清单又称为盘点卡，指货品在货架上摆放的次序。货架货品清单栏目一般包含货品编码、货品名称、货品条码、规格等。商场盘点的难点在于店面货品清点过程耗时耗力。除了货品整理外，主要工作量体现在两个环节上，一是盘点清单准备的工作量，二是现场盘点记录录入系统的工作量，将这两个环节的工作量尽可能地降至最低，将使盘点工作事半功倍。建立货架盘点清单，正是基于这种考虑。

1. 建立盘点配置图

盘点之前要做好规划，根据货品货架的位置建立盘点配置图。在盘点配置图上将所有货品的陈列存储区进行编号，包括货架、促销陈列区、冷冻柜、冷藏柜、场的仓库区、冷库等，只要是货品仓储、陈列之处均要标明，对于非货架冷藏柜和仓库中的仓位也要视为一个货架进行编号。

2. 建立货架货品清单

在货架货品清单中列示每个货架上货品信息及摆放次序。由于店面普通陈列一般具有较大的稳固性，所以除了第一次将盘点清单录入系统时工作量较大以外，以后再次使用该功能时只需根据店面实际做少量修改即可。建立货架货品清单，可以选在任何非盘点时间分多次多人进行，每个货架建立一张独立盘点清单。可以通过以下几种方式完成清单建立：第一种，手工抄写货架上的货品信息。按货品的摆放顺序，从左到右、从上到下记录货品，货品记录内容包括货品条码、货品名称等，手工采集完毕后在业务系统中按陈列顺序录入每张清单上的货品。第二种，使用盘点机。将所有的货品按货架号逐一扫描，在业务系统中导入盘点机文件形成货架货品清单。建立货架货品清单可以在非盘点时间进行，可以提高盘点机的利用率。第三种，使用无线条码枪或使用手提电脑接条码枪来模拟无线条码枪。将扫描的条码记录在新建的文本文件中，每节货架保存为一个文件。再通过业务系统导入文本文件的功能，建立货架货品清单。

3. 生成盘点任务

在每次开始盘点之前，需要在业务系统中生成盘点任务。生成盘点任务是确定盘点货品的范围，对业务系统中的账面库存保存一份备份，这样即使盘点数据没有及时录入完毕，也不会影响第二天正常营业。生成盘点任务时，需要选择盘点的类型，分为全场盘点和分组盘点。分组盘点可以按部门、品类、供应商、货位、品牌或单品确定盘点范围。在分店盘点当天，总部不能再给分店进行货品配送，以免产生在途库存。生成盘点任务之前，必须将所有的业务单据审核入账，并且完成当天的销售数据汇总处理，否则会引起盘点前的货品账面库存数据不准确。

4. 填写货架货品清单

将货架货品清单打印出来，每个货架对应一张表格，分发给负责不同区域的盘点人员进行盘点。打印的货架货品清单栏目，包括货品编码、货品名称、货品条码、规格及空白的初盘及复盘数量。盘点人员找到对应的货架，在货架前按照从左到右、从上到下的顺序对货品进行清点，将每个货品的实际数量填写在初盘数量栏内。每张清单盘点完成后，在初盘人处签字。初盘完成后，盘点人员之间交换货架盘点清单，对初盘的货品再次清点确认，在复盘数量栏内注明本次清点的货品数量并签字。

5. 盘点数据录入

盘点数据录入是很费时间的工作，并且容易出现错误。盘点数据的录入可以分为两种方式进行，一种是在收银机上录入，另一种是在后台工作站上录入。系统如果提供按货架货品清单进行录入，可以提高盘点的效率。如果在收银机上通过货架货品清单录入，需要将盘点任务及货架货品清单等盘点数据下发到收银机中。数据录入时要先选择盘点任务，确定盘点货品范围，再选择事先设定好的货架货品清单编号，调出货品清单。系统会自动按货品在货架中的陈列顺序，将货品信息加入到盘点数据的录入界面中。录入人员只需对照货架货品清单逐条录入货品数量即可，不需录入货品编码或货品条码。录入工作简化到最少，同时也不必核对录入顺序及每张清单中货品行数，这样可以大大加快录入的速度，提高数据录入的准确率。

6. 盘点数据审核及复盘

盘点清单全部录入完毕并入账，开始对盘点数据审核。首先检查漏盘货品。生成盘点任务时，已经确定了盘点货品的范围，如果货品没有在盘点单中录入，很可能这些货品是漏盘的货品。业务系统在结束盘点时，会将漏盘货品的库存全部清零，所以对漏盘货品一定要认真对待，以免引起账实不符。其次检查需要抽盘的货品。对于单价高和数量多的货品，作为抽盘的重点。业务系统中提供按数量或按比例设置复盘警戒线，如对于单价高的货品，按差异数量设置抽盘条件，如差异数量大于2个就抽盘；对于数量多价低的货品，按数量差异比例设置抽盘的条件，如差异超出10%才进行抽盘。根据需要对漏盘及需要抽盘的货品进行再次清点。再次盘点的结果，在业务系统中录入复盘单，每个盘点任务中只允许录入一张复盘单。初盘的数量在系统中是累加的，而复盘单的货品数量要对所有初盘数量覆盖。系统会提供初盘与复盘的对比，用于分析初盘不准的原因，改进盘点流程。最后结束盘点。

货品在储存过程中，因其本身性质、自然条件的影响、计量器具的合理误差或人为的原因，易造成货品数量和质量的变化。为及时了解和掌握货品在储存过程中的这些变化，就需要经常地进行盘点和检查。

3.1.3.1　货品盘点作业的目的和方法

1. 货品盘点的概念

货品盘点又称盘库，是指仓库定期或不定期地对所储存的货品实际状况进行全部或部分的清点，以确定掌握期间内的实际库存量，并依此结果对货品库存数与实存数之间差异做出详细的分析，以便有效地控制和掌握货品数量和质量，这一作业过程为盘点作业。同时可以针对过去货品管理的状态作详细地分析，并通过盘点可以计算出仓库真实的存货、费用率、毛利率、损耗率等经营指标。因此，盘点的结果可以说是一份仓库经营绩效成绩单。

2. 货品盘点作业的目的与原则

(1) 货品盘点作业的目的

① 查清实际的库存数量，并通过盈亏分析使账面数与实际库存数量保持一致，从而指导企业日常经营业务。

② 掌握损益。一般来讲，库存金额与库存量及单价成正比，搞清库存的盈亏原因，以便真实地把握经营绩效，并及时采取防漏措施。

③ 发现库存管理中存在的问题。

(2) 货品盘点作业的原则

① 售价盘点原则，以确定货品益损和零售差错。

② 及时盘点原则，以确保盘点结果的正确性。

③ 自动盘点原则，有效提高盘点的效率。

3. 货品盘点方法

因为不同仓库对盘点的要求不同，盘点的方法也会有差异，为尽可能快速准确地完成盘点作业，必须根据实际需要确定盘点方法。盘点方法可以从以下四个方面来划分。

(1) 按盘点是否到现场分为账面盘点和现货盘点。

① 账面盘点法是将每一种货品分别设立"存货账卡"，然后将每一种货品的出入库数量及有关信息记录在账面上，逐笔汇总出账面库存结余数，这样可以随时从电脑或账册上查悉货品的出入库信息及库存结余量。

② 现货盘点又叫实地盘点，就是到实地对库存现货进行盘点。现货盘点法按盘点时间频率的不同又可分为"期末盘点"及"循环盘点"。

a. 期末盘点法。由于期末盘点是将所有货品一次点完，工作量大且严格。通常采取分区、分组的方式进行，其目的是为了明确责任，防止重复盘点和漏盘。等所有盘点结束后，再与电脑或账册上反映的账面数核对。

b. 循环盘点法。循环盘点通常对价值高或重要的货品检查的次数多，而且监督也严密一些，而对价值低或不太重要的货品盘点的次数可以尽量少。循环盘点一次只对少量货品盘点，所以通常只需保管人员自行对照库存资料进行点数检查，发现问题按盘点程序进行复核，并查明原因，然后调整。也可以采用专门的循环盘点单登记盘点情况。

（2）按盘点货品的全面性分为全面盘点和局部盘点。

① 全面盘点是指对仓库中的所有货品都进行盘点。

② 局部盘点（动碰盘点）是只对仓库中的部分货品进行盘点，即对每天动过、碰过、发出过的货品在发货后随即轧查点结，其特点是花费时间少、发现差错快，能及时解决问题、挽回损失。

（3）按盘点时间的固定性，分为定期盘点和临时盘点。

① 定期盘点是指固定在每月或每季的某一时间所进行的盘点。定期盘点工作流程固定，准备充分，主要是月末、季末或年末盘点，可根据实际需要选用按批号盘点、不按批号盘点、账盘、实盘、按类别盘点、按库区或货架盘点、按生产企业盘点、单品盘点等。

② 临时盘点是根据需要临时进行的突击性盘点。

3.1.3.2　货品盘点作业的基本流程

货品盘点作业流程：一是做好盘点基础工作；二是做好盘点前的准备工作；三是盘点中作业；四是盘点后处理。货品盘点作业的基本流程如图 3-10 所示。

1. 货品盘点前的准备与组织

盘点是一项费时、费力、工作量相当大的工作，没有充足的准备、严密的操作流程以及员工高度的责任心是无法顺利完成的。盘点前的准备工作是否充分，直接关系到盘点作业能否顺利进行，甚至盘点是否成功。盘点的基本要求是必须做到快速准确，为了达到这一基本要求，盘点前的充分准备十分必要，其准备工作主要包括以下内容。

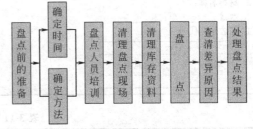

图 3-10　货品盘点作业基本流程图

（1）人员准备与组织。一般来说，盘点作业是仓库人员投入最多的作业，所以要求全员参加盘点。为使盘点工作得以顺利进行，盘点时必须对盘点执行人员、监督人员、稽核人员进行培训，使每位参与盘点的人员能正常发挥其功能，盘点人员编组表见表 3-9。而人员的培训分成两部分，一部分是认识物料的培训，一部分是盘点方法的培训。

表 3-9　盘点人员编组表

盘 点 区 域	一	二	三	四	五	……
部门						
盘点项目						
盘点日期						
盘点人						
记账人						
复盘人						
备注						

① 参加初盘、复盘、抽盘和监的人员必须根据盘点管理程序加以培训，必须对盘点的程序、盘点的方法、盘点使用的表单等整个过程充分了解，这样盘点工作才能得心应手。

② 针对复盘与监盘人员进行认识货品训练。因为复盘与监盘人员对货品大多数并不熟悉，故而应加强对货品的认识，以利盘点工作之进行。

（2）清理盘点现场。盘点现场也就是仓库或配送中心的保管现场，所以盘点作业开始之前必须对其进行整理，以提高盘点作业的效率和盘点结果的准确性，清理工作主要包括以下几方面的内容。

① 盘点前对已验收入库的货品进行整理归入储位，对未验收入库属于供应商的货品，应区分清楚，避免混淆。

② 检查各区位货品陈列情况及存货位置和编号是否与盘点布置图一致；盘点场所关闭前，应提前通知，将需出库配送的货品提前作好准备。

③ 账卡、单据、资料均应整理后统一结清，各项设备、用品及工具存放整齐。

④ 预先鉴别变质、损坏货品。对仓储场所堆垛和货架上的货品进行整理，特别是对散乱货品进行收集与整理，清除不良货品和作业场死角并装箱标示和作账面记录，以方便盘点时计数。在此基础上，由保管人员进行预盘，以提前发现问题并加以预防。

⑤ 盘点作业要确定责任区域落实到人。

（3）盘点技术与工具准备

① 盘点程序、方法与时间安排；

② 盘点用各种表格，见表3-10～表3-14；

③ 盘点用红（蓝）色圆珠笔、复写纸、计算器、大头针、回型针等。

表 3-10　盘存卡

第一联	第二联
1. 材料编号　　材料类别	1. 材料编号　　材料类别
2. 材料名称：	2. 材料名称：
3. 数量_____单位_____	3. 数量_____单位_____
4. 存放地区代号	4. 存放地区代号
填卡　　盘点卡号	核对　　填卡　　盘点卡号

表 3-11　盘点表（1）

盘 点 日 期		第一盘点人		盘点单号码				
物品号码								
物品数量								
物品单价								
货品外观状况								
货品存放位置								
盘 点 日 期		第二盘点人		盘点单号码				
物品号码								
物品数量								
物品单价								
货品外观状况								
货品存放位置								
盘 点 日 期		复 核 人		盘点单号码				
物品号码								
物品数量								
物品单价								
货品外观状况								
货品存放位置								

表 3-12 盘点表（2）

编码	货品品名	规格型号	包装单位	单价/进价	账面数		清点数		溢余		短缺	
					数量	金额	数量	金额	数量	金额	数量	金额
1												
2												
3												
…												
本页金额合计												

表 3-13 盘点表（3）

盘点范围：　　　　　　　　　　　　　　　盘点时间：　　　年　　月　　日

责任人签字	盘点项目			数　　量					
	品种	入库	出库	账面数量	实际盘点数	差量	批次	票号	出库率
备注说明									

表 3-14 盘点表（4）

货品名称	货品编号	包装单位	型号规格	账面数额			盘点实存			数量盈亏				价格增减				原因说明	负责人	备注
										盘盈		盘亏		盘盈		盘亏				
				数量	单价	金额	数量	单价	金额	数量	金额	数量	金额	数量	金额	数量	金额			

2. 货品盘点作业的实施

（1）盘点的顺序为从上到下、从左到右，货品盘点按 ABC 分类法进行。盘点时应将盘点票填写好，数量一栏应将箱数、包数等填上。盘点票面不得更改涂写，更改需用红笔在更改处签名。

（2）盘点表在领取时是连号，每一货架要求使用 1 张盘点表，如发生损坏需重新领取，并将原损坏的盘点表附在正确的盘点表后面，并标有"作废"字样。

（3）初盘和复盘作业。初盘由各部门自行安排人员，按 2 人 1 组进行编排，初盘完成后，将初盘数量记录于《盘点表》上，将盘点表转交给复盘人员；对初盘结果进行复盘时要互换责任人，由盘点委员会拟定复盘人员名册，按 2 人 1 组进行编排，其中应有原初盘人员 1 人在内，指引复盘人员到盘点地点，复盘人员不应受到初盘之影响，复盘后将结果用红笔记录在盘点单上；复盘与初盘有差异者，应与初盘人员一起寻找差异原因，确认后记录于《盘点表》。

（4）盘点作业检查（抽盘）。抽盘由财务、行政部门及各部门负责人 2 人 1 组进行编排，对各小组的盘点结果认真加以检查。抽盘时可根据盘点表随机抽盘或随地抽盘，ABC 类物质抽查比例为 5：3：2。检查的重点是：每一类货品是否都已记录到盘点单上，并已盘点出数量和金额；对单价高或数量多的货品，需要将数量再复查一次，做到确实无差错；复查劣质货品和破损货品的处理情况。

（5）盘点表正确填写的要求。盘点时间，为正式盘点的当天；货品条码、名称、店内码要填写清楚、完整；货柜编号、盘点人员要按要求填写；在填写盘点表时字迹要工整、不允许涂改，数字的书写不要连笔；对于盘点的"破损"一栏，与"备注"的意义相同，在盘点的过程中如发现破损货品时，只需在此栏做出注明；盘点人签字。

（6）物料盘点的"六检查"。检查物料账上数量、实物数量、标识卡上数量是否一致；检查物料的收发情况及是否按先进先出的原则发放物料；检查物料的堆放及维护情况；检查物料有无超储积压，损坏变质；检查对不合格品及呆料的处理；检查安全设施及消防安全情况。

3. 货品盘点结果的处理

（1）核对盘点单据。盘点开始时发给盘点人员的盘点单，必须统一编号，盘点后及时收回，检查是否有签名或遗漏，并加以汇总，以防最后计算上的疏漏。

（2）查找账上数据。将盘点数据按要求录入电脑系统，查找出目前实物账上应有的理论存货，包括存货品名、存货数量、货架位置、入库时间等相关信息。通过入库单计算已发生的入库货品数量，再通过出库单计算已发生的出库货品数量，两者求差，得出实际库存货品数量。比较查找出的账上数据和计算出的实际库存数，当账上数量大于实际数量时盘亏，当账上数量小于实际数量时盘盈。

（3）计算、编表与分析盘盈盘亏。根据盘点的结果填写好盘点表，如果货品有损益、残损、变质，还要填写货品损益报告单、货品残损变质报告单，经过审核无误以后，由参与盘点的人员和保管员共同签名盖章。制作打印盘点盈亏明细表，交与仓库、财务负责人，当晚必须完成。货品盘盈、盘亏与金额增减处理完后，应编制货品盘点分析表，作为库存管理考核的依据。

（4）追查发生盈亏的原因。通过盘盈、盘亏表，分析数据的成因，寻找盘盈、盘亏的原因，最终生成盘点单，见表 3-15～表 3-17。

表 3-15　货品盘点分析表

序号	货品名称	包装单位	型号规格	上期盘点			本期出库			本期入库			本期盘点			超过最高库存量	低于安全库存量	缺货次数	标准单价	平均单价	价差原因
				数量	单价	金额	数量	单价	金额	数量	单价	金额	数量	单价	金额						

表 3-16　盘点调整表
年　　　　月　　　　日

货品名称	编　号	包装单位	账面现结存款	增加数	减少数	调整后结存款	调整原因说明

表 3-17　货品盘点总结报告表

货品名称	所属类别	编号	规格	单价	盘点情况	存在问题	改善建议或措施

①　计账员素质不高，库存资料记录不确实；原始单据丢失，保存不齐全；登账不及时，有未达账项；存在计算错误、漏登、重登和错登情况。

②　账物处理系统管理制度和流程不完善，导致数据出错。

③　盘点方法选择不恰当，盘点时发生漏盘、重盘、错盘现象，盘点结果出现错误。

④　盘点前数据资料未结清，使账面数不准确；用作样品而又未开单，造成数量短缺。

⑤　入库作业登记账卡、包装或分割出库时发生错误使数量短缺。

⑥　保管不善或工作人员失职造成的货品的损坏、霉烂、变质或短缺等；贪污、盗窃、徇私舞弊等造成的货品损失。

⑦　货品因气候影响发生腐蚀、硬化、结块、变色、锈烂、生霉、变形以及受虫鼠啮食等，致使货品发生数量短缺或无法再使用。

⑧　衡器、量具不准或使用方法不当及检验方面的问题引起数量或质量上的差错。

⑨　由于自然灾害造成的非常损失和非常事故发生的毁损。

⑩　由于供方装箱装桶时，每箱每桶数量有多有少，而在验收时无法每箱每桶进行核对，所造成的短缺或盈余。

（5）盘盈或盘亏的处理

①　整体而言，货品不可能有盘盈，除非有进货无进货传票、盘点虚增或计算错误。盘损则属于正常状况，但超过规定水平便是异常。

②　盘损率若在 2% 以下，则可以进行账务调整；若超过 2% 以上，则应追查差异原因。

③　若损盈差额较大，仓库、财务负责人督促仓库主管查明差异原因，并写出书面说明，必要时立即进行重盘。若损盈差额不大，马上进行抽盘。各仓库主管于盘点后第 2 日将盘点情况写出书面说明交与财务负责人，财务负责和电脑系统部汇总盘点数据，处理损盈数据，做到电脑数据与实物一致。写出本次盘点总结报告交于仓储经理并上报公司。

（6）根据盘点结果找出问题点，并提出改善对策。

①　对盘点结果发现盘盈、盘亏、损毁、变质、报废、久储、滞销等货品，查明原因报业务部门处理。

②　采取积极措施，处理过期、变质、残损、生锈的货品，尽可能减少损失。

3.1.3.3　货品盘点结果的评估

货品盘点的结果一般都是盘损，即实际货品值小于账面值，但只要盘损在合理范围内，应视为正常。货品盘损的多少，能表现出保管人员的管理水平及责任感，公司对仓库每月的损耗要求控制在 1.5‰（即标准盘损率）以内，当实际盘损率超过标准盘损率时，保管人员要负责赔偿；反之，则予以奖励。

1. 货品盘点欲了解的问题

（1）本次盘点实际存量与账面存量的差异是多少？

（2）这些差异发生于哪些品种？

（3）平均每一差异量对公司损益造成多大影响？

（4）每次循环盘点中，有几次确实存在误差？

（5）平均每个货品发生误差的次数如何？

2. 盘点的量化指标

(1) 盘点数量误差率

$$盘点数量误差 = 实际库存数 - 账面库存数$$

$$盘点数量误差率 = \frac{盘点误差量}{盘点总量} \times 100\%$$

(2) 盘点品项误差率

$$盘点品项误差率 = \frac{盘点误差品项数}{盘点实施品项数} \times 100\%$$

(3) 平均盘差品金额

$$平均盘差品金额 = \frac{盘点误差金额}{盘点误差量} \times 100\%$$

(4) 实际盘损率

$$实际盘损率 = \frac{盘损金额}{起初库存金额 + 本期进货金额} \times 1000‰$$

3.1.3.4 货品盘点作业实施的注意事项

(1) 盘点前做到"三清、两符、一归",即票证数清、现金点清、往来手续结清;账账(会计账与保管账)相符、账单(账簿与有关单据)相符;各仓库保管员按常规、非常规等大类、规格将全部库存货品整理归类码放。

(2) 货品盘点按 ABC 分类法进行,外发加工货品会同采购部人员前往供应商处,或委托供应商清点实际数量;残次货品(残次货品的系统、手工保管账必须建立)均单独堆放,与正常库存货品分开。

(3) 盘点时应将盘点票填写好,数量一栏应将箱数、包数等填上。在盘点卡上,无论是初盘还是复盘,盘点人员都要进行签名;盘点票不得更改、涂写,更改需用红笔在更改处签名。

(4) 初盘完成后,将初盘数量记录于《盘点表》上,将盘点表转交给复盘人员;复盘时由初盘人员带复盘人员到盘点地点,复盘人员不应受到初盘之影响;复盘与初盘有差异的,应与初盘人员一起寻找差异原因,确认后记录于《盘点表》。

(5) 抽盘时可根据盘点表随机抽盘或随地抽盘,ABC 类物质抽查比例为 5∶3∶2。

(6) 具体盘点必须由三人组成一个盘点实施小组,盘点人负责有顺序的唱报货品型号,由仓库保管员担任;记录人负责盘点人唱报货品型号的记录工作,由仓库负责人(或销管)担任;监盘人负责复核、监督盘点人唱报型号与记录型号的一致。

(7) 盘点开始后停止所有货品的进出库动作,要保证仓库不进不出。如供应商来送货了,则把货放在旁边,不要入仓库。

(8) 盘点作业要确定责任区域落实到人。

3.1.4 货品出库作业管理

3.1.4.1 货品出库作业组织

货品出库是指仓库根据业务部门或存货单位开出的货品出库凭证(提货单、调拨单),按其所列货品名称、规格、型号、数量等项目,组织货品出库等一系列工作的总称,见图 3-11 所示。货品出库是货品仓储阶段的终止,也是仓库作业的最后一个环节,它使仓库工作直接与运输单位和货品使用单位发生联系。货品出库要求所发放的货品必须准确、及时、保质保量地发给收货单位,包装必须完整、牢固、标记正确清楚,符合交通运输部门及使用单位的要求,防止出现差错。因此,做好出库工作对改善仓库经

图 3-11 货品出库作业

营管理、降低作业成本、提高服务质量具有重要作用。

1. 货品出库的依据与要求

(1) 货品出库的依据。货品出库依据货主开的"货品调拨通知单"进行。不论在任何情况下，仓库都不得擅自动用、变相动用或外借货主的库存货品。"货品调拨通知单"的格式不尽相同，不论采用何种形式，都必须是符合财务制度要求的有法律效力的凭证，应避免凭信誉或无正式手续的发货。

(2) 货品出库的基本要求

① 认真遵守"先进先出、推陈储新"和"接近失效期先出"的原则，严格贯彻"三不、三核、五检查"的原则。

a. "三不"——未接单据不翻账、未经审单不备货、未经复核不出库。

b. "三核"——在发货时，要核实凭证、核对账卡、核对实物。

c. "五检查"——对单据和实物要进行品名、规格、包装、件数、重量的检查。

② 严格按照货品出库的各项规章制度和出库计划进行，出库凭证和手续必须符合要求，"收有据，发有凭"。如未验收的货品以及有问题的货品不得发放出库；货品入库验收与出库验收的方法应保持一致，以避免人为的库存盈亏；超过提货单有效期尚未办理提货手续，不得发货。

③ 货品出库要做到准确、及时、保质、保量，要确保货品安全，防止差错事故的发生。

④ 出库货品要符合运输要求。

⑤ 货品出库时要提高工作效率，特别注重服务质量的提升。

2. 货品出库的方式

货品进入仓库后通常都要出库，出库凭出库单、发货单、提单、出货计划或配送计划或订单等各种单据来进行，出库的方式通常有以下几种。

(1) 托运。由仓库货品会计根据货主事先送来的发货凭证转开货品出库单或备货单，交由仓库保管员做好货品的配货、包装、集中、理货、待运等准备作业。设有理货员的仓库由理货员负责进行集中、理货和待运工作，保管员与理货员之间要进行货品交接，然后由仓库保管员与运输人员办理点验交接手续，以便明确。最后由运输人员负责把货品运往车站、码头等地，通过铁路、水路、公路、航空、邮局等将货品运到购货单位指定的地点，然后由用户自行提取。适用于距离远、数量大的货品。

(2) 送货。仓库根据出库凭证把货品交由运输部门送达收货单位。以送货方式出库的手续，需由送货人办理发货凭证，一式四份：一份送货人签收后交给仓库保管留存并依次核销库存，一份保管员签章后留存，一份由送货人、保管人共同签章后交给送货单位，一份送货人、保管人共同签章后交货品统计员。送货可向外地送货，也可向本地送货，适用于少量货品的发运。

(3) 收货人自提。由收货人或其代理派人派车持"货品调拨通知单"直接到库房来提货，仓库凭单发货。发货人与提货人在仓库现场，对出库货品应当面点交清楚并办理签收交接手续。自提具有"提单到库，随到随发"的特点，一般是提货量较少、运输距离又较近的货品。

(4) 过户。过户是一种就地划拨的形式，货品虽未出库，但是所有权已从原库存货户转移到新存货户。仓库必须根据原存货单位开出的正式过户凭证，才予办理过户手续。

(5) 移仓。货主单位为了业务方便或改变仓储条件，需要将某批仓储的货品自甲库转移到乙库，分为内部移仓和外部移仓。仓库必须根据货主单位开出的正式转仓单，才予办理转仓手续。

(6) 取样。货主单位出于对货品质量检验、样品陈列等的需要，到仓库提取货样。仓库根据正式取样凭证才予给发样品，并做好账务记载。

3. 货品出库作业的流程

根据货品在库内的流向，或出库单的流转而构成各业务环节的衔接，货品出库业务的流程如图3-12所示。

3.1.4.2　货品出库作业程序

货品的出库是仓库根据销货单将货品交付给收货人的作业过程，标志着货品仓储阶段的结束。

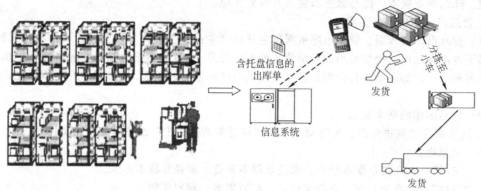

含托盘信息的
出库单

分拣至
小车

发货

信息系统

发货

图 3-12 货品出库作业基本流程图

货品出库的程序主要包括：核对出库凭证、配货、复核、点交、清理、办理出库手续和发货。

1. 出库的准备工作

在通常情况下，仓库调度在货品出库的前一天，接到送来的提货单后，及时正确地编制好有关班组的出库任务单、配车吨位、机械设备单以及提货单等，分别送给工班长、机械班和保管员或收发、理货员，以便做好出库准备工作。当保管员从调度手中接到出库通知后，要摸清货品存放的货位，检查货品完好情况，安排出库货品堆放的场所，准备有关器具，安排好劳动力，以便能准确、及时、安全地做好出库工作。

2. 审核出库凭证

货品发放需有正式的出库凭证，仓库保管员必须认真核对出库凭证。具体审核的内容包括：审核出库凭证的合法性和真实性；核对货品的品名、型号、规格、单价、数量和提货日期等有无错误；凭证有无涂改与污损、签章核对、提货人身份核对及其他。审核无误后，方可组织货品出库，否则仓库应拒绝发货。在仓储企业中，货品出库的方式主要有：用户自提和送货两种不同的出库方式。

3. 备货

审核凭证之后，仓库保管员按提货凭证所列各项内容和凭证上的批注去相应货位对货，核实后进行分拣和备货。备货时应本着"先进先出、易霉易坏先出、接近有效期先出"原则，备货完毕后要及时变动料卡余额数量，填写实发数量和日期。注意提货人员不得进入库房。备货过程包括：

(1) 理单是指根据出库凭证所列出库货品的内容，迅速找准库存货位；

(2) 销卡就是在货品出库时，到货品存放的货位上对悬挂在货垛上的货卡进行核对并登记出库数量；

(3) 核对是指在销卡后，再进行单（出库凭证）、卡（货卡）、货（实物）三者核对；

(4) 点数就是要仔细清点应发货品的数量，防止差错；

(5) 签单是为明确责任，要求操作的保管员在货卡上签名并批注结存数，同时在出库凭证上予以签认等。

4. 复核查对

为了保证出库货品单、货相符，不出差错，备货后应立即进行复核。出库复核是根据用户信息和车次对拣取货品进行货品号码的核实，以及根据有关信息查验出库货品的数量、品质及状态情况，由仓库所设的复核员、仓库主管等工作人员进行，也可由操作的保管员进行。此外，在发货作业的各个环节上，都贯穿着复核工作，其形式主要有专职复核、交叉复核和环环复核三种，可采取货品条码检查法、声音输入检查法和重量计算检查法。货品经过复核无误后，保管员和复核人员应在出库凭证上签字，方可包装或交付装运。复核查对的主要内容是：

(1) 货品的名称、规格、型号、数量等项目是否与出库凭证所列的内容一致。

（2）外观质量是否完好，包装是否完好、正确，是否便于装卸搬运作业。如怕振怕潮等货品，衬垫是否稳妥，密封是否严密；能否承受装载物的重量，能否保证在货品运输装卸中不致破损，保障货品的完整；收货人、到站、箱号、危险品或防振防潮等标志是否正确、明显。

（3）出库货品的配件（如机械设备等）是否齐全。

（4）出库货品所附证件、单据是否齐全等。如每件包装是否有装箱单，装箱单上所列各项目是否和实物、凭证等相符合。

5. 编配包装，理货待运

出库货品属于自提自运的，可以与提货人当面点交，直接装运出库。属于发往外地的货品，需配合运输人员刷好唛头标志，集中到理货组配场所待运；属于拆件拼箱的货品，交包装员（组）进行组配装箱。出库的货品如果包装不能满足运输部门或用户的要求，应进行重新包装。无论是分装、改装或拼装的货品，装箱人都要按规定填制装箱单放于箱内，以便收货方验收；零货包装时，要注意防止差错、混装。装箱单上要填明所装货品品名、品牌、规格、数量和装箱日期，并由装箱人签字或盖章，以明确责任。货品包装妥善后，即将货品移入指定地点，由理货员按货品运输方式和收货点，分单集中，填制货品启运单，并通知运输部门提货交运。

6. 清点交接，放行出库

（1）出库货品无论是要货单位自提，还是交运输部门发运，仓库发货人必须向提货人或运输人员按出库凭证所列逐件当面点交清楚，划清责任。配送方式下，由仓库管理人员与配送人员交接清点，再由企业配送人员与客户点清交接，由客户签章。

（2）仓库方面对重要货品、特殊货品的技术要求、使用方法、运输注意事项等，要主动向提货人、承运人交待清楚。

（3）出库的货品清点交接完毕后，仓库工作人员在出库单上认真填写实发数、发货日期等相关项目并签名，提货人、承运人必须在相关出库单证上签认，仓库交货人随即在出库凭证上加盖"货品付讫"章戳，表示已办理出库手续。仓库门卫通常凭出库单的出门联或者专门的出门单放行出库的货品。

7. 登账

仓库保管员应认真审核出库凭证，做好出库记录，并根据自留的一联出库凭证登记实物明细账卡，做到随发随记，日清月结，账面余额与实际库存和卡片相符。先登账后付货的仓库，核单和登账一次连续完成；先付货后登账的仓库，在保管员付货后，还要经过复核、放行才能登账。

8. 库内清理

（1）现场清理。主要内容有：对库存的货品进行并垛、挪位、腾整货位，清扫发货场地，保持清洁卫生，检查相关设施设备和工具是否损坏、有无丢失等。

（2）档案清理。货品出库后，还要整理该批货品的出入库情况和保管保养情况，清理并按规定传递出库凭证、出库单等，相关原始单据要定期装订成册并存入货品保管档案，档案要妥善保管，以备查用。

3.1.4.3 货品出库单证的流转

1. 货品出库单证的种类

出库单证主要是指出库单、提货单、送货单、移库单和过户单等，它是向仓库提取货品的正式凭证，见表 3-18～表 3-22。不论采用哪种出货的方式，都要填写出库单，出库单主要有以下项目：发货单位、发货时间、出库品种、出库数量、金额、出库方式选择、运算结算方式、提货人鉴字、仓库主管鉴字。出库单也是一式四份：第一联存根，第二仓库留存，第三联财务核算，第四联提货人留存。提货的车到达仓库后，出示出库单据在库房人员协调下，按指定的货位、品种、数量搬运货品装到车上。保管人员做好出库质量管理，严防撒漏、破损，做好数量记录，检斤人员做好数量、重量记录，制作出库检斤表，由复核人员核实品种、数量和提单，制作出仓库出门条。出库时交出库门卫，核实后放行。

表 3-18 出库单（1）

客户名称：   储存凭证号码：

发货仓库：   仓库地址：

发货日期：

货号、品名、规格、牌号	国别及产地	包装及件数	单位	数量	单价	总价	实发数
危险品标志章及备注	运费	包装押金		总金额			
	人民币（大写）						

审核：   制单：

表 3-19 出库单（2）

货主单位：   出库单编号：

提货人及提货方式：   提货编号：

结算方式：   出库日期： 年 月 日

序号	商品编号	名　称	规格	型号	单位	提单数量	实发数量	实发重量	发货货位	备注
其他记载事项	商品包装		提货车号：							

审核：   记账：   提货人：   制单：

表 3-20 提货单

购货单位：   运输方式：

收货地址：   年 月 日   编号：

产品编号	产品名称	规格	单位	数量	单价	金额	备　注
合计（大写）：佰 拾 万 仟 佰 拾 元 角 分 ￥							

销售部门负责人：（盖章）   发货人：   提货：   制票：

表 3-21 出库调拨单

购货单位：   填单日期：   年 月 日   发货地点：

货品名称	货品规格	包装单位	调出数		实发数		入库单号	入库单价	总计金额
			件数	重量	件数	重量			
备注								发运方式	
								出库日期	
到站		收货单位						车号或运单号	

财务：   开票人：   保管员：   提货员：   电话：

表 3-22 领料单

供应单位： 　　　　　　　　　　　　　　　　　　　　　　　编号：

发票号码： 　　　　　　　　　　年　月　日　　　　　　　　仓库：

规格	货品名称	编号	数量		实 际 价 格(元)													
			应收	实收	单位	单价	发票金额	运杂费	合　计									
									仟	佰	十	万	仟	佰	十	元	角	分
备注			验收人盖章				合计											

会计： 　　　　出纳： 　　　　　复核： 　　　　　记账： 　　　　　制单：

2. 货品出库单证的流转

在不同的单位中，会采用自提和送货这两种不同的出库方式，而不同的单位在不同的出库方式条件下，单证流转与账务处理的程序都会有所不同。货品出库作业流程单见表 3-23。

表 3-23 货品出库作业流程单 　　　　　　　　　　　　　　编号：

客户名称：..................................

货品名称：.......................... 规格：.......... 件数：..........

总重量：.......... 总体积：..........

随附单据：..........

客户要求：..........

储存库号/货位号(区域)：..........

操作要求：..........

计划员(签名)：.......... 日期：..........

操作岗位	操作记录	记录人员签名	记录时间
理货员			
装卸机械操作员			
装卸工			
计划员			
提货交接	提货单位： 提货人证件号：		
	提货人(签名)： 货品状态：		

(1) 提货方式下的出库单证流转 (见图 3-13)。

① 自提是提货人持提货单来仓库提货的出库形式。账务人员在收到提货单后，经审核无误，向提货人开具货品出门证，出门证上列有每张提货单的编号。

② 出门证的一联交给提货人，管理人员将根据出门证的另一联和提货单在"货品明细账"出库记录栏内登账并在提货单上签名，批注出库吨数和结存吨数，将提货单传给仓管员发货。

③ 提货人凭出门证向发货员领取所提货品，待货付讫，仓管员应盖付讫章和签名，并将提货单返回账务人员。

④ 提货人凭出门证提货出门，并将出门证交给门卫。门卫在每天下班前应将出门证交给账务人员，账务人员凭此与已经回笼的提货单号码和所编代号逐一核对。如果发现提货单或出门证短

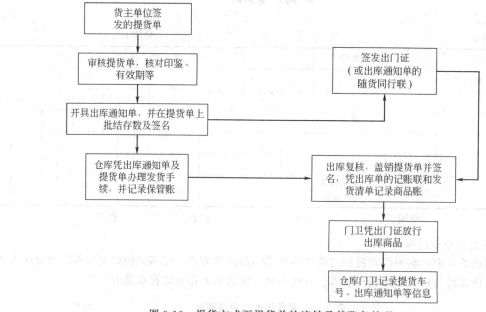

图 3-13 提货方式下提货单的流转及其账务处理

少，应该立即追查，不得拖延。

（2）送货方式下的出库单证流转。作为销售或第三方物流仓库货品出库的凭证，一般采用先发货后记账的形式见图 3-14。

① 业务受理员根据发货单和作业通知单，将发货单和货品档案（即货品料）转给保管员，到现场备货。

② 保管员根据发货单和货品档案核对货品，并与作业班组或计量员等联系，现场备货，核对无误、手续完备后装车发货，并与提货人清点交接。按照实发数量及有关内容填写发货单，转复核员进行实物复核。

③ 复核员根据发货单证，现场核对凭证号、实发数量、规格型号、仓储货位、存货数量等，确认无误后签字，将所有单证返交保管员。

④ 保管员在复核后的发货单诸联上加盖"发货专用章"，并将发货情况录入计算机中。

⑤ 业务受理员对保管员和收费员返回的发货单第一联和发货清单第一联审核无误后，发货单第一联归档留存；根据实发数量填写仓单分割单，发货清单第一联经签字、盖章后返给存货人。

对于其他的几种出库方式，其单证的流转与账务的处理过程也基本相同。取样和移库对于货主单位而言并不是货品的销售和调拨，但对仓库来说却是一笔出库业务。货主单位签发的取样单和移库单也是仓库发货的正式凭证，它们的流转和账务处理程序与提货单基本相同。货品的过户，对于仓库来说，货品并不移动，只是所有权在货主单位之间转移。所以，过户单可以代替入库通知单，开给过入单位仓储凭证，并另建新账务，即作入库处理；对过出单位来说，等于所有货品出库。

3.1.4.4　货品出库后异常问题的处理

审查凭证，检查有无问题。若有问题，分情况处理如下。

1. 出库凭证（提货单）上的问题

（1）发货前验单时，凡发现提货凭证有问题，如抬头、印鉴不符，或者情况不清楚，应及时与出具出库单的单位或部门联系，妥善处理。

（2）出库凭证有假冒、伪造复制、涂改等情况，应及时与仓库保卫部门以及出具出库单的单位或部门联系，妥善进行处理。

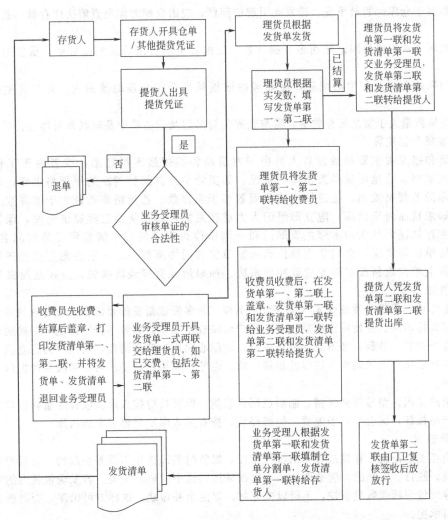

图 3-14　送货方式下提货单的流转及其账务处理

（3）出库凭证有疑点，或者情况不清楚时，应及时与制票员联系，及时查明或更正。

（4）凡用户自提出库，出库凭证超过提货期限，用户前来提货时，必须先办理相关手续，按规定缴足逾期仓储保管费，然后方可发货；任何非正式凭证都不能作为发货凭证。

（5）提货时，若用户发现品种、规格、数量开错时，发货业务员不能自行调换规格进行发货，必须通过制票员重新开票方可发货。

（6）如客户因各种原因将出库凭证遗失，客户应及时与仓库发货员和账务人员联系挂失；未与仓库联系挂失，货已被提走，保管方不承担责任，但要协助货主单位找回货品；顾客遗失提货凭证时，必须由用户单位出具证明，到仓储部门制票员处挂失，原制票员签字作为旁证，然后到仓库出库业务员处报案挂失；若货未被提走，经保管人员和账务人员查实后，做好挂失登记将原凭证作废，重开票发货，缓期发货。如果货还没有提走，保管员必须时刻警惕，如再有人持作废凭证要求发货，应立即与保卫部门联系处理。

（7）任何白条都不能作为发货凭证，特殊情况（如救灾等）发货必须符合仓库有关规定。

（8）货品进库未验收，或者期货未进库的出库凭证，一般暂缓发货，并通知供应商，待货到并验收后再发货。提货期顺延，保管员不得以代验。

2. 提货数与实存数不符

（1）如属于入库时记错账，采取"报出报入"方式进行调整。

（2）如属于仓库保管员串发、错发而引起的问题，应由仓库方面负责解决库存数与提货数之间的差数。

（3）如属于货主单位漏记账而多开提货数，应由货主单位出具新的提货单，重新组织提货和发货。

（4）如果是仓储过程中的损耗，需要考虑该损耗是否在合理的范围内，并与货主单位协商解决。

（5）提货数量大于货品实存数量，需与仓库主管部门及货主单位及时联系后再进行处理。

3. 串发货和错发货

串发货和错发货主要是指发货人员由于对货品种类规格不很熟悉，或者由于工作中的疏漏，把错误规格、数量的货品发出库的情况。如提货单开具某种货品的甲规格出库，而在发货时将该货品的乙规格发出。造成甲规格账面数小于实存数、乙规格账面数大于实存数。在这种情况下，如果货品尚未出库，应立即组织人力重新发货，如果货品已经提出仓库，保管人员要根据实际库存情况，如实向本库主管部门和运输单位讲明串发货、错发货货品的品名、规格、数量、提货单位等情况，会同货主单位和运输单位共同协商解决。一般在无直接经济损失的情况下，由货主单位重新按实际发货数冲票解决。如果形成直接经济损失，应按赔偿损失单据冲转调整保管账。

货品出库后，保管员发现账实（结存数）不符，是多发或错发的要派专人及时查找追回以减少损失，不可久拖不决。在发货出库后，若有用户反映规格混串、数量不符等问题，如确属保管员发货差错，应予纠正、致歉；如不属保管员差错，应耐心向用户解释清楚，请用户另行查找。凡属易碎货品，发货后用户要求调换，应以礼相待，婉言谢绝。如果用户要求帮助解决易碎配件，要协助其联系解决。

凡属用户原因，型号规格开错，制票员同意退货，保管员应按入库验收程序重新验收入库。如属包装或产品损坏，保管员不予退货。待修好后，按有关入库质量要求重新入库。

4. 包装破漏

包装损坏主要是由于存储过程中的堆垛挤压，发货时装卸操作不慎等引起的，发货时对货品外包装有破损、脱钉、松绳的，应整修加固，以保证运输途中的货品安全。若发现包装内的货品有破损，变质等质量问题或数量短缺，不得以次充好。以溢余补短缺，这样方可出库，否则造成的损失由仓储部门承担。

5. 漏记和错记账

（1）入库时，由于验收问题，增大了实收货品的签收数量，从而造成货品账面数量大于实存数。

（2）仓库保管人员与发货人员在以前的发货过程中，因错发、串发、多发等差错而形成实存数量小于货品账面数。

（3）仓储过程中造成的货品毁损、报废、损耗等。

（4）财务部门没有及时核销开出的提货数，使得货品实存数小于货品账面数。

6. 退货

（1）凡属产品的内在质量问题，用户要求退货和换货，应由质检部门出具检查证明、试验记录，要求退货人填写"退货申请表"，并且该申请表需经客户单位签认同意，方可退货或换货。

（2）仓库方面认真清点退货，详细做好记录，退货或换货产品必须达到验收入库的标准，否则不能入库。

（3）仓库方面核对退回的货品与"退货申请表"所列的是否相符，若有异议，需以书面形式提出。

（4）仓库方面将退回的货品根据其退货原因，分别存放和标识；登账入账，并及时向业务部门或客户单位反馈有关资料。

【背景资料】

货品保管账的管理

1. 登账时应遵循的原则

(1) 登账必须以合法有效的凭证为依据，如货品入库单、出库单、领料单等，无原始单据一律不能进账，原始单据必须有各自的编号。

(2) 登账一律用蓝、黑色墨水笔，用红墨水笔冲账，不得使用圆珠笔、铅笔，登账时字迹要工整、清楚、整洁、不得潦草，日期、摘要、数量、金额记载齐全、不得漏项。

(3) 登账发生差错时，不得任意涂抹、刮擦、挖补或用其他药水更改字迹，应采取以下几种方法。

① 数量、金额错误，当月发现或稽核员签收发现时，可在原错误数字上划一道红线，表示注销，然后再在原格上方填写正确的文字或数字（原收发凭证应同时更正）并在更改处加盖登账员或更改者的图章，红线划过后的原来字迹必须仍可辨认。

② 稽核员已签收财务并已转账或跨月后发现错误时，属于数量和金额少计，其少计部分应再开蓝单补足，如数量金额多计，其多计部分应开红单冲正，在备注栏内必须详细说明原单号码、日期、正确数、错计数、调整数，更正的料单应同时登账，不能在账簿上再用划线法更正。

③ 由于计价、登账错误造成账实不符，在品种、数量不变，规格相近的前提下可用调正单经仓库领导批准签字、登账调整。

④ 凭证不错、记错账页，可通栏划一道红线，保管员盖章。

⑤ 收发凭证示登账前发现规格、数量、单价、金额计错，不能乱划乱改，应划红线更正盖章，并及时通知收料单位更正，随货同行账联与验收联按更正后的正确数登账。登账必须做到当日收发，当日登账，最迟不得超过两天，更不许挤到月底登账。

(4) 登账应连续完整，依日期顺序不能隔行、跳页，账页应依次编号。年末结存后转入新账，旧账页装订成册入档妥为保管，不得遗失。

(5) 登账时，其数字书写应占空格的2/3空间，便于改错。

2. 对账的注意事项

(1) 月底单据处理完毕后，保管员必须对各本余额进行核对，即该本每页余额相加与总卡余额相符。

(2) 各小类账本余额相加应与稽核员的余额数相符。

(3) 发生差错应与稽核员配合在当月查清，不得跨月。

3. 结账的注意事项

(1) 每月都必须在余额核对正确的前提下及时结账，不能先结账后核对。

(2) 结账是在每个账页最末一次发生数下摘要栏内加盖月结累计戳记，本月收付数量、金额都要相加合计数。

(3) 当月收发一笔的（包括收发各一笔）可只合计累计数，不合计月结数。

(4) 每个账页年初结转的数量和金额加期末累计发生的收入数减发出的累计数，应等于期末结存的数量和金额，以保证结账完全正确。

4. 账簿、凭证的保管

(1) 每月终了，应将收发单据整理，按收料单、领料单、出库结算单、调整单为序装订成册，封面注明年、月、类别、单据张数、装订人盖章。

(2) 货品分类明细账为活页式。可以根据需要加页，但已记载的账页不论账页满或不再发生的账页，都不得随便抽页、销毁、乱丢乱放，如账页记载太乱需重抄时，应有稽核员审查补章，否则无效。

(3) 年度结算，将账簿加封面装订成册（太薄的可以合并），连同收发凭证交人登记，集中妥善保管。

(4) 保管员变动应同时移交账簿、凭证，不得随人带走。

3.2　职业能力训练模块

3.2.1　货品入库验收作业

【职业能力训练模拟背景】

西安瑞峰仓储公司2008年12月25日先后接到三批货品入库通知单，其中北方商贸有限公司要将600箱（355mL×24）易拉罐装可口可乐、400箱（2.5L×6）PET瓶装康师傅水蜜桃汁、200箱（5L×4）金龙鱼食用调和油、150 袋（5kg×20）老牛饺子粉、500 袋（25kg）稻花香米送货入库；仓储公司车队从火车东站运回一批货品，包括有 100 桶（5L）美涂士净味家、180 桶（27kg）美涂士家佳喷、45 箱（4L×6）惠源润滑油、65 台 FG-900 型连续封口机、500 根天津产 8m 长 45#热扩厚壁（402mm×30mm）无缝钢管、120t 正大7902 猪浓缩饲料、60 件（500g×12 瓶）开米贝芬洗手液、60 件（500g×12 袋）开米贝芬洗手液；佳美莱贸易商行委托陕西一路行物流公司送来 850kg 豆师傅牌咸干花生（编织袋散装）、40 包（20 册）《物流作业技术与装备》教材、135 件红豆羊毛保暖内衣（各种规格数量均等，男式规格为：M/90、L/95、XL/100、XXL/105、XXXL/110，女式规格为：M/85、L/90、XL/95、XXL/100）、120 件（40kg）南溪乌龙茶、90 台伊莱克斯风尚 CXW-200-EU21 吸油烟机、300 台海尔全自动滚筒洗衣机 XQG52、200 台方正卓越 S2008 台式电脑、78 套恒洁浴缸和 80 个蓝鲸 LJ 分体拖布池等货品。

西安瑞峰仓储公司的仓房安排如下：

1#—食品库　2#—家电库　3#—家装建材库　4#—特种库　5#—综合库

【职业能力训练目标要求】

（1）熟悉入库验收工作的操作步骤，准确熟练地做好货品入库前的各项准备工作。

（2）学会根据货品的不同，合理制订有效的验收方案，确定验收内容与方法，并能正确处理货品入库验收中的异常问题。

（3）熟练掌握办理货品入库的手续，并能正确地填写各种单据、账、卡。

【职业能力训练设备材料】

（1）手动液压叉车	2 台	（6）增砣式台秤	2 台
（2）托盘	8 个	（7）手持式条码扫描仪	4 个
（3）游标卡尺	4 个	（8）苫垫材料	若干
（4）千分尺	2 个	（9）入库验收单证	若干
（5）皮卷尺	2 个	（10）计算器、圆珠笔等用品	若干

【职业能力训练方法步骤】

（1）货品入库验收前的准备。这些准备工作主要有以下几方面：准确了解入库货品、精心编制储存计划、妥善安排仓容货位、备足苫垫材料用具、充分准备验收作业、科学制订搬运工艺、合理安排人力设备、收集齐全文件单证等。

（2）货品的接运。接运的方式有到承运单位提货、铁路专用线接货、到供货单位提货和送货到库内接货等。在办清业务交接手续的同时，填写接运记录单。

（3）货品的验收。在核对凭证的基础上，根据不同货品的性质确定抽检比例、验收项目与方式，检查货品包装和标志，进行大数验收、重量验收和精度验收，并将验收结果填入货品验收报告单中。

（4）入库验收中发现问题的处理。在明确差错性质与类型的同时，填写差错记录，送货员签字证明，并按合同规定办理。

（5）货品入库手续的办理

① 仓库收货验收员在送货单上签章，并留存相应单证。

② 仓库保管员根据验收结果，在货品入库单上签收，同时注明该批货品的货位编号。

③ 单证员将入库货品登入保管明细账。

④ 仓库保管员将该批货品入库货上架后，将料卡插放在货架上货品下方货垛正面的明显位置。

⑤ 单证员建立存货档案。

【职业能力训练组织安排】

（1）学生每 6 人为一个小组，分别扮演的角色为仓储主管 1 人（兼任组长）、送货单位或承运单位 1 人、收货验收员 1 人、搬运作业员 1 人、仓库管理员 1 人、单证员 1 人，具体分工由组长安排。

（2）以组为单位讨论确定货品入库验收的实施方案，并画出业务流程图。

（3）不同组别在入库验收中需要处理的异常问题可根据需要灵活设定。

（4）实训过程中要求教师现场指导，准确了解学生的实训动态及熟练程度。

（5）实训结束后由各个小组选出代表交流实训的感受并写出实训报告，教师对实训过程与完成情况进行全面的总结、考评。

（6）实训时间安排：1 学时/组。

【职业能力训练报告要求】

（1）实训项目名称、实训时间、参加人员。

（2）实训目标要求与内容。

（3）入库接运、验收的流程。

（4）实训操作中填写的各种单证：入库通知单、接运记录单、货品验收报告单、到接货交接单、货品入库单、货品入库明细账卡、货品储存卡等。

（5）入库验收中异常问题的描述及处理意见。

（6）实训总结讨论。

【职业能力训练效果评价】

货品入库验收作业职业能力训练评价评分表见表 3-24。

表 3-24　职业能力训练评价评分表

考评项目		货物入库验收作业		
考评人			被考评人	
考评标准	考评内容与要求		权重/%	考评结果
	货品入库前各项工作准备充分		15	
	货品入库操作流程规范、有效		20	
	货品验收内容全面、方法得当		20	
	单据填写正确、规范		10	
	岗位职责明确，适应能力强		10	
	人员分工明确，各部门协作性好		10	
	入库验收过程中异常问题的处理恰当、到位		10	
	周密组织，合理安排，确保生产安全		5	
合　　计			100	

注：考核满分为 100 分。60 分以下为不及格；60～69 分为及格；70～79 分为中等；80～89 分为良好；90 分以上为优秀。

【职业能力训练活动建议】

（1）建议学生利用双休日到企业的仓库或超市的收货部进行调研、实习。

（2）实训过程中根据任务的需要，安排学生交替扮演不同的角色。

3.2.2　货品的点数与计量作业

【职业能力训练模拟背景】

北方秦晋储运公司 2008 年 10 月 5 日需要对以下到库货品进行数量验收：顺风商贸公司送达的货品有 150 箱（240mL×10 罐×4）淳露牌杏仁露、200 箱（1L×6）汇源 100%桃汁、100 箱（1L×6）汇源 C 地 V 他番茄汁、200 箱（2.5L×6）汇源猕猴桃汁果肉饮料；储运公司车队从火车西站运回一批货品，包括有 100 箱（8kg）洛川红富士苹果、150 箱（20kg）陕北大红枣、45 箱（4L×6）惠源润滑油、200 根天津产 6m 长定尺交货的无缝钢管、250 张（3000mm×1000mm×10mm）钢板、25t 正大 7902 猪浓缩饲料、80 件（1000g×6 桶）开米涤王多功能中性洗衣液、80 件（500g×12 袋）开米涤王多功能中性洗衣液、20 件（7mm×107mm×50mm）长轴尼龙锚栓 SXS；佳美家贸易商行委托环西物流公司送来 900kg 康健牌五香花生（编织袋散装）、50 包（20 册）《仓储作业实务》教材、180 件万家红貂绒型＋羊毛保暖内衣（各种规格数量均等，男式规格为：M/90、L/95、XL/100、XXL/105、XXXL/110，女式规格为：M/85、L/90、XL/95、XXL/100）、200 套（1＋6）玉叶茶具等货品。

【职业能力训练目标要求】

（1）熟练掌握各种计量工具的使用和调校方法，能准确判断测量结果。

（2）学会根据货品的不同性质和包装情况，采取正确的数量检验形式，并能正确处理货品入库验收中数量方面的异常问题。

【职业能力训练设备材料】

(1) 手动液压叉车 2 台　　(6) 增砣式台秤 2 台
(2) 托盘 8 个　　(7) 手持式条码扫描仪 4 个
(3) 游标卡尺 4 个　　(8) 点数与计量单证 若干
(4) 千分尺 2 个　　(9) 计算器、圆珠笔等用品
(5) 皮卷尺 2 个

【职业能力训练方法步骤】

(1) 准备好验收用的计量衡器、卡量工具等，并校验准确。

(2) 做好装卸搬运机械的调用申请。

(3) 货品入库交接后应置于待检区域，仓库管理员要及时进行外观质量、数量、重量和精度验收，并进行质量送检。

(4) 货品点数与计量。计件货品要清点全部件数，应及时验收，计重货品验收要根据合同规定的方法进行，货品重量需要过磅或按理论换算的方法求得。点数与计量结果填入磅码单、量具使用登记表（见表 3-25）及货品验收报告单中。

表 3-25　量具使用登记表

测量仪器名称：_____

工 件 名 称	第一次测量	第一次测量	测量值	测定人签名

(5) 点数与计量验收中发现问题的处理。在明确数量差错性质与类型的同时，填写货品异常报告单（见表 3-26），送货员签字证明，按合同规定在规定的期限内向有关部门提出索赔要求。

表 3-26　货品异常报告单

序号：_____　　　　　　　　　　　　　　　　　日期：_____

货品编号	货品名称	规格型号	实收数量	异常情况

送货员：_____　　　　　　　　　　　验收员：_____

【职业能力训练组织安排】

(1) 学生每 6 人为一个小组，分别扮演的角色为仓储主管 1 人（兼任组长）、送货单位或承运单位 1 人、计件验收员 1 人、计重验收员 1 人、搬运作业员 1 人、单证员 1 人，具体分工由组长安排。

(2) 以组为单位讨论确定货品点数与计量验收的实施方案，并作出合理分工。

(3) 不同组别在点数与计量作业中需要处理的异常问题可根据需要灵活设定。

(4) 实训过程中要求教师现场指导，准确了解学生的实训动态及熟练程度。

(5) 实训结束后由各个小组选出代表交流实训的感受并写出实训报告，教师对实训过程与完成情况进行全面的总结、考评。

(6) 实训时间安排：1 学时/组。

【职业能力训练报告要求】

(1) 实训项目名称、实训时间、参加人员。

(2) 实训目标要求与内容。

(3) 验收用的计量衡器、卡量工具等。

(4) 货品点数与计量验收的方法。

（5）实训操作中填写的各种单证：磅码单、量具使用登记表、货品验收报告单、货品异常报告单等。

（6）点数与计量验收中异常问题的描述及处理意见。

（7）实训总结讨论。

【职业能力训练效果评价】

货品点数与计量作业职业能力训练评价评分表见表 3-27。

表 3-27　职业能力训练评价评分表

考评项目		货 物 点 数 与 计 量 作 业		
考评人		被考评人		
	考 评 内 容 与 要 求		权重/%	考 评 结 果
考评标准	点数与计量前各项工作准备充分		15	
	遵守计量制度,计量仪器校对正确		10	
	计量衡器与卡量工具的操作规范、读数准确		20	
	货品数量检验形式正确		15	
	单据填写正确、规范		10	
	岗位职责明确,适应能力强		10	
	人员分工明确,各部门协作性好		10	
	点数与计量验收中异常问题的处理恰当、到位		10	
合　计			100	

注：考核满分为100分。60分以下为不及格；60～69分为及格；70～79分为中等；80～89分为良好；90分以上为优秀。

【职业能力训练活动建议】

（1）建议学生在数量验收实训前，熟练掌握验收用计量衡器、卡量工具的使用方法和操作要点。

（2）实训过程中根据任务的需要，安排学生交替进行不同货品的点数与计量作业。

3.2.3　货品分拣作业

【职业能力训练模拟背景】

西安瑞峰仓储公司 1#—食品库分为 8 个托盘货架储货区和 1 个理货分货区，货位分布示意图 3-15 所示，其中入库单位和储存单位规定每个托盘集装 20 箱（筐、件或桶）货品。现 1#—食品库内所储货品的货位安排（其中货位编号采用"四号定位"法）见表 3-28 所示。

表 3-28　1#—食品库货位安排分布表

序号	货品品名	规 格 型 号	包装单位	数量	货位编号
1	汇源 100% 黄桃汁	1L×12 包	箱	150	1-A-1-1
2	汇源 100% 水蜜桃汁	1L×12 包	箱	200	1-A-2-1
3	汇源 C 他 V 他番茄汁	1L×12 包	箱	100	1-B-2-1
4	汇源 100% 番茄汁	1L×12 包	箱	120	1-B-2-2
5	汇源猕猴桃汁果肉饮料	2.5L×6 瓶	箱	100	1-B-2-4
6	汇源水蜜桃汁果肉饮料	2.5L×6 瓶	箱	120	1-C-2-4
7	宁露牌杏仁露	240mL×10 罐×4 盒	箱	210	1-C-3-1
8	露露牌杏仁露	240mL×10 罐×4 盒	箱	180	1-C-3-2
9	淳露牌杏仁露	240mL×10 罐×4 盒	箱	200	1-C-3-3
10	赤波牌杏仁露	240mL×10 罐×4 盒	箱	150	1-C-3-4
11	可口可乐	355mL×24 罐	件	160	1-D-1-1
12	可口可乐	500mL×12 瓶	件	150	1-D-3-2
13	康师傅水蜜桃汁	2.5L×6 瓶	箱	140	1-C-4-3
14	统一鲜桃汁	2.5L×6 瓶	箱	130	1-E-1-4
15	金龙鱼食用调和油	5L×4 桶	箱	50	1-E-2-1
16	金鲤鱼食用调和油	5L×4 桶	箱	120	1-F-1-2
17	金龙鱼花生油（一级、压榨）	5L×4 桶	箱	180	1-F-2-1
18	金龙鱼花生油（二级、浸出）	5L×4 桶	箱	240	1-F-4-2
19	金龙鱼菜籽油（二级、浸出）	5L×4 桶	箱	280	1-G-2-3
20	金龙鱼菜籽油（一级、压榨）	5L×4 桶	箱	250	1-G-3-4
21	洛川红富士苹果	8kg	箱	100	1-G-4-1
22	陕北大红枣	20kg	箱	150	1-H-1-2
23	巨峰套袋葡萄	40kg	筐	200	1-H-2-3
24	尧山牌酥梨	10kg	箱	180	1-H-3-4

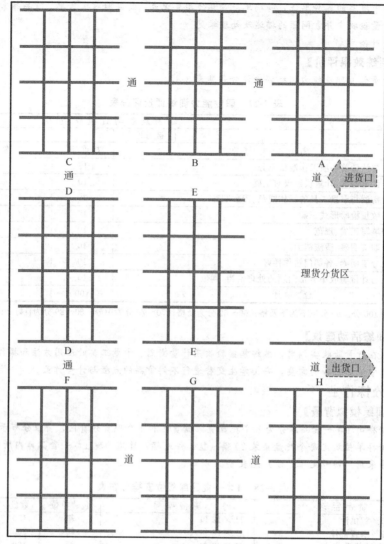

图 3-15 1#—食品库货位分布示意图

【职业能力训练目标要求】

(1) 熟练掌握两种分拣作业模式的操作流程（摘果法和播种法）。

(2) 根据客户订单和货品储存货位分布情况，制订合理的货品分拣作业计划。

(3) 学会填制货品分拣单，能够正确高效地完成货品的分拣作业。

【职业能力训练设备材料】

(1) 手动液压叉车	2 台	(5) 手持式条码扫描仪	4 个
(2) 托盘	8 个	(6) 拣货用单证	若干
(3) 不锈钢平板手推车	4 个	(7) 计算器、圆珠笔等用品	若干
(4) 条码打印机	2 个		

【职业能力训练方法步骤】

(1) 接收来自不同客户的订单，并根据仓库设备、人员、存货等情况进行妥善处理。

(2) 制订货品分拣作业计划，确定拣货包装单位，填制货品分拣作业单。

(3) 准备货品分拣所需设备，组织、实施拣货作业过程（摘果法或播种法）。

(4) 根据客户订单进行分货与配货检查、出货前包装。

(5) 分拣作业过程中有关问题的处理。

(6) 拣货作业效率的评价：分拣时间与速度、分拣成本核算、分拣质量控制指标、分拣人员作业效率、分拣设备使用效率等。

【职业能力训练组织安排】

(1) 学生每 6 人为一个小组，分别扮演的角色为仓储主管 1 人（兼任组长）、拣货员 1 人、搬运作业员 1 人、分货 1 人配货检查与出货前包装 1 人、单证员 1 人，具体分工由组长安排。

(2) 以组为单位讨论制订货品分拣作业计划，并作出合理分工。

(3) 每组分别采用两种分拣作业模式，每种模式至少分拣 4 个订单，每个订单的货品品种不少于 10 个，具体订单根据需要灵活拟定。

(4) 不同组别在货品分拣作业中缺货、补货等操作环节及需要处理的异常问题可根据需要灵活设定。

(5) 实训过程中，要求教师现场指导，准确了解学生的实训动态及熟练程度。

(6) 实训结束后，由各个小组选出代表交流实训的感受并写出实训报告，教师对实训过程与完成情况进行全面的总结、考评。

(7) 实训时间安排：1 学时/组。

【职业能力训练报告要求】

(1) 实训项目名称、实训时间、参加人员。

(2) 实训目标要求与内容。

(3) 根据背景资料，绘制 1#—食品库存储货品的具体货位分布图。

(4) 两种分拣作业模式下货品分拣作业过程的描述。

(5) 实训操作中填写的各种单证：订单、货位表、分拣作业单、装箱单等。

(6) 两种分拣作业模式的分析比较与总结讨论。

【职业能力训练效果评价】

货品分拣作业职业能力训练评价评分表见表 3-19。

表 3-19　职业能力训练评价评分表

考评项目		货 物 分 拣 验 收 作 业		
考评人		被考评人		
		考评内容与要求	权重/%	考评结果
考评标准		订单处理及时、准确	10	
		分拣作业计划的制订周密,人员分工明确	10	
		熟悉分拣作业模式,准确填制分拣作业单	15	
		货品分拣作业活动的组织合理、实施规范	20	
		拣货作业效率高、效果好、成本低	15	
		岗位职责明确,适应能力强	10	
		分拣作业过程中异常问题的处理恰当、到位	10	
		分货与配货检查、出货前包装方法正确	10	
合　　计			100	

注：考核满分为 100 分。60 分以下为不及格；60～69 分为及格；70～79 分为中等；80～89 分为良好；90 分以上为优秀。

【职业能力训练活动建议】

(1) 在安排货品分拣实训时，所拣取的货品品类可以根据教学实际灵活选取，如扑克牌、教科书、教学仪器设备等。

(2) 参照相关技能竞赛活动制订完善的拣货作业考评指标，并作必要的分析评价。

3.2.4　货品盘点作业

【职业能力训练模拟背景】

鸿运牛储运有限公司 2009 年 5 月 31 日拟对公司 5# 综合库进行盘点，经查实货品入库明细料账表明库内现存货品有：200 箱（1L×6）汇源 100% 桃汁、100 箱（1L×6）汇源 C 地 V 他番茄汁、136 桶（5L）美涂士净味家、158 桶（27kg）美涂士家佳喷、86 件（1000g×6 桶）开米涤王多功能中性洗衣液、68 件（500g×12 袋）开米涤王多功能中性洗衣液、46 包（20 册）《仓储作业实务》教材（关广宏主编，轻工出版社出版）、66 包（20 册）《仓储作业实务》教材（李大伟主编，化工出版社出版）、198 件万家红貂绒型＋羊毛保暖内衣（各种规格数量均等，男式规格为：M/90、L/95、XL/100、XXL/105、XXXL/110，女式规格为：M/85、L/90、XL/95、XXL/100）、153 件红豆羊毛保暖内衣（各种规格数量均等，男式规格为：M/90、L/95、XL/100、XXL/105、XXXL/110，女式规格为：M/85、L/90、XL/95、XXL/100）、25t 正大 7902 猪浓缩饲料、PET 饮料瓶坯 564 包、PE 颗粒 624 包、PP 料坯 587 包、PVC 颗粒 428 包、涤纶超短纤维 158 包、洛川红富士苹果 532kg、巨峰套袋葡萄少了 1028kg 等。在初盘时除发现洛川红富士苹果少了 23kg、巨峰套袋葡萄少了 32kg 之外没有其他任何问题，但在复盘时另外又发现美涂士家佳喷少了两桶、（1000g×6 桶）开米涤王多功能中性洗衣液少了 18 件、（500g×12 袋）开米涤王多功能中性洗衣液多了 18 件、《仓储作业实务》教材（关广宏主编，轻工出版社出版）数量少了 4 包、《仓储作业实务》教材（李大伟主编，化工出版社出版）数量多了 4 包、万家红貂绒型＋羊毛保暖内衣每种规格各少 1 件、红豆羊毛保暖内衣每种规格各多 1 件、PE 颗粒多了 10 包、涤纶超短纤维的数量缺少 3 包，在抽盘期间确定了美涂士家佳喷少了 2 桶、（1000g×6 桶）开米涤王多功能中性洗衣液少了 18 件、（500g×12 袋）开米涤王多功能中性洗衣液多了 18 件、涤纶超短纤维缺少了 3 包、洛川红富士苹果少了 23kg、巨峰套袋葡萄少了 32kg 等情况，同时发现汇源 100％桃汁和汇源 C 地 V 他番茄汁的保质期至 2009 年 6 月 30 日，正大 7902 猪浓缩饲料货垛底部部分包装有轻微发霉迹象，PE 颗粒、PP 料坯、PVC 颗粒包装袋内均有结块现象，并且其他货品保存均完好无损（该仓库规定自然损耗率为 4％）。

【职业能力训练目标要求】

（1）掌握账、卡、物数目核对的技能，熟悉现货盘点工作流程。

（2）掌握库存货品数量盘点与质量检查的方法、盘点后处理业务的技能。

（3）熟练缮制仓库盘点单与盘点盈亏表，并能够正确分析盘点盈亏的原因和处理盈亏情况。

【职业能力训练设备材料】

（1）手动液压叉车　　2 台

（2）托盘　　8 个

（3）增砝式台秤　　2 台

（4）盘点用单证　　若干

（5）计算器、红（蓝）色圆珠笔、复写纸、计算器、大头针、回形针等用品

【职业能力训练方法步骤】

（1）盘点前的准备与组织。包括：人员分工安排、工具与单据准备、盘点方法确认、清理盘点现场。

（2）盘点作业的实施。发放盘点单并记录盘点单的编号数，先进行初盘并填写盘点票与盘点记录表；接下来进行复盘，确认初盘数量，复盘结束时从实物处取下盘点票；最后进行盘点作业检查（抽盘）。

（3）盘点后处理。按编号发出数收回盘点票，核对盘点记录表上的实盘数据；把实盘数据与账目进行核对；若发生盘点盈亏，分析、追查盘点盈亏原因，编制盘点盈亏表，报上级批准，进行盘盈或盘亏处理，根据盘点结果找出问题点，并提出改善对策。

（4）盘点结果评估与报告。

【职业能力训练组织安排】

（1）学生每 6 人为一个小组，分别扮演的角色为仓储主管 1 人（兼任组长）、初盘员 1 人、复盘员 1 人、抽盘员 1 人、搬运作业员 1 人、单证员 1 人，具体分工由组长安排。

（2）以组为单位讨论确定货品盘点作业的实施方案，并作出合理分工。

（3）实训过程中要求教师现场指导，准确了解学生的实训动态及熟练程度，并根据需要灵活设定盘盈盘亏现象及原因。

（4）实训结束后由各个小组选出代表交流实训的感受并写出实训报告，教师对实训过程与完成情况进行全面的总结、考评。

（5）实训时间安排：2 学时/组。

【职业能力训练报告要求】

（1）实训项目名称、实训时间、参加人员。

（2）实训目标要求与内容。

（3）盘点用的工具等。

（4）货品盘点作业流程。

（5）有关单证填制：盘点表、盘点分析表、盘点调整表、盘点总结报告表等。

（6）盘点结果的描述及分析处理意见。

（7）实训总结讨论。

【职业能力训练效果评价】

货品盘点作业职业能力训练评价评分表见表 3-30。

表 3-30　职业能力训练评价评分表

考评项目		货物盘点作业		
考评人		被考评人		
考评标准	考评内容与要求		权重/%	考评结果
	盘点前期准备工作充分		15	
	盘点卡与记录表填写认真、准确、熟练		10	
	盘点方法正确，盘点细致、准确、配合熟练		20	
	盘点作业流程完整，没有遗漏		10	
	编制盈亏报表及时、认真、正确、熟练		15	
	岗位职责明确，适应能力强		10	
	人员分工明确，各部门协作性好		10	
	盘点盈亏原因分析合理、全面，预防措施可行		10	
合　　计			100	

注：考核满分为100分。60分以下为不及格；60～69分为及格；70～79分为中等；80～89分为良好；90分以上为优秀。

【职业能力训练活动建议】

（1）建议组织学生到生产、商贸、仓储等不同类型企业仓库进行盘点情况的调研活动，收集有关盘点盈亏原因及处理方法的第一手资料。

（2）实训过程中根据任务的需要，安排学生交替承担初盘、复盘和抽盘作业。

3.2.5　货品出库作业

【职业能力训练模拟背景】

2008 年 10 月 5 日 10 时，顺风商贸公司因业务拓展需要向北方秦晋仓储公司提出要求，计划派车（车牌号：秦 A358B9，提货员：李贵富，司机：张壮泷）将 5# 仓库存放的货品运送到家佳乐超市，其中包括有 56 箱（240mL×10 罐×4）淳露牌杏仁露、85 箱（1L×6）汇源 100% 桃汁、84 箱（8kg）洛川红富士苹果、48 箱（20kg）陕北大红枣、80 件（1000g×6 桶）开米涤王多功能中性洗衣液、80 件（500g×12 袋）开米涤王多功能中性洗衣液、45 件万家红貂绒型＋羊毛保暖内衣（各种规格数量均等，男式规格为：M/90、L/95、XL/100、XXL/105、XXXL/110，女式规格为：M/85、L/90、XL/95、XXL/100）、20 套（1＋6）玉叶茶具等货品。

11 时 30 分，益堡客图书发行公司要求仓储公司车队为西北科技商贸学院配送一批教材，其中包括有：40 包（20 册）《物流作业技术与装备》教材（李大伟主编，化工出版社）、50 包（20 册）《仓储作业实务》教材及配套的《仓储作业实务习题集》（关广宏主编，轻工出版社）、40 包（15 册）《配送作业实务》教材（配 VCD 光盘，李寿斌主编，机械工业出版社）、30 包（25 册）《物流师基础》（劳动和社会保障部、中国就业培训技术指导中心、组织编写，中国劳动社会保障出版社）和 30 包（25 册）《物流师》（劳动和社会保障部教材办公室组织编写，中国劳动社会保障出版社）。

为确保货品的储存质量，14 时 50 分络杰士特公司提出将 5# 货棚内堆放的 135 件红豆羊毛保暖内衣（各种规格数量均等，男式规格为：M/90、L/95、XL/100、XXL/105、XXXL/110，女式规格为：M/85、L/90、XL/95、XXL/100）、120 件（40kg）南溪乌龙茶、60 台伊莱克斯风尚 CXW-200-EU21 吸油烟机、330 台海尔全自动滚筒洗衣机 XQG52、220 台方正卓越 S2008 台式电脑、238 根天津产 6m 长定尺交货的无缝钢管、256 张（3000mm×1000mm×10mm）钢板、78 套恒洁浴缸和 80 个蓝鲸 LJ 分体拖布池等货品转入储存条件好的

$5^{\#}$综合仓库存放，同时将其中的138根天津产6m长定尺交货的无缝钢管、128张（3000mm×1000mm×10mm）钢板、49套恒洁浴缸和28个蓝鲸LJ分体拖布池等货品过户给嘉秦商会。

【职业能力训练目标要求】

（1）了解货品出库作业管理要求和出库方式，准确熟练地做好货品出库前的各项准备工作。

（2）熟练掌握货品出库作业流程，并能正确处理货品出库作业时的发生问题和货品出库后的有关问题。

（3）熟练掌握货品出库复核查对的内容，并能正确地进行货品出库的核查工作。

【职业能力训练设备材料】

（1）手动液压叉车	2台	（5）包装材料与设备	若干
（2）托盘	8个	（6）货品出库单证	若干
（3）不锈钢平板手推车	4个	（7）计算器、圆珠笔等用品	
（4）手持式条码扫描仪	4个		

【职业能力训练方法步骤】

（1）货品出库前的准备工作。这些准备工作主要有以下几方面：备货工作、完成相关人员准备、完成相关设施设备准备、下达出库计划与调度并实施看板管理等。

（2）审核出库凭证。仓库的业务会计接到货品的出库凭证时，要审核出库凭证的合法性和真实性；核对出库货品的品名、规格、型号、单价、数量等有无错误；核对收货单位名称、目的地、银行账号等是否齐全和准确。发现问题要及时弄清，防止差错。

（3）备货。保管员按照出库凭证，会同搬运人员将要出库的货品从货位上拣取出来，运到待发货整理区。

（4）复核。专职的复核人员根据"动碰复核"的原则，对出库货品的品名、规格、型号、单价、数量等仔细地进行复验，核查无误后，由复核人员在出库凭证上签字。

（5）包装。装箱人员打印装箱单，签字盖章后放入货品包装箱内，封箱。

（6）办理清点交接手续。用户自提方式，当面点清，办理交接手续；代运方式，则与运输方按单逐件交接清楚，分清责任，由运输方签章；配送方式，仓库管理人员与配送人员交接清点，再由企业配送人员与客户点清交接，由客户签章。在得到接货人员认可后，在出库凭证上加盖"货品付讫"印章，同时给接货人员填发出门证。

（7）现场清理以及账务处理工作。发货业务员在出库凭证上填写"实发数"、"发货日期"等项内容，并签名，然后将出库凭证中的一联及有关证件资料，及时送交货主单位；根据留存的一联出库凭证登记货品保管明细账。

（8）货品出库中发生问题的处理。审查凭证，检查有无问题。若有问题，分别就情况处理。

【职业能力训练组织安排】

（1）学生每6人为一个小组，分别扮演的角色为仓储主管1人（兼任组长）、提货单位或承运单位1人、理货发货员1人、仓库管理员1人、搬运作业员1人、单证员1人，具体分工由组长安排。

（2）以组为单位讨论确定货品出库作业的实施方案，并画出业务流程图。

（3）不同组别在出库作业中需要处理的异常问题可根据需要灵活设定。

（4）实训过程中要求教师现场指导，准确了解学生的实训动态及熟练程度。

（5）实训结束后由各个小组选出代表交流实训的感受并写出实训报告，教师对实训过程与完成情况进行全面的总结、考评。

（6）实训时间安排：2学时/组。

【职业能力训练报告要求】

（1）实训项目名称、实训时间、参加人员。

（2）实训目标要求与内容。

（3）货品出库作业及单证流转的程序。

（4）实训操作中填写的各种单证：出库通知单、提货单或领料单、出库单、出库调拨单等。

（5）货品出库作业时发生问题的描述及处理意见。

（6）实训总结讨论。

【职业能力训练效果评价】

货品出库作业职业能力训练评价评分表见表3-31。

表 3-31　职业能力训练评价评分表

考评项目		货物入库验收作业	
考评人		被考评人	
考评标准	考评内容与要求	权重/%	考评结果
	货品出库前各项工作准备充分,方案详细、完整	15	
	货品出库操作流程规范、有效	20	
	货品出库后续工作的处理及时、合理	15	
	单据填写正确、规范	10	
	岗位职责明确,适应能力强	10	
	人员分工明确,各部门协作性好	10	
	货品出库时发生问题的处理恰当、到位	15	
	周密组织,合理安排,确保生产安全	5	
合　计		100	

注：考核满分为 100 分。60 分以下为不及格；60~69 分为及格；70~79 分为中等；80~89 分为良好；90 分以上为优秀。

【职业能力训练活动建议】

(1) 在出库作业实训前,建议学生到生产企业、物流公司或商贸企业的作业现场,观看货品出库的工作流程。

(2) 实训过程中根据任务的需要,安排学生交替进行不同方式的货品出库作业。

3.3　职业能力拓展模块

3.3.1　货品的装卸搬运作业

在实际操作中,装卸与搬运是密不可分的,两者是伴随在一起发生的,装卸活动是影响物流效率、决定物流技术经济效果的重要环节。装卸活动的基本动作包括装车（船）、卸车（船）、堆垛、入库、出库以及连接上述各项动作的短程输送,是随运输和保管等活动而产生的必要活动。装卸搬运按作业方式分为单件货品作业、集装货品作业及散装作业。

1. 单件货品作业法

装卸一般单件货品,通常是逐件由人力作业完成的,对于一些零散货品,诸如搬家货品等也常采用这种作业方法；长大笨重货品、不宜集装的危险货品以及行包等仍然采用单件作业法。

2. 集装货品作业法

集装作业法包括托盘作业法、集装箱作业法、框架作业法、货捆作业法、滑板作业法、网袋作业法以及挂车作业法等。

(1) 托盘作业法。托盘作业法是用托盘系列集装工具将货品形成成组货品单元,以便于采用叉车等设备实现装卸作业机械化的装卸作业方法。

一些不宜采用平托盘的散件货品可采用笼式托盘形成成组货品单元,一些批量不很大的散装货品,如粮食、食糖、啤酒等可采用专用箱式托盘形成成组货品单元,再辅之以相应的装载机械、泵压设备等的配套,实现托盘作业法。

(2) 集装箱作业法。集装箱装卸作业的配套设施有：维修、清洗、动力、照明、监控、计量、信息和管理设施等。在工业发达国家,集装箱堆场作业全自动化已付诸实施。

① 垂直装卸法。垂直装卸法在港口可采用集装箱起重机,目前以跨运车应用为最广,但龙门起重机方式最有发展前途。

在车站以轨行式龙门起重机方式为主,配以叉车较为经济合理,轮胎龙门起重机、跨运车方式、动臂起重机方式、侧面装卸机方式也较多采用。

② 水平装卸法。水平装卸法在港口是以挂车和叉车为主要装卸设备。

在车站主要采用叉车或平移装卸机的方式，在车辆与挂车间或车辆与平移装卸机间进行换装。

（3）框架作业法。框架通常采用木制或金属材料制作，要求有一定的刚度、韧性，质量较轻，以保护货品、方便装卸、有利运输作业。适用于管件以及各种易碎建材，如玻璃产品等，一般适用于各种不同集装框架实现装卸机械化。

（4）货捆作业法。货捆作业法是用捆装工具将散件货品组成一个货品单元，使其在物流过程中保持不变，从而能与其他机械设备配合，实现装卸作业机械化。如木材、建材、金属之类货品最适于采用货捆作业法。带有与各种货捆配套的专用吊具的门式起重机和悬臂式起重机是货捆作业法的主要装卸机械，叉车、侧叉车、跨车等是配套的搬运机械。

（5）滑板作业法。滑板是用纸板、纤维板、塑料板或金属板制成，与托盘尺寸一致的、带有翼板的平板，用以承放货品组成的搬运单元。与其匹配的装卸作业机械是带推拉器的叉车。叉货时推拉器的钳口夹住滑板的翼板（又称勾百或卷边），将货品支上货叉，卸货时先对好位，然后叉车后退、推拉器前推，货品放置就位。滑板作业法虽具有托盘作业法的优点且占用作业场地少，但带推拉器的叉车较重、机动性较差，对货品包装与规格化的要求很高，否则，不易顺利作业。

（6）网袋作业法。将粉粒状货品装入多种合成纤维和人造纤维编织成的集装袋、将各种袋装货品装入多种合成纤维或人造纤维编织成的网、将各种块状货品装入用钢丝绳编织成的网，这种先集装再进行装卸作业的方法称为网袋作业法。网袋集装工具体积小、自重轻，回送方便，可一次或多次使用，适宜于粉粒状货品、各种袋装货品、块状货品、粗杂货品的装卸作业。

（7）挂车作业法。是先将货品装到挂车里，然后将空车拖上或吊到铁路平板车上的装卸作业方法。通常将此作业完成后形成的运输组织方式称背负式运输，是公铁联运的常用组织方式。

3. 散装作业法

（1）重力法。重力法卸车主要指底门开车或漏斗车在高架线或卸车坑道上自动开启车门、煤或矿石依靠重力自行流出的卸车方法。它主要适用于铁路运输，汽车也可利用这种装卸作业法。重力法装车设备有筒仓、溜槽、隧洞等几类。

（2）倾翻法。倾翻法是将运载工具的载货部分倾翻因而将货品卸出的方法。主要适用于铁路敞车和自卸汽车的卸载方法，汽车一般是依靠液压机械装置顶起货厢实现卸载的。

（3）机械法。机械法是采用各种机械，使其工作机构直接作用于货品，如通过舀、抓、铲等作业方式达到装卸目的的方法。常用的机械有带式输送机、堆取料机、装船机、链斗装车机、单斗和多斗装载机、挖掘机及各种抓斗等。

3.3.2 货品的进仓作业

进仓是仓储作业的第一步，它分为散货进仓与拆箱进仓。

1. 散货进仓

散货进仓是指一般货品与空运货品（未曾事先堆栈在托盘上并固定者）自仓库的收货码头卸下堆栈在托盘上。其进仓作业主要包括以下内容。

（1）卸货。

（2）进仓验收。在整个进仓作业中，最重要的是进货作业的进验工作，这个工作的误差率要求是 0，即要求百分之百的正确。进验是件相当细致的工作，进验时要注意：

① 外箱完整性。

② 数量符合发票。

③ 制造日期、保存期限。外箱没有标示或标示不清时，一定要开箱验货。

④ 货品批号的检查核对。如果客户重视商誉，万一某批货品有瑕疵时全部回收，就要靠批号的记录与追踪。例如，1998 年，金莎巧克力产品在国外发生细菌感染的情况，其中国台湾公司却用了一个星期也无法确定到底哪些渠道的产品应该回收，这是个最明显的忽视批号作业的例子。这就要求仓库的储位管理方式要改变，除了分品类储存外，还要分批号。其次，拣货系统的优先级要改变，先进先出与批号的冲突必须要事先定义。最后，收货端（消费点）的信息系统也要能容纳批

号信息，以利核对。

（3）固定（打收缩膜）。

（4）贴上储位标签（或条形码）。

（5）上架。进仓的最后一步工作就是把堆栈好的托盘放上货架。托盘的尺寸很多，一般标准的尺寸是：宽 100cm×长 120cm（厚度没有硬性规定，一般是 10～15cm）。也有许多装载其他工业产品的托盘，依照产品的包装规格或配合消费点场地而定做的尺寸，长度宽度差异甚大。

货架的配置方式是仓储效率的关键。一般电动堆高机（升降机，1.5～2.5t）的最大工作高度是 10m。因此，货架的层数在 4～6 层的时候，整体的硬件投资与效率最为恰当。如果与同数量的储位比较，货架低于 4 层时，仓库的平面面积必须增加，作业动线拉长，每个动作的时间增加，每减少一层，整体效率降低 27%～35%，而且硬件投资也会相应增加。

为了应付小量拣货或小货拣货加工（比如化妆品、电子零件等），也有各种特殊设计的拣货货架，配合电子卷标的管理。这种货架具有部分储存的功能，但大多都是暂时性的储存。

并不是仓库内所有地方都需要货架，卸货、点货、理货、大货储放、待运等都是不需要货架的地区。如何规划这些功能区之间的相对位置与动线，需要经验与精密计算的结合，才能把仓储的效率发挥到最大。

货品进验完毕后，依性质的不同由仓储管理系统分配储位，上架人员依照终端打印机印出的卷标（有些用条形码）黏附在货品外侧（至少两张分贴在对侧）后，缠上透明收缩膜（和家用保鲜膜材质不一样，但是性质差不多），以堆高机放置入货架或是大货区。大货区的一般定义是：重货（有收缩膜仍然有倾斜的可能）、可堆栈（如可乐、罐装碳酸饮料等）或箱子强度够（木箱或木柜）、不规则尺寸而且超过一般储位内规的货品、量多而且周转率高的货品（如饮料、方便面或促销品类等）。大货区主要适合大量出货而且进、出频繁的品类，另外，它是零库存（实时运补）作业中不可或缺的场地，但是必须要有良好的进、出码头，以及妥善的整仓动线规划，否则会适得其反。

2. 拆箱进仓

拆箱进仓是指海运集装箱装载的货品，在仓库收货区拆封，卸至托盘上。拆箱进仓有两种：

（1）机械拆箱：货品已达托盘或木箱，可以用堆高机直接开进集装箱内卸装。

（2）人工拆箱：货品呈松散堆栈，必须以人力逐件搬出后堆放托盘。

思考与练习

一、填空题

1. 收货作业按其工作程序可分为两个阶段，即收货前的准备和_____。

2. 货堆最上层的件数起压码作用，其数量可能比下层的数量要_____。

3. 仓库的"三关"指的是入库、_____、出库。

4. 货品入库验收一般分为两步进行，一是大数点收和包装的外观检查，二是_____。

5. 盘点的目的是_____。

6. 发货的复核包括托运复核、_____、取样复核。

7. 在入库验收方法上，主要是采用感官验收_____，仪器和理化验收_____。

8. 对到货规格整齐、包装完整或因批量大、打开包装对销售与保管不利的货品，可以抽验_____% ～_____%。

9. 验收按理论换算计重交货的金属材料，若是非定尺料，其检尺率为_____%。

二、判断题

1. 仓储作业过程主要由入库、出库两个阶段组成。　　　　　　　　　　　　　　（　　）

2. 抽验比例主要由合同决定的。　　　　　　　　　　　　　　　　　　　　　　（　　）

3. 在急需的情况下，未经验收的货品，可先发货后记账。　　　　　　　　　　　（　　）

4. 验收的标准一般由供应商决定。　　　　　　　　　　　　　　　　　　　　　（　　）

5. 仓储业务包括接运、验收、记账、盘点、出库等阶段。　　　　　　　　　　　（　　）

6. 到库材料的质量验收就是对照相应的技术标准进行核对。　　　　　　　　　　（　　）

7. 在货品到达仓库时，仓库保管员应先把货品收入仓库，然后再根据明细单进行详细的核对。（　　）

8. 数量检验应采取与供货单位一致的方法进行，即按重量交货的应过磅验收；按理论换算交货的应按理论换算验收；按件（台）交货的应点件（台）验收。（　　）

9. 定期盘点是指在一定时间内，一般是每季度、每半年或年终财务结算前进行一次全面的盘点，由货主会同仓库保管员、货品会计一起对仓库进行盘点对账。（　　）

10. 凡属承运部门造成的货品数量短缺、外观破损等，应凭发票向承运部门索赔。（　　）

三、选择题

1. 货品入库方式包括（　　）。
   A. 托运入库　　　　　B. 送货入库　　　　　C. 自提入库　　　　　D. 退货入库

2. 整个托运入库过程一般发生（　　）两次交接。
   A. 发货仓库与提货人交接　　　　　　　B. 提货人与运输方交接
   C. 运输方与收货方接运人交接　　　　　D. 收货方接运人与收货仓库交接

3. 入库前准备包括以下哪些方面（　　）。
   A. 加强日常业务联系　　　B. 安排仓容　　　　C. 合理组织人力
   D. 准备验收器具　　　　　E. 准备苫垫及劳保用品

4. 在下列对货品验收中问题的处理，正确的是（　　）。
   A. 件数不符　　　　　B. 包装异样　　　　　C. 有货无单　　　　　D. 有单无货
   E. 货未到齐　　　　　F. 价格不符　　　　　G. 货单不符　　　　　H. 货品残缺

5. 盘点的方法有（　　）、循环盘点法。
   A. 盘点法　　　　　B. 日常循环盘点法　　　C. 账面盘点法　　　　D. 期末盘点法

6. 如对砂石进行数量验收，应采用的形式是（　　）。
   A. 计件　　　　　　B. 检斤　　　　　　　C. 检尺求积　　　　　D. 尺寸检验

7. 在仓库中，质量检验主要进行的是（　　）。
   A. 货品外观检验　　B. 化学成分检验　　　C. 货品尺寸检验　　　D. 机械物理性能检验

8. 以下不属于出库程序的是（　　）。
   A. 包装　　　　　　B. 加工　　　　　　　C. 核单　　　　　　　D. 清理

9. 入库货品进行全检的有（　　）。
   A. 定尺钢材　　　　　B. 贵重货品　　　　　C. 易损害货品
   D. 带包装的金属材料　　E. 不带包装的金属材料

10. 在进行部分货品出库作业时，应遵循（　　）原则安排出货。
    A. 先进先出　　　　　B. 贵重货品先出　　　C. 易坏先出　　　　　D. 不利保管先出

四、简答

1. 货品入库仓库需进行哪些准备工作？

2. 仓库在货运交接中常出现的问题有哪些？试举一例说明其处理方法。

3. 登账时应遵循什么原则？建立货品档案时要做到什么？

4. 调查了解在货品入、出库过程中常出现的问题有哪些，各应该如何处理。

五、案例分析题

1. 2008 年 12 月 23 日某 A 仓库来一份送货单如下，验收时发现螺栓少 5 个，请签单，并编制相应的入库单、进销存卡、货品库存日报表及出库单。

送货单　　　　　　　　　　　　　　　NO：0312456

单位：　　　　　　　　　　　　　　　日期：2008 年 12 月 23 日

品　名	规　格	单　位	数　量	单价/元	金额/元	备　注
螺帽	200mm	个	100	1.00	100.00	
螺栓	200mm	个	100	2.00	200.00	
漏电保护器	3型	盒	20	10.00	200.00	

2. 某公司计划部门根据《××生产计划》和物控部门提供的物料齐备资料签发《制造命令单》如下：电视机/监视器色差输入端口 1800 只，单价 6.50 元，规格为 SC-003，公司内部编号为 009；领料为总装车间；发料为备品库；日期为 2008 年 12 月 31 日。

请依据以上内容，填写领料单。

领料单

领料日期：　　　年　　月　　日　　　　　　　　发料日期：　　　年　　月　　日

领用单位：　　　　　　　　　　　　　　　　　领料单号：

编　号	材料名称	规　格	单　位	领料数量	实发数量	备　注

批准人：　　　　　　　　　　发料人：　　　　　　　　　　　　领料人：

注：此领料单一式四联，一般只填写一种物料，以便分类和统计。

第4章 货品储存保管作业

4.1 专业素质提升模块

【知识要点】
- 货品储位管理的原则、方法。
- 货位编码和货品编码的方法。
- 货品的堆码与苫垫技术。
- 货品养护的基本知识。

4.1.1 货品储存作业管理

4.1.1.1 货品储存作业的基本要求与原则

1. 货品储存作业的基本要求

(1) 合理存储

① 仓库分类、库房分区、货区分位，按货品的性能及其对保管条件的要求，科学地安排货品的存储地点，便于机械化、自动化作业。

② 根据货品的性能、体积、重量、包装及周转量，正确运用货架、堆码技术和苫垫技术，最大化利用仓库空间，合理存放货品。

(2) 科学养护

① 按货品的性能，建立科学的货品养护制度，保护好货品的质量。

② 妥当地运用苫垫技术，避免货品受到外界不良因素的损害。

③ 根据货品性能的要求，通过密封、通风、吸潮等方法，控制和调节好仓库的温湿度，创造适宜的储存条件。

④ 贯彻"以防为主，防治结合"的方针，做好金属防锈、除锈，货品防霉、防腐、防治害虫工作，保护好货品的使用价值和价值，减少损耗。

(3) 账物相符

① 认真做好货品入出库的点验工作，防止发生数量差错。

② 设置齐全的货品实物账、货卡，正确记录货品进出动态，确保货品数量准确，做到物卡相符、账卡相符。

③ 对库存货品进行检查和盘点，掌握库存货品的数量和质量状况，做到账卡相符、卡货相符。

④ 有条件的仓库，实行货品条码管理和计算机管理。

(4) 安全保管

① 严格遵守仓储作业规范，安全进行仓库装卸、搬运、堆垛作业。

② 对危险品妥善地专门存放保管。

③ 严格遵守仓库安全制度，做好防火、防盗、防漏、防自然灾害、防事故等工作，确保人员、仓库、设备、货品安全。

2. 货品储存作业的原则

(1) 面向通道进行保管。为使货品出入库方便，容易在仓库内移动，基本条件是将货品面向通道保管。

（2）尽可能地向高处码放，提高保管效率。有效利用库内容积，应尽量向高处码放，为防止破损，保证安全，应当尽可能使用棚架等保管设备。

（3）根据出库频率选定位置。出货和进货频率高的货品应放在靠近出入口、易于作业的地方；流动性差的货品放在距离出入口稍远的地方；季节性货品则依其季节特性来选定放置的场所。

（4）同一品种在同一地方保管。为提高作业效率和保管效率同一货品或类似货品应放在同一地方保管，员工对库内货品放置位置的熟悉程度直接影响着出入库的时间，将类似的货品放在邻近的地方也是提高效率的重要方法。

（5）根据货品重量安排保管的位置。安排放置场所时，要把重的东西放在下边，把轻的东西放在货架的上边。需要人工搬运的大型货品则以腰部的高度为基准。这对于提高效率、保证安全是一项重要的原则。

（6）依据形状安排保管方法。依据货品形状来保管也是很重要的，如标准化的货品应放在托盘或货架上来保管。

（7）依据先进先出的原则。保管的重要一条是对于易变质、易破损、易腐败的货品；对于机能易退化、老化的货品，应尽可能按先入先出的原则，加快周转。由于货品的多样化、个性化、使用寿命普遍缩短，这一原则是十分重要的。

4.1.1.2　货品的合理储存

1. 货品合理储存原则

（1）科学地确定货品存放地点。货品的存放要根据货品的性能、种类、品种、规格等要求进行，要遵守以下规定堆放：严禁危险品和一般货品混存，毒品和食品混存，性能互相抵触、互相串味的货品混存；要便于寻找检查；便于进行货品养护；便于仓库业务操作；便于储存货品的先进先出。

（2）合理使用仓容。最大限度符合货品存放规定，科学、合理地利用仓容。仓容是指仓库能够用于堆放货品的容量，由仓库的面积和高度或载重量构成。

（3）实行分区分类、货位编号的管理方法。为了遵循货品存放地点的规定，合理存放货品，必须根据货品的自然属性和仓库的建筑设备条件，采取仓库分区管理，货品分类存放，并且按顺序编号。

（4）科学的堆码货品。这是为了维护货品、人身和设备安全，便于仓库作业、数量清点、先进先出、质量检查和货品养护。堆码货品时，必须根据货品的性能、包装形状和仓库设备条件，选择合适的垛形，并在安全、方便、节约的原则下合理堆放，增加单位面积货品的储存量。

（5）正确使用苫垫。苫垫是指对堆码成垛的货品上苫下垫。上苫即苫盖，是货品货垛的遮盖物；下垫即垫底，是指货垛底层的货品铺垫。

（6）建立货品保管账卡。为了加强库存货品的管理，及时了解所储货品的数量动态，防止差错，必须建立货品保管账、卡。由于货品保管账是用于记录所储货品的数量动态，它必须真实反映库存货品情况，便于仓库清查、盘点。货品保管卡片通常一货一卡，悬挂在货垛或货架明显处。

（7）搞好货品养护。入库货品，完成堆垛，建立货位卡片后就进入储存保管阶段，在此阶段，应加强货品保养和维护，贯彻"以防为主，防治结合"的方针，确保货品的安全。

2. 储存合理化的实施要点

（1）进行储存物的 ABC 分析。

（2）在 ABC 分析基础上实施重点管理。

（3）在形成了一定的社会总规模前提下，追求经济规模，适当集中库存。

（4）加速总的周转，提高单位产出。

（5）采用有效的"先进先出"方式。

① 贯通式货架系统。

②"双仓法"储存。

③ 计算机存取系统。

（6）提高储存密度，提高仓容利用率。

① 采取高垛的方法，增加储存的高度。

② 缩小库内通道宽度以增加储存有效面积。

③ 减少库内通道数量以增加储存有效面积。

（7）采用有效的储存定位系统。

① "四号定位"方式。用一组四位数字来确定存取位置的固定货位方法。

② 电子计算机定位系统。是利用电子计算机储存容量大、检索迅速的优势，在入库时，将存放货位输入计算机，出库时向计算机发出指令，并按计算机的指示人工或自动寻址，找到存放货并拣选取货的方式。

（8）采用有效的监测清点方式。监测清点的有效方式主要有以下几种。

① "五五化"堆码。储存物堆垛时，以"五"为基本计数单位，堆成总量为"五"的倍数的垛形。

② 光电识别系统。在货位上设置光电识别装置，该装置对被存物扫描，并将准确数目自动显示出来。

③ 电子计算机监控系统。用电子计算机指示存取，可以防止人工存取所易于出现的差错，如果在被存物上采用条码认寻技术，使识别计数和计算机连接，每存、取一件货品时，识别装置自动将条码识别并将其输入计算机，计算机会自动做出存取记录。

（9）采用现代储存保养技术。

① 气幕隔离。在库门上方安装鼓风设施，使之在门口处形成一道气流，由于这道气流有较高压力和流速，在门口便形成了一道气墙，可有效阻止库内外空气交换，防止湿气浸入，而不能阻止人和设备出入。

② 气调储存。调节和改变环境空气成分。抑制被储物的化学变化和生物变化，抑制害虫生存及微生物活动，从而达到保持被储物质量的目的。

③ 塑料薄膜封闭。塑料薄膜虽不完全隔绝气体，但能隔水隔潮，用塑料薄膜封垛、封袋、封箱，可有效地造就封闭小环境，阻止内外空气交换，完全隔绝水分。

（10）采用集装箱、集装袋、托盘等运储装备一体化的方式。

4.1.1.3 仓库货区的合理布局

仓库货区布局是指对仓库内的存货区、入库检验区、理货区、配送备货区、通道以及辅助作业区在规定范围内进行全面合理的安排，见图 4-1 和图 4-2。布局是否合理，将对仓库作业的效率、储运质量、储运成本和仓库盈利目标的实现产生很大的影响。

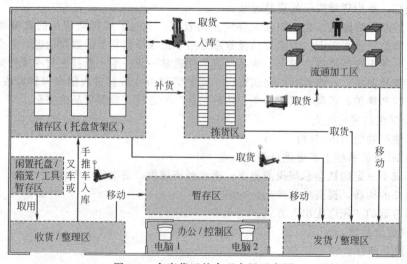

图 4-1　仓库货区的合理布局示意图

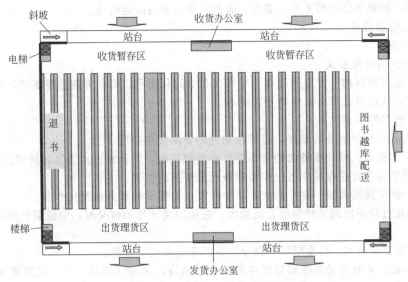

图 4-2　长沙出版物流交易中心的图示

1. 影响仓库货区布局的因素

（1）储存空间。即仓库内的保管空间。在进行储存空间规划时，必须考虑到空间大小、柱子排列、梁下高度、走道、设备回转半径等基本因素，再配合其他相关因素的分析，方可做出完善的设计。

（2）货品。货品是储存系统的重要组成要素。分析货品的特征、货品在储存空间的摆放方法以及货品的管理和控制是储存系统要解决的关键问题。

① 货品的特征。货品的特征包括以下几个方面。

a. 供应商。即货品是何处供应而来，还是自己生产而来。有无行业特性及影响。

b. 货品特性。此货品的体积大小、重量、单位、包装、周转率快慢、季节性的分布，以及物性（腐蚀或融化等）、温湿度的需求、气味的影响等。

c. 数量。如生产量、进货量、库存决策、安全库存量等。

d. 进货规定。采购前置时间，采购作业特殊需求。

e. 品种。种类类别、规格大小等。

② 货品在储存空间的摆放。影响货品在储存空间摆放的因素包括以下内容。

a. 货位单位。货位单位是单品、箱，还是托盘。

b. 货位策略的决定。是定位储存、随机储存、分类储存，还是分类随机储存，或是其他的分级、分区储存。

c. 货位指派原则的运用。

d. 货品特性。

e. 补货的方便性。

f. 单位在库时间。

g. 订购频率等。

货品摆放好后，就要做好有效的在库管理，随时掌握库存状况，了解其品种、数量、位置、出入库状况等所有资料。

（3）仓库作业人员规模较大的仓库中，分工比较细，可能包括仓管人员、搬运人员、理货拣货和补货人员等。仓管人员负责管理及盘点作业，拣货人员负责拣货作业，补货人员负责补货作业，搬运人员负责入库、出库搬运作业、翻堆作业（为了货品先进先出、通风、气味避免混合等目的）。而对于一般仓库，作业人员可以实行统一调配，不细分作业工种。

（4）设备。必须考虑使用叉车、笼车、输送机等输送与搬运设备。

① 搬运与输送设备。

② 储存设备。

2. 仓库货区的布置形式

仓库货区布置的目的一方面是提高仓库平面和空间利用率，另一方面是提高货品保管质量，方便进出库作业，从而降低货品的仓储处置成本。

（1）货区布置的基本思路

① 根据货品特性分区分类储存，将特性相近的货品集中存放。

② 将单位体积大、单位质量大的货品存放在货架底层，并且靠近出库区和通道。

③ 将周转率高的货品存放在进出库装卸搬运最便捷的位置。

④ 将同一供应商或者同一客户的货品集中存放，以便于进行分拣配货作业。

当仓库作业过程中出现某种货品物流量大、搬运距离又远的情况时，则说明仓库的货位布局有错误。

（2）货区布置的形式。仓库货区布置分为平面布置和空间布置。

① 平面布置。平面布置是指对货区内的货垛、通道、垛间（架间）距、收发货区等进行合理的规划，并正确处理它们的相对位置。平面布置主要依据库存各类货品在仓库中的作业成本，按成本高低分为 A、B、C 类，A 类货品作业量大约应占据作业最有利的货位，B 类次之，C 类再次之。平面布局的形式可以概括为垂直式和倾斜式。

a. 垂直式布置。它是指货垛或货架的排列与仓库的侧墙互相垂直或平行，具体包括横列式布局、纵列式布局和纵横式布局。

（a）横列式布局。是指货垛或货架的长度方向与仓库的侧墙互相垂直，如图 4-3 所示。这种布局的主要优点是：主通道长且宽，副通道短，整齐美观，便于存取查点，如果用于库房布局，还有利于通风和采光。

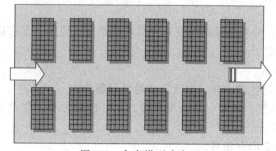

图 4-3　仓库横列式布置

（b）纵列式布局。是指货垛或货架的长度方向与仓库侧墙平行，如图 4-4 所示。这种布局的优点主要是可以根据库存货品在库时间的不同和进出频繁程度安排货位：在库时间短、进出频繁的货品放置在主通道两侧；在库时间长、进出不频繁的货品放置在里侧。这种布局的优点主要是可以根据库存货品在库时间的不同和进出频繁程度安排货位：在库时间短、进出频繁的货品放置在主通道两侧；在库时间长、进库不频繁的货品放置在里侧。

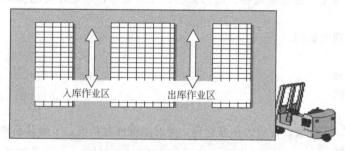

图 4-4　仓库纵列式布局

（c）混合式布局。是指在同一保管场所内，横列式布局和纵列式布局兼而有之，可以综合利用两种布局的优点，见图 4-5 所示。

b. 倾斜式布置。是指货垛或货架与仓库侧墙或主通道成 60°、45°或 30°夹角。具体包括货垛

（架）倾斜式布局和通道倾斜式布局。

（a）货垛倾斜式布局。是横列式布局的变形，它是为了便于叉车作业、缩小叉车的回转角度、提高作业效率而采用的布局方式，见图4-6所示。

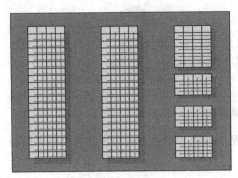

图 4-5　纵横式布局

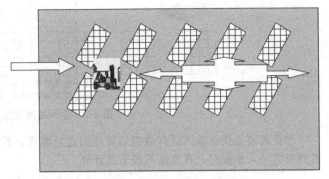

图 4-6　仓库货垛倾斜式布局

（b）通道倾斜式布局。是指仓库的通道斜穿保管区，把仓库划分为具有不同作业特点，如大量储存和少量储存的保管区等，以便进行综合利用。这种布局形式下，仓库内形式复杂，货位和进出库路径较多，如图4-7所示。

② 仓库空间布置。空间布局是指库存货品在仓库立体空间上布局，其目的在于充分有效地利用仓库空间。空间布局的主要形式有：就地堆码、上货架存放、架上平台、空中悬挂等。其中，使用货架存放货品有很多优点，概括起来有以下几个方面。

a. 便于充分利用仓库空间，提高库容利用率，扩大存储能力。

b. 货品在货架里互补挤压，有利于保证货品本身和其包装完整无损。

c. 货架各层中的货品，可随时自由存取，便于做到先进先出。

图 4-7　仓库通道倾斜式布局

d. 货品存入货架，可防潮、防尘，某些专用货架还能起到防损伤、防盗、防破坏的作用。

（3）库内非保管场所的布置。仓库库房内货架和货垛所占的面积为保管面积或使用面积，其他则为非保管面积。应尽量扩大保管面积，缩小非保管面积。非保管面积包括通道、墙间距、收发货区、仓库人员办公地点等。

① 通道。库房内的通道分为运输通道（主通道）、作业通道（副通道）和检查通道，见图4-8。运输通道供装卸搬运设备在库内行走，其宽度主要取决于装卸搬运设备的外形尺寸和单元装载的大小。运输通道的宽度一般为1.5～3m。如果库内安装有桥式起重机，运输通道的宽度可为1.5m，甚至更窄些。如果使用叉车作业，其通道宽度可以通过计算求得。当单元装载的宽度不太大时，可利用下式计算：

$$A=P+D+L+C$$

式中　A——通道宽度；

　　　P——叉车外侧转向半径；

　　　D——货品至叉车驱动轴中心线的间距；

　　　L——货品长度；

　　　C——转向轮滑行的操作余量。

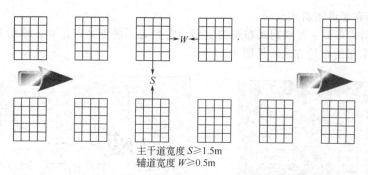

主干道宽度 $S \geq 1.5\text{m}$
辅道宽度 $W \geq 0.5\text{m}$

图 4-8　仓库通道宽度要求

作业通道是供作业人员存取搬运货品的走行通道，其宽度取决于作业方式和货品的大小。当通道内只有一人作业时，其宽度可按下式计算

$$a = b + l + 2c$$

式中　a——作业通道的宽度；

　　　b——作业人员身体的厚度；

　　　l——货品的最大长度；

　　　c——作业人员活动余量。

如果使用手动叉车进入作业通道作业，则通道宽度应视手动叉车的宽度和作业特点而定。一般情况下，作业通道的宽度为 1m 左右。

检查通道是供仓库管理人员检查库存货品的数量及质量走行的通道，其宽度只要能使检查人员自由通行即可，一般为 0.5m 左右。

② 墙间距。墙间距的作用一方面是使货品和货架与库墙保持一定的距离，避免货品受库外温湿度的影响，同时也可作为检查通道和作业通道。墙间距一般宽度为 0.5m 左右，当兼作作业通道时，其宽度需增加一倍。

③ 收发货区。收发货区是供收货、发货时临时存放货品的作业用地。收发货区的位置应靠近库门和运输通道，可设在库房的两端或适中的位置，并要考虑到收货发货互不干扰。收发货区面积的大小，则应根据一次收发批量的大小、货品规格品种的多少、供货方和用户的数量、收发作业效率的高低、仓库的设备情况、收发货的均衡性、发货方式等情况确定。

④ 库内办公地点。仓库管理人员需要一定的办公地点，可设在库内也可设在库外。总的说来，管理人员的办公室设在库内特别是单独隔成房间时不合理的，既不经济又不安全。所以办公地点最好设在库外。

【背景资料】

仓库管理作业应注意的问题

1. 库存货品要进行定位管理，其含义与货品配置图表的设计相似，即将不同的货品分类、分区管理的原则来存放，并用货架放置。仓库内至少要分为三个区域：第一，大量存储区，即以整箱或栈板方式储存；第二，小量存储区，即将拆零货品放置在陈列架上；第三，退货区，即将准备退换的货品放置在专门的货架上。

2. 区位确定后制作一张配置图，贴在仓库入口处，以便于存取。小量储存区应尽量固定位置，整箱储存区则可弹性运用。若储存空间太小或属冷冻（藏）库，也可以不固定位置而弹性运用。

3. 储存货品不可直接与地面接触。一是为了避免潮湿；二是由于某些货品（如生鲜食品、仪器等）还有卫生规定；三是为了堆放整齐。

4. 要注意仓储区的温湿度，保持通风良好，干燥、不潮湿。

5. 仓库内要设有防水、防火、防盗等设施，以保证货品安全。

6. 货品储存货架应设置存货卡，货品进出要注意先进先出的原则。也可采取色彩管理法，如每周或每月不同颜色的标签，以明显识别进货的日期。

7. 仓库管理人员要与订货人员及时进行沟通，以便到货的存放。此外，还要适时提出存货不足的预警通知，以防缺货。

8. 仓储存取货原则上应随到随存、随需随取，但考虑到效率与安全，有必要制订作业时间规定。

9. 货品进出库要做好登记工作，以便明确保管责任。但有些货品（如冷冻、冷藏货品）为讲究时效，也采取卖场存货与库房存货合一的做法。

10. 仓库要注意门禁管理，不得随便入内。

适合分拣的货品仓库布局方式

某企业是一家生产工装裤的工厂，规模不是很大，它只生产少数几种产品，而产品的主要差别仅在于裤子的尺寸不同。该企业在进行仓库布局设计的过程中，主要分为以下几个步骤。

1. 根据货品的特点进行分类分项

在设计仓库布局时，该企业按照工装裤的尺寸大小分别存放进行考虑。先按照工装裤的腰围分类，再按裤长分若干项。

2. 根据分类分项进行存放

分类分项后，按顺序存放。为了减少订单分拣人员的分拣时间，将客户最常选购的一般尺寸就近存放在存取较为方便的货位，将特殊尺码存放在较远和高层的货位。通过货品在仓库中的合理布局，从而提高了物流工作效率，实现了物流合理化。

3. 进行其他空间的安排

除了货品入库和出库所需的库房储存空间以外，为了进行仓库其他业务活动，也需要有一定的场地，具体如下：

(1) 车辆为等待装货或卸货的停车场和员工休息室。

(2) 入库和出库货品的暂时存放场地。

(3) 办公室所需场地。

(4) 保管损坏货品、等待承运商检查确认的场地。

(5) 进行重新包装、贴标签、标价等业务所需用地。

(6) 设备的保管和维护地区。

(7) 危险品以及需要冷冻、冷藏等进行特殊保管的货品所需要的专用储存区。

进行了这样的仓库的布局设计，该企业取得了很好的效果。

4.1.2　货品储存货位管理

4.1.2.1　货品储存货位的选择

进入仓库中储存的每一批货品在其理化性质、来源、去向、批号、保质期等各方面都有独自的特性，仓库要为这些货品确定一个合理的货位，既要保证保管的需要，更要便于仓库的作业和管理。仓库需要按照货品自身的理化性质与储存要求，根据分库、分区、分类的原则，将货品固定区域与位置存放。此外还应进一步在定置区域内，依货品材质和型号规格等系列，按一定顺序依次存放，并进行"四号定位"（也可以用"六号"或"八号"，以至更多），这样才能保证"规格不串、材质不混、先进先出"。货位管理的基本步骤如图 4-9。

1. 货品储存策略

货品储存策略主要是确定储位的指派原则。良好的储存策略可以减少出入库移动的距离、缩短作业时间，甚至能够充分利用储存空间。一般常见的储存策略如下。

(1) 定位储存策略。对储存每一类货品、每一种货品，都分配有相应固定的货区、货位，货品的货区、货位不能互相占用。在分区分位时，要按货品的最大存量来安排储位的储存容量。定位储放容易管理，所花费的总搬运时间较少，但储区空间平时的使用效率较低，浪费较大。此策略较适用于以下两情况：厂房空间大；多品种少批量货品的储放。

(2) 随机储存策略。对储存每一类货品、每一种货品，没有分配固定的货区、货位，而是根据货品入库时仓库空余储位随机地安排货区、货位。此随机原则一般是由储存人员按习惯来储放，且通常按货品入库的时间顺序储放在靠近出入口的储位。随机储存记录表见表 4-1 和表 4-2。

表4-1　随机储存人工记录表

储位号码	储 位 空 间			货品名称	货品代号
存取日期/时间	采购单号码	进货量	拣货单号码（订单号码）	拣取量	库存量

表4-2　随机储存电脑记录表

储位号码	储位空间	货品名称	货品代号	货品库存	储位剩余空间

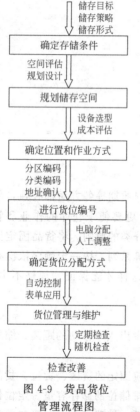

图4-9　货品货位
管理流程图

一个良好的储位系统中，采用随机储存能使货架空间得到最有效的利用，因此储位数目得以减少。由模拟研究显示出，随机储存系统与定位储放比较，可节省35％的移动储存时间及增加了30％的储存空间，但较不利于货品的拣取作业。因此随机储放较适用于以下两种情况：厂房空间有限，要求尽量利用储存空间；种类少或体积较大的货品储存。

（3）分类储存策略。所有的储存货品按照一定特性加以分类，每一类货品都有固定存放的位置，而同属一类的不同货品又按一定的法则来指派储位。分类储放通常按产品的相关性、产品的流动性、产品的尺寸、重量、产品的特性等来分类。

分类储放较定位储放具有弹性，但也有与定位储放同样的缺点。因而较适用于以下情况：产品相关性大者，经常被同时订购；周转率差别大者；产品尺寸相差大者。

（4）分类随机储存策略。即对每一类货品，按该类货品的最大存量分配有相应固定的货区；而对该类货品的每一具体品种，则没有分配固定的货位，而是在货品入库时，随机地安排在该类货品所在货区的空余货位上。

（5）共用储放。在确定知道各类货品的进出仓库时刻后，不同的货品可共用相同储位的方式称为共用储放。共用储放在管理上虽然较复杂，所占的储存空间及搬运时间却更经济。

2. 货位摆放的原则

（1）最接近物流出口原则。在规定固定货位和机动货位的基础上，要求货品摆放在离物流出口最近的位置上。

（2）以库存周转率为排序的依据的原则。经常性的出入库频次高且出入量比较大的品种放在离物流出口最近的固定货位上；当然，随着产品的生命周期、季节等因素的变化，库存周转率也会变化，同时货位也再重新排序。

（3）货品相关联原则。货品相关性大小可以利用历史订单数据分析得知。若两个或两个以上相关联的货品被经常同时使用，要求尽可能存放在相邻的位置，就可以缩短分拣人员的移动距离，提高工作效率。

（4）唯一原则。（合格的）同一货品要求集中保管在唯一货位区域内，便于统一管理，避免多货位提货；当然，自动化立体仓库不用严格遵守这个原则。

（5）系列原则。同一系列的货品，设置一个大的区域，如油品区、半轴区、轴承区、晨新（供应商）区、富奥区、标准件区、橡胶件区、易损件区等。

（6）隔离易混货品原则。外观相近、用肉眼难以识别的货品，在标示清晰的基础上，要间隔两个以上的货位，防止混在一起，难以区分。

（7）批号管理原则。适用于食品、药品、化妆品等对有效期比较敏感的货品，一个批号的货品必须单独放在一个货位上；通过先进先出，进行严格管理，同一批号的货品如果检验不合格或者早产，不允许放行，要设立红牌警示，避免混出工厂，产生质量事故。

（8）面对通道原则。即把货品的标示面对通道，不仅是把外面的一层面对通道，而且要把所有的货品标示都要面对通道，面对同一方向，使分拣人员能够始终流畅地进行工作，不用中断工作去确认标示。不围不堵。

（9）合理搭配原则。要考虑货品的形状大小，根据实际仓库的条件，合理搭配空间；避免空间不足多货位放货，避免空间太大使用不充分。

（10）上轻下重原则。楼上或上层货位摆放重量轻的货品，楼下或者下层货位摆放重量大的货品，这样可以减轻搬运强度，保证货架、建筑与人员的安全。

（11）化学品、易燃易爆危险品单独区域存放原则。重点管理维护，避免影响其他货品的安全。

（12）目视化看板原则。绘制《货位平面图》，标明货品明确的货位，即使是临时人员，也能准确无误地分拣出正确的货品。

（13）五距。垛与墙的间距一般不小于0.5m；垛与柱的间距一般不小于0.3m；顶距一般规定为：平房仓库0.2～0.5m，多层建筑库房底层与中层0.2～0.5m，顶层不得低于0.5m，人字屋架无天花板的库房货垛顶层与天平木下端应保持0.1～0.2m的距离；货垛上方及四周与照明灯之间的安全距离必须严格保持在0.5m以上；一般情况下，货垛间距为1m左右，如图4-10所示。易燃货品还应留出防火距离。

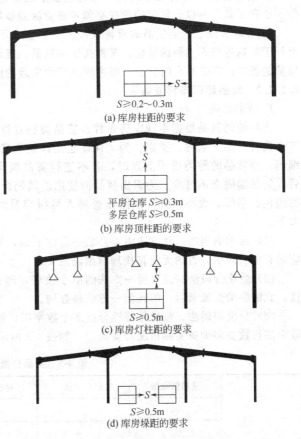

$S \geq 0.2 \sim 0.3 \mathrm{m}$
(a) 库房柱距的要求

平房仓库 $S \geq 0.3 \mathrm{m}$
多层仓库 $S \geq 0.5 \mathrm{m}$
(b) 库房顶柱距的要求

$S \geq 0.5 \mathrm{m}$
(c) 库房灯柱距的要求

$S \geq 0.5 \mathrm{m}$
(d) 库房垛距的要求

图 4-10　库房中的距离要求

3. 货品储存货位的选择

（1）为确保货品质量安全，在货位的选择时，应注意以下几个方面的问题。

① 怕潮又易霉、易锈的货品，如布鞋、棉布、茶叶、卷烟、五金货品等，应选择干燥或密封的货位。

② 怕光、怕热、易溶的货品，如橡胶制品、有色纸、油脂、油墨、糖果等，应选择低温的货位。

③ 怕冻的货品，如瓶装的墨水、西药的制剂、某些化妆品等流汁货品，要选择不低于0℃的

货位。

④ 易燃、易爆、有毒、腐蚀性、放射性等危险品，如酒精、苯、树脂胶、硫酸、发令纸、火柴等，应存放在郊区仓库分类专储。

⑤ 性能互相抵触和有挥发性、串味的货品不能同区储存。如日用肥皂与纸张，因性能抵触不能储存在一起；茶叶、卷烟、胶木制品、油脂化妆品等货品，都有挥发性，容易串味，必须专仓专储。

⑥ 消防灭火方法不同的货品，要分开储存货区。

⑦ 同一货区的货品中，存放外包装含水量过高的货品会影响邻垛货品的安全。

⑧ 同一区储存的货品中，要考虑有无虫害感染的可能。如草制品包装的货品，不要与棉布、针织品等货品同储。

(2) 货位选择，应符合方便吞吐的原则，即要方便货品的进出库，尽可能缩短收、发货作业时间。除此之外，还应兼顾以下几方面。

① 发货方式。采取送货制方式的货品，由于分唛理货、按车排货、发货等车的作业需要，存货位应靠近理货、装车的场地；采取提货制方式的货品，其储存货位应靠近仓库出口，便于外来提货的车辆进出。

② 操作条件。各种货品具有不同的包装形态、包装质地和体积重量，因而需要采用不同的操作方法和工具。所以，货位的选择必须考虑货区的装卸设备条件与仓储货品的操作方法相适应。

③ 吞吐快慢。仓储货品的流转快慢不一，有着不同的活动规律。对于快进快出的货品，选择有利于车辆进出库方便的货位；滞销久储的货品，货位不宜靠近库门；整进零出的货品，考虑零星提货的条件；零进整出的货品，要考虑到集中发运的能力。

4.1.2.2 货品编码与货位编号

1. 货品编码

货品编码就是根据不同库房条件、货品类别对货品进行有序编排，并用简明文字、符号或数字来代替货品的名称、类别。为了保证仓储作业准确而迅速地进行，必须对货品进行清楚有效的编码。当货品的种类成千上万时，若不进行货品编码就容易出现混乱，特别是实现计算机管理后，货品编码必不可少。为识别货品而使用的编码标示可设置于容器、产品或储位上，且用明显的颜色、字体、大小区分，让操作管理人员很容易地获得储存货品信息。货品的编码主要方法如下。

(1) 流水编码法。此方法由1开始一直往下编，常用于账号或发票编号，属于延展式的方法。应附有编码索引，否则无法直接理解编码意义。

(2) 数字分段法。这是前一方法的小小改变，即把数字分段，每一段代表一类货品的共同特性。此法要编交叉索引，但比前一方法易查询。

(3) 分组编码法。按货品特性分成多个数字组，每个数字组代表货品的一种特性，至于每一个数字的位数要多少视实际情况需要而定，如表4-3所示。

表4-3　货品分组编码表

编码	货品的类型	形　状	材质/成分	大　　小	意　义
	06				饮料
		4			易开罐
			061		乌龙茶
				092	350mL

(4) 实际意义编码法。按照货品的名称、重量、尺寸、分区、储位、保存期限等实际情况来编码，此方法的特点是由编码即能了解货品的内容，如图4-11所示。

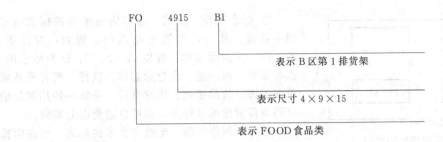

图 4-11　实际意义编码法示例

（5）后位数编码法。利用编码末尾数字，对同类货品进一步的细分，并且可采用杜威式十进位编码法。例如：

编码	货品类别
380	服饰
390	女装
391	上衣
391.1	衬衫
391.11	白色

（6）暗示编码法。用数字和文字组合来编码，暗示了货品内容，易记而且又不易让人知道。例如：编码 BY05WB10，其具体含义如下。

货品名称	型号大小	颜 色	样 式	制 造 商
BY	05	W	B	10
自行车	5 号	白色	儿童车	供应商代号

2. 货位编号的方法

货位编号是在分区分类和划好货位的基础上，将仓库的库房、货场、货棚及货架等存放货品的场所，划分为若干货位，然后按储存地点和位置排列，采用统一标记，编列货位的顺序号码，并做出明显标志，以方便仓库作业的管理方法。货位编码好比货品的地址，当有了相应的地址，存取时才能迅速而准确。

（1）货位编号的要求。在品种、数量很多，进出库频繁的仓库里，保管员必须正确掌握每批货品的存放位置。货位编号就好比货品在库的"住址"，做好货位编号工作，应根据不同仓房条件、货品类别和批量整零情况，搞好货位划分及编排序号，以符合"标志明显易找、编排循规有序"的要求。

① 标志设置。货位编号的标志设置，要因地制宜，采取适当方法，选择适当位置。例如：仓库标志，可在库门外挂牌；多层建筑库房的走道、支道、段位的标志，一般都刷置在水泥或木板地坪上。但存放粉末类、软性笨重类货品的库房，其标志也有印制在天花板上的；泥土地坪的简易货棚内的货位标志，可利用柱、墙、顶、梁刷置或悬挂标牌（见表 4-4）。

表 4-4　货位表设计

××××	货 位 表		××××	货 位 表	
	字段名称	数据类型		列号	数字
	货位编号	数字		有货	是/否
	×××货	数字		备注	备注
	层号	数字			

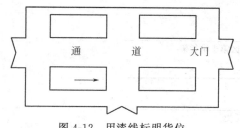

图 4-12　用漆线标明货位

② 标志制作。目前，仓库货位编号的标志制作很不规范、统一，可谓五花八门。例如：有以甲、乙、丙、丁为标志的；有以 A、B、C、D 为标志的；也有以东、西、南、北为标志的。这样，很容易造成单据串库、货品错收、错发事故。若统一使用阿拉伯字码制作货位编号标志，则可以避免以上弊病。

另外，制作库房、走道和支道的标志，可在阿拉伯字码外，辅以圆圈标示。可用不同直径的圆标示不同处的标志。例如，库房标志圆的直径为 24cm；走道、支道标志圆的直径为 16cm，走道、支道的标志还可以在圆圈上附加箭头指示标志，在圆圈上可用白漆刷上阿拉伯字码，如图 4-12 所示。

③ 编号顺序。仓库范围的库房、货棚、货场以及库房内的走道、支道、段位的编号，基本上都以进门的方向左单右双或自左而右的规则进行，按顺序编号划分若干货位，并标于明显处。

货场货位的编号是将货场划分排列，再对各排按顺序编上货位号。货位号码可直接标在地上。对于集装箱堆场，应对每个箱位进行编号，并画出箱位四角位置标记。

货架上各货位的编号是按一个仓库内的货架进行编号，然后再对每个货架的货位按层、位进行编号。顺序是从上到下、从左到右、从里到外。

④ 段位间隔。段位间隔的宽窄，取决于储存货品批量的大小。

（2）货位编号的方法。货位编号应按照统一的规则和方法进行，根据仓库货位的多少、储存条件等具体情况和使用上的习惯而加以区别。货位编号要记入保管账、卡的"货位号"栏中，如果货品调整了货位，账、卡、号的货位编号应同时调整，这样可以做到"见账知物"和"见物知账"。

① 区段法。是以区段为单位，每个号码代表储区，区域大小根据物流量大小而定。这种方法适用于单位化货品、保管期短进出暂存区的大量货品，见图 4-13。

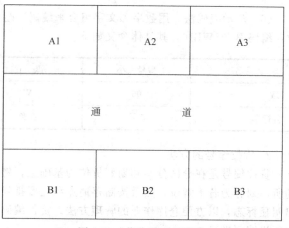

图 4-13　货位编码区段法

② 品项群法。把一些相关性货物经过集合后，区分成几个品项群，再对每个品项群进行编码。这种方式适用于容易按照货品群保管的场合和品牌差距大的货品，如服饰群、五金群、食品群。

③ 地址法。利用保管区中现成的参考单位，如建筑群第几栋、区段、排、行、层、格等，按相关顺序编码，如同邮政地址的区、胡同、号一样。较常用的编号方法一般采用"四号定位法"，它是采用四个数字号码对库房（货场）、货架（货区）、层次（排次）、货位（货垛）进行统一编码，例如 5-3-2-11 就是指 5 号库房、3 号货架、第 2 层、11 号货位，见图 4-14。

④ 坐标法。利用 X、Y、Z 空间坐标对货位进行编码。这种编码方式直接对每个货位定位，在管理上比较复杂，适用于流通率很小且存放时间长的货品。

（3）货位编号的使用

① 正确批注货位编号。入库货品在完成堆垛后，仓库保管员必须正确无误地在仓储账页和货卡上批注存货位置，以供账务员（业务会计）签发存货凭证。如货品移位后，要及时更改货卡和保管账的货位编号。

在批注货位编号时，应区分库房、货棚、货场，并把仓库、楼房、库房的编号连写在一起，然后分别以连接线连接库房走道、支道及段位编号。例如：水壶储存在 2 号楼 5 层第 3 库房、第 6 支道、第 10 段位，整个货位编号的批注应是 253-6-10。

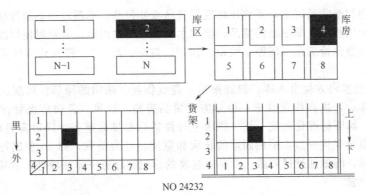

图 4-14　四号定位法

② 熟悉货位编号的位置。仓库保管员必须熟悉其保管区内库房（棚、场）走道、支道及段位的编号位置，以便发货时按货位编号的顺序迅速理单，按出库的先后顺序依次发货，并做到"发货不走回头路"。

③ 库房走道、支道不宜经常变动。库房走道、支道经常变更位置，不仅会打乱原来的货位编号，而且要调整库房照明设备，因此不宜轻易变动。

④ 绘制货位编号平面布置图。为了方便管理，借助绘制货位编号平面布置图，不但可以全面反映库房和货场的货品储存分布状况，而且也可以及时掌握货品储存动态，便于仓库调整安排。

4.1.3　货品堆码与苫垫作业

4.1.3.1　货品堆码技术

货品堆码是指根据货品的包装、外形、性质、特点、种类和数量，结合季节和气候情况，以及储存时间的长短，将货品按一定的规律码成各种形状的货垛，见图 4-15。堆码可以增加货品在单位面积上的堆放高度和堆放数量，减少货品堆放所需的面积，提高仓容使用效能，便于对货品进行维护、查点等管理。

1. 货品堆码的要求

（1）堆码货品应具备的条件

① 货品已验收合格。

② 包装完好、标志清楚。

③ 外表的污垢、尘土、雨雪等已清除、不会影响货品质量。

④ 因受潮、锈蚀或其他原因导致的不合格货品应与合格货品分开堆放。

（2）货品堆码的基本要求。堆码工作的合理与否对库存货品的质量有较大影响，货品堆码的基本要求是合理、安全、方便、节约。

图 4-15　仓库货品的储存堆码

① 合理。要求不同货品的性质、品种、规格、等级、批次和不同客户的货品，应分开堆放。货垛形式适应货品的性质，有利于货品的保管，能充分利用仓容和空间；货垛间距符合作业要求以及防火安全要求；大不压小，重不压轻，缓不压急，不会围堵货品，特别是后进货品不堵先进货品，确保"先进先出"。

例如：药品应按批号集中堆放，有效期的药品应分类相对集中存放，按批及有效期远近依次或分开堆码，并有明显标志；茶叶、卷烟、食糖等货品对散热、散湿有特殊的要求，应对通风垛；对怕压、易变形、包装承受力差的货品，应控制垛高；对包装大而平稳的货品可采用直堆法，否则用压缝法；仓库有托盘、货架的，则用托盘、货架存放。

② 安全。包括人身、货品和设备三方面的安全。注意堆码的牢固稳定，保证堆垛不倒，不偏

不斜，必要时采用衬垫货品固定，不许压坏底层货品或外包装，不超过库场地坪承载能力。货垛较高时，上部适当向内收小。易滚动的货品，使用木契或三角木固定，必要时使用绳索、绳网对货垛进行绑扎固定。注意保持五距（墙距、柱距、顶距、灯距、垛距），符合仓库作业、货品养护和消防的要求。

③ 方便。是指堆码方便出入库、装卸搬运、盘点作业。选用的垛形、尺度、堆垛方法应方便堆垛、搬运装卸作业，提高作业效率；垛形方便货品查验、通风、苫盖等保管作业。货垛堆放整齐，垛形、垛高、垛距标准化和统一化，货垛上每件货品都排放整齐、垛边横竖成列，垛不压线；每一货垛的货品数量保持一致，采用固定的长度和宽度，且为整数，如 50 袋成行，每层货量相同或成固定比例递减，能做到过目知数。货品外包装的标记和标志一律朝垛外，货垛牌或料卡填写完整，排放在明显位置。

④ 节约。是指在规定允许的范围内尽可能堆高，避免少量货品占用一个货位，以节省货位，提高仓容利用率；妥善组织安排，做到一次作业到位，避免重复搬倒，节约劳动消耗；合理使用苫垫材料，避免浪费。

2. 货品堆码的基本原则

(1) 分类存放。分类存放是仓库储存规划的基本要求，是保证货品质量的重要手段，因此也是堆码需要遵循的基本原则。

① 不同类别的货品分类存放，甚至需要分区分库存放；

② 不同规格、不同批次的货品也要分位、分堆存放；

③ 残损货品要与原货分开；

④ 对于需要分拣的货品，在分拣之后，应分位存放，以免混串。

此外，分类存放还包括不同流向货品、不同经营方式货品的分类分存。

(2) 选择适当的搬运活性，摆放整齐。搬运活性是指货品便于装卸搬运（易于移动）的程度。通常用活性指数 0、1、2、3、4 来表示，指数越高，表明搬运的方便程度越高，越易于搬运。长期存放的货品搬运指数低，短期存放的搬运指数则高。如：

① 无包装的、地面散放的货品为 0；

② 装载在托盘上或者装入集装箱为 2；

③ 有包装或放在一般容器的货品为 1；

④ 装在无蓬货车或可移动设备或工具上的货品为 3；

⑤ 放置在输送线上的货品为 4。

为了减少作业时间、次数，提高仓库物流速度，应该根据货品作业的要求，合理选择货品的搬运活性。对搬运活性高的入库存放货品，也应注意摆放整齐，以免堵塞通道，浪费仓容。

(3) 面向通道，不围不堵。货垛以及存放货品的正面，尽可能面向通道，以便察看；另外，所有货品的货垛、货位都应有一面与通道相连，处在通道旁，以便能对货品进行直接作业。只有在所有的货位都与同道相同时，才能保证不围不堵。

(4) 根据出库频率选定位置。出货或进货频率高的货品应靠近仓库出入口、易于作业的地方；流动性差的货品放置在距离出入口较远的位置；季节性货品则依其季节特性来选定储放位置。

(5) 尽可能的向高处码放。依货品的形状、性质安排堆垛方法，在确保货垛稳定的情况下尽可能码高，同时为防止破损、保证安全，应尽可能利用货架等设备。

3. 货品堆码的基本方法

根据货品的特性、包装方式和形状、保管的要求，确保货品质量、方便作业和充分利用仓容，以及根据仓库的条件确定存放方式。一般情况下多采取平放，使重心最低，最大接触面向下，易于堆码，稳定牢固。货品储存的堆码方法有如下几种。

(1) 散堆法。散堆法是将无包装的散货在库场上堆成货堆的存入方式，特别适用于大宗散货，如煤炭、矿石、散粮和散化肥等，如图 4-16 所示。堆码方式简便，便于采用现代化的大型机械设备，节省包装费用，提高仓容的利用，降低运费，是目前货品库场堆存的一种趋势。

图 4-16　煤炭垛与砂石垛

（2）货架存放。采用通用或者专用的货架进行货品堆码的方式，通过货架能够提高仓库的利用率，减少货品存取时的差错。采用货架存入的最大优点为：货品的重量由货架支撑，互相之间不会产生挤压，可实现有选择的取货或实现先入先出的出库原则。适用于小件、品种规格复杂且数量较少，包装简易或脆弱、易损害不便堆垛的货品，特别是价值较高而需要经常查数的货品仓储存放。常用的货架有：悬臂架、板材架、托盘货架、多层立体货架等，如图 4-17 所示。

图 4-17　货品的货架存放

（3）堆垛法存货。就是将同一种货品，按其形式、质量、数量和性能等特点，码垛成一个个货堆。在货堆与货堆之间留有供人员或搬运设备出入的通道，适用于堆放有外包装的货品（如箱、袋、桶、篓装货品），或者不需要外包装但形状统一的货品（如五金、木材等大件货品）。常见的堆码方式包括重叠式、纵横交错式、仰伏相间式、压缝式、通风式、栽柱式、衬垫式等。

① 重叠式。也称直堆法，是逐件、逐层向上重叠堆码，各层码放方式相同，一件压一件的堆码方式。为了保证货垛稳定性，在一定层数后改变方向继续向上，或者长宽各减少一件继续向上堆放。这种方式的优点是，工人操作速度快，包装货品的四个角和边重叠垂直，承载能力大。该方法方便作业、计数，但各层之间缺少咬合作用，稳定性较差，容易发生塌垛。适用于袋装、箱装、篓筐装货品，以及平板、片式货品等。如图 4-18 所示。

图 4-18　重叠式堆码

② 纵横交错式。是指每层货品并列摆放，相邻两层货品的码放旋转90°，一层横向放置，另一层纵向放置。每层间有一定的咬合效果，但咬合强度不高，适用于管材、捆装、长箱装货品等，并且长宽成一定比例，每层货品可由2~10件货品并列摆放。特点是堆垛成方形，便于计数，能充分利用空间，牢固性强，但操作不便。如图4-19所示。

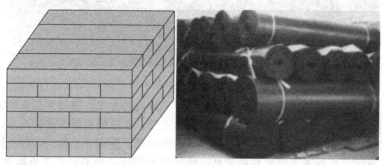

图 4-19　纵横交错式堆码

③ 仰伏相间式。同一层中、不同列的货品以90°垂直码放，相邻两层的货品码放形式是另一层旋转180°的形式。这种方式类似于建筑上的砌砖方式，不同层间咬合强度较高，相邻层之间不重缝，因而码放后稳定性较高，但操作较为麻烦，且包装体之间不是垂直面相互承受载荷，所以下部货品容易压坏。适用于上下两面有大小差别或凹凸的货品，如槽钢、钢轨等，如图4-20所示。

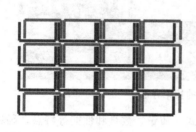

图 4-20　仰伏相间式堆码

④ 压缝式。是将上一层的货品跨压在下层两件货品之间的缝隙上，逐层如此堆高，具有货垛稳固的特点，但是不能充分利用仓库空间，如图4-21所示。压缝法按两件货品之间是否留有空隙，分为不留空隙压缝、留空隙压缝两种形式；按堆放形状分为台柱状（立体梯形垛）、金字塔状两种形式。

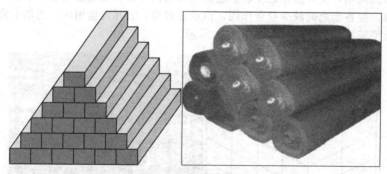

图 4-21　压缝式堆码

⑤ 通风式。货品在堆码时，任意两件相邻的货品之间都留有空隙，以便通风。层与层之间采用压缝式或者纵横交错式。通风式堆码可以用于所有箱装、桶装以及裸装货品堆码，起到通风防潮、散湿散热的作用，如图4-22所示。

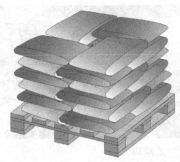

图 4-22　通风式堆码

⑥ 栽柱式。码放货品前先在堆垛两侧栽上木桩或者铁棒，然后将货品平码在桩柱之间，几层后用铁丝将相对两边的柱拴连，再往上摆放货品。此法适用于棒材、管材等长条状货品。如图 4-23 所示。

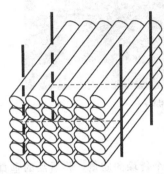

图 4-23　栽柱式堆码

⑦ 衬垫式。是在直堆法的基础上，在每隔 1 或 2 层之间夹进衬垫（如木板），衬垫物平整牢靠后，利用衬垫来牵制本层货品，以增强货垛的稳固性。适用于不规则且较重的货品，如无包装电机、水泵等，见图 4-24。

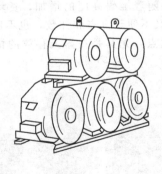

图 4-24　衬垫式堆码

⑧ 直立式堆码。货品保持垂直方向码放的方法。适用于不能侧压的货品，如玻璃、油毡、油桶、塑料桶等，如图 4-25 所示。

（4）托盘堆码。托盘堆码即以托盘为堆货单元将货品码在托盘上，货品在托盘上码放的方式可采用自身堆码采用的码放形式，然后用叉车将托盘货一层层堆码起来，见图 4-26。对于一些怕挤压或形状不规则的货品，可将货品装在货箱内或带立柱的托盘上。由于货箱堆码时，是由货箱或托盘立柱承受货垛的重量，故这种托盘应具有较高的强度和刚度。采用托盘堆码时，其堆码和出入库作业常采用叉车或其他堆垛机械完成；采用桥式堆垛机时，堆垛高度可达 8m 以上，故其仓库容积利

图 4-25　直立式堆码

图 4-26　货品的托盘堆码

用率和机械化程度比自身堆码有较大的提高。

4. 垛基与垛形的选择

（1）垛基。垛基是货垛的基础，其主要作用是承受整个货垛的质量，将货品的垂直压力传递给地基；将货品与地面分开，起防水、防潮和通风的作用；垛基空间为搬运作业提供方便条件。因此对垛基的基本要求是：将整垛货品的重量均匀地传递给地坪；保证良好的防潮和通风；保证垛基上存放的货品不发生变形。

（2）垛形。垛形是指货品在库场码放的形状，各种不同立面的货垛都有各自的特点，见图 4-27。矩形垛、正方形垛易于堆码，便于盘点计数，但随着堆码高度的增加，货垛稳定性就会下降；梯形垛、三角形垛和半圆形垛的稳定性好，但又不便于盘点和计数，也不利于仓库空间的利用；矩形-三角形等复合垛恰好可以整合它们的优点，尤其是在露天存放的情况下更需加以考虑。

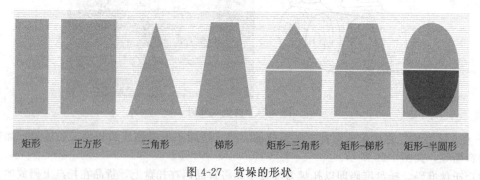

| 矩形 | 正方形 | 三角形 | 梯形 | 矩形-三角形 | 矩形-梯形 | 矩形-半圆形 |

图 4-27　货垛的形状

垛形的确定根据货品的特性及保管的需要，能实现作业方便、迅速和充分利用仓容的目的。仓库常见的垛形有以下几种。

① 平台垛。平台垛是先在底层以同一个方向平铺摆放一层货品，然后垂直继续向上堆积，每层货品的件数、方向相同，垛顶呈平面，垛形呈长方体，见图 4-28。当然在实际堆垛时并不是采用

层层加码的方式，往往从一端开始，逐步后移。平台垛适用于包装规格单一的大批量货品，包装规则，能够垂直叠放的方形箱装货品、大袋货品、规则的软袋成组货品、托盘成组货品。平台垛只是用在仓库内和无需遮盖的堆场堆放的货品码垛。

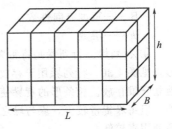

图 4-28　平台垛示意图

平台垛具有整齐、便于清点、占地面积小、堆垛作业方便的优点。但该垛形的稳定性较差，特别是小包装、硬包装的货品有货垛端头倒塌的危险，所以在必要时（如太高、长期堆存、端头位于主要通道等）要在两端采取稳定的加固措施。对于堆放很高的轻质货品，往往在堆码到一定高度后，向内收半件货品后再向上堆码，以保证货垛稳固。

标准平台垛的货品件数的计算公式

$$A = LBh$$

式中　A——总件数；
　　　L——长度方向件数；
　　　B——宽度方向件数；
　　　h——层数。

② 起脊垛。先按平台垛的方法码垛到一定的高度，以卡缝的方式逐层收小，将顶部收尖成屋脊形。起脊垛是用于堆场场地堆货的主要垛形，货垛表面的防雨遮盖从中间起向下倾斜，便于雨水排泄，防止水湿货品。有些仓库由于陈旧或建筑简陋有漏水现象，仓内的怕水货品也采用起脊垛堆垛并遮盖。

起脊垛是平台垛为了遮盖、排水的需要而做的变形，具有平台垛操作方便、占地面积小的优点，适用平台垛的货品都可以采用起脊垛堆垛。但是起脊垛由于顶部压缝收小，形状不规则，无法在垛堆上清点货品，顶部货品的清点需要在垛堆前以其他方式进行。另外，由于起脊的高度使货垛中间的压力大于两边，因而采用起脊垛时库场使用定额要以脊顶的高度来确定，以免中间底层货品或库场被压损坏。

起脊垛的货品件数的计算公式

$$A = LBh + 起脊件数$$

式中　A——总件数；
　　　L——长度方向件数；
　　　B——宽度方向件数；
　　　h——未起脊层数。

③ 立体梯形垛。立体梯形垛是在最底层以同一方向排放货品的基础上，向上逐层同方向减数压缝堆码，垛顶呈平面，整个货垛呈下大上小的立体梯形形状，见图 4-29。立体梯形垛用于包装松软的袋装货品和上层面非平面而无法垂直叠码的货品的堆码，如横放的桶装、卷形、捆包货品。立体梯形垛极为稳固，可以堆放得较高，仓容利用率较高。对于在露天堆放的货品采用立体梯形垛，为了排水需要也可以在顶部起脊。

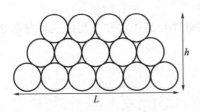

图 4-29　立体梯形垛

为了增加立体梯形垛的空间利用率，在堆放可以立直的筐装、矮桶装货品时，底部数层可以采用平台垛的方式堆放，在一定高度后才用立体梯形垛。

每层两侧面（长度方向）收半件（压缝）的立体梯形垛件数的计算公式

$$A = \frac{(2L - h + 1)hB}{2}$$

式中　A——总件数；
　　　L——长度方向件数；

B——宽度方向件数；

h——层数。

④ 行列垛。行列垛是将每票货品按件排成行或列排放，每行或列一层或数层高。垛形呈长条形，见图4-30。行列垛用于存放批量较小货品的库场码垛使用，如零担货品。为了避免混货，每批独立开堆存放。长条形的货垛使每个货垛的端头都延伸到通道边，可以直接作业而不受其他货品阻挡。但每垛货量较少，垛与垛之间都需留空，垛基小而不能堆高，使得行列垛占用库场面积大，库场利用率较低。

⑤ 井形垛。井形垛是在以一个方向铺放一层货品后，再以垂直的方向铺放第二层货品，货品横竖隔层交错逐层堆放，垛顶呈平面，见图4-31。井形垛垛形稳固，但层边货品容易滚落，需要捆绑或者收进，适用于长形的钢材、钢管及木方的堆码。井形垛的作业较为不便，需要不断改变作业方向。

井形垛货量计算公式

$$A = \frac{(L+B)h}{2}$$

式中　A——总件数；

　　　L——纵向方向件数；

　　　B——横向方向件数；

　　　h——层数。

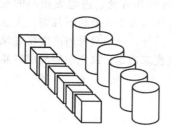

图4-30　行列垛示意图

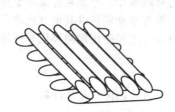

图4-31　井形垛示意图

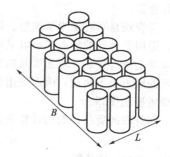

图4-32　梅花形垛示意图

⑥ 梅花形垛。对于需要立直存放的大桶装货品，将第一排（列）货品排成单排（列），第二排（列）的每件靠在第一排（列）的两件之间卡位，第三排（列）同第一排（列）一样，然后每排（列）依次卡缝排放，形成梅花形垛，见图4-32。梅花形垛货品摆放紧凑，充分利用了货件之间的空隙，节约库场面积。

对于能够多层堆码的桶装货品，在堆放第二层以上时，将每件货品压放在下层的三件货品之间，四边各收半件，形成立体梅花形垛。

单层梅花形货垛货量计算公式

$$A = \frac{(2B-1)L}{2}$$

4.1.3.2　货品苫垫技术

货品在堆码时，为了避免货品受到日光、雨水、冰雪、潮气、风露的损害，必须妥善苫垫。苫垫就是指对堆码成垛的货品上苫下垫，它是货品保管养护的必备措施。

1. 垫垛

垫垛即垫底，是指在货品码垛前，在预定的货位地面位置按垛形的大小和重量，在货垛底部放置铺垫材料，见图4-33。常见的衬垫材料有：水泥墩、条石、枕木、废钢轨、货架板、木板、钢板和苇席、防潮纸、塑料薄膜等。为节省木材，尽量利用水泥预制件或钢轨等代替木材。

（1）垫垛的目的

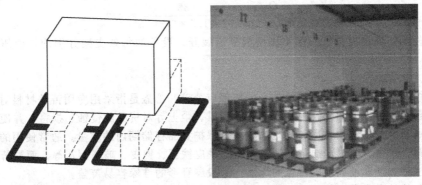

图 4-33　货品的垫垛

① 使地面平整；
② 使堆垛货品与地面隔开，防止地面潮气和积水浸湿货品；
③ 通过强度较大的衬垫物使重物的压力分散，避免损害地坪；
④ 使地面杂物、尘土与货品隔开；
⑤ 形成垛底通风层，有利于货垛通风排湿；
⑥ 使货品的泄漏物留存在衬垫之内，防止流动扩散，以便于收集和处理。

（2）垫垛的基本要求
① 所使用的衬垫物与拟存货品不会发生不良影响，具有足够的抗压强度；
② 地面要平整坚实、衬垫物要摆平放正，并保持同一方向；
③ 衬垫物间距适当，直接接触货品的衬垫面积与货垛底面积相同，货品不伸出货垛外；
④ 要有足够的高度，露天堆场要达到 0.3～0.5m，库房内 0.2m 即可。

（3）垫垛方法。库房的货垛垫底，按货品的防潮要求决定，一般使用垫板、垫架，高度 20cm 以上，排列时要注意将空隙对准走道和门窗，以利通风散潮。有的货品可以不用垫板、垫架垫铺，只用防潮纸、塑料薄膜垫铺即可。

对露天货场的货垛垫底，应先将地面平整夯实，周围挖沟排水，再用枕木、石块、水泥墩作为垫底材料，高度不低于 0.4m，在条石上铺苇席和塑料薄膜等材料。

（4）垫垛物数量的确定。衬垫物的使用量除考虑将压强分散为仓库地坪载荷的限度之内，还需要考虑这些库用消耗材料所产生的成本，因此需要确定时压强小于地坪载荷的最少衬垫物数量。计算公式

$$n = \frac{Q_{物}}{lwq - Q_{自}}$$

式中　n——衬垫物数量；

$Q_{物}$——货品重量；

l——衬垫物长度；

w——衬垫物宽度；

q——仓库地坪承载能力；

$Q_{自}$——衬垫物自重。

【例 4-1】　某仓库内要存放一台自重 30t 的设备，该设备底架为两条 2m×0.2m 的钢架。该仓库库场单位面积技术定额为 3t/m²。问需不需要垫垛？如何采用 2m×1.5m、自重 0.5t 的钢板垫垛？

解：货品对地面的压强为：30/(2×2×0.2)t/m² ＝37.5t/m²。远远超过库场单位面积技术定额，必须垫垛。

据公式

$$n = \frac{Q_{物}}{lwq - Q_{自}}$$

$$n=\frac{Q_物}{lwq-Q_自}=\frac{30}{2\times1.5\times3-0.5}\approx3.3$$

则需要使用 4 块钢板衬垫。将 4 块钢板平铺展开，设备的每条支架分别均匀地压在两块钢板之上。

2. 苫盖

露天货场存放的货品，除了垫垛外，一般都应苫盖。苫盖是指采用专用苫盖材料对货垛进行遮盖，以减少自然环境中的阳光、雨雪、潮气、刮风、尘土等对货品的侵蚀、损害，并使货品由于自身理化性质所造成的自然损耗尽可能地减少，以保护货品存储期内的质量。通常使用的苫盖材料有篷布、塑料布、芦席、草帘、油毡、塑料薄膜、铁皮铁瓦、铝皮、玻璃钢瓦等。而需苫盖的货品在堆垛时，要注意选择和堆成可以苫盖的垛形，一般屋脊形的堆垛容易苫盖。

（1）苫盖的基本要求。苫盖的目的是给货品遮阳、避雨、挡风、防尘。苫盖的要求如下。

① 选择合适的苫盖材料。选用防火、无害的安全苫盖材料，如易燃易爆货品仓库，不得使用芦苇席、油毡纸等易燃料；苫盖材料不会对货品发生不良影响，如苫盖时间较长的垛，可用两层席子，中间夹一层油毡纸；成本低廉，不易损坏，能重复使用，没有破损和霉变。

② 苫盖牢固。每张苫盖材料都需要牢固固定，必要时在苫盖物外用绳索、绳网绑扎或者用重物镇压。

③ 苫盖的接口要有一定深度的互相叠盖，不能迎风叠口或留空隙，苫盖必须拉挺、平整，不得有折叠和凹陷，防止积水。

④ 苫盖的底部与垫垛齐平，不腾空或拖地，并牢固地绑扎在垫垛外侧或地面的绳桩上，衬垫材料不露出垛外，以防雨水顺延渗入垛内。

⑤ 使用旧的苫盖物或在雨水丰沛季节，垛顶或者风口需要加层苫盖，确保雨淋不透、冬季能防风雪。

（2）选择苫盖材料和方法时应考虑的因素。一般的仓库多使用席子和油毡纸作苫盖材料，仓库应尽量利用旧包装铁皮改制成苫盖材料；苫布价值较高，只适用于临时使用。需较长时间苫盖的货垛，可用两层席子中间加一层油毡纸，按照适当规格预制成苫瓦，使用时方便，拆垛后还可以再次利用。

① 货品的保管养护要求。如裸露的五金类货品不能受潮，必须用严密性较好的苫盖材料；对怕热怕潮的货品，应采用隔离苫盖法；对要求通气性好的货品，要求用人字苫盖法。

② 本地气候变化情况。在雨季，利用严密性较好的材料苫盖；在夏天，除考虑苫盖防雨外，还要有隔热措施。

③ 垛形对苫盖的要求。根据货垛的大小和形状选择苫盖材料和苫盖方法，各种货垛的苫盖都要做到刮风揭不开、下雨渗不进、垛顶有斜度、垛齐又牢固。

④ 货品出进对苫盖的要求。苫盖要方便进出货操作和货品检查，拆垛翻盖的面积要尽可能小。

（3）苫盖方法

① 整块苫盖法。就是用整块的苫布（如篷布、塑料布等）将整个货垛苫盖起来，如图 4-34 所示。对露天货垛，首先将铺底的塑料膜向上翻起，用线将其与货品包装缝牢，然后用苫布从垛顶

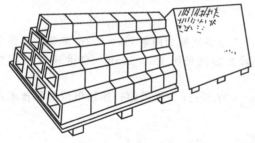

图 4-34　屋脊式苫盖

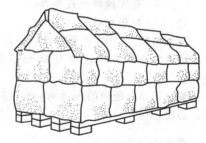

图 4-35　席片鱼鳞式苫盖

苫盖到垛底，垛底的水泥墩、枕木、木板、垫架等不可露在苫布外，以防雨水流入垛底。如果货垛过大，可用两块苫布连接，苫布连接处重叠部分不少于1.2m。苫盖好后，将苫布四周用绳子与垛底拉环拴紧拴牢。铺放苫盖材料的方式，可分为紧贴货垛铺放和用物件隔离货垛铺放两种方式，一般采用大面积的帆布、油布、塑料膜等。该法操作便利，但基本不具有通风条件，适用于屋脊型垛和大件包装货品的苫盖。

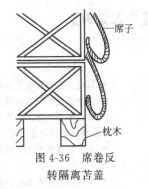

图 4-36　席卷反转隔离苫盖

②席片苫盖法。就是用席片、芦席等面积较小的苫盖材料从垛底自下而上呈鱼鳞式逐层交叠围盖，盖好后形成鱼鳞状，又叫鱼鳞苫盖法，如图4-35所示。该法一般采用面积较小的瓦、席等材料苫盖。货品如需要顶部或四周有通风条件时，可将席子下部翻卷来隔离苫垛，如图4-36所示。鱼鳞式苫盖法具有较好的通风条件，但每件苫盖材料都需要固定，操作比较繁琐复杂。

③隔离苫盖法。就是在席片苫盖法的基础上，将席片下部向货垛反卷并钉牢，在席片与货垛之间形成一定的空隙，可以起到散热、散潮的作用，适用于苫盖怕热、怕潮的货品，见图4-37。操作时，货垛与苫盖物之间可用席片、竹片隔离。

④活动棚苫盖法。将苫盖货品制作成一定形状的棚架，在货品堆垛完毕后，移动棚架到货垛加以遮盖；或者采用即时安装活动棚架的方式苫盖，见图4-38。该法较为快捷，具有良好的通风条件，但活动棚本身需要占用仓库空间，也需要较高的购置成本。

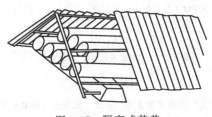

图 4-37　隔离式苫盖

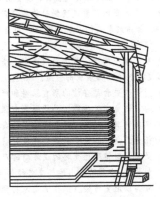

图 4-38　活动棚苫盖

4.1.4　货品保管保养作业

【背景资料】

货品养护常识

人们所熟悉的烟酒、糖茶、服装鞋帽、医药、化妆品、家用电器以及节日燃放的烟花爆竹等，有的怕潮、怕冻、怕热，还有的易燃、易爆。影响储存货品质量变化的因素很多，其中一个重要的因素是空气的温度。有的货品怕热，例如：油毡、复写纸、各种橡胶制品及蜡等，如果储存温度超过要求（30～35℃）就会发黏、熔化或变质；有的货品怕冻，如：医药针剂、口服液、墨水、乳胶、水果等，则会因库存温度过低冻结、沉淀或失效。例如：苹果储藏在1℃比在4～5℃储藏时寿命要延长一倍。但储藏温度过低，可引起果实冻结或生理失调，也会缩短储藏寿命。影响储存货品质量变化的另外一个重要因素是空气的湿度。

由于货品本身含有一定的水分，如果空气相对湿度超过75%，吸湿性的货品就会从空气中吸收大量的水分而使含水量增加，这样就会影响到货品的质量。如食盐、麦乳精、洗衣粉等出现潮解、结块，服装、药材、糕点等生霉、变质，金属生锈。但空气相对湿度过小（低于30%），也会使一些货品的水分蒸发，从而影响货品质量。如：皮革、香皂、木器家具、竹制品等的开裂，甚至失去使用价值。

【导入案例】

卡夫食品的仓储要求

1. 虫害控制

- 制定虫害控制程序旨在有效防止虫害侵袭库区及周围区域。
- 应由签约的专业公司或受过专门训练的人员来进行灭虫害的活动。
- 根据商品存储及运输的具体法律法规的规定，确定使用杀虫剂、杀真菌剂或是灭鼠剂。并且应从获得合法执照的虫害机构获取此类药剂。
- 只有在其他灭虫害的方法无效的情况下才可以采取熏蒸的方法。执行熏蒸的程序应对之前的预防和之后的措施加以定义。
- 应确定使用杀虫剂、杀真菌剂或灭鼠剂时的安全剂量，应安放和保证足够数量的捕鼠夹和鼠笼在适当的地方，成粒状的毒饵不能作饵料使用。
- 库房内禁止使用毒饵，库房外则可根据具体情况使用。仓库内至少每周放置一次捕鼠夹或根据虫害情况提高频率。
- 应制作一份完整准确的位置图，描绘出捕鼠夹、粘鼠板、灭蚊虫器及库房外鼠笼等的具体摆放位置。
- 对虫害进行控制和杀灭的工作的例行检查，应根据被认可的时间表执行和加以记录（检查频率的确定应该是足以识别虫害控制和杀灭工作的时间为宜，最佳频率是至少每月进行一次检查），虫害控制记录应包括所有必要信息：虫害检查员姓名、检查时间、药剂使用情况（类型、剂量、使用、编号、摆放位置），以及检查结果和建议。
- 如果一旦发现虫害活动，应该立即采取行动和增加检控次数，所有的灭虫害活动应被记录。
- 使用签约的灭虫害公司并不能免除操作方对卡夫食品上任何不合规定的杀虫剂残留物所负有的责任。如果卡夫食品的产品被发现有残留物，操作方应通过必要的保险对卡夫食品进行赔偿。
- 操作人员的职责是确保投放的任何药品，包括熏蒸用化学药剂，根据标识说明和被认可的目的直接应用于任何一种食品或食品的原料的投放，都是有效适用的。

2. 储存

- 对储存中的产品状况必须确定一个适当的时间段，以便能及时发现由于虫害侵袭、保质期、不卫生的条件和温湿度控制不当而造成的变质。
- 对卡夫食品存储的所有原料和产品，必须建立一个有效的 FIFO（先进先出）的系统。
- 为了避免交叉污染，必须隔离有强烈气味的产品或原料。
- 产品和其他材料必须整齐地以托盘码放并与地面隔开存储。
- 托盘、货架和设备必须处在良好状态以避免对原料或产品的任何物理损坏（如没有钉子、木屑等）。
- 必须及时清理已变坏的或渗漏的产品。
- 加热器/空调所排出的气流必须远离原料和产品。
- 应当以避免污染（如在干燥宠物食品里的蛀虫）或霉味的方式处理和存储食品、退货、宠物食品和非食品货品。必须采用间隔物或其他预防措施，如运输控制、单独的空气系统进行保护。
- 如果托盘是存放在库外的，它们需经适当的检查以确保是干净的、干燥的、没有虫害侵袭的和未发霉的。
- 用于储存的设施中，有足够的货架、备货区地下仓库、罐、箱柜等，以及与墙壁保持足够的间隔（指导方针是与墙壁最少保有 0.3m 的距离），以方便检验和装置活动门。避免阳光直射在产品上。

注意：与墙壁的间隔和对行列的要求不适用于生咖啡、已除咖啡因的豆、可可豆和咖啡因恢复操作。

对于需要存储在指定条件下的产品，仓储条件必须检查并记录，如温度、湿度（温度控制必须至少每天进行）。卡夫食品对仓储、处理、收藏和运输的特别规定应用于描述这些所需的条件，通常的条件包括：

（1）仓库周围。仓库周围的主要条件是不需要进行温度或湿度控制，典型温度在 5～35℃ 之间。但对于某些异常的环境条件，必须定义一套包括纠正措施在内的报告系统。

（2）干仓。主要条件是对温湿度进行控制以避免吸收空气中的湿气，温度控制在 15～25℃，相对湿度小于65%。通过使用温湿度测量记录仪实现对温度和湿度的监测。同时必须定义一套包括对于测量结果超出要求的温湿度范围时的纠正措施在内的报告系统。

（3）温控仓。温度控制在指定的 14～18℃ 范围内。理想的相对湿度在 50%～65% 之间。通过使用温湿度测量记录仪实现对温度和理想湿度的监控。同时必须定义一套包括测量结果超出要求的温湿度范围时的纠正措施在内的报告系统。

（4）冷藏库。温度控制在指定的范围内，大致是 1～4℃ 或 1～8℃。湿度范围没有限定。通过使用温度测量记录仪实现对温度的监控。程序必须恰当以确保在装载前产品已预先冷藏到所需的温度，车辆在装载发货前也已预先进行了预冷处理。同时必须定义一套包括对于测量结果超出要求范围时的纠正措施在内的报告系统。

（5）冻库。温度控制在指定的范围内，大致为零下 18～30℃。湿度范围没有限定。通过使用温度测量记录仪实现对温度的监控。程序必须恰当以确保在装载前产品已预先冻结到所需的温度，车辆在装载发货前也已预先进行预冻处理。同时必须定义一套包括对于测量结果超出要求的温度范围时的纠正措施在内的报告系统。

注意：必须同时符合地方性规章中对于仓储、处理、储藏和运输产品的特殊规定。

4.1.4.1　货品保管保养概述

1. 货品保管保养目的

货品保管保养是一项综合性、应用科学性的技术工作。产品由生产部门进入流通领域后，需要分别对不同性质的货品在不同储存条件下采取不同的技术措施，以防止其质量变化。由于构成产品的原材料不同、性质各异，受到各种自然因素影响而发生质量变化的规律，其物理、化学、生物、微生物、气象、机械、电子、金属学等多门学科都有密切的联系。因此，从事储存工作的人员只有掌握和运用这些学科的理论，才能创造各种保管保养技术，并使之得到广泛的应用和提高。

（1）货品保管保养的目的。货品保管保养的目的是，通过科学研究和实践，认识货品在储存期间发生质量劣化的内外因素和变化规律，研究采取对外因的控制技术，以维护其使用价值不变，避免受到损失，保障企业经济效益的实现。同时还要研究制订货品的安全储存期限和合理的损耗率，以提高整个行业的管理水平。

（2）货品保管保养的任务。"以防为主，防治结合"是货品保管保养的基本方针。做好防就可以减少治或者避免治。但是，一旦发生了质量问题，就必须进行治。如果治的方法恰当、及时，同样可以避免货品的使用价值受到影响而发生损失。

货品保管保养的基本任务就是面向库存货品，根据库存数量的多少、发生质量的变化速度、危害程度、季节变化，按轻重缓急分别研究、制订相应的技术措施，使货品质量不变，最大限度的避免和减少货品损失，降低保管损耗。

（3）货品保管保养的组织。货品保管保养是一门应用多种学科理论的技术，因此物流仓储企业必须有各级专业技术人员和一定的实验研究设备，才能适应工作需要。应根据仓库规模大小和储存货品的特性，建立相应的货品保管保养研究机构，针对储存中的技术问题，开展科学研究活动。专业人员还需要不断地学习新知识，掌握先进的技术，维护货品的质量以及使用价值，避免损失，减少损耗，保障企业经济效益的实现，并不断地提高企业管理水平。

2. 货品保管保养的基本措施

货品养护不仅是技术问题也存在管理问题，是一门综合性应用科学。对于普通货品的养护工作而言，维持它们质量、数量、包装的完好，重要的不是技术措施的保证，而是管理水平的高低。制订必要的管理制度和操作规程并严格执行是各项管理工作的基础。"以防为主，以治为辅，防治结合"是货品保管工作的方针。搞好货品保管，具体应做好以下几个方面的工作。

（1）严格验收入库货品。要防止货品在储存期间发生各种不应有的变化，首先在货品入库时要严格验收，弄清货品及其包装的质量状况。对吸湿性货品要检测其含水量是否超过安全水平，对其他有异常情况的货品要查清原因，针对具体情况进行处理和采取救治措施，做到防微杜渐。

（2）适当安排储存场所。由于不同货品性能不同，对保管条件的要求也不同，分区分类，合理安排存储场所是货品养护工作的一个重要环节。如怕潮湿和易霉变、易生锈的货品，应存放在较干燥的库房里；怕热易溶化、发黏、挥发、变质或易发生燃烧、爆炸的货品，应存放在温度较低的阴凉场所；一些既怕热、又怕冻且需要较大湿度的货品，应存放在冬暖夏凉的楼下库房或地窖里。此外，性能相互抵触或易串味的货品不能在同一库房混存，以免相互产生不良影响。尤其对于化学危险品，要严格按照有关部门的规定，分区分类安排储存地点。

（3）妥善进行堆码苦垫。阳光、雨雪、地面潮气对货品质量影响很大，要切实做好货垛遮苦和货垛垛下苦垫隔潮工作，如利用石块、枕木、垫板、苇席、油毡或采用其他防潮措施。存放在货场的货品，货区四周要有排水沟，以防积水流入垛下；货垛周围要遮盖严密，以防雨淋日晒。货垛的垛形与高度，应根据各种货品的性能和包装材料，结合季节气候等情况妥善堆垛。

含水率较高的易霉货品，热天应码通风垛；容易渗漏的货品，应码间隔式的行列垛。此外，库内货品堆码应留出适当的距离，俗称"五距"，即：顶距：平顶楼库顶距为 0.5m 以上，人字形屋顶以不超过横梁为准；灯距：照明灯要安装防爆灯，灯头与货品的平行距离不少于 0.5m；墙距：外墙 0.5m，内墙 0.3m；柱距：一般留 0.1～0.2m；垛距：通常留 0.1m。对易燃货品还应留出适当防火距离。

（4）控制好仓库温、湿度。仓库的温度和湿度，对货品质量变化的影响极大，也是影响各类货品质量变化的重要因素。各种货品由于其本身特性，对温、湿度一般都有一定的适应范围，有安全湿度和安全温度的要求。超过这个范围，货品质量就会发生不同程度的变化。因此，应根据库存货品的性能要求，适时采取密封、通风、吸潮和其他控制与调节温、湿度的办法，力求把仓库温、湿度保持在适应货品储存的范围内，以维护货品质量安全。

（5）认真进行货品在库检查。做好货品在库检查，对维护货品安全具有重要作用。库存货品质量发生变化，如不能及时发现并采取措施进行救治，就会造成或扩大损失；因此，对库存货品的质量情况，应进行定期或不定期的检查。检查应特别注意货品温度、水分、气味、包装物的外观、货垛状态是否有异常。

（6）搞好仓库清洁卫生。储存环境不清洁，易引起微生物、虫类寄生繁殖，危害货品。因此，对仓库内外环境应经常清扫，彻底铲除仓库周围的杂草、垃圾等物，必要时使用药剂杀灭微生物和潜伏的害虫。对容易遭受虫蛀、鼠咬的货品，要根据货品性能和虫、鼠生活习性及危害途径，及时采取有效的防治措施。

4.1.4.2 影响库存货品发生变化的因素

仓库货品储存期间通常发生的质量变化有霉变、虫蛀、锈蚀、老化、溶化、干裂、褪色、挥发、呼吸、后熟、僵直、成熟和自溶等，其中霉变、虫蛀、锈蚀、老化、呼吸、后熟是货品储存中最易发生的质量变化。而影响货品储存期间质量变化的因素主要有两个方面：一是货品内在的因素，即货品本身的自然属性，包括货品的成分、结构及性质；二是货品储存的外在环境因素，即指大气的温度、湿度、日光、氧气、微生物、虫鼠等，它是影响货品质量变化的外因。所有这些影响因素，都会直接或间接造成货品的变质和损坏，对此我们必须有全面的了解，才能掌握库存货品变化的规律，科学地进行货品保管工作。因此，必须采取有效措施，防止有害因素的影响，保证货品的储存安全。

1. 库存货品质量变化的内在因素

库存货品在储存期间发生各种变化，起决定作用的是货品本身的内在因素。货品的组织结构、化学成分及理化性质等，所有这些都是在制造中决定了的，因此在储存过程中，要充分考虑这些性质和特点，创造适宜的储存条件，减少或避免其内部因素发生作用而造成货品质量的变化。引起货品质量变化的内在因素主要有以下几个方面。

（1）货品的化学性质。货品的化学性质指货品的形态、结构以及货品在光、热、氧、酸、碱、湿度、温度等作用下，发生改变货品本质的性质。与商货品储存密切相关的货品的化学性质包括：化学稳定性、毒性、腐蚀性、燃烧性、爆炸性等。

（2）货品的物理性质。货品的物理性质主要包括导热性、耐热性、吸湿性、含水率、吸湿率、透气性、透湿性、透水性。物理性质是决定和判断货品品质、种类的依据，也能反应货品种类、品种的特征，特别是能判断许多食品品质优次和正常与否。

（3）货品的机械性质。货品的机械性质指货品的形态、结构在外力作用下发生改变的性质。货品的这种性质与其质量关系极为密切，是体现适用性、坚固耐久性和外观的重要内容。主要包括货品的弹性、塑性、强度等。

2. 货品质量变化的外在因素

（1）温度。温度是指物体的冷热程度，它标志着物体内部分子热运动的急剧程度。在储存过程中，库内温度超过货品的安全保管条件，可以提高或降低货品的含水量，引起某些易溶、易挥发的液体货品以及有生理机能的货品，发生质量变化并使货品受到损坏。如食品、易挥发性货品、农药等，当温度超过它的安全储存范围时，就会发生蒸发、燃烧或爆炸、发黏、变质或溶化；某些怕冻的货品，如鲜活食品、墨水等流质货品则会因为温度过低出现冻伤、腐烂、冻结、沉淀、变质、失效等现象。为此，必须对仓库提出适合于货品长期安全储存的温度界限，即安全温度。对一般货品来说，只要求最高温度界限；一些怕冻货品和鲜活货品，则要求最低温度界限。

（2）湿度。空气湿度的表示方法有：绝对湿度、饱和湿度、相对湿度等。各种货品按其内在的特性，各自要求有一个适当的湿度范围，在这个范围内储存货品，就可以使货品质量不发生或少发生变化，达到安全储存的目的。如果仓库的湿度经常地或长期地超过这个范围，就会引起或加速货品的质量变化，从而降低货品的使用价值。例如，当库内相对湿度过大，长期超过适宜湿度，就会引起纺织品、服装、鞋、帽、粮食、食品等生霉，金属制品生锈，硅酸盐制品风化，食糖、食盐等货品结块、潮解或溶化等变质现象的发生。相反，如湿度过低，造成货品体内水分大量蒸发，也会使某些货品如竹木制品干裂、变形等。

（3）日光照射。日光具有一定的能量，可以蒸发货品中的水分，日光中的紫外线对微生物有杀伤作用。日光的直接照射也会对某些货品起破坏作用，如棉、麻、丝等纤维织品，若长时间与日光接触，织品中的天然纤维会被氧化，使织物变色；漂白粉、84 消毒液等在温度高、水分大、见光、不密封的情况下，会发生分解；某些高分子货品，如塑料、橡胶等受光、热、氧的影响，便发黏、龟裂、强力降低以致发脆、变质，即塑料、橡胶的老化；某些货品见光后，会引起变质或变色的现象。

（4）气体对货品的影响。不同的气体对储存货品质量变化有着不同的影响。

① 氧气。储存的货品发生化学变化，绝大多数与空气中的氧有关。氧是活泼的气体，能与许多货品直接化合，使货品变质，有生命力的货品也需用氧气来进行呼吸作用，总之，氧气同货品的呼吸、燃烧、锈蚀、霉腐、老化、虫蛀等有直接关系。

② 氮气。空气中的氮，其化学性质比较稳定，在正常的情况下，不与其他物体反应。氮气能隔断氧气，使一些氧化作用不至于过分激烈。货品的储存在氮气的环境中，能大大降低其变质的速度。

③ 二氧化碳。二氧化碳是光合作用不可缺少的成分，同时能吸收和放出辐射能，影响地面和空气的温度，还能抑制仓库害虫和某些微生物的繁殖、生长，但会加速金属的锈蚀。

④ 其他气体。臭氧能吸收紫外线，对地面生物有机体有保护作用，但也能引起某些有机货品的老化。还有二氧化硫、硫化氢等气体污染空气，能引起或加速货品的锈蚀、脆化、变色等质量变化。

（5）微生物及虫鼠害的侵害。微生物和虫鼠会使货品发生霉腐、虫蛀现象。微生物可使货品产生腐臭味和色斑霉点，影响货品的外观，同时使货品受到破坏、变质，丧失其使用或食用价值。虫鼠在仓库不仅蛀食动植物性货品和包装，有的还能危害塑料、化纤等化工合成货品，甚至毁损仓库建筑物。

（6）卫生条件。卫生条件不好，不仅会使灰尘、油垢、垃圾等污染货品，造成某些外观瑕疵和感染异味，而且还为微生物、仓库害虫创造了活动场所，货品容易受到微生物的感染而霉腐；此外，仓库内如有垃圾、灰尘、油污、腥臭也会污染货品。所以在储存过程中，一定要搞好储存环境卫生，保持货品本身的卫生，防止货品间的感染。

（7）外力对货品的影响。货品受到重力、压力、摩擦力、冲击力等外力作用，会产生一定形变或质变，当外力大小超出货品所能承受的范围时，货品就会降低或失去其使用价值。如怕压货品、堆垛过高，首先造成包装变形，然后使货品受压，产生形变损害；有些货品撞击而裂成碎片；有些货品受到摩擦后，表面产生划痕或被磨损，影响其质量和外观。

（8）社会因素。主要包括：国家的方针政策，生产经济形势，技术政策和企业管理，人员素质以及规章制度等因素，这些因素影响货品的储存规模、储存水平及储存时间，对储存质量具有间接影响。

4.1.4.3 仓库温、湿度的控制与调节

温度的变化会使物质微粒的运动速度发生变化，高温能促进货品发生挥发、渗漏、熔化等物理变化及一些化学变化，低温易引发货品的冻结、沉淀等变化，同时温度适宜时会给微生物和仓库害虫的生长和繁殖创造有利条件；同样，湿度的变化也会引起货品的含水量、化学成分、外形或体态结构发生变化。所以在货品保管与养护过程中，一定要控制和调节仓储的温湿度，尽量创造适合货品储存的温湿度条件，见表4-5。

表4-5　几种货品的温湿度要求

种　类	温度/℃	相对湿度/%	种　类	温度/℃	相对湿度/%
金属及制品	5～30	≤75	重质油、润滑油	5～35	≤75
碎末合金	0～30	≤75	轮胎	5～35	45～65
塑料制品	5～30	50～70	布电线	0～30	45～60
压层纤维塑料	0～35	45～75	工具	10～25	50～60
树脂、油漆	0～30	≤75	仪表、电器	10～25	70
汽油、煤油、轻油	≤30	≤75	轴承、钢珠、滚针	5～35	60

1. 温、湿度的变化规律

货品在仓库储存过程中出现的各种变质现象，几乎都与空气温、湿度有密切关系。仓储货品保管的中心环节就是控制好仓库的温、湿度。由于货品的性质不同，其所适应的温、湿度也不同。仓库温、湿度的变化对储存货品的质量安全影响很大，而仓库温、湿度往往又受自然气候变化的影响，这就需要仓库管理人员正确地控制和调节仓库温、湿度，以确保储存货品的安全。

(1) 大气温湿度的变化规律

① 温度变化规律。气温的变化可分为周期性变化与非周期性变化两类，气温的周期性变化又分为年变化和日变化。

a. 温度的年变化规律。大气的温度，在一年中，气温最低的月份，内陆为1月，沿海为2月；最热的月份，内陆为7月，沿海为8月；平均气温均在4月底和10月底。一年中月平均气温的最高值与最低值之差称为气温的年较差。

b. 气温的日变化。是指一昼夜内气温的变化。在一昼夜中，最高值在午后2～3点，最低值在凌晨日出前，交替出现，形成白天热、夜间冷，中午暖、早晚凉的变化规律。一个昼夜中，最高气温和最低气温的差值，称气温日变幅，气温日变幅的大小，受地域、地形、季节、土壤等因素的影响。

② 湿度变化规律。相对湿度的年、日变化是随气温的升高而减小，随气温的降低而增大，所以相对湿度的年变化趋势与气温年变化相反，一般最高值出现在冬季，最低值出现在夏季。但是，各地相对湿度的年变化也不完全一致。例如沿海地区和受季风影响的大部分地区，夏季季风从洋面带来大量水汽，相对湿度就高，冬季季风从内陆带来干旱空气，相对湿度就低。

湿度的日变化，相对湿度的日变化与气温的日变化相反。一般在日出前，相对湿度出现最高值，午后2～3点，相对湿度呈现最低值。但沿海地区由于从海洋吹来的水汽，在午后温度最高时最强。所以，午后温度最高时，其相对湿度也高。

(2) 库房温、湿度变化规律。库房内温湿度变化，是服从于大气的温湿度变化的，不论年变化或者日变化，都与库外温、湿度的变化大致相同。但库外气候对库内的影响，在时间上有一个过程，且有一定的减弱。所以，库内温湿度变化的时间，总是落后于库外，并且变化的幅度也比库外小，通常是夜间库温高于库外气温，白天库温低于库外气温。由于库房所在地区、方向和库房建筑材料、结构、颜色、空间、垛形等的差异，库房的温湿度变化是错综复杂的。

① 库房温度变化的一般规律。从季节看，一般1～4月和10～12月气温低于库温；6～8月，气温则高于库温；4～5月和9～10月气温和库温大致相当。从库房的建筑材料看，由于材料的比

热和导热的系数不同，钢筋水泥建材与砖木建材相比，夏天前者库温比后者高，冬天，后者比前者库温高；从结构看，楼仓，夏天高层库温比低层库温高，顶层最热，冬天则相反，顶层最冷。平房、人字顶的库温高于平顶的库温；从空间看，向阳面和上部库温高于背阴面和下部库温，靠门、窗、通风口处的库温变化高于其他地方的变化；从垛形看，通风垛、各种间距合理、库内无死角时，库温大致趋于平均。若码实心垛，各种距离欠妥当，库内有死角，则库温都有差异。

　　② 库房湿度变化的一般规律。库房湿度除受季节影响以外，还与库房的结构、货品及货品的堆放方法有直接关系。库房或货垛的高度越高，上部的温度高，湿度小，底部的温度低，湿度大；地坪，夏季温度偏低，湿度偏高，冬季受冷空气的影响较为干燥；向阳面，温度稍高，湿度稍低，背阴面则相反。库内有死角处湿度偏高。另外库内湿度变化还与货品含水量和密封程度有关，货品含水量大库房密封差的，库内湿度变化较大；货品含水量低，库房密封得好，受外界湿度影响小，库内的湿度变化较稳定。

　　2. 仓库温湿度的测定

　　测定空气温湿度通常使用干湿球温度表，简称为干湿表，如图 4-39 所示。

　　在库外设置干湿表，为避免阳光、雨水、灰尘的侵袭，应将干湿表放在百叶箱内。百叶箱中温度表的球部离地面高度为 2m，百叶箱的门应朝北安放，以防观察时受阳光直接照射。箱内应保持清洁，不放杂物，以免造成空气不流通。

图 4-39　仓库温湿度的测定

　　在库内，干湿表应安置在空气流通、不受阳光照射的地方，不要挂在墙上，挂置高度与人眼平，约 1.5m 左右。每日必须定时对库内的温湿度进行观测记录，一般在上午 8～10 点、下午 2～4 点各观测一次。记录资料要妥善保存，定期分析，摸出规律，以便掌握货品保管的主动权。

　　3. 仓库温湿度的控制与调节

　　仓库温湿度的变化，与库存货品的安全有着密切的关系。为确保库内货品质量完好，防止库外气候对库内货品产生不利影响，库内温湿度应经常保持在一定范围内。温湿度管理是货品养护的重要日常工作，是维护货品质量的重要措施。要做好仓库的温湿度管理工作，需要采取一定的措施来控制库内温湿度的变化。对不适合货品储存的温湿度，要及时进行控制和调节，创造适宜于货品储存的环境。控制和调节仓库环境的方法有很多，实践证明，密封、通风和吸潮相结合的方法，是控制与调节仓库内温湿度行之有效的方法。

　　（1）密封。仓库密封就是利用防潮、绝热、不透气的材料把货品尽可能严密地封闭起来，以隔绝空气、降低或减小空气温湿度对货品的影响，从而达到货品安全储存的目的，见图 4-40。密封措施是仓库内温湿度控制和调节的基础，没有密封措施，就无法利用通风、吸潮、降温、升温等方法

图 4-40　仓库密封的形式

调节温湿度。对库房采用密封就能保持库内温湿度处于相对稳定状态，密封能保持库内温湿度处于稳定状态，若和通风、吸潮结合运用，运用得当，可以收到防潮、防霉、防热、防溶化、防干裂、防冻、防锈蚀、防虫等多方面的效果。

① 密封保管的注意事项

a. 在密封前要检查货品质量、温度和含水量是否正常，如发现生霉、生虫、发热、水湴等现象就不能进行密封；若发现货品含水量超过安全范围或包装材料过潮，也不宜密封。

b. 要根据货品的性能和气候情况来决定密封的时间。怕潮、怕溶化、怕霉的货品，应选择在相对湿度较低的时节进行密封。

c. 常用的密封材料有塑料薄膜、防潮纸、油毡、芦席等，这些密封材料必须干燥清洁，无异味。

② 仓库密封保管的形式

a. 不同介质的密封。由于介质不同，密封可以分为大气密封、干燥空气密封、充氮密封和去氧密封等。

（a）大气密封。大气密封就是将封存的货品，直接在大气中密封，其间隙中充满大气，密封后基本保持密封时的大气湿度。

（b）干燥空气密封。干燥空气密封是在密封空间内充入干燥空气或放置吸湿剂，使空气干燥，防止货品受潮。干燥空气的相对湿度应在 40% ～ 50% 左右。

（c）充氮密封。充氮密封是在密封空间内充入干燥的氮气，造成缺氧的环境，减少氧的危害。

（d）去氧密封。去氧密封是在密闭空间内放入还原剂，如亚硝酸钠，吸收空气中的氧，造成缺氧的气氛，为封存货品提供更有利的储存条件。

b. 不同范围的密封。按照密封的范围不同，可分为整库密封、小室密封、货垛密封、货架密封、包装箱及容器密封、单件密封等。

（a）整库密封。这种密封方法适于储存量大、进出不频繁或整进整出的货品。整库密封时，地面可采用水泥沥青、油毛毡等制成防潮层隔潮，墙壁外涂防水砂浆，内涂沥青和油毛毡，库内做吊平顶，门窗边缘使用橡胶条密封，在门口可用气帘隔潮。

（b）整垛密封。这种密封方法适于临时存放的、怕潮易霉或易干裂的货品。未经干燥处理的新仓库，里面的货品在储存时也必须实行分垛密封保管。在密封过程中，先用塑料薄膜或苫布垫好底，然后再将货垛四周围起，以减少气候变化时对货品的影响。

（c）整柜密封。对出入库频繁、零星而又怕潮易霉、易干裂、易生虫、易锈蚀的货品，可采用整柜密封法。在储存时可在货柜内放一容器，内装硅胶或氯化钙等吸湿剂，以保持货柜内干燥；若要防虫，还应在货柜内放入适量的驱虫剂。

（d）整件密封。这种密封方法主要是将货品的包装严密地进行封闭，一般适于数量少、提价小的易霉、易锈蚀货品。总之，要根据货品养护的需要，结合气候情况与储存条件，因地制宜，就地取材，灵活运用。不过，密封只有控制库房温度的作用，而没有调节的作用。密封是相对的，当出现不适宜温湿度的情况下，还必须进行调节。所以只靠密封一种措施是不能达到使库房温湿度适宜的目的的，必须和其他措施相结合。

（2）通风。通风是根据大气自然流动的规律，有计划、有目的地利用库内外空气的对流与交换的重要手段，是调节库内温湿度、净化库内空气的有效措施，见图 4-41。库房通风是调节库房温湿度的有效办法，通风时要注意空气自然流动的规律，有计划地进行库房四处的空气交换，达到库房内温度湿度适宜的要求。正确地进行通风，不仅调节与改善库内的温湿度，还能及时散发货品及包装物的多余水分。

① 通风方式。仓库通风按通风动力可分为自然通风和强迫通风两种方式。

a. 自然通风。自然通风是利用库内外空气的压力差，实现库内外空气交流置换的一种通风方式。这种通风方式不需要任何通风设备，因而也就不消耗任何能源，而且通风换气量比较大，是一种最简便、最经济的通风方式。

图 4-41　仓库通风的形式

b. 强迫通风。强迫通风又称机械通风或人工通风，它利用通风机械所产生的压力或吸引力，即正压或负压，使库内外空气形成压力差，从而强迫库内空气发生循环、交换和排除，达到通风的目的。

② 仓库通风应注意的几个问题

a. 在一般情况下，应尽可能利用自然通风，只有当自然通风不能满足要求时，才考虑强迫通风。一般仓库不需要强迫通风，但有些仓库，如化工危险品仓库，必须考虑强迫通风。因库内的有害气体，如不及时排除，就有发生燃烧或爆炸的危险，有的还会引起人身中毒，酿成重大事故。

b. 在利用自然通风降湿的过程中，应注意避免因通风产生的副作用。如依靠风压通风时，一些灰尘杂物容易随着气流进入库内，对库存货品造成不良影响，所以当风力超过五级时，不宜进行通风。

c. 强迫通风多采用排出式，即在排气口安装排风扇。但对于产生易燃、易爆气体的仓库和产生腐蚀性气体的仓库，则应采用吸入式通风方式。因为易燃、易爆气体经排风口向外排放时，如排风扇电机产生火花，就有引起燃烧爆炸的危险；而腐蚀性气体经排风扇向外排放时，易腐蚀排风机械，降低机械寿命。若采用吸入式通风方式，可使上述问题得到解决。

d. 通风机械的选择，应根据实际需要与可能，并要考虑经济实用。通风机械分为轴流式和离心式两种。一般仓库可采用轴流式通风机，因为它通风量比较大、动力能源消耗少，其缺点是产生的空气压力差小，适合在阻力较小的情况下进行通风。离心式通风机产生的空气压力差大，但消耗能量多，适合在阻力大的情况下进行通风。

e. 通风必须与仓库密封相结合。当通风进行到一定的时间，达到通风目的时，应及时关闭门窗和通风孔，使仓库处于相对的密封状态，以保持通风的效果。所以不但开始通风时应掌握好时机，而且停止通风时也应掌握好时机。另外，当库外由于天气的骤然变化，温湿度大幅度变化时，也应立即中断通风，将仓库门窗紧闭。

总之，库房通风方式的选择与运用，取决于库存材料的性质所要求的温湿度；取决于库房条件，如库房大小，门窗、通风洞的数量，以及地坪的结构等；同时还取决于地理环境和气象条件，如库房位于城市、乡村、高原、平地或江、河、湖和海畔等。因此必须根据不同地区，不同季节和不同库房条件等，从货品安全角度出发，选择通风方式，因地、因物、因时制宜正确地掌握与运用库房通风这一手段，以达到确保库存货品的质量完好。

(3) 吸湿。在梅雨季节或阴雨天，当库内湿度过高，不适宜货品保管，而库外湿度也过大，不宜进行通风散潮时，可以在密封库内用吸湿的办法降低库内湿度。常用的吸湿剂有生石灰、氯化钙、氯化锂、硅胶、木灰、炉灰等。

随着市场经济的不断发展，现代商场仓库普遍使用机械吸潮方法，即使用吸湿机把库内的湿空气通过抽风机吸入吸湿机冷却器内，使它凝结为水而排出。吸湿机一般适宜于储存棉布、针棉织品、贵重百货、医药、仪器、电工器材和烟糖类的仓间吸湿。在温度为 27℃，相对湿度为 70% 时，一般每小时可以吸水 3～4kg。使用吸湿机吸湿，不仅效率高、降湿快，而且体积小、重量轻、不污染货品。但是吸湿机的应用必须科学合理，要注意吸湿机吸湿功能与库房面积的关系，确保吸湿的效果。如春秋季多雨，吸湿机工作的时间应相应延长。与此同时，要注意吸湿与密封的关系，确保吸湿在密封的条件下进行，否则难以达到吸湿的效果。

4.1.4.4 货品养护技术与方法

1. 金属制品的养护处理

金属的电化学锈蚀是造成货品损失的重要因素之一，所以做好金属制品的防锈蚀工作非常重要，也是仓储过程中货品养护的一项重要任务。金属的电化学锈蚀除内在因素，如金属及其制品本身的组成成分、电位高低、表面状况外，还主要取决于金属表面电解液膜的存在。因此在防止金属制品电化学锈蚀的方法中，相当多的方法是围绕防止金属表面生成水膜而进行的。在生产部门，为了提高金属的耐腐蚀性能，最常采用的方法是在金属表面涂盖防护层。例如喷漆、搪瓷涂层、电镀等。把金属与促使金属锈蚀的外界条件隔离开来，从而达到防锈蚀的目的。在仓储过程中使用的主要防锈蚀方法是：改善仓储条件，涂油防锈，气相防锈和可剥性塑料封存等。

(1) 创造良好的条件，选择适宜的场所，改善储存环境，是进行金属制品养护的最基本措施。在露天货场存放金属材料及其制品，要尽可能远离工矿区，特别是化工企业。地势要高，不积水，地下水位要低，干燥通风，必须做到垫地隔潮，垛底离地面高度为 30～50cm。露天堆垛最好一头高、一头低，或堆垛成龟背形，以防积水。对于长期露天堆放的货垛，最好采用整垛密封。货垛四周无杂草，并有排水沟。

储存金属制品的仓库，要求通风干燥，门窗严密，便于调节库内温湿度，防止出现较大温差，相对湿度一般库房应控制在 65％～70％左右。库内严禁与化工品或含水量比较高的货品同库储存，以免相互影响，而引起锈蚀。

(2) 塑料封存

① 塑料薄膜封存。是将塑料薄膜直接在干燥的环境中封装金属制品，或封入干燥剂以保持金属制品的长期干燥，不至锈蚀。

② 收缩薄膜封存。是将薄膜纵向或横向拉伸几倍，处理成收缩性薄膜，使得包装货品时，其会紧紧黏附在货品表面，既防锈又可减少包装体积。

③ 可剥性塑料封存。是以塑料为成膜物质，加入增塑剂、稳定剂、缓蚀剂及防霉剂等加热熔化或溶解，喷涂在金属表面，待冷却或挥发后在金属表面可形成保护膜，像给金属制品穿上一件密不透风的外衣，它有阻隔腐蚀介质对金属制品的作用，以达到防锈的目的。可剥性塑料中，常用的树脂有乙基纤维素、醋酸丁酸纤维素、聚氯乙烯树脂、过氧乙烯树脂和改性酚醛树脂等。

(3) 涂油防锈。涂油防锈是金属制品防锈的常用方法。它是在金属表面涂刷一层油脂薄膜，在一定程度使大气中的氧、水分子以及其他有害气体与金属表面隔离的作用，从而防止或减少金属制品的生锈。防锈油是以油脂或树脂类物质为主体，加入油溶性缓蚀剂所组成的暂时性防锈涂料。根据防锈油形成膜的性质，可分为软膏防锈油、硬膜防锈油、油膜防锈油三类。除防锈油外，凡士林、黄蜡油、机油等也可作防锈油脂。涂油防锈法，简单易行，一般效果也较好，此方法属于短期的防锈法，随着时间的推移，防锈油逐渐消耗，或者由于防锈油的变质，而使金属制品生锈，所以用涂油法防止金属制品生锈要经常检查，发现问题要及时采用新的涂油措施，以免造成损失。

(4) 气相防锈。气相防锈是利用挥发性气相防锈剂在金属制品周围挥发出缓蚀气体，来阻隔空气中的氧、水分等有害因素的腐蚀作用以达防锈目的的一种方法。气相缓蚀剂在使用时不需涂在金属制品表面，只用于密封包装或容器中，因为它是一些挥发性物质，在很短时间内就能充满包装或容器内的各个角落和缝隙。既不影响货品外观，又不影响使用，也不污染包装，是一种有效的防锈方法。气相防锈具有方便、封存期长、包装干净和适用于结构复杂不易为其他防锈涂层所保护的金属制品的防锈。常用的气相防锈剂有：亚硝酸二环己胺、肉桂酸、福尔马林等。

金属制品的养护处理方法不同，在选择防锈材料及方法时，应根据其特点、储存环境条件、储存期的长短等因素，同时还要考虑相关的成本及防锈施工的难易。

(5) 金属除锈方法。主要有手工除锈、机械除锈、化学药剂除锈等。除锈后的金属制品应立即采取防锈措施，以防再次生锈。

2. 仓储货品霉变的防治

货品在储存中霉变的原因，主要是由于不同微生物以货品本身所含的某些物质为其繁殖生长的营养源，同时又有其适宜生长繁殖的环境因素，例如温度、湿度、氧、酸碱度等才能发生霉变现象。因此，货品的防霉腐工作，必须根据微生物的生理特性，采取适宜的措施进行防治。首先立足于改善货品组成、结构和储运的环境条件，使它不利于微生物的生理活动，从而达到抑制或杀灭微生物的目的。

货品霉腐的预防措施有药剂防霉腐、气相防霉腐、气调防霉腐、低温防霉腐、干燥防霉腐、辐射防霉腐等方法，对已经发生霉变但可以救治的货品，为了避免进一步变化造成更大的损失，应立即采取措施救治，根据货品性质可选用晾晒、加热消毒、烘烤、熏蒸等办法，以减少损失。

3. 仓库虫、鼠、蚁的防治

（1）虫害的防治。货品储存中害虫的防治工作应贯彻"以防为主，防治并举"的方针，对某些易生虫的货品，如原材料，必须积极地向厂方提出建议和要求，在生产过程中，对原材料采取杀虫措施，如竹、木、藤原料，可采取沸水烫煮、汽蒸、火烤等方法，杀灭隐藏的害虫。对某些易遭虫蛀的货品，在其包装或货架内投入驱避药剂，如天然樟脑或合成樟脑等。此外，储存中害虫的防治还采用化学、物理、生物防治等方法，杀灭害虫或使其不育，以维护储运货品的质量。

（2）鼠害的防治。老鼠属啮齿目鼠科动物，对人类危害很大，它直接损害粮食及其他库存货品，破坏货品包装，并传播病菌。防鼠采取切断鼠路、堵塞鼠洞、断绝水源食源、减少可以使它隐蔽的场所等方法。捕鼠一般采用有效器械诱杀。灭鼠主要使用化学毒药，如磷化锌、敌鼠钠盐等配制毒饵进行诱杀。

（3）白蚁的防治。白蚁属等翅目昆虫，在热带、亚热带地区危害尤为严重。白蚁主要靠蛀蚀木竹材、分解纤维素作为营养来源，也能蛀蚀棉、麻、丝、毛及其织品、皮革及其制品，以及塑料、橡胶、化纤等高聚物货品，对仓库建筑、货架、货品包装材料等有危害，因此有"无牙老虎"之称。影响白蚁生存的环境条件是气温、水分和食料。预防白蚁，应根据其生活习性，阻断传播入库的途径。灭治白蚁，主要采用药杀法、诱杀法、挖巢法等措施。

4. 高分子货品防老化

高分子化合物又称大分子化合物、高聚物，是由许多结构相同的单元组成，分子量高达数百乃至数千万以上的有机化合物。以这种化合物为主要成分的货品称为高分子货品，如塑料、橡胶、合成纤维等。高分子货品在储存和使用过程中出现发黏、变硬、脆裂、失光、变色等现象，以及丧失其应有的物理和力学性能的现象称为老化。

高分子材料防老化，首先应提高高分子材料本身对外界因素的抵抗能力。例如通过改变分子构型，减少不稳定结构，或除去杂质。还可以在加工生产中，用添加防老剂（抗氧剂、热稳定剂、光稳定剂、紫外线吸收剂等）的方法来抑制光、热、氧等外界因素的作用，提高其耐老化性能。此外，还可以在高分子材料货品的外表涂以漆、胶、塑料、油等保护层，有显著的防老化作用。如塑料货品可用某些塑料粉末在其表面涂一层薄膜，可提高耐磨、耐热和耐气候等性能。

延缓高分子货品的老化，主要是根据高分子材料的质量变化规律，应尽量避免其与不良环境因素的接触，如采取遮光、控氧、防热、防冻、防机械损伤、防虫霉、防腐蚀等措施。

5. 危险品的保管养护

危险品又称危险化学品、危险货品，是指具有爆炸、易燃、毒害、腐蚀、放射性等特性，在运输、装卸和储存过程中，容易造成人身伤亡和财产毁损而需要特别防护的货品。

（1）危险化学品保管的基本要求

① 场所必须符合国家法律、法规和其他有关规定。

② 必须储存在经公安部门批准设置的专门的危险化学品库中，经销部门自管化学品数量必须经公安部门批准。

③ 危险化学品的露天堆放必须符合防火防爆要求。

④ 储存危险化学品的仓库必须配备专业知识的技术人员，其仓库及场所应设专人管理，管理人员必须配备可靠的个人防护用品。

⑤ 储存的危险化学品应有明显的标志且符合 GB—190 规定，同一区域储存两种或两种以上的不同级别的危险化学时，应按最高等级危险货品的性能标志。

⑥ 根据危险品的危险性分区、分类、分库储存。

⑦ 储存危险化学品的建筑物、区域内严禁吸烟和使用明火。

(2) 储存场所的要求

① 储存危险化学品的建筑物不得有地下室或其他地下建筑，其耐火等级、层数、占地面积、安全疏散和防火间距应符合国家有关规定。

② 储存地点及建筑结构的设置，除了应符合国家有关规定外，还应考虑对周围环境和居民的影响。

③ 储存场所的电气安装。

a. 满足消防用电需要。

b. 储存区域和建筑物内输配电线路、灯具、火灾事故照明和疏散指示标志，都应符合安全要求。

c. 储存易燃、易爆危险化学品，必须安装避雷设备。

④ 储存场所通风和温度调节。

a. 必须安装通风设备或温度调节。

b. 其建筑物排风系统应设有导除静电的接地装置。

c. 通风管应采用非燃烧材料制作。

d. 通风管道不宜穿过防火墙等防火分隔物，如必须穿过时应用非燃烧材料分隔。

e. 采暖的热媒温度不宜过高，热水采暖不应超过 80℃，不得使用蒸汽采暖和机械采暖。

f. 采暖管道和设备的保温材料，必须采用非燃烧材料。

(3) 化学危险品的保管措施。对于化学危险品的保管，应根据各自不同的理化性质，做好以下几个方面的工作：

① 入库验收。要仔细核对规格、数量是否与入库证件相符；检查包装是否符合安全要求；检查防护措施，杜绝安全隐患。

② 保管与养护。各类化学危险品应分区分类存放，库房条件应符合储存要求。要加强仓库的温湿度管理和调节。库内要放置干湿球温度计，定期观测记录。随时进行调节，防止货品发生变化。同时，逐步摸清和掌握在不同温湿度情况下库内货品变化的情况和规律，采取整库密封、货垛密封与自然通风相结合的方法，对库房的温湿度进行控制。

③ 合理搬运。在装卸、搬运过程中，必须严格遵守安全操作规程，要专车运输、专人押运。不得与其他货品混装，更不允许与性质相抵触的货品混运。

④ 消防措施。严格安全消防管理制度，根据不同的化学危险品配备适宜消防器材和用具。有些货品燃烧时会产生毒气、腐蚀性气体等，因此，消防人员必须做好人身防护工作。

如当因氧化剂发生火灾时，对过氧化物和不溶于水的有机液态氧化剂等，不能用水和泡沫扑救，只能用砂、二氧化碳干粉灭火机扑救；粉状货品则应用雾状水扑救。易燃液体的火焰发展迅速而猛烈，有时也会发生爆炸，且不容易扑救。所以，要根据货品的特点、易燃程度和消防方法，在储存场所配备足够的消防器材。

对于不能溶解于水或者部分溶解于水的货品，例如甲醇、乙醇等醇类，乙酸乙酯、乙酸戊酯等酯类，丙酮、丁酮等酮类发生火灾，可用雾状水、化学泡沫、干粉等灭火器扑救。

对于比重大于水，不溶解于水的，例如二氧化硫等着火时，可用水扑救，因为水能够覆盖在液体表面上，但水层必须要有一定的厚度，才能够压住火焰。

自燃货品起火时，一般均用水灭火，也可用沙土和二氧化碳干粉等灭火；压缩气体和液化气体的主要消防方法是采用雾状水灭火等。

4.2　职业能力训练模块

4.2.1　货品储存货位的选择

【职业能力训练模拟背景】

某公司仓储中心采取流动性储存策略来储存货品，表 4-6 是该公司对其 8 大类货品在过去半年出入库数据的统计资料，其中 D 和 C 货品采用货架存放。货架及出入库区域布局见图 4-42 所示，结合对货品周转率的分析，你是否可以在货架及出入库区域布局示意图上标出各类货品合适的存储位置？

表 4-6　A、B、C、D...H 八种货品出入库的情况

产　品	进货量	进仓次数	出货批量	出仓次数
A	40 栈板	40	1.0 栈板	40
B	200 箱	67	3.0 箱	67
C	1000 箱	250	8.0 箱	125
D	30 栈板	30	0.7 栈板	43
E	10 栈板	10	0.1 栈板	100
F	100 栈板	100	0.4 栈板	250
G	800 箱	200	2.0 箱	400
H	1000 箱	250	4.0 箱	250

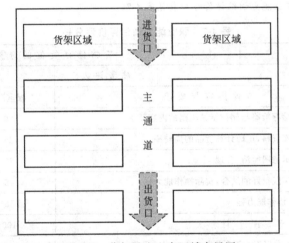

图 4-42　货架及出入库区域布局图

【职业能力训练目标要求】

(1) 掌握货品保管场所分配的有关理论，掌握选择和确定货位的基本原则。

(2) 熟悉货位管理的步骤及货位的分配方式，能够结合实际情况进行货品的储位管理。

【职业能力训练设备材料】

(1) 硬纸板　　　　　　　　　　　　　　　　　　　若干

(2) 计算器、纸张等用品　　　　　　　　　　　　　若干

(3) 货品（要求不同形状、不同性质、不同种类的货物）　各若干件

【职业能力训练方法步骤】

(1) 通过理论学习，进一步明确货品储存区域合理布局的原则与要求、货品储存区域划分的方法，掌握选择和确定货位的基本原则。

(2) 利用表 4-6 中的资料，计算 8 种不同货品的周转率，并以周转率由大到小排序。

(3) 将实训仓库内的货品分别编号为 A、B、C、D...H，以计算的周转率为依据确定 8 种货品的储位配置，并将货品储放在相应的货位。

(4) 调整表中的数据，观察不同货品的货位变化情况，分析不同的储位指派法则对于企业仓储经营活动的影响。

【职业能力训练组织安排】

(1) 学生每 6 人分成一组，设组长 1 名，由组长安排依次选择不同货品的货位。

(2) 根据给定的资料和条件，以小组为单位熟悉货品储位指派原则，学会选择和确定货品的货位。

(3) 利用提供的训练模拟背景资料，画出货品的货位分配示意图，并能够在实训仓库将各种不同的货品放置在合适的货位。

(4) 职业能力训练过程中，要求教师现场指导，及时解决学生遇到的实际问题，准确了解学生的训练动态及熟练程度。

(5) 职业能力训练结束后，由各个小组选出代表交流训练感受并写出职业能力训练报告，教师对训练过程与完成情况进行全面的总结、考评。

(6) 职业能力训练时间安排： 2 学时/组。

【职业能力训练报告要求】

(1) 职业能力训练项目名称、训练时间、参加人员。

(2) 职业能力训练目标要求与内容。

(3) 列出货品储存策略与储位指派法则的具体内容，并画出货品的储位分配示意图一份。

(4) 货品储存货位选择的体会与收获。

(5) 职业能力训练总结讨论及合理化建议。

【职业能力训练效果评价】

货品储存货位的选择职业能力训练评价评分表见表 4-7。

表 4-7　职业能力训练评价评分表

考评项目		货物储存货位的选择		
考评人			被考评人	
考评标准	考评内容与要求		权重/%	考评结果
	准确理解货品储存策略与储位指派法则的内容要求		20	
	学会利用出入库资料,正确计算货品的周转率		25	
	货品储位分配示意图简洁、合理		25	
	能够将理论与实践很好的结合,实际操作能力强		15	
	实训态度端正,协作能力强		15	
合　计			100	

注：考核满分为 100 分。60 分以下为不及格；60~69 分为及格；70~79 分为中等；80~89 分为良好；90 分以上为优秀。

【职业能力训练活动建议】

(1) 在模拟职业能力训练过程中，学生可以结合货品的情况和仓储作业经营的需要，学会运用不同的储位指派法则。

(2) 安排学生调查了解生产制造、商贸流通与仓储企业在货品储位管理中的具体做法。

(3) 邀请有关企业的仓储作业人员介绍货品储位管理的经验与体会。

4.2.2　货品的堆码与苫垫

【职业能力训练模拟背景】

某物流中心订购了一批货品，具体品种如表 4-8 所示。在经过严格验收后，需要一部分堆放在露天堆场（需要进行苫垫），一部分货品入库存放。此外计划安排堆存一批锁具，木制包装箱尺寸为：0.5m×0.2m×0.2m，每箱重 30kg，其中仓库地坪单位面积载荷为 2t/m^2，仓库货区的面积为 5m×4m；另有 800 箱青岛啤酒，包装规格为：0.3m×0.3m×0.4m，毛重 12kg，净重 10.5kg，用 1100mm×1100mm 的木制托盘堆码（托盘重量不计），其利用的仓库地坪单位面积载荷为 1t/m^2，包装的承压能力为 50kg，可用高度为 3m。请你为这批货品选择合理的堆码与苫垫。

表 4-8　计划入库货品资料

序号	货品名称	包装规格	毛重/kg	数量
1	淳露牌杏仁露	240mL×10罐×4/箱	21.5	150
2	汇源100%桃汁	1L×6/箱	6.8	200
3	康师傅红烧牛肉面	150g×10碗/箱	1.8	200
4	惠源润滑油	10kg/桶	11.2	45
5	韩城龙钢冷轧钢板	3000mm×1000mm×10mm/张	55.6	200
6	《仓储作业实务》	20册/包	10.5	50
7	正大7902猪浓缩饲料	25kg/袋	25	200
8	陕北大红枣	16kg/箱	16.5	80
9	玉叶茶具	1+6	2.8	200
10	金龙鱼食用调和油	5L×4桶/箱	20.5	180

【职业能力训练目标要求】

(1) 明确货品堆码的条件和要求，了解堆垛垛形的注意事项，掌握常见货品的堆码方法。

(2) 学会根据货品的性质、包装规格等选择不同的堆垛与苫垫方法，掌握货品的垫垛方法和衬垫面积的计算。

(3) 掌握托盘堆码的方法和托盘装载货品的紧固方法。

【职业能力训练设备材料】

(1) 800mm×1000mm 或 1100mm×1100mm 的木制托盘或塑料托盘　　若干

(2) 托盘网罩、框架、绑扎带、摩擦材料、专用金属卡具、黏合剂、胶带、收缩薄膜、拉伸薄膜等　　若干

(3) 木箱包装货品（50cm×20cm×20cm）　　20 个

(4) 1000mm×40mm×50mm 空纸箱　　40 个

(5) 400mm×800mm 的塑料桶　　20 个

(6) 手推车　　1 辆

(7) 可移动式木头楔块　　4 只

(8) 芦席和草席　　若干

(9) 装满木屑的蛇皮袋　　20 个

(10) 2m 和 4m 长的方木块　　各 8 根

(11) 4.5m×2.5m 的帆布　　2 块

(12) 2m 长竹竿　　若干

(13) 手动叉车　　2 辆

【职业能力训练方法步骤】

(1) 首先利用多媒体演示不同的堆码方法的条件及其要求，全面认识不同堆码方法的优缺点，准确把握堆码要求。

(2) 准备好堆码和苫垫所需的材料和用具，把货品搬运到指定的堆码区，先由指导教师现场演示，学生根据示范进行实战演练。

(3) 分别使用要求的堆码方式（重叠式、纵横交错式、仰伏相间式、压缝式、通风式、栽柱式等）及托盘堆垛完成上述货品的堆码作业，然后利用屋脊式苫盖法、鱼鳞苫盖法、活动棚苫盖法、隔离苫盖法进行货品的苫盖作业。

(4) 在码放货垛的过程中，让学生自己发现并解决问题，然后思考各种货垛的优缺点，按照教材规定的堆存法及示意图堆码；在把货品摆放在托盘上的过程中，学生应掌握摆放货物的规格和重量，练习托盘装载货物的紧固方法。

(5) 根据给定的条件，每人独立计算出选定垛形的衬垫面积，掌握货品垫垛技术的运用；并确定青岛啤酒堆放时需要占用的储存面积和托盘数量。

【职业能力训练组织安排】

(1) 学生每 6 人分成一组，设组长 1 名，由组长安排依次堆码每一种垛形。

(2) 根据给定的资料和条件，以小组为单位轮流用每一种方法练习货品的堆码与苫垫，操作完毕让现场

同学进行评分，以每一组堆垛和苫垫的总分进行评比，选出堆垛和苫垫结果最好的组别。

（3）利用提供的训练模拟背景资料，每组提交一份案例中锁具和啤酒的堆放方案。

（4）职业能力训练过程中要求教师现场指导，及时解决学生遇到的实际问题，准确了解学生的训练动态及熟练程度。

（5）职业能力训练结束后选出堆垛和苫垫效果最好的组别，教师对训练过程与完成情况进行全面的总结、考评。

（6）职业能力训练时间安排： 2学时/组。

【职业能力训练报告要求】

（1）职业能力训练项目名称、训练时间、参加人员。

（2）职业能力训练目标要求与内容。

（3）列出每一种堆码与苫盖方法在操作过程中遇到的问题、总结出的经验以及在此类问题上的注意事项，每组提交一份案例中锁具的堆放方案。

（4）货品的堆码与苫垫的体会与收获。

（5）职业能力训练总结讨论及合理化建议。

【职业能力训练效果评价】

货品的堆码与苫垫职业能力训练评价评分表见表4-9。

表4-9 职业能力训练评价评分表

考评项目		货品的堆码与苫垫		
考评人			被考评人	
考评标准	考评内容与要求		权重/%	考评结果
	准确把握堆码方法要求，堆垛、苫垫操作正确		20	
	根据不同的货品选择合适的堆码与苫垫方式		25	
	货垛整齐、稳固、规范，托盘货物紧固效果好		25	
	堆码、苫垫完毕，器材的归类安放整齐		15	
	实训过程中协作能力强，实训态度端正		15	
合　计			100	

注：考核满分为100分。60分以下为不及格；60～69分为及格；70～79分为中等；80～89分为良好；90分以上为优秀。

【职业能力训练活动建议】

（1）在模拟职业能力训练过程中，学生要严肃认真，明确货品堆码的条件和要求。

（2）安排学生深入不同企业调查了解库存货品堆码与苫垫方法，了解引起货垛倒塌或包装货品损毁的原因。

（3）邀请有关仓储企业的作业人员介绍货品堆码与苫垫的经验与体会。

4.3　职业能力拓展模块

4.3.1　药品的储存与养护

1. 药品储存的基本要求

（1）搬运和堆垛要求。应严格遵守药品外包装图示标志的要求规范操作，具体如下。

① 药品搬运和堆垛应轻拿轻放，防止造成外包装破损或药品损坏。

② 怕压药品或包装箱材质较软的药品，应控制堆放高度，防止造成包装箱挤押变形。

③ 药品应按品种、批号集中堆放，并分开堆码。不同品种或同品种不同批号药品不得混垛，防止发生错发混发事故。

外包装相似、易混淆的药品，货垛应分开一定的距离或采取有效的分离、识别措施，防止混药。药品堆码垛时，应保证包装箱的品名、批号等内容易于观察和识别。

（2）药品堆垛距离

① 药品库房的货品通道和管理通道间距要求：库内主运输通道宽度应不少于 2.0m；库内辅通道宽度应不少于 1.0m；库内储存养护管理通道宽度应不少于 0.5m。

② 药品垛堆的距离要求

a. 药品与墙、屋顶（房梁）的间距不小于 0.3m；

b. 与库房散热器或供暖管道的间距不小于 0.3m；

c. 与地面的间距不小于 0.1m；

d. 垛与垛不小于 0.5m；

e. 同一货位不同品种或批号的药品货垛之间应保持一定的间隙，以便于储存搬运和养护管理。

（3）分类储存管理。企业应有适宜药品分类管理的仓库，按照药品的管理要求、用途、性状等进行合理的分类储存。

① 可储存于同一仓间，但应分开不同货位的药品有：药品与食品及保健品类的非药品、内用药与外用药。

② 应单独设专库存放、不得与其他药品混存于同一仓间的药品有：易串味的药品、中药材和中药饮片、特殊管理药品以及危险药品等。

③ 品名与包装容易混淆的药品应集中存放于零货药品的储存设备，拆零药品应保留原包装及说明书。

（4）色标管理。为了有效控制药品储存质量、杜绝库存药品的存放差错，应对在库药品实行色标管理。

① 药品质量状态的色标区分标准为：合格品药品——绿色，不合格品药品——红色，质量状况待确定的药品——黄色。

② 按照库房管理的实际需要，库房管理区域色标划分的统一标准是：待验药品库（或区）、退货药品库（或区）——黄色；合格药品库（或区）、中药饮片零货称取库（或区）、待发药品库（或区）——绿色；不合格药品库（或区）——红色。三色标牌以底色为准，文字可以白色或黑色表示，防止出现色标混乱。

（5）按温、湿度条件储存。药品应按温、湿度要求储存于相应的库中，各类药品储存库均应保持恒温状态，并符合《药品经营质量管理规范》具体要求。

① 根据药品标示的储藏条件要求，分别储存于冷库（2～10℃）、阴凉库（20℃以下）或常温库（0～30℃）内，各库房的相对湿度均应保持在 45%～75% 之间。

企业所设的冷库、阴凉库及常温库所要求的温度范围，应以保证药品质量、符合药品规定的储存条件为原则，进行科学合理的设定，即所经营药品标明应存放于何种温湿度下，企业就应当设置相应温湿度范围的库房。如经营标识为 15～25℃储存的药品，企业就应当设置 15～25℃的恒温库。

对于标识有两种以上不同温湿度储存条件的药品，一般应存放于相对低温的库中，如某一药品标识的储存条件为：20℃以下有效期 3 年，20～30℃有效期 1 年，应将该药品存放于阴凉库中。

② 药品在符合规定的储存条件下，按照药品分类储存的要求和药品剂型，确定其在相应库房中的储存区域。

（6）特殊药品的管理

① 麻醉药品、第一类精神药品、医疗用毒性药品、放射性药品实行专库或专柜存放，双人双锁管理，专账记录，做到账物相符。麻醉药品和第一类精神药品可同库储存，医疗用毒性药品、放射性药品分别设置专库或专柜存放，放射性药品应采取有效的防辐射措施。

② 第二类精神药品应存放于相对独立的储存区域，且应加强账、货管理。

（7）中药材、中药饮片储存。应根据中药材和中药饮片的性质设置相应的储存仓库，合理控制温湿度条件。

① 对于易虫蛀、霉变、泛油、变色的品种，应设置密封、干燥、凉爽、洁净的库房。

② 对于经营量较小且易变色、挥发及融化的品种，应配备相应的避光、避热的储存设备，如

冰箱、冷柜。

③ 对于毒麻中药应做到专人、专账、专库（或柜）、双锁保管。

（8）盘点要求。定期对库存药品进行盘点，发生差错应及时查明原因予以纠正，做到库存药品账、货相符。

2. 药品养护的基本要求

（1）养护工作内容。药品养护的各项工作内容都应围绕保证药品储存质量为目标，其主要工作内容有：监测、调控药品仓库的储存条件，对库存药品进行定期的质量检查和维护，对发现的问题及时采取有效的处理措施。

（2）养护职责与分工。药品养护是一项涉及质量管理、仓储保管、业务经营等方面的综合性工作，按照工作性质及质量职责的不同，要求各相关岗位必须相互协调与配合，保证药品养护工作的有效开展。

① 质量管理人员负责对药品养护人员进行业务指导，审定药品养护工作计划，确定重点养护品种，对药品养护人员上报的质量问题进行分析并确定处理措施，对养护工作的开展情况实施监督考核。

② 仓储保管员负责对库存药品进行合理储存，对仓间温湿度等储存条件进行管理，按月填报"近效期药品催销表"，协助养护人员实施药品养护的具体操作。

③ 养护人员负责指导保管人员对药品进行合理储存，定期检查在库药品储存条件及库存药品质量，针对药品的储存特性采取科学有效的养护方法，定期汇总、分析和上报药品养护质量信息，负责验收、养护储存仪器设备的管理工作，建立药品养护档案。

（3）重点养护品种。药品的储存质量受储存环境和药品性状的制约和影响，在实际工作中，企业应根据经营药品的品种结构、药品储存条件的要求、自然环境的变化、监督管理的要求，在确保日常养护工作有效开展的基础上，将部分药品确定为重点养护品种，填写"重点养护药品品种表"（见表 4-10），采取有针对性的特定养护方法。

表 4-10　重点养护药品品种表

编号　　　　　　　　　　　　　　　　　　　　　　　　　　　　　　　　　　时间范围：

序号	通用名称（货品名）	规格	剂型	有效期	生产企业	确定时间	确定理由	养护重点	备注

重点养护品种范围一般包括：主营品种、首营品种、质量性状不稳定的品种、有特殊储存要求的品种、储存时间较长的品种、近期内发生过质量问题的品种、药监部门重点监控的品种、近效期、储存时间较长和冷藏药品。重点养护的具体品种应在质量管理部门指导下共同确定，并结合经营品种定期调整，报质量管理机构审核后实施。

4.3.2　桶装油品的储存

桶装油品储存的方式有仓库和露天场地两种。桶装油品容易渗漏，储存的仓库或堆放场地经常有油蒸气积聚，存在火灾的危险性，一旦着火往往会引起油桶爆裂，使油品四处飞溅，导致火灾蔓延，造成连锁反应的燃烧和爆炸的严重局面。所以桶装油品储存的安全防火防爆是易燃液体储存过程中安全工作的一个重要环节。

1. 桶装油料仓库

桶装油品仓库的建造，应考虑到所储存油品的品种、油桶规格、堆桶方式、运输和升降油桶机械设备等条件，确保安全，便于搬运和管理。一般规定为单层的地面建筑，对储存甲、乙类桶装油品仓库，不得用地下或半地下式。因为，油桶一旦渗漏，仓库内容易储存油气，构成发生火灾爆炸的不安全因素；同时，油桶进出仓库也不方便。考虑甲类油品容易发生火灾事故，安全防火要求比较严格，所以宜单独建造。但当与乙、丙类桶装油品储存在同一栋仓库时，其间应建造防火墙，间隔面积不超过 $250m^2$。桶装油品仓库应用耐火材料建造，如轻油桶装仓库常做成钢筋混凝土和砖石混合结构，耐火等级不得低于 Ⅱ 级；润滑油仓库如采用砖木结构，其耐火等级不得低于 Ⅲ 级。仓库的地坪应不渗油和不会撞击产生火花。面积为 $100m^2$ 以上的轻油仓库或面积为 $200m^2$ 的润滑油仓库至少要设两道大门，门的宽度不得小于 2m，门应向外开启，并且库内通行道上任何位置到最近的一个大门的距离不大于 30m（轻油仓库）或 50m（润滑油仓库）。这主要是考虑当仓库发生火灾爆炸事故时，便于人员和油桶的疏散。桶装油品仓库库内地坪标高宜低于库外地坪标高 0.2m，当库内外地面标高相同时，应设不低于 0.2m 高带斜坡的耐火门槛。库房净高不得低于 3.5m。库房应有良好的自然通风，要考虑到排出油气和防爆泄压；通风孔应设在墙面靠近地面的安全地点，并有防止飞火进入的防护装置。用机械通风时，通风机壳和叶轮应用不产生火花的有色金属制造。采用室外布线及装在墙上壁龛里的反射灯照明。储存易燃液体仓库，库内应采用防爆型灯具。桶装油品仓库与其他建筑物的防火间距应满足防火安全要求。

2. 油桶仓储堆垛

为了便于油桶在桶装仓库内搬运、检查、取样、防潮堆码的安全操作以及考虑油品性质等因素，运输油桶的主要通道宽度不应小于 1.8m；垛与垛之间的间距不小于 1m；垛与墙、柱之间的距离不小于 0.25~0.50m，以便检查和出现事故时疏散。

储存在库房内的桶装油品应直立，油品闪点在 28℃ 以下的不能超过两层；闪点在 28~45℃ 之间的，不能超过 3 层；闪点越过 45℃ 以上的，不能超过 4 层。闪点在 45℃ 以下的油品应单独存放。

3. 露天堆放场

（1）露天堆放场分为桶装油品堆放场和空桶堆放场。

① 由于轻质油品在气温升高时，油桶内油品会膨胀，压力增大，如果桶内压力超过油桶所能承受的压力时，油桶就会胀破，造成油品的流散，尤其是易燃液体，火灾危险性更大。因此，易燃液体不得放在露天堆放场。

② 油桶堆放场选择在地势比较高和平坦的地方，不应设在陡坡的下面，堆放场地高出地面 0.2m，场地周围要用高 0.5m 左右的土堤或围墙围起，并有经水封井的排水设施。场地内的润滑油桶应卧放，双行并列，桶底相对，桶口朝外，大口向上。卧放垛高不得超过 3 层，层间加垫木。桶装轻质油品应采用斜放。桶身与地面成 75°，鱼鳞状相靠，下加垫木，桶口在高处。

③ 桶装油品应分堆放置，各堆之间保持一定的防火间距。堆垛长度不超过 25m，宽度不超过 15m，堆与堆之间的间距不小于 3m，每个围堤内不应超过 4 堆。堆与围堤应有不小于 5m 的间距，以防油品流失和便于扑救。堆中油品应排列整齐，两行一排，排与排之间留有 1m 的检查通道，以便于发现油品渗漏和进行处理。

④ 夏季温度较高时，可在桶装油品堆放场上架设不燃烧的棚子，或在油桶上盖帆布，在帆布上用水进行喷淋冷却。

⑤ 桶装油品堆放场的土堤内不设照明设备，若要作业时，可将照明设在土堤外。高压电线不应从堆放场上空穿过，以免落线引起火灾。一般情况下，与桶装油品堆放场无关的管线，不得进入堆放场。露天桶装堆放场必须设置足够数量的消防器材。

（2）空桶堆放场地势应略高于四周地面，防止水淹。空桶堆放场应远离明火作业区，以免引起空桶内的可燃气体爆炸伤人。在其四周应设排水沟，并有 0.5% 的坡度以便将污水引入下水道。搬运空桶时，要防止撞击产生火花，引起油桶爆炸伤人。此外，必须防止油桶锈蚀、渗漏，形成油气积聚，造成火灾爆炸。

思考与练习

一、填空题

1. 库房内的通道，分为 _____ 、 _____ 和 _____ 。
2. 货垛的"五距"指的是 _____ 、 _____ 、 _____ 、 _____ 和 _____ 。
3. _____ 也称直堆法，是逐件、逐层向上重叠堆码，一件压一件的堆码方式。
4. _____ 指空气中实际含有的水蒸气量（绝对湿度）距离饱和状态（饱和湿度）程度的百分比。
5. 仓库通风按通风动力可分为 _____ 和 _____ 两种方式。
6. 多层建筑的二层作为 _____ 和保管场所，一层作为 _____ 和保管场所。
7. 库房货车出入口宽度和高度应 _____ ；库房叉车出入口高宽应 _____ 。
8. 库房内应尽可能少用立柱，通常间隔以 _____ 为宜，适用 _____ 同时作业，以托盘存取货时，间隔以存放 _____ 标准托盘为宜。
9. 通风的方法有 _____ 、 _____ ，吸湿的方法有 _____ 、 _____ 。
10. 货品堆码的要求为 _____ 、 _____ 、 _____ 、 _____ 、节约、方便。

二、判断题

1. 固定型管理适用于非季节性货品、重点客户的货品，以及库存货品种类比较多且性质差异较大的情况。（   ）
2. 仓库总平布置应该以单一的物流流向、最短的搬运距离、最少的装卸环节和最大限度地利用空间为布置的目标。
（   ）
3. 倾斜式布置。它是指货垛或货架与仓库侧墙或主通道成 60°、45° 或 30° 夹角。（   ）
4. 货垛参数是指货垛的长、宽、高，即货垛的立体布局。（   ）
5. 为了点料的方便，仓库对计件的材料常采用五五化堆码的方式，五五化堆码就是将五件材料堆成一个垛形。（   ）
6. 堆放货品时，应保持货品的正面朝向通道。（   ）
7. 仓库分区分类储存货品应遵循的原则是货品的自然属性、性能应一致；货品的养护措施应一致；货品的消防方法应一致。（   ）
8. 重叠式、纵横交错式、压缝式、通风式都属于货垛的基本形式。（   ）
9. 堆码操作的要求是：安全、合理、方便、整齐、节约。（   ）
10. 对怕热货品应存放在仓库内潮湿的货位。（   ）
11. 因为仓库环境中的温度不是很高，所以热对老化不起加速的作用。（   ）
12. 储存自燃品应根据不同的性能要求，分别选择适当地点，专库进行储存。（   ）
13. 遇湿易燃货品雷雨天没有防雨设备不准作业。（   ）
14. 如果仓库内的温度下降到露点以下时，仓库内的物质容易受潮变质。（   ）
15. 有色金属堆码时，可用钢制的槽钢下垫。（   ）
16. 影响货品储存质量的因素有内因和外因，内因是变化的条件。（   ）
17. 防锈油主要目的是阻止空气中的水分腐蚀金属材料及其制品。（   ）
18 保管揭耗是指在一定的期间内，保管这种货品所允许发生的意外损耗，称作保管损耗。（   ）
19. 仓库密封就是把整库、整垛或整件货品尽可能地密封起来，减少外界不良气候条件的影响，以达到货品安全储存的目的。（   ）
20. 易溶、发黏、挥发、变质或易燃、易爆的货品，应存放在较干燥的库房里。（   ）

三、选择题

1. 仓库使用规划的原则是（   ）。
   A. 仓库专业化（分工和专业化）   B. 效率化
   C. 充分利用仓容   D. 从企业管理的原则进行规划
2. 平面布置是指对货区内的货垛、（   ）、垛间（架间）距、收发货区等进行合理的规划，并正确处理它们的相对位置。
   A. 通道   B. 停车场   C. 站台   D. 生活区
3. 一般常见的储存策略有（   ）。
   A. 定位储存   B. 随机储存   C. 分类储存   D. 分类随机储存
   E. 共同储存   F. 先进先出储存
4. 一般来说，凡日晒雨淋易变质损坏、而温湿度变化对其影响不大的货品可存放在（   ）保管。
   A. 露天货场   B. 货品棚   C. 普通库房   D. 专业库房
5. 对于体积小、重量轻、要求保管条件比较高的货品，如仪器仪表、电子器件、电工器材等，应存放在（   ）。
   A. 楼库顶层   B. 楼库底层   C. 楼库中间层   D. 楼库外的露天堆场

6. 对上下两面有大小差别或凹凸的货品，如槽钢、钢轨等，将货品仰放一层，在反面伏放一层，仰伏相向相扣。它属于（　　）堆垛法。

    A. 纵横交错式　　　　B. 仰伏相间式　　　　C. 压缝式　　　　D. 衬垫式

7. （　　）是入库货品堆存的操作及其方式、方法的总称。

    A. 苫垫　　　　　　　B. 翻垛　　　　　　　C. 倒堆　　　　　D. 堆码

8. 无外包装而容易变形的货品，如轮胎、胶管等，可采用（　　）堆垛方式。

    A. 行列式　　　　　　B. 通风式　　　　　　C. 专用货架　　　D. 散堆法

9. 当采用垛堆法时，一般存放在库房和货棚内的货品适宜于（　　）。

    A. 起脊垛　　　　　　B. 平台垛　　　　　　C. 立体梯形垛　　D. 梅花式

10. 以下哪些是仓库货品衬垫的作用（　　）。

    A. 与地面隔离　　　　B. 防止货品撒落　　　C. 分散货品重力　　D. 防止雨湿货品

11. 货品常见的物理、机械变化有挥发、熔化、溶化、渗漏、（　　）、玷污、破碎与变形等。

    A. 氧化　　　　　　　B. 锈蚀　　　　　　　C. 串味　　　　　D. 辐射

12. 按照密封的范围不同，可分为（　　）、小室密封、货垛密封、货架密封、包装箱及容器密封、单件密封等。

    A. 整车密封　　　　　B. 整库密封　　　　　C. 托盘密封　　　D. 集装箱密封

13. 货品通风有以下哪些作用（　　）。

    A. 消除有害气体　　　B. 保持足够氧气　　　C. 排除水分　　　D. 去处杂质

14. 货品分区有（　　）的方法。

    A. 按货品种类及性质分区　　　　　　　　B. 按不同货主分区

    C. 按货品流向分区　　　　　　　　　　　D. 按货品危险性质分区

    E. 按货品的价值分区　　　　　　　　　　F. 按货品的重量分区

15. 货品编号的方法有（　　）。

    A. 对于整个仓库各储存场所的编号　　　　B. 库房内各货位编号

    C. 货场货位的编号　　　　　　　　　　　D. 货架上各货位编号

16. 货品堆垛时，垛距一般为（　　）。

    A. 0.5～0.8m　　　　B. 0.3～0.5m　　　　C. 0.8～1.2m　　　D. 1.5～2.0m

17. 长短基本一致的锭材、管材、棒材，最好采用（　　）形式。

    A. 重叠式堆垛　　　　B. 纵横交错式堆垛　　C. 仰伏相间式堆垛　D. 衬垫式堆垛

18. 小件货品且数量较少、包装简易货品或易损坏货品、价值较高的货品最好采用（　　）存放。

    A. 散堆　　　　　　　B. 货架　　　　　　　C. 堆垛　　　　　D. 托盘货架

19. 库房的白色标识区域用于（　　）。

    A. 暂存处于检验过程中的货品　　　　　　B. 暂存不具备验收条件或质量暂时不能确认的货品

    C. 暂存质量不合格的货品　　　　　　　　D. 储存合格的货品

20. 在储货区总体规划时，合格品储存区面积占总面积的（　　）为宜。

    A. 40%～50%　　　　B. 8%～12%　　　　C. 20%～30%　　　D. 5%～10%

四、连线题

根据"四号定位法"的编号方法，将下列货位编号与对应的货位相连接。

1. DC-10-8-12　　　　　　　　　　　　　7C-3-6-10

2. HP-14-9-6　　　　　　　　　　　　　D 号货场 10 号货架第 8 层第 12 列

3. 7 号货场 3 号货架第 6 层第 10 列　　　H 号货棚 14 号货架第 9 层第 6 列

4. T 房 13 号货架第 7 层第 1 列　　　　　WK-7-9-8

5. L 货场 11 号位 8 排 5 位　　　　　　　TK-13-7-1

6. W 库房 7 号位 9 排 8 位　　　　　　　W 货棚 9 号位 7 排 3 位

7. F 货场 14 号位 9 排 2 位　　　　　　　LC-11-8-5

8. WP-9-7-3　　　　　　　　　　　　　FC-14-9-2

五、简答与计算

1. 简述仓储货品的布局类型及货品堆存的方式。

2. 画出重叠式、压缝式、纵横交错式的简图。

3. 某仓库单位面积技术定额为 2t/m²，现有 5m×4m 仓库单位，计划堆放某五金货品一批，已知该五金货品为木箱包装，箱尺寸 0.5m×0.2m×0.2m，每箱重 30kg。计算货位能堆放箱数以及应采用的合适垛形。

4. 某仓库进了一批木箱包装的货品，共计 200 箱，每箱重 20kg，箱高 0.08m，底面积为 0.1m²，箱上标志表示最多允许承载的重压力为 45kg，底坪承载能力为 4.5t/m²，库房可用面积高度为 5m，如果不用货架储存，该货品的可堆高层数、货垛高度及占地面积各是多少？

5. 图 4-43 和图 4-44 为某仓储企业仓库平面布置图，结合所学知识分析改进规划后对仓储作业带来的好处是什么？

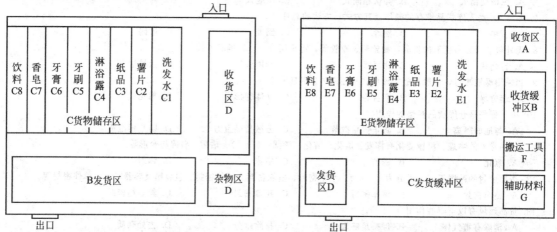

图 4-43　某公司仓库平面布置图　　　　　　图 4-44　某公司仓库平面布置图（规划后）

6. GKL 连锁超市集团租用了 XY 公司的库房存放方便面、饼干等纸箱装干货，货品存储现状描述如下：货品外包装箱上有灰尘；温度控制表记录的温度最高为 45℃，最低为 −7℃；温度计显示记录为 75% 左右；仓库日常检查中发现一些小虫子，并发现老鼠痕迹；仓库的窗户很多，阳光能够直接照射到存储的货品上面。

根据案例材料回答下列问题：

(1) 请根据以上描述，说出该仓库中影响产品质量的因素有哪些？

(2) 针对这些现象提出解决方法。

第5章 库存控制作业

5.1 专业素质提升模块

【知识要点】

◈ 库存的功能与库存合理化。

◈ 经济订购批量、定期订货制与定量订货制的基本原理和特点。

◈ ABC、CVA、VMI、JMI、MRP、JIT 等库存控制作业方法。

◈ 库存控制的基本程序及岗位操作流程。

5.1.1 库存控制概述

【背景资料】

库存控制专家

1. 职责范围

主要负责库存控制的分析、指导工作。包括：

(1) 对现有库存的详细分析，其资金占用量及入库控制、储位管理、库存在货分布等。

(2) 详细掌握库存相关数据，加强对库存量控制以及跟踪管理。

(3) 根据货品现有库存量、采购提前期等数据来确定各类货品的经济订购批量和订购时间。

(4) 做好对仓库货品的定期盘点和循环盘点监督，确保对仓库库存货品的数量管理控制一步到位。

(5) 在实际调查、理论分析、数据掌握的基础之上编制合理的库存计划，以最大限度降低库存成本。

2. 操作流程

(1) 详细分析库存现状，包括对库存占用资金以及对库存在货分布的分析。

(2) 运用判断法和统计分析法，根据用户服务水平与安全因子的对应关系确定安全库存。

(3) 根据存货的安全库存量，当现有库存低于安全库存，以及货品保质期已过时，应对库存进行合理的调整及处理。

(4) 根据库存现状及市场需求编制合理的库存计划。

在现实生活中，各行各业都存在不同程度的库存管理业务，控制和保持库存是每个企业面临的问题。一般认为，库存的存在有利有弊。库存过多或过少都不利于企业的经营，过多，将占用大量的资金，使企业资金断链；过少，不能及时满足市场供应的需要，有可能失去客户。因此，库存的管理与控制是企业物流领域的一个关键问题，对企业物流整体功能的发挥起着非常重要的作用。目前许多企业都在通过各种物流管理手段、信息技术和物流技术手段，提高物流效率与物流水平，追求"零库存"管理的创新。过去认为仓库里的货品多，表明企业发达、兴隆，现在则认为零库存是最好的库存管理。

5.1.1.1 什么是库存

1. 库存的概念

库存是指在仓库中处于暂时停滞状态、用于未来的、有经济价值的货品。广义的库存还包括处于制造加工状态和运输状态的货品。这里要明确两点：其一，货品所停滞的位置不是在生产线上，不是在车间里，也不是在非仓库中的任何位置，如汽车站、火车站等类型的流通结点上，而是在仓库中；其二，货品的停滞状态可能由任何原因引起，而不一定是某种特殊的停滞。这些原因大体有：①能动的各种形态的储备；②被动的各种形态的储存；③完全的积压等。

库存从属性上看，具有二重性：一方面，库存是生产和生活的前提条件，没有库存，人们就不能维持正常、均衡的生产和生活；另一方面，库存又是生产和生活的负担，是一种资金的占用，要支付多种费用，不仅要负担常规的货品保管费用，还要承担库存损失和库存风险。因此，库存不能没有，但也不能过多，应当在满足社会需要的前提下，库存越少越好。一般情况下，企业保留库存的原因可归纳为表 5-1，不同企业中的库存问题见表 5-2。

表 5-1 企业保留库存的原因

造成库存的原因	具 体 分 类
营销管理问题	(1)市场预测错误 (2)市场变化超出营销预测能力 (3)订单管理和客户管理衔接失误
生产管理问题	(1)生产批量与计划吻合不严密 (2)安全库存量的基准设定太高 (3)生产流程产能不均衡 (4)各道生产工序的合格率不均衡 (5)产品加工过程较长，例如外加工
物料供应来源问题	(1)供应商 L/T 过长，供应不及时 (2)供应商产能不稳定 (3)担心供应商的供应能力，增大库存以规避风险

表 5-2 各类企业所遇到的库存问题

企业类型	库 存 类 型			
	消耗品	原材料	在制品	产成品
零售	√			√
批发	√			√
制造	√	√	√	√

2. 库存的作用

库存具有整合需求和供给，维持物流系统中各项活动顺畅进行的功能。当顾客订货后，要求收到货品的时间（交货周期）比企业从采购材料、生产加工到运送货品至顾客手中的时间（供应周期）要短的情况下，为了填补这个时间差，就必须预先库存一定数量的货品。例如：某零售商直接向生产厂家订货一定数量的该货品，并要求第二天到货，而生产厂家预先生产一定数量的这种货品，并储存在物流仓库的话，则可立即满足顾客的要求，避免发生缺货，或延期交货的现象，但库存过多，又发生不必要的库存费用和占用资金，从而产生损失的可能。库存在货品流通中的作用主要表现为：

(1) 缩短订货提前期（满足预期顾客需求），即缩短从接受订单到送达货品的时间，以保证优质服务，同时防止脱销；

(2) 稳定生产作用，保证生产的计划性、平稳性以及消除或避免销售波动的影响；

(3) 降低物流成本，即用适当的时间间隔补充与需求量相适应的合理的货品量，以降低物流成本，保证适当的库存量，节约库存费用；

(4) 分摊订货费用，使企业达到经济订货规模；

(5) 储备功能，在价格下降时大量储存，减少损失，以及应对灾害等发生时的需要。

3. 库存的分类

在储存作业管理中，常用的库存分类方法主要有以下几种。

(1) 按库存货品在生产加工和配送过程中所处的状态划分

① 原材料库存。这是指等待进入生产作业的原料与组件。企业从供应商处购进原材料，首先

要进行质量检查，然后入库，生产需要时，发货出库进入生产流程。原材料库存可以放在两个存储点：供应商或生产商。在生产企业，原材料库存一般由供应部门来管理控制。

② 在制品库存。当原材料出库后，依次通过生产流程中的不同的工序，每经过一道工序，附加价值都有所增长，在完成最后一道工序之前，都属于在制品，工序之间的暂存就是在制品库存。在制品库存由生产部门来管理控制。

③ 产成品库存。在制品在完成最后一道工序后，成为产成品。产成品经质量检验后会入库等待出售，形成产成品库存。产成品可以有多个储存点：生产企业内、配送中心、零售店，最后转移到最终消费者手中。这种库存通常由销售部门或物流部门来管理控制。上述三种库存处在一条供应链上的不同位置。例如，对于一个加工工艺复杂的产品来说，由于生产工序较多，各种在制品就会大量存在，使库存包括多种不同加工程度的中间产品。甚至有些大型制造业企业还拥有自己的配送中心，产成品的库存也大量地存在，这样，整个物流和库存系统就会相当复杂。对于一个零售业企业来说，其库存只有产成品一种形态，相对要简单一些。

（2）按作业和功能划分

① 经常库存。又称周转库存，是指在正常经营环境下，企业为满足日常需要而建立的库存。仓库一般通过经常库存保证一定时期的供应能力，这种库存随着陆续的出库需要不断地减少，当库存降低到某一水平时，就要进行订货来补充库存。这种库存补充是按照一定的数量界限或时间间隔反复进行的。

经常库存的高低与库存补充的采购批量有密切关系，而采购批量是采购与保管两个矛盾因素平衡的结果。从采购角度考虑，大批量采购可以得到数量折扣，并节省订货费用和作业费用，因此，采购批量越大越好；但从保管角度出发，为减少存货的资金占用和管理费用支出，采购批量越小越好。因此，如何在两者之间进行权衡选择，要根据企业实际情况加以考虑。

② 安全库存。用于缓冲不确定性因素（如大量突发性订货、交货期突然延期等）而准备的库存即为安全库存。安全库存并不是期望被使用，而是可能被使用。当库存中某货品每月的出库需求没有波动时，库存容易控制，通常不必考虑其安全存量。可是，在实际经营中，不测情况常有发生，消费需求多多少少会超过预定数量；而库存的补充也会因交通等方方面面的影响造成交货延期，甚至还会发生如火灾、水灾、供应商因生产设备故障停工等导致供应中断的异常事件。这些情况一旦发生，即造成企业经济上和信誉上的损失，而设立安全库存可作为经常库存的后备，以防不时之用，所以，安全库存又称后备库存或波动库存。

安全库存的数量除了受需求和供应的不确定因素影响之外，还与企业希望达到的顾客服务水平有关，这些都是制订安全库存决策时的主要考虑因素。例如某零件企业生产每天需要 100 个，该零件订货周期为 5 天，那么这个零件的最小库存是 500 个，考虑到一些特殊情况可能发生，就要留一定的保险系数，可能是 40%、30%、20% 不等，由计划人员按经验确定。若保险系数是 40%，则安全库存为 700。

③ 生产加工和运输过程的库存。生产加工和运输过程的库存指处于加工状态以及为了生产的需要暂时处于储存状态的零部件、半成品或制成品。运输过程的库存是指处于运输状态或为了运输的目的而暂时处于存储状态的货品。

④ 投机性库存。又称屏障库存，是指企业为了预防货品（或物料）的涨价，在低价时进行额外数量的购进而形成的库存。例如，企业生产中使用的煤、石油、水泥或羊毛、谷类等价格易于波动的原材料，常常采取投机性库存，在价低时采购，以在高价时保证产品的价格稳定和销售利润。获利性和风险性的双重特点决定了这类库存的投机色彩。

⑤ 季节性库存。是指为了满足特定季节中出现的特定需要（如夏季对冷饮的需要）而建立的库存，或指季节性出产的原材料（如大米、棉花、水果等农产品）在出产的季节大量收购所建立的库存。

⑥ 积压库存。是指因品质变坏不再有效用的货品的库存或因滞销而卖不出去的货品的库存。

（3）按客户对库存的需求特性划分

① 独立需求库存。独立需求是指某货品自身的需求状况与其他货品无关的特性。独立需求的特征是直接满足企业外部市场消费的需求，需求数量是随机的、零散的，只能有限地进行预测。从库存管理的角度来说，独立需求库存是指那些随机的、企业自身不能控制而是由市场需求所决定的库存，这种库存与企业对其他库存产品所作的生产决策没有关系。

② 相关需求库存。相关性需求是指直接由生产某货品的生产计划的确定而带来的对其他货品的需求。相关性需求的特性是：企业内部为满足生产制造的需求，可以根据企业性质和生产周期准确计算，是一种确定型的需求。有相关需求而形成的库存，就是相关需求库存。

5.1.1.2 库存控制概述

储存管理的关键是库存控制问题，而库存控制的中心又是如何确定合理库存量的问题呢？库存量不是越多越好，也不是越少越好，多了会造成积压，少了又会出现不能满足正常所需供应，因此保持合理的库存是为了在分销过程中保证货品销售能够连续进行。那么，究竟应该保持一个什么样的库存量才算合理呢？关于这个问题，要看库存在流通过程中所起的作用如何，才能做出决定。

1. 库存控制的概念

所谓库存控制，是指在保障供应的前提下，为使库存货品的数量最合理时所采取的有效措施。库存控制是库存管理的核心问题，它可以提高顾客服务水平和回避风险，其目标就是在库存成本的合理范围内达到满意的顾客服务水平，防止超储和缺货。

在控制库存的过程中，如果库存量太少，就会使缺货的可能性增加，不能满足生产或销售的需要，从而影响企业的经济效益；反之，如果库存量太大，就会占用流动资金和库房面积，保管费用也会增加，超量库存还会为企业带来库存风险，库存积压越多，费用越高，浪费越大，风险越高。所以，库存控制应在满足顾客需要的前提下，通过对企业的库存水平进行控制，尽可能地降低库存水平，提高物流系统的效率，加强企业的竞争力。管理人员应结合以下三个方面正确合理地确定订货的种类、订货的时间、订货的数量，这样才能在满足顾客需要的前提下，使相关成本最小。

库存控制的内容包括确定货品的储存数量与储存结构、进货批量与进货周期等。把库存量控制到最佳，尽量用最少的人力、物力、财力把库存管理好，获取最大的供给保障，是很多企业、很多经济学家追求的目标，甚至是企业之间竞争的重要环节。

2. 库存控制的目的

库存具有调节生产与销售的作用，库存控制不当会给企业造成极大的损失。尤其是流通速度极快但客户订货又无法事前掌握预测的物流中心，存货控制更加不易，其重要性也就可想而知。库存控制的目的有：

(1) 保持合理的库存量，减少存货投资，使营运资金的结构保持平衡；

(2) 保有合理库存可减少由库存所引起的持有成本、订购成本、缺货成本等，降低库存成本；

(3) 防止有形资产被窃，且使存货的价值在账簿上能有正确的记录，以达到财务保护的目的；

(4) 防止延迟及缺货，使进货与存货取得全面平衡；

(5) 减少呆滞货品的发生，使存货因变形、变质、陈腐所产生的损失减至最少。

3. 库存控制的关键问题

库存具有调节生产与销售的作用，库存控制不当会给企业造成极大的损失。尤其是流通速度极快但客户订货又无法事前掌握预测的物流中心，存货控制更加不易，其重要性也就可想而知。许多仓储企业将储存货品分为季节性产品和非季节性产品，并根据客户公司的库存量实行动态的库存管理，合理计算仓储费用，提高仓库利用率，降低客户公司的总体仓储费用。

(1) 何时提出补充库存。所谓订购点，是指库存量降至某一数量时，应即刻请购补充的点或界限。订购点的确定至关重要，如果订购点抓得过早，则将使库存增加，相对增加了货品的库存成本及空间占有成本；如果订购点抓得太晚，则将造成缺货，甚至流失客户、影响信誉。

(2) 每次订货量是多少。订货量是指库存量已达到订货点时，需要补充的数量，按此数量订购，方能配合最高库存量与最低库存量的基准。订货量太多，会造成货品积压，增加了劳力及占用仓库，从而增加了库存成本，若订货量太小，则会造成货品断档。

（3）应维持多少库存。维持库存多少就涉及库存基准问题。库存基准包括最低库存和最高库存量。

① 最低库存量。它是指管理者在衡量企业本身特性、需求后，所订购货品库存数量应维持的最低界限。最低库存量又分为理想最低库存量及实际最低库存量两种。

a. 理想最低库存量。又称购置时间，为了防止缺货、停产，企业需要维持一个临界库存，这个临界点也就是货品库存数量的最低界限。

b. 实际最低库存量。也称最低库存量，为安全库存量与理想库存量的总和。安全库存量是在理想最低库存量外再设定的，以防供应不及发生缺货。

② 最高库存量。为了防止库存过多、占用仓容，各种货品均应限定其可能的最高库存水平，也就是货品库存数量的最高界限，一旦达到这个界限，就应停止订货或将该货品尽快出库。

③ 经济订货量。指费用随着订货量的变化而变化。

4. 库存控制的评价指标

（1）客户满意度。客户满意度就是指客户对于销售者现在服务水平的满意程度。这个指标涉及许多内容：客户忠诚度、取消订货的频率、不能按时供货的次数、与销售渠道中经销商的密切关系等。

（2）交货时间。如果一个企业经常延期交货，不得不使用加班生产、加急运输的方法来弥补库存的不足，那么可以说，这个企业的库存管理系统运行效率很低。它的库存水平和再订货点不能保证供应，紧急生产和运输的成本很高，远远超过了正常成本。但并不是要求企业一定不能有延期交货，如果降低库存水平引起的延期交货成本低于节约的库存成本，那么这种方案是可取的，它可以实现企业总成本最低的目标。

（3）库存周转次数。计算整个生产线、单个产品、某系列产品的周转次数可以反映企业的库存管理水平。可以通过对各个时期、销售渠道中各个环节的库存周转次数进行比较，看看周转次数的发展趋势是上升还是下降，周转的"瓶颈"是在销售渠道的哪个环节。

5.1.1.3　库存合理化

库存把采购、储存和销售等企业经营的各个环节连接起来。库存在企业中的角色，不同部门存在不同看法，库存管理部门尽量保持最低库存水平，以减少资金占用，节约成本；而采购部门希望多采购，可获得价格优惠；销售部门、用料部门希望多库存，以满足客户需要；运输部门也希望多运输，提高效益和效率，因此各部门对库存的要求是不同的，但要求库存的合理化十分重要。

库存合理化是指以最经济的方法和手段从事库存活动，并发挥其作用的一种库存状态及其运行趋势。在库存管理中，既要保持合理的库存数量，防止缺货和库存不足，又要避免库存过多，发生不必要的库存费用。具体来说，库存合理化包含以下内容。

1. 库存硬件配置合理化

库存硬件是指各种用于库存作用的基础设备。实践证明，库存基础设施和设备数量不足，其技术水平落后，或者设备过剩、闲置，不但影响库存功能作用的有效发挥，而且也不可能对库存货品进行有效的维护和保养。同样的，当设施和设备重复配置，以致库存能力严重过剩时，也会增加被储货品的成本而影响库存的整体效益。因此库存硬件的配置应以能够有效地实现库存职能，满足生产和消费需要为基准，做到适当合理的配置仓储设施和设备。

2. 组织管理科学化

库存组织管理科学化的表现如下：

（1）存货数量保持在合理的限度之内，既不能缺少，也不能过多。

（2）货品存储的时间较短，货品中转的速度较快。

（3）货品存储结构合理，能充分满足生产和消费的需要。

3. 库存结构符合生产力的发展需要

作为库存合理化的一个重要标志，库存适当集中不但有利于采用机械化、现代化方式进行各种操作，而且可以在降低存储费用和运输费用以及在提供保供能力等方面取得优势。无数事实证明，以集中化的库存来调节生产和流通，在一定时期内，库存货品的总量会远远低于同时期分散库存的货品总量。因此相对来说，其资金占有量是比较少的。与此同时，由于库存比较集中，存储货品的种类和品种更加齐全，在这样的结构下，库存的保供能力自然更加强大。

5.1.2 库存管理方法

【导入案例】

安科公司ABC分析法的应用

提高物流管理水平，是今后企业增强竞争力的重要手段，库存管理在企业的物流管理中起着至关重要的作用。现代库存管理的理论和方法很多，ABC分析法就是其中的一个，并且在实际中被广泛地应用。

ABC分析法是经济学中帕累托原理在库存管理上的一种应用，它将公司的产品按照销售额和客户的购买额分为ABC三类，对于不同类的产品、不同类的客户，采用不同的管理方法。

安科公司是一家专门经营进口医疗用品的公司，2001年该公司经营的产品有26个品种，共有69个客户购买其产品，年营业额为5800万元人民币。对于安科公司这样的贸易公司而言，因为进口产品交货期较长，库存占用资金大，因此，库存管理显得尤为重要。

安科公司按销售的大小，将其经营的26种产品排序，划分为ABC类。排序在前3位的产品占总销售额的97%，因此，把它们归为A类产品；第4、5、6、7种产品每种产品的销售额在0.1%～0.5%之间，把它们归为B类；其余的19种产品共占销售额的1%，将它们归为C类。

对于A类的3种产品，安科公司实行了连续性检查策略，每天检查库存情况，随时掌握准确的库存信息，进行严格的控制，在满足客户需要的前提下维持尽可能低的经常量和安全库存量。通过与国外供应商的协商，并且对运输时间做了认真的分析，算出该类产品的订货提前期为两个月（也就是从下订单到货品从安科公司的仓库发运出去，需要两个月的时间）。即如果预测在6月份销售的产品，应该在4月1日下订单给供应商，才能保证在6月1日出库。

由于该公司的产品每个月的销售量不稳定，因此，每次订货的数量不同，要按照实际的预测数量进行订货。为了预防预测的不准确及工厂交货的不准确，还要保持一定的安全库存，安科公司将安全库存定为下个月预测销售数量的1/3。该公司对该类产品实行连续检查的库存管理，即每天对库存进行检查，一旦手中实际的存货数量加上在途的产品数量等于下两个月的销售预测数量加上安全库存时，就下订单订货，订货数量为第三个月的预测数量。因其实际的销售大于或小于预测值，所以，每次订货的间隔时间也不相同。这样进行管理后，这三种A类产品库存的状况基本达到了预期的效果。

对于B类产品的库存管理，该公司采用周期性检查策略。每个月检查库存并订货一次，目标是每月检查时库存数量应不低于以后两个月的销售数量（其中一个月的用量视为安全库存），另外在途还有一个月的预测量。每月订货时，再根据当时剩余的实际库存数量，决定需订货的数量。这样就会使B类产品的库存周转率低于A类。

对于C类产品，该公司则采用了定量订货的方法。根据历史销售数据，得出产品的半年销售量，为该种产品的最高库存量，并将其两个月的销售作为最低库存量。一旦库存达到最低库存时，就订货，将其补充到最高库存量。这种方法比前两种更省时间，但是库存周转率更低。

该公司实行了产品库存的ABC管理以后，虽然A类产品占用了最多的时间、精力进行管理，但得到满意的库存周转率。而B类和C类产品，虽然库存的周转较慢，但相对于其很低的资金占用和很少的人力支出来说，这种管理方法也是最适宜的。

在对产品进行ABC分类以后，该公司又对其客户按照购买量进行了分类。发现在69个客户中，前5位的客户购买量占全部购买量的近75%，将这5个客户定为A类客户；到第25位客户时，累积购买量已达到95%。因此，把第6位到第25位客户归为B类，其他的第26～69位客户归为C类。对于A类客户，实行供应商管理库存，一直与他们保持密切的联系，随时掌握他们的库存状况；对于B类客户，基本上可以根据历史购买纪录做出对他们需求的预测，作为订货的依据；而对于C类客户，有的是新客户，有的一年也只购买一次，因此，只在每次订货数量上多加一些，就可满足他们的零星需求，或者用安全库存进行调节。这样做，一方面可以提高库存周转率，同时，也提高了对客户的服务水平，尤其是A类客户对此非常满意。

不论什么企业，都要储备一些货品。以生产为主的企业，不储备一定的货品，不能维持其连续生产；服务性行业，也要备置某些需要的设备和服务用具；就连一般的事业单位，也要备有某些办公用品等。因此，各行各业都存在不同程度的库存管理业务，控制和保持库存是每个企业所面临的问题。

5.1.2.1 库存管理的含义及其作用

1. 库存管理的含义

库存管理是指在物流过程中库存货品数量的管理，甚至往往认为其主要内容就是保持一定的库存数量。但是，就库存所包括的内容来说，数量管理仅仅是其中的重要一项，并不是库存管理的全部内容。当今社会信息网十分发达，只有及时、准确地掌握信息，才能使企业不被激烈竞争的潮流所吞没，从而始终立于不败之地。库存货品应是良品，假如是过时的、陈旧的货品，这一情报便会迅速传到有关单位，势必会降低企业的信誉。因此，必须实行有效的库存管理。另外，即使库存货品是良品，但如果存放数量过多，势必积压资金，影响资金周转，还要花费更多的人力、财力去保管。反之，若库存货品数量过少，外界又会怀疑企业实力不雄厚，也会影响企业的发展。

因此，在准备实行库存管理时，预先要明确规定出经营方针。例如：库存货品在何时入库为宜；库存数量应为多少适宜；存放的迄止日期应在何时为宜。应先针对上述具体问题确定经营方针，然后，再开始进行库存管理工作。

2. 库存管理的意义、目的和作用

流通仓库作为物流服务的据点，在流通过程中发挥着重要的作用，它将不再以储存保管为其主要目的。库存管理包括拣选、配货、检验、分类等作业，并具有多品种小批量、多批次小批量等收货配送功能以及附加标签、重新包装等流通加工功能。一般情况下，生产与消费之间均有时间差，库存管理具有以调整供需为目的的调整时间和调整价格的双重功能。进行库存管理的意义就在于：它能确保物畅其流，促使企业经营活动繁荣兴旺。

库存管理的目的在于用最低的费用，在适宜的时间和适宜的地点获得适当数量的原材料、消耗品、半成品和最终产品，即保持库存量与订货次数的均衡，通过维持适当的库存量，减少不良库存，使企业资金得到合理的利用，从而实现盈利的目标。具体体现在：①减少不良库存，过高库存给企业带来三个方面的不良影响：a. 使大量的资本被冻结在库存上，造成企业的资金短缺，利息支出增加；b. 加剧库存损耗；c. 增加管理费用；②确定适当的库存结构和库存水平。

库存管理工作的好坏，对改善企业生产环境起着举足轻重的作用。实行库存管理的作用表现如下：

(1) 有利于资金周转。因为在某些特殊情况下，可以做到将库存需要的投资额规定为零。为此可使经营活动更为灵活，把用于建立原材料、制成品、货品等常备库存所需要占用的资金转为经营其他项目，这就有可能使经营活动向更新、更高的阶段发展。

(2) 促使生产管理更为合理。这是因为库存管理工作的目标之一就是必需的货品，即在需要时，按需要量供应。目前生产管理较为混乱的主要原因在于，一些急需的货品不能及时供应，要从根本上杜绝此类现象，就要认真搞好库存管理。

(3) 有利于顺利地进行运输管理，也有助于有效地开展仓库管理工作。通过库存管理，可将原来零零散散放置的物料整理得井然有序，可使企业的生产环境整洁一新，实现文明生产。废旧物料堆放整齐、报废的设备及时运走，工厂的空地整洁干净，这样的环境，自然令人感到心情舒畅。此外。还可以把经常动用的物料以及危险性物料分片保管，以保证工厂的安全生产。

3. 库存管理的分类

(1) 按供应来源可分为内部供应和外部供应两类管理方式；

(2) 按未来的需求类型可分为确定性、风险性和不确定性三种库存管理方式；

(3) 按库存决策的重复性分为一次性订货库存和重复订货库存管理方式；

(4) 按库存系统的类型可分为固定订货量系统、固定订货间隔期系统和派生的订货量系统三种管理类型。

5.1.2.2　库存管理的方法

开始接触库存管理工作时，往往觉得难以入手，但是如果能遵循一定程序进行管理，做起来并不困难。传统库存控制的任务是用最小的储备量保证供应，现代库存控制的任务是通过适量的库存达到合理的供应，实现总成本最低，即允许缺货。库存管理要遵循经济性原则，管理成本不能超过由此带来的库存成本节约。而库存管理的发展趋势表现为计算机化与网络化管理、系统化库存管理和零库存管理。库存管理方法的评价指标则包含客户满意度、延期交货、库存周转次数，库存周转次数越大，表明企业的库存控制越有效。常用的库存管理方法主要有以下几种。

1. ABC 分类法

ABC 库存分类管理法又称为重点管理法或 ABC 分析法，该方法是根据巴雷特曲线所揭示的关键的少数和次要的多数，以库存货品单个品种的库存资金占整个库存资金的累积百分数为基础将存货分类为 A 类、B 类、C 类，针对不同类型级别的货品进行分别管理和控制，如表 5-3、表 5-4 所示，建立在 ABC 分类基础上的库存管理策略如下。

（1）花费在购买 A 类库存的资金应大大多于花在 C 类库存上；

（2）对 A 类库存的现场管理应更严格，它们应存放在更安全的地方，而且为了保证它们的记录准确性，更应对它们频繁地进行检验；

（3）预测 A 类库存应比预测其他类库存更为仔细精心。美国通用电气公司首先将这种方法应用于库存管理领域，他们将库存货品按照销售量、销售额、订货提前期、缺货成本把存货分为 A、B、C 三类，并采用不同的控制方法进行管理，突出重点。

表 5-3　不同类型库存的管理策略

库存类型	特点（按货币量占用）	管　理　方　法
A 类	品种数占库存总数的 5%～15%，成本占 60%～80%	进行重点管理。现场管理要更加严格，应放在更安全的地方；为了保存库存记录的准确性要经常检查和盘点；预测要更加仔细
B 类	品种数占库存总数的 20%～30%，成本占 20%～30%	进行次重点管理。现场管理不必投入比 A 类更多的精力；库存检查和盘点的周期可以比 A 类要长一些
C 类	品种数占库存总数的 60%～80%，成本占 5%～15%	只进行一般的管理。现场管理可以更粗放一些；但是品种多，差错出现的可能性也比较大，因此必须定期进行库存检查和盘点，周期可以比 B 类长一些

表 5-4　××电脑公司库存 ABC 表

品　名	单　价	品种数	品种数%	品种累计%	资金占用额	资金占用额%	资金占用额累计%	类别
显示器	2333	15	3.5	3.5	35000	26.7	26.7	A
CPU	1667	15	3.5	7.0	25000	19.1	45.8	A
主板	1222	18	4.2	11.2	22000	16.8	52.6	A
DVD	933	15	3.5	14.7	14000	10.7	73.3	A
内存条	240	50	11.5	16.2	12000	9.2	82.5	B
机箱子	400	20	4.6	20.8	8000	6.1	88.6	B
网卡	175	40	9.2	30	7000	5.3	93.9	B
键盘	45	110	25.4	55.4	5000	3.8	97.7	C
鼠标	20	150	34.6	100	3000	2.3	100	C

（资金占用额累计% 栏右侧标注：73.3（A类）、20.6（B类）、6.1（C类））

ABC 分类法是储存管理中常用的分析方法，其应用的一般步骤如下。

（1）收集数据。按分析对象和分析内容，收集有关数据。如拟对库存货品的平均资金占用额进行分析，以了解哪些货品占用资金多，以便实行重点管理。应收集的数据为：每种库存货品的平均库存量、每种货品的单价等。

（2）处理数据。对收集来的数据资料进行整理，按要求计算和汇总。以平均库存乘以单价，计算各种货品的平均资金占用额。

（3）制 ABC 分析表。ABC 分析表栏目构成如下：第一栏为货品名称；第二栏为品目数累计，即每一种货品皆为一个品目数，品目数累计实际就是序号；第三栏为品目数累计百分数，即累计品目数占总品目数的百分比；第四栏为货品单价；第五栏为平均库存；第六栏是第四栏单价乘以第五栏平均库存，为各种货品平均资金占用额；第七栏为平均资金占用额累计；第八栏为平均资金占用额累计百分数；第九栏为分类结果，见表 5-5。

制表按下述步骤进行：将第 2 步已求算出的平均资金占用额，以大排队方式，由高至低填入表中第六栏。以此栏为准，将相当货品名称填入第一栏、货品单价填入第四栏、平均库存填入第五栏、在第二栏中按 1、2、3、4……编号，则为品目累计。此后，计算品目数累计百分数，填入第三栏；计算平均资金占用额累计，填入第七栏；计算平均资金占用额累计百分数，填入第八栏。

表 5-5　ABC 分析表

货品名称	品目数累计	品目数累计/%	货品单价	平均库存	货品单价×平均库存	资金占用额累计	资金占用额累计/%	分类结果

（4）根据 ABC 分析表确定分类。按 ABC 分析表，观察第三栏累计品目百分数和第八栏平均资金占用额累计百分数，将累计品目百分数为 5％～15％而平均资金占用额累计百分数为 60％～80％左右的前几个货品，确定为 A 类；将累计品目百分数为 20％～30％，而平均资金占用额累计百分数也为 20％～30％的货品，确定为 B 类；其余为 C 类，C 类情况和 A 类正好相反，其累计品目百分数为 60％～80％，而平均资金占用额累计百分数仅为 5％～15％。

（5）绘 ABC 分析图。以累计品目百分数为横坐标，以累计资金占用额百分数为纵坐标，按 ABC 分析表第三栏和第八栏所提供的资料，在坐标图上取点，并连接各点曲线，则绘成如图 5-1 所示的 ABC 曲线。

按 ABC 分析曲线对应的数据，按 ABC 分析表确定 A、B、C 三个类别的方法，在图上标明 A、B、C 三类，则制成 ABC 分析图。在管理时，如果认为 ABC 分析图直观性仍不强，也可绘成直方图。

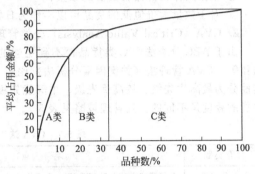

图 5-1　ABC 分析法图

ABC 分析的结果，只是理顺了复杂事物，搞清了各局部的地位，明确了重点。但是，ABC 分析主要目的在于解决困难，它是一种解决困难的技巧，因此，在分析的基础上必须提出解决的办法，才真正达到了 ABC 分析的目的。按 ABC 分析结果，再权衡管理力量与经济效果，对三类库存货品进行有区别的管理（见表 5-6），采取不同的管理措施。

表 5-6　ABC 分类法管理要点

项目内容	A 类货品	B 类货品	C 类货品
控制程度	严密控制收货、保管、发货、报废损失和记录文档	关注、正常控制常规	尽可能地采用最简便的控制
库存记录	最准确、完整与明细的记录，频繁地甚至实时地更新记录	正常地记录处理、成批更新	不用记录或是最简单地记录，大计量单位计数
盘点原则	每月一次	每季度一次	每半年一次
订货策略	提供详细、准确的订货量、订货点等数据，频繁地审核以保证供应并压缩库存	每季度或发生主要变化时，评审一次经济订货批量与订货点	常用目视评审下一年的供应量
安全库存	尽可能低	较大	允许偏高
保管位置	出入口附近	中间	里面
作业优先	最高优先级	正常地处理	最低优先级

（1）对 A 类货品的管理。由于 A 类货品进出仓库比较频繁，如果供给脱节将对生产经营活动造成重大影响。但是，如果 A 类货品储存过多，仓储费用就会增加很多，因此，对 A 类货品的管理要注意以下几点：

① 根据历史资料和市场供求的变化规律，认真预测货品的未来需求变化，并依此组织入库货源；

② 多方了解货品供应市场的变化，尽可能缩短采购时间；

③ 控制货品的消耗规律，尽量减少出库量的波动，使仓库的安全储备量降低；

④ 合理增加采购次数，降低采购批量；

⑤ 加强货品安全、完整的管理，保证账实相符；

⑥ 提高货品的机动性，尽可能地把货品放在易于搬动的地方；

⑦ 货品包装尽可能标准化，以提高仓库利用率。

（2）对 B、C 类货品的管理。B、C 类货品相对来讲进出库不很频繁，因此一般对货品的组织和发送的影响较小。但是，由于这些货品要占用较大的仓库资源，使仓储费用增加，因此在管理上可以参考以下原则，重点应该简化管理：

① 将那些很少使用的货品可以规定最少出库数量，以减少处理次数；

② 依据具体情况储备必要的数量；

③ 对于数量大价值低的货品可以不作为日常管理的范围，减少盘点次数和管理工作。

2. CVA（Critical Value Analysis）分类管理法

由于 ABC 分类法中 C 类货品得不到足够的重视，往往因此而导致生产停工，如鞋带、螺钉、纽扣等。CVA 管理法（关键因素分析法）比起 ABC 分类法有着更强的目的性，它是把存货按照关键性分为最高优先级、较高优先级、中等优先级、较低优行级四个等级，对不同等级的货品，允许缺货的程度是不同的。其管理策略见表 5-7。

表 5-7　CVA 法库存种类及其管理策略

库存类型	特　点	管理措施
最高优先级	经营管理中的关键货品或 A 类重点客户的存货	不许缺货
较高优先级	生产经营中的基础性货品，或 B 类客户的存货	允许偶尔缺货
中等优先级	生产经营中比较重要的货品，或 C 类客户的存货	允许合理范围内缺货
较低优先级	生产经营中需要，但可替代的货品	允许缺货

在使用中要注意，人们往往倾向于制定高的优先级，结果高优先级的货品种类很多，最终哪种货品也得不到应有的重视。若将 CVA 管理法与 ABC 分类法进行有益地结合使用，可以达到分清主次，抓住关键环节的目的。因为企业原料、产品繁多，不可能对每一种存货进行十分详细的管理，对存货进行有效的管理和控制的基础是对存货进行分类。所以某企业运用 CVA 法把存货按照关键性进行分类，比如铁矿石、钢材等货品定为最高优先级，不允许缺货；而把杂料、材料备件定为较低优先级，这些物质可替代性较高，缺货成本不高。同时，在各种优先级别中再采用 ABC 存货分类，对货币占用比例较高的货品给予更高的关注，对 A 类存货预测更详细，对其记录进行频繁的检验等。

3. 供应商管理库存（VMI）

通常来说，库存都是由库存拥有者管理的。近年来，国外出现了一种新的供应链库存管理方法——供应商管理库存（VMI）。VMI 库存管理系统就能够突破传统的条块分割的库存管理模式，以系统的、集成的管理思想进行库存管理，使供应链系统能够获得同步化的运作。这种库存管理策略能较好地适应市场变化的要求，是一种新的有代表性的库存管理思想。

（1）VMI 的定义。VMI 是一种供应链集成化运作的决策代理模式，它把用户的库存决策权代理给供应商，由供应商代理分销商或批发商行使库存决策的权力。VMI 是 Vendor Managed Inventory 的缩写（供应商管理的库存），是指供应商将物料送到制造商指定的在距离制造组装地 $1\sim2h$ 车程的地点，由第三方物流公司代为管理，但所有权仍属于供应商所有，制造商与供应商协商决定库存水准和持续补货策略，制造商使用后开始付款。关于 VMI 的定义，国外有学者认为：

"VMI 是一种在客户和供应商之间的合作性策略，以对双方来说都是最低的成本优化产品的可获性，在一个相互同意的目标框架下由供应商管理库存，这样的目标框架被经常性监督和修正，以产生一种连续改进的环境"。VMI 实施情况调查结果见表 5-8，从表中可以看出，有些大的知名的制造业已经开始和零售企业实施 VMI 系统，以降低供应链上的库存。

表 5-8　VMI 实施情况调查结果

VMI 实施情况＼行业类型	制造业	批发业	零售业
没有实施 VMI	98.6%	100%	97.0%
实施 VMI	1.4%	0	3.0%

VMI 的支持技术主要包括：EDI/Internet、ID 代码、条码、条码应用标识符、连续补给程序等。精心设计与开发的 VMI 系统，不仅可以降低供应链的库存水平及成本，而且还可获得高水平的服务，改善资金流，与供应商共享需求变化的透明性和获得更高的客户信任度。归纳起来，VMI 库存管理策略的关键措施主要体现在如下几个原则中：

① 合作精神（合作性原则）。在实施该策略时，相互信任与信息透明是很重要的，供应商和客户（零售商）都要有较好的合作精神，才能够相互保持较好的合作。

② 使双方成本最小（互惠原则）。VMI 不是关于成本如何分配或谁来支付的问题，而是关于减少成本的问题。通过该策略使双方的成本都获得减少。

③ 框架协议（目标一致性原则）。双方都明白各自的责任，观念上达成一致的目标。如库存放在哪里，什么时候支付，是否要管理费，要花费多少等问题都要做出界定，并且体现在框架协议中。

④ 持续改进原则。使供需双方能共享利益和消除浪费。VMI 的主要思想是供应商在客户的允许下设立库存，确定库存水平和补给策略，拥有库存控制权。

（2）VMI 的实施方法。实施 VMI 策略，首先要改变订单的处理方式，建立基于标准的托付订单处理模式。其中库存状态透明性（对供应商）是实施供应商管理用户库存的关键。供应商能够随时跟踪和检查到销售商的库存状态，从而快速地响应市场的需求变化，对企业的生产、供应状态做出相应的调整。为此需要建立一种能够使供应商和客户的库存信息系统透明连接的方法。

供应商管理库存的策略可以分为如下几个步骤实施。

① 建立顾客情报信息系统。要有效地管理销售库存，供应商必须能够获得顾客的有关信息。通过建立顾客的信息库，供应商能够掌握需求变化的有关情况，把由批发商或分销商进行的需求预测与分析功能集成到供应商的系统中来。

② 建立销售网络管理系统。供应商要很好地管理库存，必须建立起完善的销售网络管理系统，保证自己的产品需求信息和物流畅通，如：保证自己产品条码的可读性和唯一性，解决产品分类、编码的标准化问题及解决货品存储运输过程中的识别问题。目前已有许多企业开始采用 MRP Ⅱ 或 ERP 企业资源计划系统，这些软件系统都集成了销售管理的功能。通过对这些功能的扩展，可以建立完善的销售网络管理系统。

③ 建立供应商与分销商或批发商的合作框架协议。供应商和销售商或批发商一起通过协商，确定处理订单的业务流程以及控制库存的有关参数（如再订货点、最低库存水平等）、库存信息的传递方式（如 EDI 或 Internet）等。

④ 组织机构的变革。这一点也很重要，因为 VMI 策略改变了供应商的组织模式。过去一般由会计经理处理与客户有关的事情，引入 VMI 策略后，在订货部门产生了一个新的职能负责客户库存的控制、库存补给和服务水平。

（3）实施 VMI 的好处

① 成本缩减。具体表现为缓和了需求的不确定性，解决了存货水平与顾客服务水平的冲突，

提高了补货频率，使供需双方都受益，将使运输成本减少。

② 服务改善，是指在多用户补货、配送间的协调大大改善了服务水平，可以使产品更新更加方便。

(4) 供应商管理存货的方式

① 供应商提供包括所有产品的软件进行存货决策，用户使用软件执行存货决策，用户拥有存货所有权，管理存货。

② 供应商在用户的所在地，代表用户执行存货决策，管理存货，但是存货的所有权归用户。

③ 供应商在用户的所在地代表用户执行存货决策，管理存货，拥有存货所有权。

④ 供应商不在用户的所在地，但定期派人代表用户执行存货决策，管理存货，拥有存货所有权。

4. 联合库存管理

(1) JMI 的基本思想。联合库存管理（Joint Managed Inventory，简称 JMI）是指由供应商和用户联合管理库存。传统的库存管理，把库存分为独立需求和相关需求两种库存模式来进行管理，而 JMI 则是一种风险分担的库存管理模式。联合库存管理是解决供应链系统中由于各节点企业的相互独立库存运作模式导致的需求放大现象，提高供应链的同步化程度的一种有效方法。联合库存管理和供应商管理用户库存不同，它强调双方同时参与，共同制订库存计划，使供应链过程中的每个库存管理者（供应商、制造商、分销商）都从相互之间的协调性考虑，保持供应链相邻的两个节点之间的库存管理者对需求的预期保持一致，从而消除了需求变异放大现象。任何相邻节点需求的确定都是供需双方协调的结果，库存管理不再是各自为政的独立运作过程，而是供需连接的纽带和协调中心。

分销中心的联合库存功能是联合库存管理思想的体现，并进一步发展成基于协调中心的联合库存管理系统。地区分销中心体现了一种简单的联合库存管理思想。传统的分销模式是分销商根据市场需求直接向工厂订货，比如汽车分销商（或批发商），根据用户对车型、款式、颜色、价格等的不同需求，向汽车制造厂订的货，需要经过一段较长时间才能到达，因为顾客不想等待这么久的时间，因此各个推销商不得不进行库存备货，这样大量的库存使推销商难以承受，以至于破产。据估计，在美国，通用汽车公司销售 500 万辆轿车和卡车，平均价格是 18500 美元，推销商维持 60 天的库存，库存费是车价值的 22%，一年总的库存费用达到 3.4 亿美元。而采用地区分销中心，就大大减缓了库存浪费的现象。传统的分销模式，每个销售商直接向工厂订货，每个销售商都有自己的库存，而采用分销中心后的销售方式，各个销售商只需要少量的库存，大量的库存由地区分销中心储备，也就是各个销售商把其库存的一部分交给地区分销中心负责，从而减轻了各个销售商的库存压力。分销中心就起到了联合库存管理的功能，分销中心既是一个货品的联合库存中心，同时也是需求信息的交流与传递枢纽。

(2) JMI 的优点。基于协调中心的库存管理和传统的库存管理模式相比，有如下几个方面的优点：

① 为实现供应链的同步化运作提供了条件和保证；

② 减少了供应链中的需求扭曲现象，降低了库存的不确定性，提高了供应链的稳定性；

③ 库存作为供需双方的信息交流和协调的纽带，可以暴露供应链管理中的缺陷，为改进供应链管理水平提供依据；

④ 为实现零库存管理、准时采购以及精细供应链管理创造了条件；

⑤ 进一步体现了供应链管理的资源共享和风险分担的原则。

联合库存管理系统把供应链系统管理进一步集成为上游和下游两个协调管理中心，从而部分消除了由于供应链环节之间的不确定性和需求信息扭曲现象导致的供应链的库存波动。通过协调管理中心，供需双方共享需求信息，因而起到了提高供应链运作稳定性的作用。

(3) 联合库存管理的实施策略

① 建立供需协调管理机制。为了发挥联合库存管理的作用，供需双方应从合作的精神出发，

建立供需协调管理的机制，明确各自的目标和责任，建立合作沟通的渠道，为供应链的联合库存管理提供有效的机制。没有一个协调的管理机制，就不可能进行有效的联合库存管理。

② 发挥两种资源计划系统的作用。为了发挥联合库存管理的作用，在供应链库存管理中应充分利用目前比较成熟的两种资源管理系统：MRPⅡ和 DRP。原材料库存协调管理中心应采用制造资源计划系统 MRPⅡ，而在产品联合库存协调管理中心则应采用货品资源配送计划 DRP。这样就在供应链系统中把两种资源计划系统很好地结合起来。

③ 建立快速响应系统。快速响应系统是在 20 世纪 80 年代末由美国服装行业发展起来的一种供应链管理策略，目的在于减少供应链中从原材料到用户过程的时间和库存，最大限度地提高供应链的运作效率。

④ 发挥第三方物流系统的作用。把库存管理的部分功能代理给第三方物流系统管理，可以使企业更加集中精力于自己的核心业务，第三方物流系统起到了供应商和用户之间联系的桥梁作用，为企业获得诸多好处。面向协调中心的第三方物流系统使供应与需求双方都取消了各自独立的库存，增加了供应链的敏捷性和协调性，并且能够大大改善供应链的用户服务水平和运作效率。

5. JIT 库存控制方法

准时制（Just In Time，简称 JIT），源于日本丰田汽车公司在 20 世纪 60 年代实行的看板（kanban）系统。看板是指放在货运车或手推车上的卡片，这些卡片详细地记载了有关生产和供货的一些信息。卡片分为两种：一种是生产看板（kan），用来发布生产指令；另一种是取货看板（ban），目的是发出取货指令。1973 年以后，这种方式对丰田公司度过第一次能源危机起到了突出的作用，近年来 JIT 不仅作为一种生产方式，也作为一种物流模式在欧美物流界得到推行。

传统的物流观念认为，无论是原材料的库存、在制品的库存还是产成品的库存都是资产，也是一种安全保障。准时物流方式与之正好相反，它认为库存是浪费，对企业来讲是负债，因此要尽量实现"零库存"。尽管准时物流方式涉及的面很广，但是库存管理仍然是它的核心。

（1）准时制（JIT）库存控制的概念。JIT 是 Just In Time 的缩写，直译为"正好准时"，如将其与生产管理及库存管理联系起来，则译为"准时到货"，它是指在精确测定生产各工艺环节作业效率的前提下按订单准确地计划，以消除一切无效作业与浪费为目标的一种管理模式。JIT 是由日本的丰田公司在 20 世纪 70 年代后期的成功应用而成为举世闻名的管理方法。到 1989 年，JIT 管理体系在日本制造业已经得到不同程度的广泛应用；美国约 40% 以上的工业企业已经使用该方法。JIT 管理体系的采纳已经被视为那些具有世界领先地位的企业成功的关键。

（2）JIT 的基本原理。JIT 的目标之一就是减少甚至消除从原材料的投入到产成品的产出全过程中的存货，建立起平滑而更有效的生产流程。在 JIT 体系下，产品完工时正好是要运输给顾客的时候；同样，材料、零部件等到达某一生产工序时正好是该工序准备开始生产之时。没有任何不需要的材料被采购入库，没有任何不需要的产成品被加工出来，所有的存货都在生产线上，由此使库存降低到最低程度。

（3）实施 JIT 的关键。建立 JIT 管理系统需要一段很长的时期，它需要企业文化和管理方式发生巨大的变革，这并不是轻易就能完成的。然而，采用 JIT 管理系统的企业将获得巨大的收益，提高市场的竞争力，获得生存。建立 JIT 管理体系应重视以下几个方面：

① 实行全面质量管理。全面质量管理主要包括建立质量保证体系：在资源方面，重视原材料和外购件的质量保证，慎重选择供应厂商；在设计方面，运用 JIT 管理体系要求设计的产品具有很强的柔性。一些高科技的企业成功地把 JIT 和柔性制造系统（FMS）结合在一起，采用标准件降低 JIT 生产系统的复杂度；在人员上，强调人的工作质量和对产品质量的责任感；在加工过程中，重视质量过程控制。只有在全面质量管理的作用下，才能在 JIT 系统的每个环节上把好质量关，使之尽力做到"零缺陷"，才能实现"零库存"。

② 企业全员参与管理。为了实现不间断地提高产品质量和生产效率，企业需要建立一支经过交叉岗位训练和一专多能的职工队伍。按产品分类的生产原则重新组织起来，形成若干个班组，各班组的职工应对本部门原材料、产品质量负责。同时，企业还要改革劳动、人事和分配制度，形成

一种激励机制和不断创新的工作氛围。

③ 控制生产准备耗费和储存成本。引进先进的机器设备，由计算机控制与操作，使生产准备阶段所耗时间变得最短，从而使准备耗费大幅度下降。选择几个可靠的供货商，并且与他们建立长期的订购关系，采购业务仅通过传真或电话的方式进行，从而大量缩减采购费用。选定信誉较好的供货商，要求他们能按时、按质及按量将材料运到，由此使企业的库存可以降到最低，储存成本也降低到最低水平。

④ 利用看板（kan ban）管理法保证生产管理过程物流畅通。看板管理是一种需求拉动型生产管理方式，与供应推动型管理方式相区别。在传统工业中，生产按加工顺序，批量生产，逐级发出生产指令，每一次指令只生产零件装满限量的容器，绝无积压和拖延。这种需求拉动型的生产管理，有效形成之一是紧密联系的生产链和快节奏生产时间计划，减少了在制品的库存和相应的搬运、计量、记录等工作量。

⑤ 系统的不断改善。JIT 系统是一个需要不断改进完善的过程。理想的 JIT 系统的最高目标是"零机器调整时间"、"零缺陷"、"零库存"、"零设备故障"，因而 JIT 是一个永不停止的过程。

（4）实施 JIT 的制约因素

① 库存短缺成本高。如果企业减少库存，那它所面临的主要问题是无力应对意外情况。如果供应商提供的原料出现任何差错，由于没有存货确保安全生产，就会造成整个生产系统的停产，引发供应链的问题。所以，企业会要求供货商和物流供应者提供更好的服务，使脱销的风险最小化。但当某环节出现问题时，仍然无法阻止库存短缺的出现；而如果准时生产方式失败，一些企业不得不面临停产的风险。

② 运输成本高。准时生产方式需要小批量的频繁运输，因此，运输成本会不断增加。因为对于准时生产方式来讲，公路运输和航空运输才是最佳的运输方式，而这两种运输的费用都是相当高的。JIT 方式有可能在运输上花费太多，以至于超过了采用准时生产方式节省的成本。所以，管理人员必须对运输费用的变化进行严密的监控。

③ 采购成本高。JIT 意味着企业只进行频繁和小批量的购买，并要求供应商能根据企业的生产安排提供部件，因此，供应商因大量的小批量生产而承受更高的生产成本。同时，在 JIT 方式下，企业一般无法从供应商那里获得一次性大批量购买所获得的折扣优惠，这会导致采购价格的上升，因此，必须确保购买成本的上升不会超过库存成本的下降。

④ 小规模渠道成员受损。虽然从理论上讲，系统中的任何企业都可以使用准时生产方式模式，但事实上，只有大型企业才能满足如此苛刻的分销标准。大型组织往往利用准时生产方式将库存转移到小规模渠道商手里。为了满足大企业的需求，小规模渠道商不得不持有库存。

⑤ 环境影响。从宏观角度考虑，准时生产方式会增加交通阻塞和空气污染，因为这种生产模式要在没有库存的情况下保证顾客需求的满足，就需要更多的运输支持。在某些地方，交通阻塞使运输工具无法按照可靠的时间表工作，最终准时生产方式难以为继。

（5）应用 JIT 收益。JIT 的运用会给企业带来许多收益，它不仅局限于对存货管理效率的提高——节省存货资金的占用、仓库空间的占用以及与之相关的保管人员的减少等，还包括由于流动资金的占用而减少的借款利息支出，或者企业用这笔资金进行其他投资所获得的回报，降低其机会成本，最关键的收益是实现了 JIT 所追求的目标，即消除企业生产经营全过程中所有无价值增值的活动和耗费。最终结果是生产成本大幅度下降，提高劳动生产率，提高产品质量，更好更快满足顾客的需求。

总而言之，JIT 管理体系的运用正是企业寻求的向管理要效益、从而增强企业竞争力之路。

5.1.3 库存控制技术

库存控制是一个庞大的系统，其重点是对库存量的控制，而订货批次和订货数量是决定库存水平非常重要的因素。对于一个企业而言，库存控制建立在一定要求的输出前提下，因此，需要调整的是输入，而输入的调整依赖于订货，所以，订货与库存控制关系十分密切，不少企业的库存控制转化为订货控制，以此解决库存问题。

5.1.3.1　定量订货控制法

1. 定量订货控制法的原理

定量订货控制法是指当库存量下降到预定的最低库存数量（订货点）时，按规定数量（一般以经济订货批量为标准）进行订货补充的一种库存管理方式。定量订货控制法以库存费用与采购费用总和最低为原则，事先确定出相对固定的经济订货批量和订货点。每当库存量降低到订货点时，即按预定的经济订货批量组织订货。这种方法是通过"经济订货批量"和"订货点"两个量来控制库存的，可用以下公式计算求得

$$R=DT$$

式中　R——再订货点，即当库存降至此数量时订货；

　　　　D——平均日需求量；

　　　　T——平均运作时间，又称订货期，即开始订货到货品入库的时间。

而当需求或运作周期不能完全确定时，就需要建立安全库存，这时的基本订货点的公式变为

$$R=供应期间的需求预测量+安全库存量$$
$$=DT+SS$$

式中　SS——安全库存量。

假定每日正常出库量为 120 件，即日最低安全库存量为 160 件，如果经销商习惯 6 天向公司报一次订货，而路途运输时间是 7 天，那么合理的正常库存控制数应该是：$120×(6+7)+160＝1720$ 件。

定量订货控制法事先确定了经济订货批量和订货点，适用于常年销售且销售量比较稳定的货品。在库存达到最低库存量（安全库存量）的时点时，补充货品，使其达到最大库存量。如此周而复始地进行库存管理。

2. 定量订货控制法控制参数的确定

实施定量订货控制法需要确定两个控制参数：一个是订货点，即订货点库存量；另一个是订货数量，即经济批量。

（1）订货点的确定。订货点就是发出订货的时机，它是直接控制库存水平的关键。在定量订货法中，是以库存水平作为参照点的。当库存下降到某个库存水平时就发出订货，发出订货时的这个库存量水平就称为订货点。影响订货点的因素有：订货提前期、平均需求量和安全库存。

$$订货点=平均需求速度×交货期+安全库存量$$
或　　　　　　　　　$$订货点=单位时间需求量×订货提前期+安全库存量$$

① 在需求和订货提前期确定的情况下，不需设安全库存即可直接求出订货点。公式如下

$$订货点=订货提前期×\frac{全年需求量}{360}$$

【例 5-1】　某仓库每年出库货品业务量为 18000 箱，订货提前期为 10 天，试计算订货量。

解： 订货点$=10×(18000÷360)=500$（箱）

② 在需求和订货提前期都不确定的情况下，需要设安全库存求出订货点。公式如下

$$订货点=(平均需求量×最大订货提前期)+安全库存$$

安全库存需要用概率统计方法求出，公式如下

$$安全库存=安全系数×\sqrt{最大订货提前期}×需求变动值$$

式中，安全系数可根据缺货概率查表 5-9 得到；最大订货提前期是指超过正常的订货提前时间；需求变动值可以用下列两种方法计算：

a. 在统计资料期数较少时，计算公式如下

$$需求变动值=\sqrt{\frac{\sum(y_i-\overline{y})^2}{n}}$$

式中　y_i——各期需求量实际值；

　　　　$\overline{y}$——各期需求量实际均值。

表 5-9 安全系数值

缺货概率/%	30.5	27.4	24.2	21.2	18.4	15.9	13.6	11.5	9.7	8.1
安全系数值	0.5	0.6	0.7	0.8	0.9	1.0	1.1	1.2	1.3	1.4
缺货概率/%	6.7	5.5	5.0	4.5	3.6	2.9	2.3	1.8	1.4	0.8
安全系数值	1.5	1.6	1.65	1.7	1.8	1.9	2.0	2.1	2.2	2.3

【例 5-2】 某货品在过去三个月中的实际需求量分别为：一月份 126 箱，二月份 110 箱，三月份 127 箱，最大订货提前期为两个月，缺货概率根据经验统计为 5%，试计算该货品的需求变动值和订货点。

解：$\overline{y} = (126 + 110 + 127) \div 3 = 121$（箱）

$$需求变动值 = \sqrt{\frac{\sum (y_i - \overline{y})^2}{n}}$$

$$= \sqrt{\frac{(126-121)^2 + (110-121)^2 + (127-121)^2}{3}}$$

$$= 7.79$$

缺货概率为 5%，查表 5-9 得：安全系数 = 1.65

安全库存 = 1.65 × 2 × 7.79 = 19（箱）

订货点 = 121 × 2 + 18.17 = 261（箱）

b. 在统计资料期数较多的情况下，计算公式如下

$$需求变动值 = \frac{R}{d_2}$$

式中　R——全距，即资料中最大需求量与最小需求量的差；

d_2——随统计资料期数多少（样本多少）而变动的常数，可查表 5-10 得到。

表 5-10 随统计资料期数多少而变动的 d_2 值

n	2	3	4	5	6	7	8	9
d_2	1.128	1.693	2.059	2.326	2.534	2.704	2.847	2.970
$1/d_2$	0.8865	0.5907	0.4857	0.4299	0.3946	0.3098	0.3512	0.3367
n	10	11	12	13	14	15	16	17
d_2	3.078	3.173	3.258	3.336	3.407	3.472	3.532	3.588
$1/d_2$	0.3249	0.3152	0.3069	0.2998	0.2935	0.2880	0.2831	0.2787
n	18	19	20	21	22	23	24	
d_2	3.640	3.689	3.735	3.778	3.820	3.858	3.896	
$1/d_2$	0.2747	0.2711	0.2677	0.2647	0.2618	0.2592	0.2567	

【例 5-3】 某仓库中，A 货品去年各月份需求见表 5-11，最大订货提前期为两个月，缺货概率根据经验统计为 5%，求 A 货品的订货点。

表 5-11 月需求量资料表

月份	1	2	3	4	5	6	7	8	9	10	11	12	合计
需求量	162	173	167	180	181	172	170	168	174	168	162	165	2052

解：平均月需求量 = (2052 ÷ 12)箱 = 171 箱

缺货概率为 5%，查表 5-9 得安全系数为 1.65

$$需求变动值 = R/d_2$$

$$R = (181 - 162)箱 = 19 箱$$

d_2 通过 n 为 12，查表 5-10 可得：$1/d_2 = 0.3069$

$$则需求变动值 = R/d_2 = 19 \times 0.3069 = 5.831 箱$$

$$订货点 = 171 \times 2 + 1.65 \times \sqrt{2} \times 5.831 = 356 箱$$

即当 A 货品的库存量下降到 356 箱时就应该订货。

（2）订货批量的确定。订货批量就是一次订货的数量，它直接影响库存量的高低，同时也直接影响货品供应的满足程度。在定量订货中，对每一个具体的品种而言，每次订货批量都是相同的，所以对每一个品种都要制订一个订货批量，通常是以经济批量作为订货批量的。而经济订货批量是试图寻找使库存总成本最低的订货数量，它是通过平衡订货成本和储存成本两方面得到的。持有成本随订货量的增加而增加；而在总需求相对稳定时，每次订货数量的增加意味着总的订货次数的减少，从而使得库存的获得成本降低。其关系如图 5-2 所示。

图中 t_1、t_2 等为周期不等的进货时间，A 为安全库存量，B 为固定采购点，C 为固定经济采购批量，斜线为可变需求量。

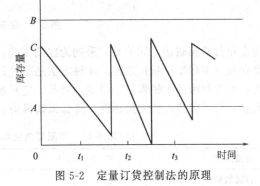

图 5-2　定量订货控制法的原理

3. 定量订货控制法的特点

（1）优点

① 控制参数一经确定，则实际操作就变得非常简单了。在实际中经常采用"双堆法"来处理，即将货品库存分为两堆，一堆为经常库存，另一堆为订货点库存，当消耗完就开始订货，并使用经常库存，不断重复操作。这样可减少经常盘点库存的次数，方便可靠；

② 当订货量确定后，货品的验收、入库、保管和出库业务可以利用现有规格化器具和计算方法，可以有效地节约搬运、包装等方面的作业量；

③ 可充分发挥经济批量的作用，降低库存成本，节约费用，提高经济效益。

（2）缺点

① 要随时掌握库存状态，严格控制安全库存和订货点库存，占用了一定的人力和物力；

② 订货模式过于机械，不具有灵活性；

③ 订货时间不能预先确定，对于人员、资金、工作业务的计划安排不利；

④ 受单一订货的限制，对于实行多品种联合订货采用此方法还需灵活掌握处理。

定量订货控制法的适用范围：

① 单价比较便宜，而且不便于少量订购的货品；

② 需求预测比较困难的货品；

③ 品种数量多、库存管理事务量大的货品；

④ 消费量计算复杂的货品以及通用性强，需求总量比较稳定的货品等。

5.1.3.2　定期订货控制法

1. 定期订货控制法原理

定期订货控制法是按预先确定的订货间隔期间（以日、周、旬、月等）进行订货补充的一种库存管理方式。企业根据过去的经验或经营目标预先确定一个订货间隔期，每经过一个订货间隔期就进行订货，每次订货数量都不同。如每间隔 3 天订货一次或一个月订货两次等。这种方法是从时间上来限定订货周期，从而达到库存量控制的目的。只要订货周期控制得当，既可以不造成缺货，又可以控制最高库存量，达到节省库存费用的目的。这种方法的关键是确定订货周期和最高库存量，然后就可以确定每次的订货量了。

它要求按固定的检查周期对库存量进行盘点，并根据盘点的实际库存量和下一个进货周期的预计需要量来确定订购批量（如图 5-3 所示）。这种方法同样以存货费用与采购费用总和最低为原则，

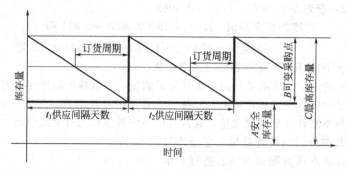

图 5-3　定期订货控制法原理

与定量订货控制法不同的是，采购为定期采购，采购批量为订货水准（订货后应达到的库存量）与盘存量（实际库存量）之差。这种方法是通过订货周期、订货水准和每次订货量来控制库存的。定期订货控制法用于销售量不稳定的货品，它只预测较短时期内的需求量，根据盘存量来确定日订货数量，可以保持经营的灵活性，降低采购风险，见表 5-12。

表 5-12　定期订货控制法与定量订货控制法比较表

订货方法	定期订货控制法	定量订货控制法
订货数量	每次订货数量变化	每次订货数量保持不变
订货时间	订货间隔期不变	订货间隔期变化
库存检查	在订货周期到来时检查库存	随时进行货品库存状况检查记录
订货成本	较低	较高
订货种类	各品种统一进行订货	每个货品种单独进行订货作业
订货对象	A 类货品，有时 B 类货品亦可采用	B 类及 C 类货品
缺货情况	在整个订货间隔期内以及提前订货期间内均有可能发生缺货	缺货情况只是发生在已经订货但货品还未收到的提前订货期间内

定期库存控制法是以定期不定量为特征的，即订购周期固定，如果备运时间相同，则进货周期也固定，而订购点和订购批量不定。订购批量根据订购周期需要量、备用时间需要量、保险储备量、现有库存量以及已订未交量按下列公式计算得出

订购批量＝订购周期需要量＋备运时间需要量＋保险储备量－现有库存量－已订未交量

　　　　＝（订购周期天数＋平均备用天数）×平均每天需要量＋保险储备量－

　　　现有库存量－已订未交量

其中：订购周期的长短对订购批量有决定性的影响。当备运时间固定时，订购周期和进货周期长短相同，此时订购周期相当于材料经常储备定额中的供应间隔天数。

保险储备量不仅要用于应付备运时间内需要量的变动，而且要用于应付整个订购周期内需要量的变动。

现有库存量是指提出订购时的实际库存量。

已订未交量是指已经订购并在订购周期内到货的期货数量。

这种方法一般适用于单价高、备货时间长、需要量大的主要原材料及必须严格管理的、有保管期限的重要材料；适用于需要量变化大而且可以预测的材料和发料频繁难以进行连续库存动态登记的材料。

图 5-2 中 t_1、t_2 等分别为相同周期的库存检查点，A 为安全库存量，B 为可变采购点，C 为最高库存量，斜线为可变需求量。最高库存量减固定检查周期的库存量即为采购量。

定期订货法的实施需要解决三个问题：

① 订货周期如何确定？

② 最高库存量如何确定？

③ 每次订货的批量如何确定？

2. 定期订货控制法的控制参数

(1) 订货周期的确定。订货周期实际上就是定期订货的订货点，其间隔时间总是相等的。订货间隔期的长短直接决定最高库存量的大小，即库存水平的高低，进而也决定了库存成本的多少。从费用角度出发，如果要使总费用达到最小，可以采用经济订货周期的方法来确定订货周期 T，其公式是

$$T^* = \sqrt{\frac{2S}{C_i R}}$$

式中　T^*——经济订货周期；

S——单次订货成本；

C_i——单位货品年储存成本；

R——单位时间内库存货品需求量（销售量）。

【例 5-4】　某仓库 A 货品年需求量为 16000 箱，单位货品年保管费用为 20 元，每次订货成本为 400 元，求经济订货批量 Q^*、经济订货周期 T^*。

解：根据 $Q^* = \sqrt{\dfrac{2 \times 每次订货费用 \times 年订货总量}{单位商品年平均保管费用}}$

$= \sqrt{\dfrac{2DS}{C_i}}$

$= 800$ 箱

根据 $T^* = \sqrt{\dfrac{2S}{C_i R}} = 1/20$ 年 $= 18$ 天

在实际操作中，经常结合供应商的生产周期或供应周期来调整经济订货期，从而确定一个合理可行的订货周期。当然也可以结合人们比较习惯的时间单位，如周、旬、月、季、年等来确定经济订货周期，从而与企业的生产计划、工作计划相结合。

(2) 最高库存量的确定。定期订货法的最高库存量是用以满足 $(T + \overline{T_K})$ 期间内的库存需求的，所以我们可以用 $(T + \overline{T_K})$ 期间的库存需求量为基础。考虑到为随即发生的不确定库存需求，再设置一定的安全库存，这样就可以简化地求出最高库存量了。其公式是

$$Q_{max} = \overline{R}(T + \overline{T_K}) + Q_s$$

式中　Q_{max}——最高库存量；

$\overline{R}$——$(T + \overline{T_K})$ 其间的库存需求量平均值；

T——订货周期；

$\overline{T_K}$——平均订货提前期；

Q_s——安全库存量。

(3) 订货量的确定。定期订货法每次的订货数量是不固定的，订货批量的多少是由当时的实际库存量的大小决定的，考虑到订货点的在途到货量和已发出出货指令尚未出货的待出货数量，每次订货量的计算公式是

$$Q_i = Q_{max} - Q_{Ni} - Q_{Ki} + Q_{Mi}$$

式中　Q_i——第 i 次订货的订货量；

Q_{max}——最高库存量；

Q_{Ni}——第 i 次订货点的在途到货量；

Q_{Ki}——第 i 次订货点的实际库存量；

Q_{Mi}——第 i 次订货点的待出库货品数量。

【例 5-5】　某仓库 A 货品订货周期 18 天，平均订货提前期 3 天，平均库存需求量为每天 120

箱，安全库存量360箱。另某次订货时在途到货量600箱，实际库存量1500箱，待出库货品数量500箱，试计算该仓库A货品最高库存量和该次订货时的订货批量。

解： 根据 $Q_{max} = \overline{R}(T + \overline{T_K}) + Q_s$

$$= 120(18 + 3) + 360$$

$$= 2880 \text{ 箱}$$

根据 $Q_i = Q_{max} - Q_{Ni} - Q_{Ki} + Q_{Mi}$

$$= 2880 - 600 - 1500 + 500$$

$$= 1280 \text{ 箱}$$

3. 定期订货控制法的特点

（1）优点

① 可以合并出货，减少订货费；

② 定期盘点比较彻底、精确，避免了定量订货法每天盘存的做法，减少了工作量，提高了工作效率；

③ 库存管理计划性强，有利于工作计划的安排，实行计划管理。

（2）缺点

① 安全库存量设置较大。因为它的保险周期较长，保险周期间的需求量较大，需求标准偏差也较大；

② 每次订货的批量不固定，无法制订出经济订货批量，因而运营成本较高，经济性较差。只适合于ABC分类中A类货品的库存控制。

5.1.3.3 MRP 库存控制方法

MRP（Masterial Requirements Planning）是一种以计算机为基础的生产计划和库存控制系统，它能保证在需要时供应所需的物料，并同时使库存保持在最低的水平。作为一种库存计划方法的改进，MRP是企业依据市场需求预测和顾客订单编制生产计划，然后基于这个计划组成产品的物料结构表和库存状况，通过计算机计算出所需物料的数量和时间，从而确保物料加工进度和订货日程的一种管理技术。

1. MRP 库存控制法的原理

MRP的中文意思是"物料需求计划"，它的目标是围绕组织制造资源，实现按需准时生产。对于庞大而复杂的生产系统，MRP计划的制订与执行具有很高的难度，必须有强有力的计算机软、硬件系统实行集中控制，才能达到预想的效果，MRP的逻辑原理如图5-4所示。

由MRP逻辑原理图可见，物料需求计划产生新产品投产计划和采购计划，生成制造任务单和采购订货单，再据此组织产品的生产和货品的采购。

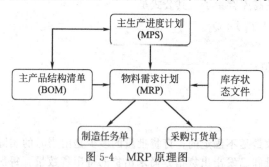

图 5-4 MRP 原理图

2. MRP 控制法的特点

（1）需求的相关性。在流通企业各种需求往往是独立的，而在生产系统中，需求具有相关性。例如，根据订单确定了所需产品的数量之后，由新产品结构文件BOM即可推算出各种零部件和原材料的数量，这种根据逻辑关系推算出来的物料数量称为相关需求。不但品种数量有相关性，而且需求时间与生产工艺过程也是相关的。

（2）需求的确定性。MRP的需求都是根据主生产进度计划、产品结构文件和库存文件精确计算出来的，品种、数量和需求时间都有严格要求，不可改变。

（3）计划的复杂性。MRP计划要根据主产品的生产计划、产品结构文件、库存文件、生产时间和采购时间，把主产品的所有零部件需要的数量、时间、先后关系等需要准确地计算出来，因此当产品的结构复杂、零部件数量特别多时，必须依靠电子计算机。

（4）MRP 的优越性。由于各个工序对所需要的货品都按精密的计划适时地足量供应，一般不会产生超量库存，对于在制品还可以实现零库存，从而可以节约库存费用。同时采用 MRP 技术有利于提高企业的管理素质。

3. MRP 库存控制法的应用

MRP 技术在库存管理中的应用主要是通过 MRP 处理生成采购任务清单来实现控制库存的目的。

（1）MRP 的输入。MRP 的输入有以下三个文件。

① 主生产进度计划 MPS。主生产进度计划是 MRP 系统最主要的输入信息，也是 MRP 系统的主要依据。该计划来自于企业的年度计划，在 MRP 中用 52 周来表示。其基本原则是，主产品生产进度计划覆盖的时间长度要不少于其组成零部件中具有的最长的生产周期；否则，这样的主产品进度计划不能进行 MRP 系统的运行。例如产品 A 生产计划如表 5-13 所示。

表 5-13 产品 A 生产计划进度表

时期/周	1	2	3	4	5	5	7	8
产量/(件/周)	30	20	25		60		20	

② 主产品结构文件 BOM。主产品结构一般用树形结构表示，如图 5-5 所示，最上层是 0 级，即主产品级，然后是 1 级，对应主产品的一级零部件，如此逐级往下分解，最后一级为 n 级，一般是最初级的原材料或者外购零配件。每一层有 3 个参数：零部件名称、组成零部件的数值、相应的提前期（包括生产提前期和订货提前期）。例如主产品 A 的树形结构如图 5-5 所示。

产品 A 由两个部件 B 和 1 个零件 C 装配组成，而部件 B 又由 1 个外购件 D 和 1 个零件 C 装配组成。产品 A、B、C、D 的提前期分别为 1、1、3、1 周，即装配 1 个产品 A 要 1 周时间（装配任务需提前 1 周下达），装配一个 B 要提前 1 周下达任务单，生产 C 要提前 3 周下达任务单，而采购 D 产品要提前 1 周发出订货单。

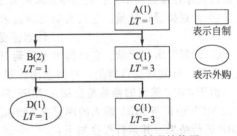

图 5-5 主产品 A 的树形结构图

③ 产品库存状态文件。该文件包含有各个品种在系统运行提前期库存量的静态资料，但它主要提供并记录 MRP 运行过程中的实际库存量的动态变化过程。主要参数有：

a. 总需求量：是指主产品及其零配件在每一周的需要量。其中主产品的总需求量与主生产进度计划一致，而主产品的零部件的总需求量可以根据主产品生产进度计划和主产品结构文件推算得出。

b. 计划到货量：是指根据正在执行中的采购订单或生产订单在未来某一时段将要入库或将要完成的数量。它不包括本次 MRP 运行生成的生产任务单和采购任务单中的产品。

c. 库存量：是指每个周周末库存货品的数量。

本周末库存量＝上周末库存量＋本周到货量－本周供应量

【例 5-6】根据主产品 A 生产进度计划（如表 5-13 所示）输入它在各周的总需求量，又输入它在各周的计划到货量（第一周、第三周、第五周、第七周分别计划到货 15 件、20 件、40 件、60 件），再输入产品 A 在 MRP 运行前的期初库存量（20 件）。这些即为产品 A 的 MRP 输入的全部资料。MRP 输入完毕后，系统会自动计算出各周的库存量、净需求量、计划订货量和计划发出订货量，如表 5-14 所示。

上述 3 个文件即为 MRP 的主要输入文件。除此之外，为运行 MRP 还需要一些基础性的输入，其中包括物料编码、提前期、安全库存量。

（2）MRP 的输出。MRP 的输出，包括了主产品及其零部件在各周的净需求量、计划接受订货和计划发出订货 3 个文件。

表 5-14　产品 A 的库存文件

项目:A(0 级) 提前期:1 周	周　　次							
	1	2	3	4	5	6	7	8
总需求量	30	20	25		60		20	
计划到货量	15		20		40		60	
现有库存量(20)	5	−15	−20	−20	−40	−40	0	0
净需求量	0	15	5	0	20	0	0	0
计划接受订货		15	5		20			
计划发出订货	15	5		20				

① 净需求量。净需求量是指系统需要外界在给定的时间提供的给定的物料数量。即生产系统需要什么货品、需要多少、什么时候需要。不是所有零部件每一周都有净需求的,只有发生缺货周才发生净需求量,某个品种某个时间的净需求量就是这个品种在这一时间的缺货量。所谓缺货,就是上一周的期末库存量加上本期的计划到货量小于本期总需求量。

本周净需求量=本周总需求量−本周计划量−本周初库存量

MRP 在实际运行中,不是所有的负库存量都有净需求量。净需求量的计算可以这样确定:在现有库存量一栏中第一个出现的负库存量的周,其净需求量就等于其负库存量的绝对值。在其后连续出现的负库存量各周中,各周的净需求量等于其本周的负库存量减去前一周负库存量的差的绝对值。

② 计划接受订货量。它是为满足净需求量的需求,应该计划从外界接受订货的数量和时间。

计划接受订货量=净需求量

③ 计划发出订货量。它是指发出采购订货单或发出生产任务单进行生产的数量和时间。它在数量上等于计划接受订货量,时间上比计划接受订货量提前一个提前期。

由于 MRP 输出的参数是直接由 MRP 输入的库存文件参数计算出来的,因此为直观起见,常常把 MRP 输出与 MRP 输入的库存文件连接在一起,边计算边输出结果。表 5-14 列出了产品 A 的MRP 运行结果。其运行程序如下:

第一步:根据 MRP 输入的库存文件计算出产品 A 各周的库存量。

本周库存量=上周库存量+本周计划到货量−本周总需求量

本周库存量是指周末库存量,可为正数、负数或零。

第二步:MRP 系统就接着计算和输出各周的净需求量。只有那些库存量为负数的周才有净需求量。其计算方法是:第一次出现的负库存量的周(第二周)的净需求量等于其负库存量的绝对值,其紧接在后面的负库存量的周(第三周)的净需求量就等于本周的负库存量减去上一周的负库存量所得结果的绝对值。如此可计算出第二周、第二周、第五周的库存量分别为 15 件、5 件、20件,第四周、第六周、第七周、第八周的净需求量为零。

第三步:MRP 系统接着计算和输出计划接受订货量,它在数量和时间上都与净需求量相同,如表 5-14 中所示,第二周接受 15,第三周接受 5。计划接受订货量满足净需求量,而计划到货量满足部分总需求量。二者相加,即可满足总需求量。

第四步:MRP 系统计算和输出计划发出订货量,它是把计划接受订货量(或净需求量)在时间上提前一个提前期(此处为一周),订货数量不变而形成的,如表 5-14 所示,第一周发出 15 个的订货单,第二周发出 5 个的订货单。这即是 MRP 最后处理的结果。它最后给出的是发出的一系列订货单和订货计划表。

5.2　职业能力训练模块

5.2.1　ABC 分类法的运用

【职业能力训练模拟背景】

创世纪药化公司仓库的库存化学试剂共有 26 种,货品库存清单如表 5-15 所示。现要对库存货品采用

ABC 分类法管理，假定你是仓库管理员，你计划如何实施？

表 5-15　创世纪药化公司库存清单

货品编号	货品名称	规　格	货品单价/元	品目数	资金占用额/元
AA1001	L-丙氨酸	5g	48.0	38	1824.0
AA1002	酪氨酸	10g	25.0	58	1450.0
AA1021	甘氨酸	100g	15.0	92	1380.0
AA1023	L-胱氨酸	25g	24.5	52	1274.0
AA1035	赖氨酸	25g	53.0	35	1855.0
AA1038	缬氨酸	10g	14.6	20	292.0
AB1003	抗病毒冲剂	10×8g	15.5	28	434.0
AB1008	抗病毒颗粒	15×10g	21.4	36	770.4
BB1023	健胃消食片	32×2个	12.1	66	789.6
BB2035	健胃消食颗粒	16×10g	10.8	84	907.2
BA2038	先锋 6 号	8×2.5g	12.1	25	302.5
BA3048	先锋 8 号	8×2.5g	22.5	156	3510.0
BG2058	琼脂糖凝胶	100mL	1080.0	9	9720.0
BG3064	葡萄糖凝胶	80g	2480.0	5	12400.0
NM5089	蔗糖	250g	320.0	26	8320.0
NB1640	1640 培养基	10×1L	358.4	25	8960.0
NB2058	2058 培养基	10×1L	180.0	12	2160.0
LG3358	酵母蛋白粉	250g	83.0	55	4565.0
LH2266	酵母提取粉	400g	57.0	21	1197.0
LK5526	胶原蛋白	200g	80.6	18	1450.8
MK2088	胰蛋白胨	0.5kg	358.0	12	4296.0
Mk2099	木瓜蛋白酶	1kg	455.0	15	6825.0
UK2058	水解酪蛋白	25g	38.5	80	3080.0
UK4066	水解乳蛋白	50g	45.8	21	961.8
SF8092	维生素 B_6	5g	58.2	15	873.0
SF8068	维生素 B_{12}	25g	198.0	20	3960.0

【职业能力训练目标要求】

(1) 掌握库存管理中划分 A、B、C 三类货品的标准及划分的一般步骤；

(2) 能够准确运用 ABC 分类管理方法对货品采取有效的管理手段。

【职业能力训练设备材料】

(1) 背景资料。

(2) 计算器和纸张、铅笔等。

【职业能力训练方法步骤】

(1) 收集数据。本次训练是对库存货品的资金占用额进行分析，了解货品占用资金的多少，以便实施重点管理。收集的数据包括每种库存货品的名称、单价、库存量或品目数、库存资金占用额等资料。

(2) 处理数据。对收集来的数据资料进行整理，计算出库存货品的品目数、品目数累计（%）、库存资金占用额、库存资金占用额（%），然后按库存货品资金占用额的大小，由高到低依次排序。

(3) 绘制库存货品 ABC 分类表。ABC 分类表中的栏目包括：货品名、库存资金占用额、库存资金占用额累计、库存资金占用额（%）、库存资金占用额累计（%）、品目数、品目数（%）、品目数累计（%）等。按照金额大小进行排列后，根据库存货品 ABC 分类表中品目数累计（%）和库存资金占用额累计（%），参考 A 类、B 类、C 类货品的分类原则、比例及货品的缺货后果、供应的不确定性、过时或变质的风险等，确定 A、B、C 三类货品分别包含哪几类货品名。

(4) 确定 ABC 库存分类管理方法。对货品进行 ABC 分类，其目的在于根据分类结果对每类货品采取适宜的控制措施。A 类货品应尽可能从严控制，而对于 C 类货品则可以尽可能简单控制。

【职业能力训练组织安排】

(1) 学生每 6 人分成一组，设组长 1 名，由组长负责组织小组讨论案例资料。

(2) 根据给定的资料和条件，严格按照 ABC 分类法的步骤进行数据处理，以小组为单位提交一份期实有效的库存管理方案（500 字左右）。

（3）职业能力训练过程中要求教师现场指导，及时解决学生遇到的实际问题，准确了解学生的训练动态及熟练程度。

（4）由各个小组选出代表交流训练感受并写出职业能力训练报告，教师对训练过程与完成情况进行全面的总结、考评。

（5）职业能力训练时间安排：2 学时/组。

【职业能力训练报告要求】

（1）职业能力训练项目名称、训练时间、参加人员。

（2）职业能力训练目标要求与内容。

（3）ABC 分类法的基本原则、步骤，库存货品 ABC 分类的结果，提交一份翔实的库存管理方案。

（4）ABC 分类法的运用的体会与收获。

（5）职业能力训练总结讨论及合理化建议。

【职业能力训练效果评价】

ABC 分类法的运用职业能力训练评价评分表见表 5-16。

表 5-16　职业能力训练评价评分表

考评项目		ABC 分类法的运用		
考评人		被考评人		
	考评内容与要求		权重/%	考评结果
考评标准	准确理解 ABC 分类法原理,分类标准明确		15	
	严格遵循 ABC 分类的基本原则、步骤		25	
	资料收集完整,数据处理合理、正确		25	
	能有针对性地对 A、B、C 三类货品分别进行管理和控制		20	
	表格编制内容完整、美观,实训态度端正		15	
合　计			100	

注：考核满分为 100 分。60 分以下为不及格；60～69 分为及格；70～79 分为中等；80～89 分为良好；90 分以上为优秀。

【职业能力训练活动建议】

（1）在模拟职业能力训练过程中，学生要结合案例资料提出有效的库存货品管理方案。

（2）在对库存货品进行 ABC 分类的同时，还可以根据客户管理的需要选择不同的分类标准，如可以按客户购买量不同将客户分为 A 类、B 类、C 类，以便采取对应的营销手段。

安排学生深入不同企业调查了解库存货品控制方法，发现仓储企业库存货品管理中需要改进的地方。

（3）邀请有关仓储企业的库存管理人员介绍库存管理的经验与体会。

5.2.2　MRP 库存控制方法运用

【职业能力训练模拟背景】

某企业计划在第 8 周要出厂自行车 1000 辆，自行车产品结构如图 5-6 所示（其中图中 LT 为零部件提前期，当前库存自行车为 200 辆，各零部件的计划入库量均为 0）。假定由你来制订物料需求计划，你该如何进

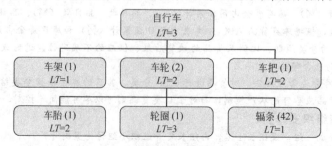

图 5-6　自行车的产品结构图

行零部件的库存安排？请将处理结果填写在表 5-17 中。

表 5-17　第 8 周出厂自行车 2000 辆的物料需求计划表

		1	2	3	4	5	6	7	8
自行车	提前期/周	1	2	3	4	5	6	7	8
	毛需求量								
	计划订单下达量								
车架	提前期/周	1	2	3	4	5	6	7	8
	毛需求量								
	计划订单下达量								
车轮	提前期/周	1	2	3	4	5	6	7	8
	毛需求量								
	计划订单下达量								
车把	提前期/周	1	2	3	4	5	6	7	8
	毛需求量								
	计划订单下达量								
车胎	提前期/周	1	2	3	4	5	6	7	8
	毛需求量								
	计划订单下达量								
轮圈	提前期/周	1	2	3	4	5	6	7	8
	毛需求量								
	计划订单下达量								
辐条	提前期/周	1	2	3	4	5	6	7	8
	毛需求量								
	计划订单下达量								

【职业能力训练目标要求】

（1）掌握库存管理中 MRP 库存控制方法的基本原理和一般步骤。

（2）能够准确运用 MRP 技术编制物料需求计划表。

【职业能力训练设备材料】

（1）背景资料。

（2）计算器和纸张、铅笔等。

【职业能力训练方法步骤】

（1）准确理解 MRP 的运行原理和计算步骤。利用多媒体教学手段，结合有关案例分析，要求学生全面了解 MRP 的产生和发展、MRP 系统的目标、MRP 输入及输出的构成、MRP 的计算指标内容及计算一般步骤。

（2）计算毛需求量。根据自行车的生产计划进度、当前库存及产品结构图（见图 5-6），在需求的层次上按产品结构关系分解，在需求的时间上按订货周期从最终产品的交货期起，一步一步向前倒推，在求出各零部件的总需求的基础上，根据库存状况算出毛需求量，决定物料订货日期和订货批量。

（3）制订物料需求计划。将自行车零部件需求计划的处理结果填入表 5-17 中，然后向车间或供货商发出加工订货信息。

【职业能力训练组织安排】

（1）学生每 6 人分成一组，设组长 1 名，由组长负责组织小组讨论案例资料。

（2）根据给定的资料和条件，严格按照 MRP 库存控制的基本原理和步骤进行数据处理，以小组为单位提交一份完整的物料需求计划表。

（3）职业能力训练过程中要求教师现场指导，及时解决学生遇到的实际问题，准确了解学生的训练动态及熟练程度。

（4）由各个小组选出代表交流训练感受并写出职业能力训练报告，教师对训练过程与完成情况进行全面的总结、考评。

（5）职业能力训练时间安排：2 学时/组。

【职业能力训练报告要求】

（1）职业能力训练项目名称、训练时间、参加人员。

（2）职业能力训练目标要求与内容。

（3）MRP 库存控制的基本原理、计算步骤，及自行车的零部件物料需求计划。

（4）MRP 库存控制方法运用的体会与收获。

（5）职业能力训练总结讨论及合理化建议。

【职业能力训练效果评价】

MRP 库存控制方法运用职业能力训练评价评分表见表 5-18。

表 5-18　职业能力训练评价评分表

考 评 项 目		MRP 库存控制方法运用		
考评人		被 考 评 人		
考评标准	考 评 内 容 与 要 求		权重/%	考 评 结 果
	准确理解 MRP 库存控制的基本原理		15	
	严格遵循 MRP 库存控制的计算步骤		25	
	资料分析准确,按要求完整编制物料需求计划表		25	
	按计划发出加工订货信息		20	
	实训态度端正,协作能力强		15	
合　　计			100	

注：考核满分为 100 分。60 分以下为不及格；60～69 分为及格；70～79 分为中等；80～89 分为良好；90 分以上为优秀。

【职业能力训练活动建议】

（1）在模拟职业能力训练过程中，学生要结合案例资料加深对 MRP 库存控制技术的理解。

（2）安排学生深入调查不同类型生产制造企业应用 MRP 库存控制方法的收益，发现应用中需要改进的地方。

（3）邀请有关企业的库存管理人员介绍 MRP 库存管理的经验与体会。

5.3　职业能力拓展模块

5.3.1　货品入库控制

货品入库控制步骤见图 5-7。

1. 预测库存量

库存量预测是通过分析过去的资料和经验推算出未来库存量的方法。实际上就是对市场及市场需求变化的预测，它是企业确定库存量的主要依据之一。

由于预测与实际始终存在着偏差，因此，为了缩短偏差，就必须尽量做到掌握住预测的对象和目标；重视调查研究和资料收集；反复对比等。

库存量的预测过程如下。

（1）明确目的、确定目标。要熟悉、清楚地了解预测的对象，以及它所要达到的程度。预测的目标期限以及数量单位都必须用文字说明。

（2）搜集和分析资料。搜集资料必须要注意资料的可靠性。资料一般包括以下几方面的数据：

① 市场需求。

② 市场购买力。

③ 货品市场占有率。

④ 货品生命周期。

⑤ 货品价格变动趋势。

⑥ 货品库存现状。

⑦ 货品营销效果。

⑧ 新产品的开发。

（3）选择预测方法。预测方法一般分为定性预测法与定量预测法两种。企业应根据各自的具体情况选择合适的方法。

① 定性预测法。指通过熟悉情况的经验丰富的有关人员做调查，然后靠个人的主观判断来预测的方法。一般来讲，这些经验丰富的人包括经理、销售人员、顾客和专家。

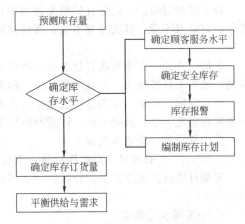

图 5-7　货品入库控制步骤

② 定量预测法。指根据比较完整全面的历史资料，运用一定的数学方法进行科学的推算，估计未来的库存量。一般有时间序列法、联合预测法和计量经济模型法三种。

a. 时间序列法，是指在一个给定的时期内按照固定时间间隔把某种变量的数值依时间先后顺序排列而成的序列，从趋势上把握整体的发展情况。

b. 联合预测法，是指通过那些与所研究量相关的可被预测的变量做出预测的一种方法。实质上就是建立一个数学模型，然后通过模型求解变量对所研究变量的影响。

c. 计量经济模型法，是指将一组解释与某种经济状况有关的各变量相互作用而联立的方程式，体现相关变量之间的关系。

2. 确定库存水平

库存水平就是库存量大小的确定涉及希望保持的库存数量或水平。它包括顾客服务水平、安全库存量、库存维持费用及缺货费用四方面的内容。

（1）确定顾客服务水平。顾客服务水平是指存货满足用户需求的能力。它可以按单位数、金额、交易额或订货次数来计算。

（2）确定安全库存量。安全库存是库存中的一部分，主要是为了应对在需要和订货点发生短期的随机变动而设置的。合理的安全库存量可以减小缺货，降低库存短缺成本；反之则会加大库存持有成本。

（3）确定库存维持费用。库存维持费用是指通过平均存货价值，估算维持成本百分比而产生的财务支出，它的确定必须从管理上做出判断、估算平均存货水平及与存货有关的各种费用。

（4）确定缺货费。缺货费是指由于存货不足而令顾客欲买不能的隐藏费用。

3. 确定库存订货量

订货量的确定是库存控制中特别重要的一个环节。订货数量的多少直接关系到库存的水平和库存总成本的大小。确定订货量一般有订货点手法、经济订购批量法、定量订货法、定期订货法四种。

（1）订货点手法。订货点手法是指通过订货使库存始终维持在一定基准，而订货点以及库存基准是根据交货周期的天数、安全库存以及订货间隔等因素来设定的。

利用订货点管理法，不但可使库存的需要预测、库存基准准确无误，还能维持一定库存，这是针对热卖货品少、且需求稳定的货品库存所设计的方法。

（2）经济订购批量法。订货批量，就是一次订货所订的货品数量。订货批量的高低，直接影响库存量的高低，也直接影响货品的供应满足程度。订货批量太大，虽然可以较充分满足用户需要，但将使库存量过高，成本升高；订货批量太小，库存量虽然可以降下来，但不一定能保证满足用户需要。所以订货批量也要合适。

（3）定量订货法。定量订货法是指当库存量下降到订货点时就发出订单的一种订货方法。其特点是：订货点不变；订购批量不变，而订货期隔期不定。如果已知订量提前期，就可以根据它提前订货。

它的优点是：由于每次订货之前都要详细检查和盘点库存，能及时了解和掌握库存的动态。缺点是：经常大规模盘点，大量花费人力、财力，从而增加成本。

（4）定期订货法。定期订货法是指按预先确定的相对不变的订货间隔期进行订货补充库存量的一种库存管理方法。其特点是：订货间隔期不变，订购货品量不定。

其中订货量的确定方法如下

订货量＝最高库存量－现有库存量－订货未到量＋顾客延迟购买

定期订货法的优点在于：合理的订货可以不造成缺货，也可以控制最高库存量，使库存成本降低。

4. 平衡需求与供给

通过前面三个步骤所得到了市场预测、仓库自身能力及客户需求的结果，那么剩下的工作就是如何将这三者达到时间、空间上的平衡，以便达到充分利用资源、降低库存成本的效果，从而提高企业效益。

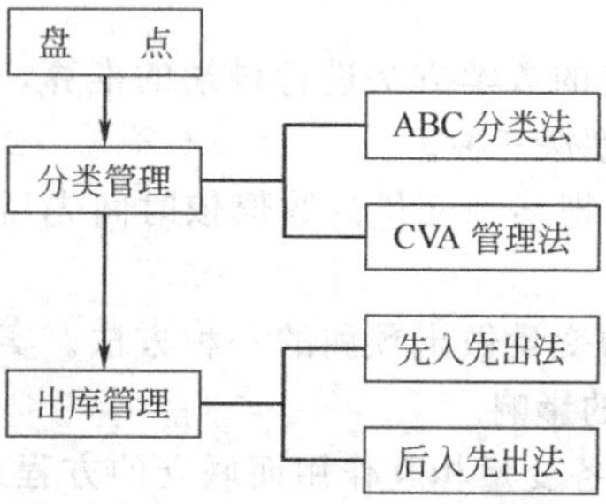

5.3.2 库存现场管理

库存现场管理一般由盘点、分类管理、出库管理三个步骤组成，如图 5-8 所示。

1. 盘点

盘点就是将仓库内货品实有数与账簿上显示的数量及金额进行核对。盘点工作包括：核对数量、检查物料损耗情况、检查保管现状以及检查常备量库存状况等。盘点方法一般有一齐盘点法、分区盘点法、循环盘点法和日常循环盘点法四种，如表 5-19 所示。

图 5-8　库存现场管理步骤

表 5-19　货品盘点方法的比较

方　法	盘点时间	盘点方式	备　注
一齐盘点法	节、假日	定期	对所有货品同时盘点
分区盘点法	—	不定期	把货品分区，部分盘点
循环盘点法	每月每周规定时间	定期循环	适当划分库内区域，循环盘点
日常循环盘点法	一个循环期	定期循环	一个循环期可以取为三个月、六个月等

2. 分类管理

库场内货品种类繁多，对不同的货品管理的角度与程度也应有所不同，以此减轻工作人员的工作强度。货品的分类方法一般有 ABC 分类法和 CVA 管理法两种。

CVA 管理法比起 ABC 分类法有着更强的目的性。但在使用中要注意，人们往往倾向于制订高的优先级，结果高优先级的货品种类很多，最终哪种货品也得不到应有的重视。CVA 管理法和 ABC 分析法结合使用，可以达到分清主次、抓住关键环节的目的。在对成千上万种货品进行优先级分类时，也不得借用 ABC 分类法进行归类。

3. 出库管理

库存控制的目标是在库存过多和库存过少之间获得平衡，使库存量合理化。但由于货品的性质不同，因此应采用与之相应的出库方式。一般出库方式分为以下两种。

（1）先入先出方式。又称为新陈代谢方式，是指货品准备出库时，先入库的货品先出库，这种方式适用于保管养护难度大、易受潮生锈、易受虫害、怕热易腐等货品。

（2）后入先出方式。与先入先出方式相反，后入先出方式是指后入库的货品先出库。这种方式是将要入库的货品运往一个预先准备的存放场地，待出库后如还有剩余，则将这些剩余货品送入保管仓库。这样，剩余货品越来越多，越来越旧，有的就会发生质变。于是，相关人员便会设法改进工作，调整入库量，减少库存量，从而提高工作效率。

5.3.3　库存成本控制

1. 库存成本的构成

库存控制的重点之一就是对库存成本的控制。库存成本包括：空间成本、资金成本、库存服务成本和库存风险成本。

（1）空间成本。空间成本是因占用储存建筑内立体空间所支付的费用。它包括与产品运入、运出仓库有关的搬运成本以及储存成本。空间成本随着库存水平的提高而增加，同样也会随着库存水平的降低而减少。如果是租借的空间，储存费用一般按一定时间内储存产品的重量来计算；如果是自有仓库或合同仓库，则空间成本取决于分担的固定成本和运营成本；同时还取决于与存储量相联系的固定成本。

（2）资金成本。资金成本又称为利息成本或机会成本，是指库存占用资金的成本，是库存资本的隐含价值，同时也是各项库存成本中最捉摸不定、最具主观性的一项。因为库存是短期资产和长期资产的混合，有些存货仅为满足季节性需求服务，而另一些则为迎合长期需求而持有。同时，从优惠利率到资金的机会成本，资金成本差异巨大。

库存成本中最大组成部分就是资金占用成本，通常用库存的货币价值百分比表示，也有一些企业用平均回报率来计算，还有一些企业则采用最低资金回报率计算资金成本。

（3）库存服务成本。为库存货品提供的各项服务的成本，包括信息服务、文件服务、保险、税收等。服务成本与服务水平正相关。保险作为一种保护措施，帮助企业预防火灾、风暴或偷窃所带来的损失。根据货品的价值和类型，货品损失或损坏的风险高，就需要较高的风险金。库存的税收包括库存营业税或者企业所得税在库存中的分摊。由于税收是国家强制参与企业收入的分配，企业需要通过价格转嫁由消费者承担。另外，仓库未履行合同的违约金、赔偿金也是库存成本中的一部分。

（4）库存风险成本。库存风险成本指由于企业无法控制的原因而造成的库存贬值，比如产品变质、短少（偷窃）、损害或报废相关的费用。在库存保管的过程中，存货会被污染、损坏、腐烂、被盗或由于其他原因不适于或不能用于销售。与之相关的成本可用产品价值的直接损失来估算，也可用重新生产产品或从备用仓库供货的成本来估算。

2. 库存成本控制的原则

（1）应用物流成本管理会计制度原则。库存成本控制的首要工作是建立系统的物流管理会计制度，详细、准确地记录订货费、保管费、缺货费、补货费、购买费、进货费等，从而科学、快速、精确地进行物流成本核算。只有有记录、有数据，才能够用于计算，有了计算结果，才能够知道大小、好坏，才能够进行管理。因此只有把物流管理会计制度建立起来，才能够更好地进行物流优化管理工作，从而提高库存成本控制的工作效率。

（2）物流总费用最省原则。库存成本控制是一个系统的工程，它涉及订货、进货、储存保管、销售出库四个环节的费用，这些费用还涉及企业中不同的部门。而要使得订货费用与保管费用平衡，就要制订适当的订货策略，也就是要进行科学的物流管理。

因此，物流总费用最低直接使库存成本最低。物流总费用最低的途径包括以下两个方面。

① 每个单项费用最低。每个单项费用应当在自己的具体业务情况下，实现局部优化，取最小的费用。只有每一个单项费用都取最小费用，总费用也才能够最小，库存系统才能够达到最优化。

② 单项费用之间的合理协调。例如，订货费与保管费之间就需要协调，这就取决于订货批量与订货批次的关系。订货批次多了，订货费用会升高；订货批量大了，保管费用会升高。只有取一个适当的比例，才会使得订货费用与保管费用平衡，才能使得总费用最省。

（3）库存成本定期统计分析原则。在物流管理会计的基础上，应当建立库存成本定期统计分析制度，定期地对库存成本进行细致精确的统计分析。一般一个月一次，到了月末，把本月发生的各项成本统计出来，求出总成本，然后进行分析。

分析的主要内容包括：

① 成本时间比较分析：本月与上月比较，今年与去年同期比较，看变化趋势，分析原因；

② 成本空间比较分析：各个部门各个班组各个项目发生的费用比较，看各个单位的管理水平、管理措施。

经过比较分析，找出经验和教训，制订下一个月的改进措施。这样通过自省、改进的循环操作，可以及时地发现内部工作存在的问题并加以解决，从而提高工作效率并有效地节约成本。

（4）零库存原则。树立零库存思想是一个企业最大地降低库存成本的最有效高速的办法。零库存是指以仓库储存形式的某种或多种货品的储存为零，即不保持库存。它是一种拉动，首先由供应链最终端的需求拉动产品进入市场，然后由这些产品的需求决定零部件的需求和生产流程，从而达到库存为零。实现零库存可以免去仓库因存货而产生的一系列问题和费用，也简化了库存控制的工作量，如无需库存盘点、实物动态掌握等，从而提高了工作效益，提高了企业效益。

实现零库存的形式有很多，它并不限于某种特定形式，比如委托保管方式、协作分包方式、配送方式、轮动方式、准时供应系统以及看板方式等。

3. 库存成本控制的具体措施

（1）正确确定库存物料。大多数企业所经营的产品种类都相当繁多，并且在大多数情况下，不需要也不可能对所有的产品都准备库存，所以企业的首要任务就是正确确定库存和非库存的货品。

通常情况下，企业的库存管理模式可以分为拉动式（反应式）和推动式（计划式）两种，前者是基于需求（生产或客户的订单），仅在需要时才生产或采购的库存管理模式，JIT 和看板管理系统就是属于这种方式。拉动式的库存管理模式所适用的产品通常具有以下特点：

① 产品生产或采购的前置时间可以满足客户订单的交货要求，这种情况下企业通常没有必要准备库存；

② 产品的流动性较慢；

③ 产品的单价较高，这种产品如果备有大量的库存，对企业的资金流动会造成巨大的压力；

④ 产品大多数为客户订制，或者说产品的标准化程度较低。

推动式的库存管理模式则是基于预测和需求计划，预先准备一定量的原材料或者产成品，以满足随时发生的生产或客户订单的交货需求。这种模式所适用的产品通常具有以下特点：

① 产品的单价适中；

② 产品的生产或采购的前置时间不能满足客户订单的交货要求；

③ 产品的销售具有季节性；

④ 产品的流动性较快；除了个别特殊的行业和企业外，大多数的企业通常情况下同时采用以上两种模式来管理企业不同的产品。这样既能缩短订单交货时间，增强企业的竞争力，同时又能降低企业的库存水平，加快资金的流动；

⑤ 产品的标准化程度较高，通用性较强。

在实际的管理工作中，除了根据企业的产品特性，确定正确的库存管理模式外，更重要的是对所确定的库存产品不能一视同仁，而是要区别对待，分类管理。

（2）减少不可用库存。合理的库存是企业维持生产与流通的保障，但并不是所有的库存都能随时发挥其作用来满足生产或交货的需要，或者说这些库存在一定的时间内是不能用的，这些不可用库存的量直接影响着库存成本。

对于一个企业来说，在途库存、淤滞（滞销）库存、预留库存（可交货的订单因其他方面的原因而不能交货）、在制品或者是待检品都是不可用的库存。库存管理的目标之一就是要提高可用库存占库存总量的比例，降低不可用库存的量，从而降低库存成本。

在实际的工作中，不可用库存通常通过以下的途径来降低。

① 在途库存

a. 缩短交货运输时间。应尽可能地缩短从供应商到企业的这段距离的运输时间。

b. 选择合适的运输方式。根据产品的特性（价格、体积、重量等），比较运输时间的缩短对库存乃至库存成本的影响以及运输费用的影响，从而选择合适的最优的运输方式。

c. 选择合适的交货和付款方式。通过与供应商的谈判，选择对企业最有利的交货方式，也是降低库存成本的一个重要方面。

② 预留库存

预留库存主要是由于整批交货订单未能兑现而造成的。因此，必须加强控制订单的整批交货。整批交货的订单对客户来说可以大大降低其库存的水平，但是对供货方来说却是不小的压力，只有在确实需要的情况下，才能向客户提供整批交货的服务。定期检查预留库存的情况，加强与销售部、财务部及客户之间的沟通，尽快消除因付款、客户项目延期等原因造成的预留库存。

③ 淤滞库存

a. 通过合适的商务政策来减少淤滞库存的产生。

b. 销售促销：对已经存在的淤滞库存，则需要通过大力的促销（降低销价等）将其尽量销售出去。

c. 退回供应商返工：如果淤滞库存能够经过再加工而提高销售的机会，则与供应商的合作，对淤滞库存的再加工也是一个较好的处理。

（3）采用合适的库存补货方式。库存补货主要解决何时补货以及每次补多少货的问题。正确的库存补货方式可以大大降低安全库存量，对整体库存水平的控制是非常重要的。通常对不同的物料，可以通过以下两种方法去考虑何时补货的问题。

① 定量补货法。就是当某种物料的库存量达到预先设定的水平时进行补货。这种方式操作比较简单，可以通过系统自动进行，适合于对交货要求不高、长期的需求比较稳定、供应商的交货较好并且产品的单价适中的产品。但是它最大的缺点就是对安全库存的量要求比较高。

② 动态补货法。是通过对现有库存量及未来一定时期内的需求预测数量的平衡，来决定当前是否要生成采购单补货。这种补货方式主要适合于产品的需求不稳定，只有依靠不定期的预测来提高需求数据的可靠性，产品的价格较高。它最大的缺点就是管理工作的复杂性，需要有一套完善的 ERP 系统支持。

企业可以根据库存物料的重要性决定不同的补货方式，通常 C 类库存物料采用定量补货法，而 A 类物料采用动态补货法，这样的管理方式使得企业将大部分的时间和精力放在重要货品的管理上，从而提高订单的交货率及降低库存量。

企业在解决每次订多少量的问题上，需要同时考虑以下几个方面的影响因素。

① 采购费用，每次采购都需要和供应商进行联系和协调。由此而发生的通信费用将会影响企业的采购次数。但是随着通信科技的发展，这部分的费用目前已大大下降。电子邮件已基本替代了原先的传真和电话。

② 仓储费用，采购的批次越少，企业需要准备更多的安全库存，在一定程度上会造成仓储成本的上升。但是对于自营型的仓库来说，这部分的费用并不一定会体现出来。

③ 供应商所提供的折扣系数，供应商通常会根据不同的订货数量给予不同的折扣系数，这将会影响企业的每次采购量。消除这一影响的方法就是和供应商签订年度供货协议。

④ 运输费用。多批次、少批量的采购将会使运输费用上升；反之亦然。

在实践中，由于存在太多的假设条件，所以理想的经济订货点法的公式计算不能运用，必须依赖管理人员根据实践判断。

在企业的整体运作中，库存成本控制起着至关重要的作用。但是，过分强调库存成本的控制和降低不但不能给企业带来积极的作用，甚至会起负面的影响，所以在具体的工作中，还需要注意库存成本控制的两个前提条件：服务水平与物流总成本。

① 正确协调成本与服务之间的关系。成本和服务相对来讲是一对相互制约的因素，服务越好，成本越高，反之亦然。成本管理在任何时候都不能离开服务水平的要求单独追求成本降低。

② 协调库存成本与其他成本的关系。库存成本仅仅是物流总成本的一个方面，物流总成本是指整体成本，物流总成本优化的目的是通过各环节成本的协调，使整个系统优化，而不是单纯只降低仓储成本、库存成本等。只有各环节成本的协调才能使物流总成本最低，从而达到降低企业成本

的效果。

思考与练习

一、填空题

1. MRP 的三大输入是_____、_____和库存信息。

2. 库存管理的根本目标就是平衡管理成本与收益，寻找使利润最大化的点，_____，又_____ _____。

3. C 类库存品种约占总数的_____，金额占总金额的_____。

4. 仓储合理化就是_____，_____进行合适的库存管理的复杂系统工程。

5. 库存控制的目标有_____和_____两大目标。

二、判断题

1. ABC 分类法又称重点管理法或 ABC 分析法，它是一种从名目众多、错综复杂的客观事物或经济现象中，通过分析，找出主次，分类排队，并根据其不同情况分别加以管理的方法。 （ ）

2. ABC 分类法中 C 类是年度货币量最高的库存，这些品种可能只占库存总数的 15%，但由于它们的库存成本却占到总数的 70%～80%。 （ ）

3. CVA 分析法中归为最高优先级的库存产品应采取的管理措施是允许缺货。 （ ）

4. 定量库存控制也称订购点控制，是指库存量下降到一定水平（订购点）时，按固定的订购数量进行订购的方式。 （ ）

5. 根据 ABC 管理方法，将存货货品分为 ABC 三类，即 50% 的货品占其总货品价值的 65%～80% 划分为 A 类货品。 （ ）

6. JIT 又称准时制生产，其基本原理是以生产计划决定供应。 （ ）

7. 安全库存就是确保仓库安全的库存。 （ ）

8. CVA 库存管理法又称为关键因素分析法，比 ABC 库存管理法有更强的目的性。 （ ）

三、选择题

1. 库存管理的基本目标就是（ ）。
   A. 防止超储和缺货　　　　B. 消除供需双方之间的空间差异　C. 实现联合管理库存　　　D. 协调与供应商的关系

2. 库存在企业中的作用之一是可以平衡（ ）。
   A. 价格和订货周期的波动　B. 订货量和订货点的波动　　　C. 采购和运输的波动　　　D. 供应与需求的波动

3. 以下不属于库存的作用的是（ ）。
   A. 库存能够使企业实现规模效应　　　　　　　B. 库存能够平衡供给需求
   C. 库存能够减少管理上的问题　　　　　　　　D. 库存能够起到缓冲器的作用

4. 固定订货量系统需要随时将库存余额与订货点比较，决定是否发出订货，故又称之为（ ）。
   A. 定量检查控制系统　　B. 定期检查控制系统　　　C. 随机检查控制系统　　　D. 连续检查控制系统

5. （ ）是一种将库存按年度货币占用量分为三类，通过分析，找出主次，分类排队，并根据其不同情况分别加以管理的方法。
   A. CVA 库存管理法　　　B. 关键因素分析法　　　　C. ABC 库存管理法　　　D. 帕累托库存管理法

6. CVA 库存管理法中 A 类重点客户的存货具有（ ）。
   A. 较低优先级　　　　　B. 中等优先级　　　　　　C. 较高优先级　　　　　　D. 最高优先级

7. 按照控制对象价值的不同或重要程度的不同进行分类，A 类存货的（ ）。
   A. 品种种类占总品种数的比例约为 10%，价值占存货总价值的比例约为 70%
   B. 品种种类占总品种数的比例约为 20%，价值占存货总价值的比例约为 20%
   C. 品种种类占总品种数的比例约为 70%，价值占存货总价值的比例约为 10%
   D. 品种种类占总品种数的比例约为 70%，价值占存货总价值的比例约为 70%

8. 在 ABC 分类的库存策略中，A 类存货的库存控制策略是（ ）。
   A. 严密控制，每月检查一次　　B. 一般控制，每三个月检查一次　　C. 自由处理　　D. 严密控制，随时检查

9. 在年需求量一定的情况下，订货批量（ ）。平均库存量和储存成本越低，发出订货次数越多，订货成本越高。
   A. 越小　　　　　　　　B. 越大　　　　　　　　　C. 合适　　　　　　　　　D. 不变

10. JIT 是以（ ）为基础的一种生产方式。
    A. 改进质量　　　　　　B. 减少准备时间　　　　　C. 消除浪费　　　　　　　D. 实现零缺陷

11. 按照库存货品在生产过程和配送过程中所处的状态分类不包括（ ）。

A. 原材料库存　　　　　B. 在制品库存　　　　　C. 在途库存　　　　　D. 产成品库存

12. MRP 系统的输出部分中不包括（　　）。

　　A. 库存文件　　　　　B. 原材料需求计划　　　　C. 主生产计划　　　　D. 产品结构文件

13. 在 MRP 系统的输入部分中，主生产计划的英文缩写是（　　）。

　　A. FAS　　　　　B. MPG　　　　　C. BOM　　　　　D. MPS

14. 物料需求计划 MRP 的依据是（　　）。

　　A. 主生产进度计划　　B. 主产品的结构文件　　C. 运输计划　　D. 采购计划　　E. 库存文件

15. 设某种货品每天的需求量为 100 个，每次发出订单的固定订货费为 100 元，每单位货品每天的存储费为 0.02 元。如不允许缺货，并且发出订单即能收到货品，问经济批量为（　　）单位。

　　A. 2000　　　　　B. 1000　　　　　C. 800　　　　　D. 1200

16. 一个生产企业，最大的降低库存成本，最好的办法是树立（　　）。

　　A. 满库存的思想　　B. 中等库存的思想　　C. 平均库存的思想　　D. 零库存思想

17. 为保证生产和流通顺利进行，在生产和流通各项环节上的储备叫（　　）。

　　A. 周转储备　　　　B. 剩余储备　　　　C. 保险储备　　　　D. 应急储备

18. 库存管理的宗旨为（　　）。

　　A. 服务好　　　　B. 保证供应　　　　C. 低成本　　　　D. 保证供应与低成本

19. 在定量订货法中，把发出订货时仓库里该品种保有的实际库存量叫（　　）。

　　A. 订货量　　　　B. 订货提前期　　　　C. 订货批量　　　　D. 订货点

20. CVA 库存管理法中 A 类重点客户的存货具有（　　）。

　　A. 较低优先级　　B. 中等优先级　　C. 较高优先级　　D. 最高优先级

四、连线题

请运用 ABC 分析方法将分类后的货品类别与其管理办法用直线连接起来，并结合实例说明，ABC 分类控制法对企业是否具有普遍指导意义？为什么？

货品类别　　　　　　　　　管理办法

A 类　　　　　　　　　一般性控制，简化管理，可以有较高的安全库存水平。

B 类　　　　　　　　　较好的控制，可以维持一定的库存水平，进行一般管理，定期检查。

C 类　　　　　　　　　严格控制，尽量降低库存水平，精心保管，保证货品的质量。

五、简答与计算

1. 为什么现代化仓储管理强调削减库存？如何对库存货品进行 ABC 分类管理？

2. 某企业每年需要耗用货品 14400 件，该货品的单价为 0.40 元，存储费率为 25%，每次的订货成本为 20 元，本题中一年工作时间按 350 天计算，订货提前期为 7 天。

请计算：

(1) 经济订货批量是多少？

(2) 一年应订几次货？

(3) 订货点的库存储备量为多少？

3. 甲仓库某货品年需求量为 30000 个，单位货品的购买价格为 20 元，每次订货成本为 240 元，单位货品的年保管费为 10 元，试计算：该货品的经济订货批量、每年的订货次数及平均订货间隔周期。

4. 试应用 ABC 分类法填写完整表中的内容，并进一步做出分析。

品名	单价	数量	%	累计%	资金占用额/千元	%	累计%	分类结果
1	22.3	260	7.61	7.61	5800			
2	5.8	86	2.52	10.13	500			
3	2.5	170	4.97	15.1	420			
4	1.2	352	10.30	25.4	410			
5	3.6	95	2.78	28.18	340			
6	4.5	55	1.61	29.79	250			
7	0.1	2400	70.22	100	240			
合计								

第6章 仓储作业安全

6.1 专业素质提升模块

【知识要点】
- 现代仓储安全管理组织的职责与基本内容。
- 仓库治安保卫的组织与管理措施。
- 仓库火灾的成因、特点与扑救。
- 仓储作业的特点与仓储作业安全管理。

6.1.1 现代仓储安全管理

【导入案例】

原料仓库储存不当连续性爆炸事故

2001年7月13日，位于湖南湘乡市的湖南铁合金集团有限公司2号原料仓库在两个小时内发生大小10次连续性爆炸，虽然这次事故未造成人员伤亡，但是仓库所存放的货品全部毁坏，仓库主体建筑也基本上被摧毁，财产损失严重。

1. 事故经过

在事故发生的前一天，即7月12日23时左右，公司值班人员发现原料仓库冒出烟雾，值班人员判断，可能是原料仓库里面堆放的硫黄起火。于是立刻向公司总调度室报告，同时向公司领导报告。公司领导立即组织人员进行扑救。湘乡市消防大队接到报警后，出动两台消防车赶到现场与公司抢险救灾人员一齐扑救。相邻单位和湘潭市消防支队也派出消防车和抢险队员支援扑救。

2号仓库存放有约400t硫黄、31t氯酸钾，在仓库的一角还堆放有100t水泥。仓库内起火的时候，还只有黄烟在仓库屋顶、窗户翻滚，由于燃烧物是硫黄和氯酸钾，遇高温时就变成液态，绿色的火苗随着液化的化学物质流动，火苗高时竟蹿起1尺多。7月13日1时许，湘潭市消防特勤中队到达起火地点参与扑救。采取的灭火办法，一是降温扑救，二是用编织袋装上泥土在仓库东、南、西面砌起矮墙，防止液态硫黄外流。直到5时左右，火势才得到初步控制，10时40分，经过11个小时的奋战，大火才被完全扑灭。值得庆幸的是，整个起火爆炸过程无人员伤亡。事后人们才知道，在爆炸现场东面120m处有一个液化气站，西面80m处有1个5000L的煤气储存罐，南面80m处是化工厂的一个煤气储存罐，如果大火蔓延到这3处地方，很可能会引发特大爆炸，后果将更加严重。

2. 事故分析

这起事故的起因，是化学品的自燃。就化学品的存放而言，把硫黄和氯酸钾堆放在一个仓库内，是极不科学的。氯酸钾是强氧化性物质，如果与强还原性物质混合，就易发生燃烧或爆炸，而硫、磷都是强还原性物质。氯酸钾遇明火或者高温，都有可能发生燃烧，严重的能发生爆炸。

3. 事故教训与防范措施

将氯酸钾和硫黄堆放在一个仓库内，说明该厂管理人员和仓库保管人员缺乏有关化学品知识，也说明安全管理上存在着严重问题。

在这起事故发生前，该原料仓库几年前也发生过类似的起火事故，但由于当时火势不大，又扑救及时，才没发展成爆炸事故。但令人遗憾的是，这些应该被人们重视的前车之鉴因没造成多大的损失而被人们淡忘了。如果当时发生起火事故后，被人们重视，追究起火原因，采取有力举措防止起火事故的再次发生，就可能不会发生这样连续性毁灭性的重大爆炸事故。此外，这座仓库布局不合理，在仓库附近设有液化气站、煤气储存罐，距离只有80m和120m，原料仓库的火灾很有可能引发液化气站、煤气储存罐的爆炸，造成更大的损失、更严重的后果。

安全管理工作是现代仓储管理工作的重要组成部分，是其他一切管理工作的基础和前提，具有十分重要的意义。仓储安全不仅涉及财产安全、人身安全，同时也是仓库履行仓储合同义务的组成部分，是降低和防止经营风险的手段。现代仓储安全管理主要包括现代仓库设施、设备、储存货品等的安全管理和仓库作业人员的人身安全管理两大方面。

6.1.1.1　现代仓储安全管理概述

1. 现代仓储安全管理的重要性

安全对于现代仓储业来说具有特殊的重要意义，因为，仓库是货品重要的集散地，也是储藏和保管货品的场所，其价值和使用价值均很高，一旦发生火灾或爆炸等严重的灾害，不仅仓库的一切设施可能被毁坏，而且客户存放在仓库中的所有货品也全部变成一堆废品，其损失之大，远远超过一般厂房的火灾。因此，现代仓储的安全工作应该位于一切管理工作的首位，必须警钟常鸣，做好一切防范工作。

现代仓库作业过程中存在的不安全因素主要有两大类：一类是由管理人员认识上的局限性造成的，如对某些化学货品、危险品、易燃品、腐蚀品的性质不了解，对某些货品储存的规律没有完全掌握，以至于发生事故；另一类是管理人员素质不高引起的，如有的仓库管理人员失职，也有的管理人员贪图小利而出卖仓库利益，还有个别仓库领导官僚主义严重等。对于第一类因素克服的方法是，应加强对仓库保管人员的培训，让上岗的每一位保管人员都能较全面地掌握各类货品的特性及储存、保管的方法。对于第二类因素克服的方法是，努力提高仓库管理人员的素质，增强仓库管理人员的道德素养和工作责任感；对于腐败成风、不学无术的个别管理人员及仓库领导，则应该采取必要的措施，如下岗、开除、直至追究刑事责任。总之，只有采取有效的控制和防护措施，加强作业人员和管理者的安全意识，杜绝一切不安全的因素，才能确保现代仓储的安全生产活动得以正常进行。

2. 现代仓库安全的要求

（1）为了确保仓库人、财、物的安全，必须建立和健全消防、保卫、保密、安全操作等规章制度，并设专人负责。

（2）应建立和健全各项安全制度相应的执行、监督机制，组织日常检查、定期检查、节假日重点检查等，真正把各项安全制度落到实处。

（3）必须培养一支消防队伍，设立专职或兼职的消防人员，仓库领导中应有人分管消防工作；配备相关的消防设备，并确定专人负责。

（4）应严格管理各类火种、火源、电源、水源等，严禁各类火种及易燃品带入仓库。储货区与生活区应该严格隔离，储货区内不允许居住家属。

（5）应建立警卫值班和干部值宿制度，重要的仓库、危险品仓库还需配备武装警卫人员。仓库应组织巡逻和夜间值班，严防偷窃和破坏。门卫要加强对进出仓库的车辆、人员及货品的检查，凭进出仓的有效凭证放行，并做好登记工作。

（6）现代仓库中装卸、搬运、堆垛及各种机械设备操作使用时，必须严格遵守操作程序和规则，防止各类工伤事故的发生。

（7）仓储货品的品名、数量、规格、种类等，仓库管理人员必须严格保密。

6.1.1.2　现代仓储安全管理组织职责与基本内容

1. 现代仓储安全管理的组织

仓储安全管理应贯彻"以防为主"的方针，仓库必须有领导干部主管安全工作，把安全工作列入议事日程。仓库要建立健全治保、消防等安全组织，制订安全工作的各项规章制度和生产作业的操作规程，经常开展安全思想教育和安全知识教育，使职工保持高度的警惕性和责任心。仓库必须实行逐级负责的安全检查制度。保管员每天上下班前后要对本人负责区检查一次；货区负责人、仓库主任、企业领导定期检查。遇有灾害性天气或有特殊情况，仓库工作人员要及时检查，加强防范。各主管部门领导，在汛期、梅雨、夏防、冬防等时期和重大节日前都要组织力量对仓库进行安全检查。各级检查中发现的隐患要做好记录，责成有关部门或人员限期解决；自身无法解决的问题要积极采取防范措施，并及时上报。上级领导接到报告后，应及时处理，不得拖延。

同时要求职工掌握各种安全知识和技能，严格照章办事，杜绝违章作业，层层落实责任，并经常开展活动,切实做好"十防"(防特、防盗、防火、防中毒、防工伤事故、防自然灾害、防跑漏混油、防危险品事故、防货品霉变残损、防设备损坏和交通安全事故)工作,确保人身、货品和设备安全。仓库发生火灾或其他事故,必须按照规定迅速上报。仓库领导要抓紧对事故的调查处理,做到事故原因不查清不放过、责任者和群众没有受到教育不放过、整改措施不落实不放过。

2. 现代仓储安全管理的内容

仓库的安全管理应始终贯穿于整个仓储管理的全过程,并尽全力抓好。从货品入库验收、堆垛,到货品保管、养护,直至货品出库点交,都离不开安全工作。现代仓储安全管理工作的基本内容归纳起来有以下几个方面:

(1) 仓库的警卫和保卫工作,主要负责仓库的治安、保卫、警卫工作。

(2) 仓库的消防工作,主要承担仓库的防火、灭火工作。

(3) 仓库的安全作业,主要是包括仓库保管员在进出仓及储存、保管货品作业过程中的安全技术操作工作。

6.1.1.3 现代仓储安全管理信息系统

仓储安全管理综合信息系统是把门禁系统(IC卡开门)、环境监控系统、财务管理系统、合同管理系统、报警控制系统和数据处理系统结合在一起,充分利用了先进的计算机技术和控制手段。它既能通过音频、视频以及红外线、雷达、振动等传感器,实时监控对所有分库的开门、取物、检修等操作,又能对防区内的警报信号立即处理或自动上报;它还是一个仓库的数据中心,能完成人员、仓储信息处理以及自动报时、鸣号、熄灯、开关高压电网、布撤防等控制。另外该系统还与财务管理系统、合同管理系统集成在一起,构成一个安全、主动和综合的仓库管理系统。

1. 系统的基本要求

随着社会信息交流的日益加强和信息量的急剧增加,仓储管理部门越来越需要一套低成本、高性能、方便使用、功能完善的综合仓库监控管理系统。

要求该系统具有立即捕捉警情并提供警情发生地的有关信息(如地图、位置、类型、程度、平面图、地形图、结构图以及警情发生地的仓储情况等),计算机系统马上对警情做出反应,迅速通知值班人员和仓库管理员(通过声光等信号形式),可能的话还可立即对警情发生地实施控制(如接通高压电网、自动封闭门窗、拉响警笛、打开探照灯等)。

对重要的警情要立即通过计算机网络或内部电话、自动交换网上报上级主管部门。特别是要求系统能完整记录从发生警情到上报、进而做出处理的全过程,以便于事后分析处理。

仓库大门的钥匙管理和开门方法应采用较科学的电子识别手段(如磁卡、IC卡)进行控制,仓库内外的温度和湿度用温湿度传感器自动测量和记录。发现越限时,报警通知管理员,以便于管理员及时采取通风降温和除湿等方法,确保仓储货品的安全。

除此之外,系统还可以对仓储货品的出入库、货品订购合同、财务信息以及人员信息等内容进行统一管理,以提高办公自动化的程度。

2. 系统的功能描述

(1) 定时自动测量和记录湿度和温度,并能够触发越界报警。

(2) 可挂接多种类型的防区,每个防区可以是振动、雷达、红外线等类型中的一种。

(3) 系统对每个警情立即反应,指出地点、位置等,给出警情所在地的结构图,并能自动启动警号、灯光等报警设备,必要时可立即自动拨号上报上级主管部门。

(4) 双IC卡开门,并自动记录开门时间、持卡者身份等信息。

(5) 对钥匙统一管理,记录取钥匙的时间、人员等信息。

(6) 可以进行人员管理、仓储管理、财务管理、合同管理等内容。

(7) 自动记录管理员交接班日志,对仓库的操作也均有记录。

(8) 可根据综合条件检索历史记录,并可打印输出。

(9) 对人员的情况、密码(管理员)、防区所接传感器参数均可随时更新。

3. 系统的操作使用

整个操作可分为四大部分：

（1）利用按钮完成各种控制功能。

（2）图形操作界面，利用鼠标代替键盘输入，快速直观，一学就会。

（3）对记录的数据进行综合条件的检索、查询并打印输出，可用鼠标选择查询条件。

（4）基本信息库更新、维护（如人员、仓储物、值班员密码、报警代码表、IC 卡发卡）等。

6.1.1.4　现代仓储安全监控系统

为了保证安全，应对环境状况、设备运行、文明生产等各类情况加以监视，特别是要防范火灾、爆炸、泄漏、失窃以及恶意破坏等，对安全生产构成极大威胁的情况应加以监视。仓储监控系统的主要功能应包括闭路电视监控功能，防盗报警功能，火灾报警与控制功能，出、入库监控功能，紧急报警功能，巡更管理功能，周界防卫功能，门锁控制功能和智慧卡系统等，如图 6-1 所示。仓储安全监控技术是随着科技的发展而发展的，从现代科技发展来看，仓储安全监控技术有如下发展趋势。

（1）计算机技术的发展将促进各种仓储安全监控专用设备和传感器的可靠性和智能化程度提高。如在普通探头内置入 CPU 芯片，做成智能探头，可以持续不断地测量探头所在环境条件下物理量的变化，将所有数据和参数都送到 CPU，与设定值比较，CPU 能相应地计算出它的最佳设定值，并修订它对环境变化的反应值。智能探头还可以对干扰效应和因素按照给定的结构和算法进行测定，以消除干扰因素的影响。智能探头能够根据现场火灾的特征与探头内存储的火灾特征曲线参数进行比较，以消除周围环境变化的影响。又如新一代分散式智能离子感烟报警探头，可根据环境变化进行火灾预测。对进一步可能发生的情况向中央火灾报警控制器发出信号，并能对探测器的污染程度和老化程度进行判断，以消除误报，提高火灾预报的可靠性。

（2）监控信号传送手段多样化。后方仓库可根据实际情况选择直接线缆传输、电话线传输、电力线传输、网络线传输及多种方式的混合传输、无线传输等监控信号传送。

（3）计算机技术、多媒体技术与通信技术的结合，使仓储安全监控系统技术功能更强大，成本更低，系统更可靠，内容更直观自然。

（4）仓储安全监控模式将由集中监视、集中控制向集中监视、集中管理、分散控制转变；中央计算机监控系统通过通信网络将分散控制现场的区域智能分站连接起来，一体化地实现对仓库内各种保安防范措施和功能的集中监控管理、报警处理和联动控制。

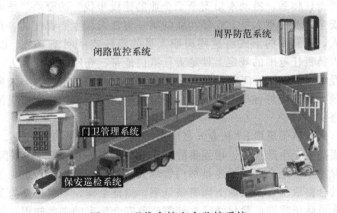

图 6-1　现代仓储安全监控系统

6.1.1.5　危险化学品仓储安全的现场管理

危险化学品是指具有易燃、易爆、有毒有害、腐蚀、放射性等固有特性，并在生产、仓储、运输、使用过程中潜伏着极大事故隐患的货品。危险化学品具有种类繁多、用途广泛、使用量大等特点，其仓储安全管理与危险化学品的生产、运输、使用等环节的安全管理同等重要，如稍有疏忽，便有可能发生安全责任事故，给人民的生命财产造成损失，给环境造成污染和破坏。媒体曾经报道过1993年深圳清水河仓库发生的危险化学品自燃爆炸事故、2006年广州大观路某仓库发生的保险粉遇水起火爆炸事故等，这些都是典型的例子。因其集散品种多、储存量大、事故波及性强，所以危险化学品仓储中的事故隐患，有时甚至比危险化学品生产、运输、使用等环节中的事故隐患还要大得多！因此，把危险化学品仓储安全管理工作做好，是做好整个社会安全生产工作的一个极其重要的组成部分。

1. 危险化学品仓储安全生产现场管理的范围

相对于危险化学品的生产、运输、使用等环节的现场情况而言，仓储这个环节具有环境条件相对固定、基本上没有配料操作等特点。根据仓储现场情况，其安全生产管理可相对分为动态和静态两大方面。

(1) 动态方面的现场管理范围主要包括收发货的装卸车（船）作业、库内转堆移库等搬运作业、库内加固包装整理货品等作业、泄漏处理、过期库存品处理，等等。在动态方面的现场管理，主要手段是有关人员要持证上岗，规范操作；主要安全目标和任务是确保作业顺利进行，防止易燃易爆产品的起火爆炸，防止有毒化学品的泄漏、污染、毒害事故，防止腐蚀性货品的伤害事故，等等。

(2) 静态方面的现场管理范围主要是对储存的危险化学品及其储存环境的监管，包括仓容环境是否符合有关标准要求，如气温、干湿、防漏、防雷、仓库结构、仓库位置、消防灭火设施配置、员工防毒防腐设施配置等；危险化学品的储存状况是否符合有关标准要求，如该专仓专储的、不得混储混放的、库内必须保留足够的"五距"等，是否符合规定要求；危险化学品储存时的物理化学状态和储期的监管等。在静态方面的现场管理，主要手段是有关人员要持证上岗，严格监控与定期检查；安全目标和任务是确保储存中的易燃易爆品不会起火爆炸，有毒品不会泄漏、污染环境、丢失、被盗，防止腐蚀性货品泄漏等。

上述动态、静态范围不可作绝对的划分，只是相对而言的，不少地方不少时候，动态中有静态的，静态中有动态的。不管是动态也好，静态也好，其每一个部位每一个环节，都马虎不得。要管好它，实属不易。

2. 危险化学品仓储安全生产现场管理的办法措施

(1) 落实机构、人员责任，既要有各司其职的分工，又要有互相督促的机制。经营仓储业务的单位，必须按照"加强和改进企业安全生产基础管理工作，强化和落实企业安全生产主体责任，建立健全企业安全生产责任体系，推动本质安全型企业的建设步伐"的要求，结合实际，设置安全生产管理机构和配备安全生产管理人员。仓储企业的第一责任人、主要责任人、直接责任人、专职安全主任等要落实到人，用制度的形式将这些岗职人员的责任范围明确下来，以各司其职，各负其责，在人员配置和人员责任范围的规定上杜绝责任空白地带。仓库法定代表人、经理、安全主任和仓管员，还有仓库经警、装卸搬运工等，其安全责任都得到明确规定。各类人员不但责任明确，又以岗位责任和应急预案等制度将各类人员的责任网联起来，使之成为一个有机的责任体系，在履行中得到有效的互相督促。

(2) 持证上岗，确保队伍质素。"从业人员应当接受安全生产教育和培训，掌握本职工作所需的安全生产知识，提高安全生产技能，增强事故预防和应急处理能力"，按照国家的法律要求和结合本单位的实际情况，不管是仓库领导还是部门管理人员或者现场作业人员，上岗前都必须进行正规培训学习，经考试合格取得有关从业上岗资格证书。持证上岗，不仅仅是为了满足法律法规的要求，更重要的是让人员队伍掌握危险化学品仓储等环节安全生产的必备知识、技能，以在实际工作中不仅在思想上认识到安全责任的重要性，而且从知识、技能上懂得危险化学品仓储等方面安全生产的知识和技能规范，以及救援办法。

(3) 严格遵守规范，确保现场作业安全。危险化学品仓储的现场作业主要有装卸、搬运等，不同的品种有不同的工序，有不同的操作规范。比如苯类产品装卸作业现场及周围的一定范围内必须杜绝火种、手机和对讲机必须关闭并不能带入现场、作业现场要用有效措施严防金属物或混凝土等硬物因碰撞或摩擦而产生的火星（花）等，务必不折不扣地遵守做到，它的意义在于防范苯类货品产生起火爆炸。又如剧毒品仓储的静态、动态安全管理，有几点就十分重要：一是库房的门、窗必须牢固严密，二是库房必须双人双锁专人管理，三是装卸等作业仓管员和安全主任必须现场监督，四是装卸工人现场作业时必须穿戴防护用具，五是离开现场时必须锁上库房双门。这些措施的意义在于防中毒、防失窃、防泄漏和防差错。

（4）要落实安全资金投入，仓储安全生产的"硬件"设施要配套跟上，这是确保仓储安全生产的基础保障。储存不同品种的仓库，对"硬件"设施有不同的要求。根据储存货品的特点和仓库周边环境的特点，做到"人防"、"物防"、"技防"相结合，"人防"有较完备的安全生产管理机构、人员队伍，有经警；而"物防"、"技防"就可理解为主要是"硬件"设施方面，主要有仓库围墙、符合规范的库房、防毒喷淋系统、消防高压龙喉、消防水池、消防沙池、干粉灭火筒、闭路电视监控、避雷针等。需要进一步明确的是，必须积极有效地发挥"人"主导"硬件"设施的作用；不然，有些"硬件"设施无异于一堆废物。

（5）实行三级现场巡查制度，防患于未然。仓储安全生产的现场管理，现场巡查（检查）是非常重要的一环。一座仓库，长期没有发生事故，比较容易使人形成麻痹思想，自觉不自觉地"变通"执行一些制度、规范，特别是在没有他人监督的情况下。其实，事故往往就在"变通"、"偷懒"等"一直都这么做，从来也没有发生过事故"的麻痹中发生！怎么杜绝？实行三级现场巡查（检查）制度，很有效。所谓三级现场巡查，就是领导到现场巡查，安全监管人员（如安全主任、保卫科长等）到现场巡查，仓管员在作业全过程进行现场监督，对检查发现的问题或隐患，要及时组织指定专人负责、明确质量要求和规定完成期限的整改。

（6）科学设计应急预案和做实现场救援演练。作为一个储存危险化学品的仓储单位，必须要有一套切合实际的应急救援预案。这套预案包括组织运用仓储单位自有的救援力量和公安消防部门等政府、社会的救援力量。预案设计要求关键是务实有效，主要体现在针对部位准确、反应快捷、指挥有序、功能协调和施救有效。应急预案制订得切合不切合实际很重要；而应急预案是否为广大员工所掌握，更重要。经过演练，从分工到协调配合、从报警到救援、从器材使用到事故消除、从危化货品控制到人员疏散等，做到部位熟悉、行动迅速、操作得当、配合紧密、救援有效。

（7）危险化学品的台账管理务必一丝不苟。危险化学品的台账管理，不仅站在经营管理的角度看，而且站在安全生产现场管理的角度看，都务必做到一丝不苟，准确无误。试想，发货时如果某种剧毒货品多了一件（桶、箱、盒）不被仓管员发现，有关载体（如货卡、发货清单）又没有记录，运输途中如果有人把多出的一件私藏了，图谋不轨。这不是给社会安全留下了严重隐患吗？因此，危险化货品的台账记录必须实时做到账账相符、账单（卡）相符、账表相符、账实（实物）相符、账证（购买证、运输证等）相符，对剧毒货品还严格实行"五双"制度，如有出入或松懈，要马上查清原因并及时报告领导。

（8）做好现场安全生产管理，离不开教育。这里所说的教育，不是如上所指的考试培训，而主要是指对干部员工思想认识和警惕性方面的教育。时间一长，经验一多，思想就容易麻痹。教育既要有普遍性，更要有针对性。要把安全教育作为危化企业的一项安全管理制度规定下来。检查发现本单位操作不规范的地方、违反规章制度的地方、存在事故隐患的地方，等等，都要及时分析其原因、分析其危险性，进行有的放矢的教育，并应尽可能开展受教育人员在本单位范围内不惜"扩大化"的即事即时的现场剖析教育和现场警醒教育。诚然，社会上一些事故案例，也可作为教育材料。

6.1.2　仓库治安保卫工作

【背景资料】

仓库安全管理员

1. 职责范围

主要负责仓库的安全工作：

（1）负责制定仓库安全管理规定，拟订各岗位安全生产管理制度；

（2）负责购置和配备安全生产所需的各种设施和设备，如消防器材、安全指示标牌、警示标牌等；

（3）制订消防安全计划和防范措施；

（4）定期进行安全生产检查、消防检查、安全生产责任制落实情况的检查；

（5）定期进行安全生产、安全知识培训教育，加强安全意识；

（6）在仓库主管的领导下，对各部门、各工作岗位和各作业环节进行安全检查和监督，确保仓库生产和储存货品的安全。

2. 操作流程

（1）明确库房安全管理规章制度体系，掌握其主要内容，对下属进行安全知识的全面教育。

（2）对进出库房执行收发装卸货品的作业人员和执行劳务、修理勤务作业的人员进行系统的宣传安全教育。

（3）掌握所管库房安全防护设施、设备的合理布局，各类安全设施、设备的使用、维护。

（4）掌握库房火灾成因，分别采取针对性措施，预防火灾发生，并利用消防设施器材扑灭火灾。

（5）掌握库房内采取的各种防盗措施的工作程序，组织库房内各种防盗措施的综合运用，预防盗窃的发生。

6.1.2.1 概述

仓库治安保卫工作是仓库为了防范、制止恶性侵权行为、意外事故对仓库及仓储财产的侵害和破坏，维护仓储环境的稳定，保证仓储生产经营的顺利开展所进行的管理工作。仓库治安保卫是现代仓储管理的重要组成部分，现代仓储治安保卫工作承担了整个仓库人、财、物安全保卫的重任，不仅关系到仓储生产作业能否正常进行，而且直接关系到仓库工作人员生命、财产的大事，还关系到社会再生产能否顺利进行，因此，现代仓库必须加强治安保卫工作。

6.1.2.2 库区治安保卫的组织

专职保卫机构既是仓库治安保卫的执行机构，也是仓库治安保卫管理的职能机构。专职保卫机构根据仓库规模的大小、人员的多少、任务的繁重程度和仓库所在地的社会环境而确定机构的设置和人员配备。仓储企业或部门除了要明确一位主要领导负责治安保卫工作外，还应该建立各级治安保卫组织机构。一般来说，应根据仓库规模的大小、人员的多少、任务的繁简程度，适当的设置专职保卫科、组或警卫队、警卫员等专职机构或人员，专门负责仓储货品的防盗安全工作。各级组织都要明确责任人，明确职责范围和权限。各级组织自上而下一级管一级，自下而上一级对一级负责，哪一级出问题，就追究哪一级责任，严格执行"谁主管谁负责"的原则。除此之外，还可以建立维护内部治安秩序的群众性治安组织，如图 6-2 所示。

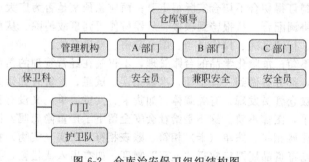

图 6-2　仓库治安保卫组织结构图

6.1.2.3 仓库治安保卫工作的内容与措施

仓库治安保卫管理制度需要依据国家法律和法规，并结合仓库治安保卫的实际需要，以保证仓储生产高效率进行，实现安全仓储，防止治安事故的发生为目的。仓库治安保卫的规章制度既有独立的规章制度，如安全防火责任制度，安全设施设备保管使用制度，门卫值班制度，车辆、人员进出仓库管理制度，保卫人员值班巡查制度等，同时也有合并在其他制度之中的制度，如仓库管理员职责、办公室管理制度、车间作业制度、设备管理制度等规定的治安保卫事项。

1. 仓库治安保卫工作的内容

仓库治安保卫工作的具体内容就是执行国家治安保卫规章制度，做到防盗、防抢、防骗、防破坏、防火，防止财产侵害，以及防止交通意外事故等仓库治安灾难事故，协调与外部的治安保卫关系，维持仓库内部安定局面和员工人身安全。仓库主要的治安保卫工作及要求：

（1）守卫出入口和要害部位。仓库需要通过围墙或其他物理设施隔离、设置一至两个大门。仓库大门是仓库与外界的连接点，是仓库地域范围的象征，也是仓储承担货品保管责任的分界线。大门守卫是维持仓库治安的第一道防线，大门守卫负责开关大门，限制无关人员、车辆进入，接待入库办事人员并实施身份核实和登记，禁止入库人员携带火源、易燃易爆货品入库，检查入库车辆的防火条件，指挥车辆安全行使、停放，登记入库车辆，检查出库车辆，核对出库货品放行条和实物，并收缴放行条，查问和登记出库人员携带的货品，特殊情况下查扣货品、封闭大门。

对于危险品仓、贵重货品仓、特殊品储存仓等要害部位，需要安排专职守卫看守，限制人员接近、防止危害、防止破坏和失窃。

（2）巡逻检查。由专职保安员不定时、不定线、经常地巡视整个仓库区每一个位置的安全保卫工作。巡逻检查一般安排两名保安员同时进行，携带保安器械和强力手电筒，查问可疑人员，检查各部门的防卫工作，关闭确实无人的办公室、仓库门窗、电源，制止消防器材挪作他用，检查仓库内有无发生异常现象，停留在仓库内的车辆是否符合规定等。巡逻检查中发现不符合治安保卫制度要求的情况，采取相应的措施处理或者通知相应部门处理。

（3）防盗设施、设备使用。仓库的防盗设施大至围墙、大门，小到门锁、防盗门、窗，仓库根据法规规定和治安保管的需要设置和安装。仓库具有的防盗设施如果不加以有效使用，都不能实现防盗的目的。承担安全设施操作的仓库员工应该按照制度要求，有效使用配置的防盗设施。

仓库使用的防盗设备除了专职保安员的警械外，主要有视频监控设备、自动警报设备、报警设备，仓库应按照规定使用所配置的设备，专人负责操作和管理，确保设备的有效运作。

（4）治安检查。治安责任人应经常检查治安保卫工作，督促照章办事。治安检查实行定期检查与不定期检查相结合的制度，班组每日检查、部门每周检查、仓库每月检查，及时发现治安保卫漏洞、安全隐患，采取有效措施及时消除。

（5）治安应急。治安应急是仓库发生治安事件时，采取紧急措施，防止和减少事件所造成的损失的制度。治安应急需要通过制订应急方案，明确确定应急人员的职责，发生事件时的信息（信号）发布和传递规定，以经常的演练来保证实施。

2. 仓库治安保卫管理的措施

治安保卫管理是仓库长期性的工作任务，在立足于"防范"的基础上，需要采取制度性的管理，具体防范措施包括有以下内容。

（1）经常性、制度化开展法制宣传和教育，对单位内部人员和外部人员（如驻库员、押运员、火车调度员、提送货人员、联系业务人员、临时工及探亲访友人员等）实行严格管理；一旦出现问题，则由保卫部门配合行政部门解决。

（2）建立、完善仓库出入库制度和日常安全检查制度，仓库内部重要部位和存放易燃、易爆、剧毒货品的场所，要指定专人负责并加强检查。仓库管理人员一旦发现货品有任何异状应当立即组织检查，并做好现场记录，直到弄清为止。

（3）加强库区的治安检查，一般大型仓库要求执行四级安全检查制度，而中小型仓库也应该执行三级检查制度。凡是安全检查都要做好记录，发现问题和隐患要及时向上级报告，并要认真研究，积极采取措施解决，预防事态扩大或事故发生。

（4）根据单位治安工作的需要，各级部门和人员都应建立治安防范责任制，并进行相应的考核。各级治安防范责任制的内容大致包括以下几个方面：治安工作范围、职责任务、工作标准、规范要求、工作程序、考核办法、奖惩规定等。具体奖惩标准和办法应视具体情况，并结合本单位实际而定，但要贯彻精神鼓励与物质奖励相结合，批评教育和经济惩罚相结合的原则。

（5）重要库房应配备电子报警装置，应用现代科技手段确保仓库安全。

6.1.3　仓库消防管理

【背景资料】

仓储过程中的常见火险隐患

1. 电器设备方面

（1）电焊、气焊违章作业，没有消防措施。

(2) 电力超负荷。

(3) 违章使用电炉、电烙铁、电热器等。

(4) 使用不符合规格的保险丝和电线。

(5) 电线陈旧，绝缘破裂。

2. 储存方面

(1) 不执行分区储存，易燃易爆等危险货品存入一般库房。

(2) 储存场所温度超过了货品规定的极限。

(3) 库区内的等距不符合要求。

(4) 易燃液挥发渗漏。

(5) 可自燃货品堆码过实，通风、散热、防潮不好。

3. 机具方面

(1) 无防护罩的汽车、叉车、吊车进入库区或库房。

(2) 使用易产生火花的工具。

(3) 库内停放、修理汽车。

(4) 用汽油擦洗零部件。

(5) 叉车内部皮线破露、油管老化漏油。

4. 火种管理方面

(1) 外来火种和易燃品因检查不严带入库区。

(2) 在库区内抽烟。

(3) 库区擅自使用明火。

(4) 炉火设置不当或管理不当。

(5) 易燃物未及时清理。

日用百货仓库的防火

日用百货仓库是百货公司、商业等部门用来储存、堆放日用百货的场所，日用百货按其燃烧性能，可分为易燃货品、可燃货品、难燃和不燃货品，由于货品集中储存，一旦发生火灾，就会造成严重的经济损失，还会造成市场货品的供应紧张，因此，必须切实做好日用百货仓库的防火安全管理。

1. 火灾危险性

(1) 库址选择不当，闲杂人员多，因飞火或邻近失火而殃及。

(2) 车辆入库前未戴火星熄灭器或检查不严将运输途中火星带入仓库。

(3) 管理人员防火意识不强，动用明火不慎或吸烟引起火灾。

(4) 仓库遭受雷击而起火。

(5) 电气设备、线路安装不当而起火。

2. 防火措施

(1) 日用百货仓库宜选在有水源、人员不稠密地带，库区内应有良好的防火分隔。防火墙和楼板上不得随意挖洞，吊装孔和电梯井需设在仓外，用围蔽结构防护。输送带不得穿越防火分隔墙和楼板，应布置在防火良好的专门走道内。

(2) 办公室、休息室不得设在库房内，库房禁止用可燃材料建造。拆包分装等加工必须在库外专门房间进行，包装材料勿与百货货品混放。

(3) 百货货品应按性质分类分库储存，每个仓库均需限额储存，以利于养护货品和检查。数量不多的易燃货品可分间、分堆隔离储存，控制储量，注意通风。属于化学危险货品的货品应专库存放。

(4) 库房内主要通道宽度不低于2m；垛距、墙距、柱距、梁距不低于50cm。

(5) 库区内禁止燃放烟花爆竹，明火汽车、电瓶车等需戴防火罩才可进入库区。

(6) 运输易燃、可燃货品的车辆须用篷布遮盖货品，随车人员除不能吸烟外还应严密监视，防止外来火星落在货品上。

(7) 库区电源应设总闸、分闸，开关箱设在库房外且单独安装。库房内电路保护装置应为合格产品，电气设备、线路不应超载工作。库房内严禁乱拉电线，应采用功率在60W以下的白炽灯照明，灯具距货架不小于50cm。库房内严禁使用碘钨灯、日光灯照明。

(8) 为起吊、装卸而设的电气线路，插座应设在库房外且用橡套电缆，避免砸碰、撞击电线，保持良好绝缘。下班后库内电源必须切断。

(9) 库区应设置良好的防备设施。

(10) 百货仓库还应根据规定要求配备适当种类和数量的灭火器，大型百货仓库应安装自动报警装置。

纺织原料仓库的防火

纺织原料仓库是指用来堆放植物纤维、动物纤维和化学纤维等纺织原料的场所。储存纺织原料的仓库和堆场起火后往往酿成巨大灾害，因此，做好这类仓库的防火工作是极为重要的。

(1) 仓库应避开繁华闹市，靠近市区边缘且有水源的地方，处在该地常年主导风向的上风向或侧风向，并应修筑围墙或采取其他防护措施。原料仓库库房、堆场与室外变配电站、建筑物的防火间距应按国家有关规定的具体要求布置。

(2) 原料库房和堆场内不得修建易燃建筑，库房内不宜设置休息室、保管员办公室。库房的耐火等级、层数和面积应符合有关规定。

(3) 库房内储存的原料应有一定的限额。堆垛之间留出通道，主要通道的宽度至少保持 2m，小通道至少保持 1.5m，以利操作和通风。在一、二级耐火等级的库房内，垛高距房顶不小于 2m；在人字形屋顶和三级耐火等级的库房内，垛高距房梁不小于 1m。

(4) 露天、半露天堆场总储量超过 5000t 的原料时，应设分堆场，堆场之间防火间距至少保持 30m。每垛底面积小于 100m²，垛高小于 6m。堆垛分组布置，每组小于 6 垛，垛与垛之间的距离大于 6m，组与组之间的距离大于 15m，堆垛与外墙的距离大于 5m。垛基需防潮，堆顶用苫布覆盖，防止雨水、飞火落入垛内。勿用铁丝等金属捆绑苫布，防止雷击产生感应电流。

(5) 库房不得装设电源线和电器装置，库内可采用投光灯照明。动力电源在未改电瓶以前，库内用电应在库外设插座，用无破损无接头的橡套电缆引入库内，用完后立即切断电源。电线、插座、电闸下方不得堆放原料。

(6) 库区电线应埋地缆线。需采用架空线时，应从库房外侧通过，线下勿堆原料。库区内运输原料的通道上空，架空线须距地 5m 以上。

(7) 电气线路和设备，不可超负荷运行。每周对线路和设备进行一次以上的检查，每年进行两次以上绝缘检测。若发现短路、绝缘老化等异常情况，需立即停止使用，进行检修。

(8) 蒸汽机车、内燃机车、汽车，拖拉机等进入库区时，应戴防火罩。蒸汽机车不得在站台内清炉。停留时，汽车排气管应远离可燃物，停车后立即熄火。

(9) 用于捆扎原棉、化纤的铁皮、铁丝勿猛烈撞击或敲打，也勿在地面上拖拉，防止产生火星。

(10) 库内禁止明火和吸烟。若需在库区 30m 以内进行明火作业，应报请有关领导同意并在专人监护下进行，作业结束后应彻底清除火种。

(11) 原料库房应设避雷设备，露天堆场需设独立的避雷针，防止雷击。

(12) 保持库区库房地面清洁，防止边角料、下脚料等可燃物着火燃烧。已破损的原料包应重新包扎后再放入垛内，或将散包集中在一块单独存放。

(13) 定期对原料进行检查，并及时翻垛通风。

(14) 每 200m² 的原料库或每 150m² 的露天堆垛，需配置灭火器两个，消防用水 0.5t，小水桶 4 个，以及铁钩、铁锨等消防设备。

(15) 发现有潮湿或沾了油渍的棉、麻及其制品，应拆包晾干去渍后才能进库堆垛。

仓库是生产、生活资料集中储存的地方，也是战略货品的重要基地，随着社会生产的发展，各种货品必将日益增多，特别是化工原料、农药、化肥、医药制品、化学试剂等，它们具有不同程度的爆炸、易燃、毒害、腐蚀等危险特性，一旦发生火灾，就能在短时间内烧毁大量货品，造成巨大经济损失，直接影响国计民生和国内外贸易。因此，做好仓库消防安全工作，保障人民消费品供应，保障储存货品的安全，减少火灾损失，具有极其重要的意义。

6.1.3.1　仓库火灾的基本知识

1. 燃烧的基础知识

(1) 燃烧的基本原理。所谓燃烧，是指可燃物分解或挥发出的可燃气体，与空气中的氧剧烈化合发生的一种放热反应，通常伴有火焰、发光和（或）发烟现象。燃烧的本质是剧烈的氧化还原反应。燃烧必须同时具备三要素：可燃物、助燃物和着火热源，并且它们相互作用时，燃烧才能发生，见图 6-3。其中可燃物是指在常温条件下能燃烧的物质，包括一般植物性物料、油脂、煤炭、蜡、硫黄、大多数的有机合成物等；助燃物是指支持燃烧的物质，包括空气中的氧气、释放氧离子的氧化剂；着火源则是物质燃烧的热能源，实质上就是引起易燃物燃烧的热能。仓库火灾的着热火源主要有：明火与明火星、电火、化学火和爆炸性火灾自燃、雷电与静电、聚光、撞击和摩擦及人为破坏纵火。

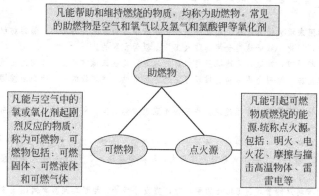

图 6-3　燃烧的三要素

（2）燃烧的类型

① 闪燃。是指遇火能产生一闪即灭的燃烧现象，是一种瞬间现象。闪点是产生闪燃的最低温度，是表示可燃液体性质的指标之一，如车用汽油闪点 10℃，煤油闪点 40℃。

② 着火。是指可燃物质在空气中与火源接触，达到某一温度时，开始产生有火焰的燃烧，并在火源移去后仍能持续燃烧的现象。燃点是一种物质燃烧时放出的燃烧热，使该物质能蒸发出足够的蒸气来维持其燃烧所需的最低温度。一切可燃液体的燃点都高于闪点。

③ 自燃。是指可燃物质在没有外部火花、火焰等火源的作用，因受热或自身发热积热不散引起的燃烧。

④ 爆炸。是指物质由一种状态迅速转变为另一种状态，并在瞬间以机械能的形式释放出巨大能量，或者是气体、蒸气在瞬间发生剧烈膨胀等现象。

（3）防止发生火灾爆炸事故的基本原则

① 控制可燃物和助燃物的浓度、温度、压力及混触条件，避免物料处于燃爆的危险状态。控制可燃物，就是使可燃物达不到燃爆所需的数量、浓度，或者使可燃物难燃化或用不燃材料取而代之，从而消除发生燃爆的物质基础；控制助燃物，就是使可燃性气体、液体、固体、粉体物料不与空气、氧气或其他氧化剂接触，或者将它们隔离开来，即使有点火源作用，也因为没有助燃物参混而不致发生燃烧、爆炸。

② 消除一切足以导致起火爆炸的点火源。在大多数场合，可燃物和助燃物的存在是不可避免的，因此，消除或控制点火源就成为防火防爆的关键。但是，在生产加工过程中，点火源常常是一种必要的热能源，故须科学地对待点火源，既要保证安全地利用有益于生产的点火源，又要设法消除能够引起火灾爆炸的点火源。

③ 采取各种阻隔手段，阻止火灾爆炸事故灾害的扩大。阻止火势蔓延，就是阻止火焰或火星窜入有燃烧爆炸危险的设备、管道或空间，或者阻止火焰在设备和管道中扩展，或者把燃烧限制在一定范围内不致向外传播。其目的在于减少火灾危害，把火灾损失降到最低限度。这主要是通过设置阻火装置和建造阻火设施来达到。

2. 仓库火灾的种类与成因

火灾是指在时间和空间上失去控制的燃烧所造成的灾害。仓库火灾是仓库的灾难性事故，不仅造成仓储货品的损害，还损毁仓库设施，而且产生的有毒气体直接危及人命安全。一旦发生火灾，要立即报告火警。首先拨打火警电话"119"，电话接通后，要向消防队将起火单位的名称、详细地址、着火物及火势的大小，并正确回答接警值班员提出的其他问题，同时把自己的电话号码和姓名告诉对方。打完电话后，要立即派人到交叉路口等候消防车。如果火灾现场发生了新的变化，要及时报告消防队。

（1）仓库火灾的种类

① 普通火。普通可燃固体所发生的火灾，如木料、棉花、化纤、煤炭等。

② 油类火。各种油类、油脂发生燃烧所引起的火灾。

③ 电气火。电器、供电系统漏电所引起的火灾，以及具有供电的仓库发生火灾。

④ 爆炸性火灾。具有爆炸性的货品发生火灾，或者火场内有爆炸性货品，如易发生化学爆炸的危险品，会发生物理爆炸的密闭容器等。

(2) 仓库火灾的成因

① 火源管理不善。

② 易燃、易爆炸性货品由于保管方法不当，搬运装卸中的事故而引起火灾。

③ 仓库建筑及平面布局不合理。

④ 防火制度、措施不健全、思想麻痹大意。

3. 基本的灭火方法

(1) 冷却灭火方法。即将灭火剂直接喷洒在可燃物上，使可燃物的温度降低到燃点以下，从而使燃烧终止。例如用水冷却灭火是扑救火灾的常用方法，直流水的灭火机理主要就是冷却作用。另外用二氧化碳灭火时，其冷却的效果也很好。

(2) 隔离灭火方法。即将燃烧物与附近可燃物质隔离或者疏散开，从而使燃烧终止。火灾中，关闭有关阀门，切断流向着火区的可燃气体和液体的通道；打开有关阀门，使已经发生燃烧的容器或受到火势威胁的容器中的液体可燃物通过管道导致安全区域；拆除与火源相连的设备或易燃建筑物，造成阻止火焰蔓延的空间地带；设法筑堤阻拦已燃的可燃或易燃的液体外流，阻止火势蔓延，都是隔离灭火的措施。隔绝法是灭火的基本原则，一方面可减少货品受损，另一方面能控制火势。这种方法适用于扑救多种固体、液体和气体火灾。

(3) 窒息灭火方法。即采取适当措施，阻止空气进入燃烧区，或用惰性气体稀释空气中的氧含量，使可燃烧物质缺乏助燃物而终止燃烧。如充注二氧化碳、水蒸气等或用黄沙、惰性泡沫、湿棉被等覆盖着火物灭火。这种灭火方法，适用于扑救封闭性较强的空间或设备容器内的火灾。

(4) 抑制灭火方法。通过灭火剂参与燃烧的链式反应过程，使燃烧过程中产生的活泼游离基消失，形成稳定分子或低活性的游离基，从而使燃烧链式反应中断，燃烧停止。常用的干粉灭火剂、卤代烷灭火剂的主要灭火机理就是化学抑制作用，如碳酸氢钠干粉，改性钠盐干粉、钾盐干粉、磷酸二氢铵干粉等。一是靠干粉中的无机盐的挥发性分解物与燃烧所产生的自由基或活性基团产生化学抑制和副催化作用，从而阻止燃烧中断；二是干粉粉末落在可燃物表面后，发生化学反应并在高温作用下形成一层玻璃状覆盖层，从而隔绝氧。

(5) 综合灭火法。如隔离法与封闭窒息法、隔离法与冷却法、封闭窒息法与冷却法，但不能作用相互抵触，如泡沫灭火时不能使用冷却法。

6.1.3.2　灭火器材的选择与使用

1. 灭火器的种类

灭火器轻便灵活机动，易于掌握使用，是扑救初起火灾时最常用的灭火器材，在仓库中尤其以手提式和推车式灭火器使用普遍，使用面广。目前，我国生产灭火器的厂家已达数百家，能生产六大类 23 种各类灭火器，年产量达几百万具。灭火器的种类很多（如图 6-4 所示），按其移动方式可分为：手提式和推车式；按驱动灭火剂动力来源可分为：储气瓶式、储压式、化学反应式；按所充装的灭火剂则又可分为：泡沫、二氧化碳、干粉、卤代烷（如常见的 1211 灭火器）还有酸碱、清水灭火器等。

国家标准规定，灭火器型号应以汉语拼音大写字母和阿拉伯数字标于筒体，如"MF2"等。其中第一个字母 M 代表灭火器，第二个字母代表灭火剂类型（F 是干粉灭火剂、FL 是磷铵干粉、T 是二氧化碳灭火剂、Y 是卤代烷灭火剂、P 是泡沫、QP 是轻水泡沫灭火剂、SQ 是清水灭火剂），后面的阿拉伯数字代表灭火剂重量或容积，一般单位为千克或升。

2. 灭火器材的选择

灭火器的选择应主要考虑以下因素。

(1) 灭火器配置场所的火灾种类。应根据配置场所的性质以及其中可燃物的种类，判断可能发

图 6-4　灭火器的种类

生的火灾种类，然后确定选择何种灭火器。灭火器类型选择时应符合下列要求：

①扑救 A 类火灾用选用水型、泡沫、磷酸铵盐干粉、卤代烷型灭火器；

②扑救 B 类火灾应选用干粉、泡沫、卤代烷、二氧化碳型灭火器，扑救极性溶剂 B 类火灾不得选用化学泡沫灭火器；

③扑救 C 类火灾应选用干粉、卤代烷、二氧化碳型灭火器；

④扑救带电火灾应选用卤代烷、二氧化碳、干粉型灭火器；

⑤扑救 A、B、C 类火灾和带电火灾应选用磷酸铵盐干粉、卤代烷型灭火器；

⑥扑救 D 类火灾的灭火器材应由设计单位和当地公安消防监督部门协商解决。

在同一灭火器配置场所，当选用同一类型灭火器时，宜选用操作方法相同的灭火器。

（2）灭火的有效程度。注意不同类型的灭火器对灭同一种火灾时灭火效果的差异。

（3）对保护货品的污损程度。如果被保护货品不能被污损，则应选择灭火后无污损的灭火器，如二氧化碳灭火器、1211 灭火器等。

（4）设置点的环境温度。要求灭火器设置点的环境温度必须在灭火器使用温度范围内，以确保灭火器的灭火性能和安全。

（5）使用灭火器人员的素质。考虑使用灭火器人员的性别、身体状况等方面的差异，合理确定灭火器的规格和类型。

在选择灭火器时，考虑到使用人员操作方便并有利于平时进行灭火训练，提高灭火操作熟悉程度，同时也为了方便灭火器的管理与维修，规定在同一灭火器配置场所，当选用同一类型的灭火器时，宜选用操作方法相同的灭火器。

在同一灭火器配置场所，当选用两种或两种以上类型灭火器时，应采用灭火剂相容的灭火器，防止因灭火剂选用不当而降低灭火效力。

3. 灭火器的设置要求

①灭火器应设置在明显和便于取用的地点，且不得影响安全疏散。

②灭火器应设置稳固，其铭牌必须朝外。

③手提式灭火器宜设置在挂钩、托架上或灭火器箱内，其顶部离地面高度应小于 1.50m，底部离地面高度不宜小于 0.15m。

④灭火器不应设置在潮湿或强腐蚀性的地点，当必须设置时，应有相应的保护措施。设置在

室外的灭火器，应有保护措施。

4. 灭火器材的使用

（1）干粉灭火器。干粉灭火器是以干粉为灭火剂，二氧化碳或氮气为驱动气体的灭火器，由红色的本体、储气瓶、器头（包括保险、密封、启动装置、压力表装置）、输粉胶管、喷射口等构成，是用于扑救大部分的固体火灾及电器设备的初期火灾，工厂、仓库、机关、学校、商店、图书馆、展览馆等单位都可选用 ABC 干粉灭火器。干粉灭火器的使用方法如图 6-5 所示。

图 6-5　干粉灭火器的使用方法

（2）空气泡沫灭火器。泡沫灭火器的结构与干粉灭火器基本相同，由红色的筒体、储气瓶、器头、输送胶管、喷射口等构成。不同的是泡沫灭火器的喷射口为专用泡沫产生器（利用混合液的射流吸入空气产生泡沫，手持喷枪时不应将进气孔封堵，否则会影响发泡倍数），适用于不同类型的物质火灾：蛋白泡沫灭火剂、氟蛋白泡沫灭火剂和清水泡沫灭火剂可用于扑救一般固体物质和非水溶性易燃、可燃液体的火灾；抗溶性泡沫灭火剂用于扑救水溶性易燃可燃液体火灾。使用时用手握住灭火器的提环，平稳、快捷地提往火场，不要横扛、横拿，距离燃烧货品 6m 左右处，一手握住开启压把，另一手紧握喷枪或拉出发泡喷头，有力捏紧开启压把，泡沫即从喷枪喷出，如图 6-6 所示。

图 6-6　泡沫灭火器的使用方法

（3）二氧化碳灭火器。该灭火器是以液化的二氧化碳气体本身的蒸气压力作为喷射动力源的灭火器具。筒体由无缝钢管密封制成，内部充装液态的二氧化碳，属高压容器。二氧化碳灭火器适用于易燃可燃液体、可燃气体和低压电器设备、图书档案、珍贵文货品料等的初期火灾扑救。二氧化碳灭火器的使用方法如图 6-7 所示。

（4）消防给水系统。消防给水系统包括消防水源、消防给水管网、消防水池、消火栓等，用于满足灭火和冷却用水需要。库房内应设室内消防给水，同一库房内应采用统一规格的消防栓、水枪和水带，水带长度不应超过 25m，超过四层的库房应设置消防水泵接合器。对于面积超过 1000m² 的纤维及其制品的仓库，应设置闭式自动喷水灭火系统。

二氧化碳灭火器适宜扑灭精密仪器、电子设备以及 600 伏以下的电器初起火灾。手提式二氧化碳灭火器有两种使用方式，即手轮式和鸭嘴式

手轮式：一手握住喷筒把手，另一手撕掉铅封，将手轮按逆时针方向旋转，打开开关，二氧化碳气体即会喷出

鸭嘴式：一手握住喷筒把手，另一手拔去保险销，将扶把上的鸭嘴压下，即可灭火

图 6-7 二氧化碳灭火器的使用方法

使用消火栓时，一般由两人配合，一人拉开消火栓箱门，迅速取下挂架上的水带或取出双卷水带甩出，必须避免水带打死结，应尽量拉直水带，以保证水流畅通，手持一端的接口和水枪冲向起火处，利用途中时间将水枪和水带接口接好。另一人将接口另一端连接在消火栓出水口上，并旋转手轮打开阀门，水即喷出。消火栓的水压大，一般人员难以把握方向，握水枪者应将水带夹于腋下，双手紧握手枪控制方向，可使用消防卷盘。消火栓的使用方法如图 6-8 所示。

图 6-8 消火栓的使用方法

6.1.3.3 仓库火灾的特点与扑救

1. 仓库火灾的特点

(1) 仓库位置偏僻。出于成本、作业空间、安全考虑和城市建设规划需要，大部分仓库选址在城市郊区和人口密度相对较小的地区，由于地理条件的限制，这些地方大多消防能力严重不足，火灾发生后也不易及时发现和报警。由于火场条件易于空气对流，造成可燃物余烬飞洒，容易引发其他地方火情而殃及池鱼。

(2) 仓库大空间和大跨度仓库结构。库房的长、宽、高比较大。库房长度一般都在 100m 以上，库房的宽度一般都在 50m 左右，顶棚高，单层库房高 8～10m，高架库房的高度可达 15～30m 左右。仓库这种大跨度、大空间的特点，给火灾初起阶段的发展蔓延提供了一定的条件，并且过火速度快，燃烧易形成规模效应。

仓库这种大跨度结构，在火焰作用下结构承载能力降低，则会加速承重结构的断裂，使库房和隔板出现倒塌现象。火灾中这些承重构件一旦倒塌后，堆积好的货品会一下子散乱，物件之间出现更大的空隙，内部阴燃火遇到大量新鲜空气后便会迅速重新燃起火焰，这样便会促使火势在短时间内更加猛烈地燃烧起来，给扑救工作增加难度。

(3) 仓库建筑耐火等级低。在各类普通仓库中，除多层库房、高架仓库和部分外贸仓库的耐火等级较高外，一般的单层库房、临时简易库房多为耐火极限较低的三级建筑。在火灾情况下，仓库的这一特点，是造成库房的承重构件在短时间内倒塌的主要原因，同时对消防人员的战斗行动提出了更高的要求。

(4) 规划布局不规范，防火通道堵塞。出于成本考虑，一般物流环节能利用的空间都尽量被利用到，某些必须预留的安全空间也被占用，整个仓库码放分区杂乱，布局缺乏科学指导。某些企业将仓库、车间合为一处，达不到必要的防火安全标准；发生火情后码放货品往往"火烧连营"，而由于消防通道被堵塞，救火的最佳时机常被人为延误，造成不必要损失。

(5) 仓库管理人员少，火灾发现晚。仓库规模的大小、费用开支和成本控制决定了仓库管理人员的多少，日常工作时间由于在岗人员较多，能够达到库库有人这一基本要求；而下班后库区人员锐减，通常只有值班室有人值班，无法及时发现火情而延误扑救时间。等有人发生报警消防队到场后，火势已扩大到一定规模。

(6) 高度密集堆放大量的可燃物。仓库的功能决定仓库内会高度密集存放有大量的可燃物，一般性非专业物流仓库内存放货品多未进行专业分类、分库存放而混存于一个库内，堆放方式大多采用堆垛、货架存放、托盘堆放等常见方式，如日用百货、纺织制品、木材纸张、橡胶制品、塑料制品等，为猛烈燃烧提供了燃料，一旦发生火灾，造成的损失就非常巨大。

(7) 燃烧猛烈、蔓延迅速。火灾初起阶段阴燃时间长，不易发现，具有烧大火的条件室内固体可燃货品仓库起火后，由于室内空气不流通，在库内氧气不足的条件下，较长时间处于阴燃、聚热状态，火势不会一下扩大。但当发现后打开库房准备投入扑救时，由于空气的瞬间流通和氧气的补充，使火势迅速蔓延、扩大成灾；此外，成堆、成捆堆放的稻草、棉、麻、纸张等室外露天仓库，在受低温加热或含水量较高的情况下，会发生阴燃，当聚热达到一定条件时，特别是当揭开覆盖在堆垛上的油布或者翻开堆垛，进行扑救火灾时，由于空气的流通造成氧气的补充，火势迅速蔓延扩大，具备烧大火条件。

由于仓储货品过于密集，而且有的捆扎较紧，加上仓库门、窗少，空气不流通，所以仓库内部一旦发生火灾，一般来说初起阶段火势蔓延比较迟缓，燃烧产物也不多，经过一段时间后，由于参加燃烧的货品逐渐增加，空间温度升高，物质分解出气体的速度不断加快，使燃烧强度急剧增大，火势蔓延速度加快，很快进入燃烧猛烈阶段。这无疑对参加火灾扑救的力量、灭火救援中的货品消耗以及灭火救援中的组织指挥都提出了更高的要求。扑救难度大，作战时间长，消防用水量大，过火面积大，经济损失大。

(8) 火焰钻心，纵深发展。仓库内可燃货品堆垛和堆架发生火灾时，最初火势仅沿着堆垛和货架的表面蔓延，但很快就会沿着堆垛的缝隙向内部纵深发展，如日用百货、棉、麻、稻草等堆垛发生火灾时，火焰便通过箱、包、捆之间的缝隙及内部通风孔洞向中心延烧，其过程和形式颇像煤球的燃烧。因此，在扑救仓库火灾的过程中，往往要持续很长时间，坚持打持久战。

（9）烟雾弥漫，毒气伤人。仓库内部发生火灾，由于可燃物多而空气又不流通，加上能够排烟的门、窗特别少，所以库房内烟雾特别大；尤其是地下仓库火灾情况更为严重，不但使人无法辨别方向，而且烟气中的高温让人难以接近，毒气和缺氧使人无法呼吸。存放塑料、橡胶等化工产品的仓库发生火灾，烟雾中的有毒成分所占比例更高，灭火救援中必须佩戴空气呼吸器，否则救援活动将难以展开。危险化学品具有易燃、易爆、腐蚀、毒害、放射性等危险性质，并在一定条件下能引起燃烧、爆炸并导致人体中毒、灼伤、死亡等事故。

2. 仓库火灾的扑救对策

（1）火情侦察。货品仓库一旦发生火灾，首先必须把火场情况了解清楚，以便科学制订灭火战斗方案，合理使用灭火参战力量。

① 火情侦察的主要任务。在进行火情侦察时，主要了解以下几点：

a. 仓库内储存货品的种类及其火灾危险性；

b. 火点部位及火区面积，火势蔓延的主要方向及范围；

c. 灭火进攻路线和可以利用的地形地物条件；

d. 有无被困人员及其所在位置；

e. 有无通风孔洞或导热性能良好的金属管线凸起楼板和墙壁；

f. 仓库内有无防火分隔物，能否被利用；

g. 仓库内有无消防设施及其完好情况，有无消防储水池及其储水量等。

② 火情侦察的主要方法。仓库火灾的侦察步骤，可分为初步侦察和反复侦察两大部分。具体的方法手段包括图上侦察、询问知情人和实地察看等。图上侦察是借助于灭火作战计划和单位平面图，对起火部位、单位布局和周围环境进行了解；询问知情人是通过仓库保管员和单位工程技术人员，对燃烧物质的性质、数量及存放方式作进一步的调查和了解；实地察看是指派火情侦察小组，直接深入火区内部，通过仪器和直接观察等手段，对火点位置和火势蔓延方向进行确认。

（2）控制火区与消灭火势。在火情侦察的基础上，根据火场当时的情况和到场力量的多少，按先控制、后消灭的战术原则，应先从控制火势开始，在控制的基础再将火势逐步消灭。

① 堵截蔓延。仓库发生火灾，会不同程度地向四周发展蔓延。这其中必有一个是火势蔓延的主要方向，指挥员应将主要力量首先部署在火势蔓延的主要方向上，以有效地堵截火势，控制其发展和蔓延。扑救这类火灾的关键在于能否有效地切断火势的横向蔓延，控制住火势继续发展。

② 上层控制。地上多层仓库发生火灾，火势发展蔓延的主要方向是上部楼层，首先到场的消防队要想方设法控制住火势向上发展。因此，应根据现场仓库结构的条件，通过楼梯、举高车等各种登高途径，登至燃烧层的最上层，甚至必要时宁可放弃燃烧层上部一、二个层面，来设置水枪阵地，控制火势向上层发展。登高人员的任务，除遇有被困人员需临时抢救外，主要是把守上下贯通的竖向井道，冷却保护室内地板，封锁外部门窗，扑灭上窜的零星火焰，阻截住火势向上发展和蔓延。

③ 下层保护。通常情况下，地下多层仓库一旦上层发生火灾，火势向下层蔓延的速度相对较慢一些，尤其在火灾初期阶段。当火势一旦进入发展阶段，纵向和横向的火势遭到堵截后，浓烟、热气流因受阻开始通过各种竖井、孔洞、缝隙返向下层蔓延。在着火层的下层也要部署一定力量进行防御，任务主要是阻止从各种孔洞和缝隙喷涌下来的浓烟和热气流，观察并扑灭零星火焰，以便更好地保护着火层的下层。

（3）疏散与保护货品。由于仓库属货品大量集中单位，为尽量减少这些货品在火灾中的损失，在整个灭火救援的过程中，要边组织火灾扑救，边疏散保护货品。当燃烧火势猛烈，到场力量较少，下风方向受火势威胁的货品易于搬运时，应将灭火力量主要用于掩护，组织一定人力物力在水枪掩护下将货品疏散出去；如受火势威胁的货品不易搬运，应利用苫布或覆盖物遮盖，主地进行保护。在组织疏散与保护货品的过程中，应事先组织好人力、车辆和其他运输工具，确定疏散顺序、路线和方法，划出货品堆放点，并指定专人进行看守和保护。

6.1.3.4 仓库消防管理与组织

1. 仓库消防组织

消防工作是保障仓库货品和全体员工工作安全的重要工作，仓库必须严格认真地做好每一项预防工作，以不存在火灾隐患为管理目标，彻底保证仓库安全。仓库消防管理就是遵循仓库火灾发生以及生产作业活动的客观规律，依照消防法规和消防工作方针、原则，运用管理科学的理论和方法，通过一系列的管理职能，合理而有效地使用人力、物力、财力、时间和信息等资源，为达到仓库预定的消防安全目标而进行的各种消防活动。认真贯彻"预防为主，防消结合"的方针，做到防与消有机地结合，才能在同火灾做斗争中处于主动地位，有效地防止火灾事故发生。

仓库消防组织是担负仓库火灾预防和扑救，进行消防教育和消防安全检查的重要机构。仓库消防一般建立四级管理制度，即仓库主管部门、仓库、分库或货区、基层班组或具体部位（见图 6-9）。各级都要有明确的职责范围、工作标准和防火负责人，实行谁主管谁负责的原则；负责人调动时要有人接替，并做好交接工作，在没有人接替前，原防火负责人不得离职。而对于国家储备库以及火灾危险性大、距公安消防队较远的大型仓库，还应根据仓库规模、储存货品性质、数量设有专职消防队，并确定人员配备的多少和设备配置的数量，同时仓库都要建立群众性义务消防组织。

消防设备的配置与管理、消防检查和监督、消防日常管理、消防应急、消仓库消防应坚持"预防为主、防消结合"的管理方针。消防工作包括：仓库建设时的消防规划、消防管理组织、岗位消防责任、消防工作计划、消防演习等内容。在消防安全管理中，要注意做好火源管理、货品储存管理、搬运装卸管理以及电器设备的管理工作，加强消防安全、重视预防火灾的管理，更好的杜绝火灾的发生。基本措施包括有：

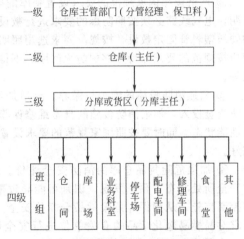

图 6-9 仓库的四级防火管理示意图

① 仓库应严格执行《中华人民共和国消防条例》、《仓库防火安全管理规则》和《化学危险货品安全管理条例》。新建、扩建、改建仓库，应按《建筑设计防火规范》有关规定办理，面积过大的库房要设防火墙。仓库的防火工作要实行分区管理、分级负责的制度。按区、按级指定的防火负责人对本责任区的安全负全部责任。

② 仓库的存货区要和办公室、生活区、汽车库、油库等严格分开。不得紧靠库房、货场收购和销售货品，规模很小的基层仓库也要根据具体条件尽量分开，以保安全。

③ 根据建筑规模和储存货品的性质，库区建立有符合规定要求的消防设备、安全设施和系统，并做到数量充足、合理摆布、专人管理、经常有效、严禁挪作他用。保障消防通道和安全门、走道畅通无阻；同时大中型仓库和雷区仓库要安装避雷设备。

④ 仓库必须严格管理火种、火源、电源、水源。严禁携带火种、危险品进入存货区；存货区禁止吸烟、用火；任何形式的明火或明火操作，必须经消防部门或安全部门审查批准，并配置防火安全措施，备好消防器材，派人现场监护方能实施；机动车辆进入存货区要加戴防火"安全帽"。

仓库的生产、生活用电线路必须分开。电线、电器设备要按照设计规范由正式电工安装、维修。禁止乱拉临时线路，不得超负荷用电和使用不合格的保险装置。仓库电器设备必须符合安全用电要求，老旧电线要及时更新，库房照明线和路灯线须分别设置。保护电器设备的完整性，对避雷和静电装置要经常检查，每次作业完毕将库房、货场的所有电源切断。

仓库的消防用水要经常备足，冬季要有防冻措施。严格加强仓库火源管理，库区内严禁吸烟。储存仓库生活区安装、使用固定火源，必须符合安全规定，指定专人管理、检查。加强火种管理，严禁任何形式的火种进入库区。

⑤ 发生任何火警和爆炸事故，必须立即通知公安消防部门，认真调查事故原因，严肃处理事故责任人，直至追究刑事责任。

2. 仓库火灾事故防范对策

对于仓库火灾的预防与控制，按照"3E对策"的原则，应从安全技术、安全教育、安全管理三个方面入手采取相应措施。

（1）安全技术对策

① 严格按照国家规范的要求进行设计和投入使用。在设计和建设过程中就要严格按照现行的消防技术规范和标准进行设计、施工。充分考虑建筑物的总体布局、耐火等级、防火间距、防火分区和防火分隔措施，根据仓库的使用性质按规范要求设置火灾自动报警、自动灭火设施，落实消防水源和室内外消防给水系统，从本质上防止火灾发生和控制灾害的发展。在设计过程中，要着眼于货品储存量大、消防用水量大和一旦发生火灾就有发生重大火灾的可能，重点规划布置库区的防火间距、消防车道、消防水源、堆垛组距、垛距等。

② 严格按照国家规范的要求设置仓库的电气线路。易燃易爆危险货品仓库应采用防爆电器和照明，电气线路必须按照防爆的要求进行敷设。普通丙类货品仓库的电气线路应穿金属管或不燃型的硬质塑料管固定敷设，按规范要求选用照明灯具。库房内不得设置移动照明、配电线路与货垛之间应按规范的要求保持足够的防火间距，不得在堆垛上方架设临时线路，不得设置移动照明和配电板等。

③ 加强消防设施的维护与保养。要增加消防投入，不能重经济效益轻消防安全，忽略必要的消防资金投入，加强消防设施的日常维修保养，提高消防设施的合格率和完好率，使其保持在良好的性能状态。同时要按照国家规范的要求设置安装避雷装置，并在每年雷雨季节前测试一次，保证完好。

④ 加强危险货品仓库的消防安全评价。通过消防安全评价，如实反映出危险货品仓库的消防安全所处状态，预先发现、识别可能导致事故发生的危害因素，以便在事故发生之前采取消防和控制措施，从而保障危险货品仓库的安全。国务院344号令即《危险化学品安全管理条例》也要求对易燃易爆化学品的有关单位进行安全评估，但规定的有些笼统，消防专业作为安全评估的一个重要组成部分，应明确其责任部门，确立消防安全评估的法律地位，体现可行性和可操作性，充分发挥消防安全评价在强化社会消防安全意识和加强企业自身安全可靠性方面的效应。

（2）安全教育对策。安全教育的主要目的是强化人的安全意识，具备相应的安全知识，形成科学的安全观，领会安全生产方针政策，执行和遵守安全法规制度纪律，掌握安全管理知识和安全技术及技能。安全教育形式上可分为各级管理人员的安全教育和职工的安全。管理人员特别是上层管理人员对企业的影响是重大的，其管理水平的高低，安全意识的强弱，对安全的重视与否，直接决定企业的安全状态，因此，作为危险货品仓库的安全管理人员必须熟悉国家安全生产方针、政策、法规、标准，增强安全意识和法制观念，掌握安全卫生基本知识，具有一定的安全管理和决策能力。对于从事易燃易爆危险化学品作业的职工，首先要加强易燃易爆基本知识教育，熟悉、掌握相应技能，会防护和应急处理；其次，有关职能部门要加强培训考核，操作人员要持证上岗。

（3）安全管理对策。要落实消防安全责任制，要严格遵守《中华人民共和国安全生产法》、《中华人民共和国消防法》、《危险化学品安全管理条例》、公安部61号令等法律法规，切实提高了易燃易爆化学品相关企业对安全消防工作社会化和主体地位的认识，增强责任意识和安全意识，进一步落实仓库的消防安全责任制，法定代表人是企业安全生产的第一责任人。同时要切实加强对危险化学品仓库安全管理工作的领导，采取一切针对性预防措施，在软件、硬件上给予必要的支持，防止事故的发生；各级岗位要按照"有岗必有责"的原则制订切实可行的安全生产责任制，形成一级抓一级，层层抓安全的体制。其次，要严格执行各项规章制度。仓库的各项消防安全规章制度不能光挂在墙上，关键要落到实处，加强违规违章操作人员的管理和查处，要进行经常性的消防安全教育，特殊工种人员要持证上岗，严格人员、车辆进出的登记查问制度、火种管理制度、动用明火制度、货品进出仓库的检查制度、货品堆放制度、巡查制度。

6.1.4　仓储作业安全管理

【背景资料】

叉车作业事故多发的原因分析

在日常工作中，一般经常见到的叉车事故有以下几种。

1. 无证上岗

叉车属机动车辆、特殊工种，驾驶员需具备相应的驾运资质和维护保养技术，并经主管部门考试合格后取证，才准许上岗作业。但部分企业往往是"候缺做官"，"拉来黄牛当马骑"，未经过资质部门的培训教育和考试取证，只经过几天简单的跟车作业，就上车操作，结果由于技术不精，装载运送屡出差错，发生事故。

2. 带病作业

由于生产忙、任务重或怕麻烦、省费用，长期未请技术部门维修检验，驾驶员工作责任心又不强，或缺乏维修保养技术，叉车发生了前后灯碰破不亮、刹车不灵、方向盘失控、喇叭不响、轮胎打滑、齿轮箱漏油、水箱缺水等情况时，"小车不倒只管推"直至闯祸。

3. 车速过快

厂内公路狭窄，车多，人多，交叉口多，按照《化工企业安全管理规定》，机动车辆在厂内行驶的速度，在拐弯处为5km/h，直线路为10～15km/h，可绝大多数叉车在行驶时，往往超过规定时速，遇到前面有紧急情况时，手忙脚乱，终致车仰物翻，伤人又损物。

4. 超限运载

在装载货物时，求快图省贪方便，往往超高、超宽、超重装载运输；在运送庞大货品时，无人指挥引导；运送超高易倒货品时不捆扎牢固；更有甚者，在超过叉车自身装能力时，用增加车后重的方法作业，野蛮操作。

5. 人货混载

装卸高处物件时，作业人员图方便，乘叉车架超落上下；运送物料时，装卸作业人员随车一同往来；致使装卸者手被轧伤、从叉车上跌落等现象屡见不鲜。

6. 冒运危险化学品

叉车轮小、车距狭，易颠簸震荡，装卸工贪方便图省力，冒险长距离送运明令禁止的易燃易爆、强腐蚀性的危险化学品，既不捆扎牢固，又不密封，结果是一路上晃荡抛洒，或倾倒，或碰撞，损失物料，祸及行人。

重点危险部位（作业）危害辨识及安全注意要点见表6-1。

表6-1　重点危险部位（作业）危害辨识及安全注意要点

序号	重点危险部位（作业）	危害辨识	注意事项及防护
1	危险品仓库	爆炸、火灾	严防易燃气体的泄漏，易燃、助燃、氧化、腐蚀等货品应严格分类，并分仓存放，严禁带易燃货品、火种进入。按要求使用劳保用品，搬运发放有毒、有害和腐蚀货品时必须使用劳保用品，非工作人员严禁入内
2	燃油料仓库（池）	爆炸、火灾	严禁带易燃货品、火种进入，小心搬运油桶，避免砸伤、地面油滑、慎防滑倒，必须配备自动灭火装置、照明、抽风等电器，必须有防爆功能，非工作人员严禁入内。防雷设施、防静电设施定期检测，防止一切可能引发火花的敲击、撞击；严格三级动火审核制度，严禁库内使用手机、CALL机
3	原材料、辅料、低值仓库	材料倒塌，扭伤	货品应规范设置、堆放不能太高，以防倒塌，货架应牢固，注意其承受重量，取放上层货架货品时小心坠落，人工搬运货品时慎防扭伤或夹伤
4	产品成品仓库	材料倒塌，火灾	货品应规范放置，按规定的高度堆放，以防倒塌，成品放置与照明及其他电器的距离应按有关防火标准距离规定堆叠。并留有防火通道。人工搬运货品时慎防扭伤或夹伤，注意防火

6.1.4.1　仓库作业的特性

仓库作业包括对运输工具装卸货品、出入库搬运、堆垛上架、拆垛取货等操作过程。仓库作业构成仓库生产的重要环节，且随着仓库功能的扩展，仓库作业的项目会更多、作业量会更大。仓库作业特性主要表现如下。

1. 作业对象的多样性

除了少数专业仓库从事单一的货品作业外，绝大多数仓库仓储的货品都是种类繁多、规格多样，仓库需面对多种多样的货品作业。为了降低物流成本，货品的包装都在向着大型化、成组化、托盘化、集装化方向发展。但由于我国包装的标准化普及程度较低，各种货品的包装尺寸、单量差别很大。

2. 作业场地的多变性

仓库作业除了部分配送中心、危险品仓库在确定的收发货进行装卸外，大多数仓库都是直接在库房门口、货场货位进行装卸作业，而搬运作业则延伸至整个仓库的每一个位置，因而仓库作业的环境极不确定。

3. 机械作业与人力作业并重

我国现代仓库的发展主要是普及机械化作业，但作业对象的多样性和作业场地的多变性使得人力作业不可缺少，而且仓库的机械作业主要是采用通用机械设备，需要一定的人力协助。我国的国情也决定了人力作业仍是目前仓库作业的主要方式。通用机械作业的稳定性较差，而人力作业容易造成人身伤害。

4. 突发性与不均衡性

仓库作业因货品出入库作业，货品到库，仓库组织卸车搬运、堆垛作业；存货人前来提取货品时，仓库组织应进行拆垛、搬运装车作业。由于货品出入库是不均衡的，仓库作业也就具有阶段性和突发性的特性，忙闲不均。

5. 任务紧迫性

为了缩短送提货运输工具的待库时间，迅速将货品归类储存，仓库作业不间断。每次作业都要完成阶段性工作，方可停止。

6. 不规范的货品

随着仓库开展提供增值服务热潮，越来越多的货品以未包装、内包装、散件、混件等形式入库，极易发生货品损坏。

6.1.4.2 仓储安全作业管理

仓储安全作业管理是指在货品进出仓库装卸、搬运、储存、保管过程中，为了防止和消除伤亡事故，保障职工安全和减轻繁重的体力劳动而采取的措施，它直接关系到货品的安全、作业人员人身安全、作业设备和仓库设施的安全，也关系到仓库的劳动生产率能否提高的重要问题，主要包括机器设备的安全操作、电器设备的安全技术、仓库工业卫生及劳动保护制度。这些安全事项都是仓库的责任范围，所造成的损失100%都是由仓库承担，因而说仓储作业安全管理就是经济效益管理的组成部分。仓库要特别注意作业安全管理，特别是重视作业安全的预防管理，以避免发生作业安全事故。正确认识生产效率与安全作业的关系，应将生产效率的提高建立在安全作业的基础上。

1. 仓储安全作业的基本要求

作业安全管理从作业设备和场所、作业人员两方面进行管理，一方面消除安全隐患，减少不安全的系统风险；另一方面提高人员对安全的防范意识和责任心。

(1) 安全作业管理制度化。仓储安全作业管理应成为仓库日常管理的重要项目，通过制度化的管理保证管理的效果。仓库应制订科学合理的各种作业安全制度、操作规程和安全责任制度，并通过严格的监督，确定员工能够有效并充分地执行安全操作管理制度。

(2) 加强劳动安全保护。劳动安全保护包括直接和间接施行于员工人身的保护措施。仓库要遵守《中华人民共和国劳动法》的劳动时间和休息规定，保证每日8h、每周不超过40h的工时制，依法安排加班，保证员工有足够的休息时间，包括合适的工间休息。提供合适和足够的劳动防护用品，如高强度工作鞋、安全帽、手套、工作服等，并督促作业人员使用和穿戴。

采用具有较高安全系数的作业设备、作业机械，作业工具应适合作业要求，作业场地必须具有合适的通风、照明、防滑、保暖等适合作业的条件。不进行冒险的仓储作业和不安全环境的作业，在大风、雨雪影响作业时暂缓作业。避免人员带伤病作业。

（3）重视作业人员资质管理和业务培训、安全教育。新参加仓库工作和转岗的员工，应进行仓储安全教育，对所从事的作业进行安全作业和操作培训，确保熟练掌握岗位的安全作业技能和规范。从事特种作业的员工必须经过专门培训并取得特种作业资格，方可进行作业，且仅能从事其资格证书限定的作业项目操作，不能混岗作业。

安全作业宣传和教育是仓库的长期性工作，作业安全检查是仓库安全作业管理的日常工作。通过不断地宣传、严格地检查，对违章和无视安全的行为给予严厉的惩罚，强化作业人员的安全责任意识。

（4）仓储安全监控电子化。计算机技术和电子技术的发展促进了仓储安全管理的科学化和现代化，仓储安全管理必将突破传统的经验管理模式，增加安全管理的科技含量，依靠科技手段，推广应用仓储安全监控技术，提高仓储安全水平。

2. 仓储安全生产的内容

（1）人力安全操作基本要求

① 人力作业仅限制在轻负荷的作业。男工人力搬举货品每件不超过 80kg，距离不大于 60cm；集体搬运时每个人负荷不超过 40kg；女工不超过 25kg。

② 尽可能采用人力机械作业。人力机械承重也应在限定的范围，如人力绞车、滑车、拖车、手推车等不超过 500kg。

③ 只在适合作业的安全环境进行作业。作业前应使作业员工清楚明白作业要求，让员工了解作业环境，指明危险因素和危险位置。

④ 作业人员按要求穿戴相应的安全防护用具，使用合适的作业工具进行作业。采用安全的作业方法，不采用自然滑动和滚动、推倒垛、挖角、挖井、超高等不安全作业，人员在滚动货品的侧面作业。注意人员与操作机械的配合，在机械移动作业时人员需避开。

⑤ 合适安排工间休息。每作业 2h 至少有 10min 休息时间，每 4h 有 1h 休息时间。并合理安排生理需要时间。

⑥ 必须有专人在现场指挥和安全指导。严格按照安全规范进行作业指挥。人员避开不稳定货垛的正面、塌陷、散落的位置，运行设备的下方等不安全位置作业；在作业设备调位时暂停作业；发现安全隐患时及时停止作业，消除安全隐患后方可恢复作业。

（2）机械安全作业要求

① 使用合适的机械、设备进行作业。尽可能采用专用设备作业，或者使用专用工属具。使用通用设备，必须满足作业需要，并进行必要的防护，如货品绑扎、限位等。

② 所使用的设备具有良好的工况。设备不得带"病"作业，特别是设备的承重机件，不得有损坏，应符合使用的要求。应在设备的许用负荷范围内进行作业，决不超负荷运行。危险品作业时还需减半负荷。

③ 设备作业要有专人进行指挥。采用规定的指挥信号，按作业规范进行作业指挥。

④ 汽车装卸时，注意保持安全间距。汽车与堆物距离不小于 2m，与滚动货品距离不得小于 3m。多辆汽车同时进行装卸时，直线停放的前后车距不得小于 2m，并排停放的两车侧板距离不得小于 1.5m。汽车装载应固定妥当、绑扎牢固。

⑤ 移动吊车必须在停放稳定后方可作业。叉车不得直接叉运压力容器和未包装货品。移动设备在载货时需控制行驶速度，不得高速行驶。货品不能超出车辆两侧车厢板 0.2m，禁止两车共载一物。

⑥ 载货移动设备上不得载人运行。除了连续运转设备外如自动输送线，其他设备需停止稳定后方可作业，不得在运行中作业。

3. 库区的安全管理

库区的安全管理可以划分成几个环节，即仓储技术区、库房、货品保管、货品收发、货品装卸与搬运、货品运输、技术检查、修理和废弃物的处理等。

（1）仓储技术区的安全管理。仓储技术区是库区重地，应严格安全管理。技术区周围设置高度大于 2m 的围墙，上置钢丝网，高 1.7m 以上，并设置电网或其他屏障。技术区内道路、桥梁、隧道等通道应畅通、平整。

技术区出入口设置日夜值班的门卫，对进出人员和车辆进行检查和登记，严禁易燃易爆货品和火源带入。

技术区内严禁危及货品安全的活动（如吸烟、鸣枪、烧荒、爆破等），未经上级部门的批准，不准在技术区内进行参观、摄影、录像或测绘。

（2）库房的安全管理。经常检查库房结构情况，对于地面裂缝、地基沉降、结构损坏，以及周围山体滑坡、塌方，或防水防潮层和排水沟堵塞等情况应及时维修和排除。

此外，库房钥匙应妥善保管，实行多方控制，严格遵守钥匙领取手续。对于存放易燃易爆、贵重货品的库房要严格执行两人分别掌管钥匙和两人同时进库的规定。有条件的库房，应安装安全监控装置，并认真使用和管理。

（3）货品装卸与搬运中的安全管理。仓库机械应实行专人专机，建立岗位责任制，防止丢失和损坏，操作手应做到"会操作、会保养、会检查、会排除一般故障"。

根据货品尺寸、重量、形状来选用合理的装卸、搬运设备，严禁超高、超宽、超重、超速以及其他不规范操作。不能在库房内检修机械设备。在狭小通道、出入库房或接近货品时应减速鸣号。

6.1.4.3 仓库的其他安全管理

1. 防台风、防雨汛

（1）台风的危害及防范。台风是指发生在西北太平洋和南海的热带气旋，风速≥17.2m/s（风力8级以上）。台风是移动的气压系统，从形成到衰亡整个过程都在移动，移动速度时快时慢，一般在 20～30km/h，有时会出现停滞状态，有时可达 50～60km/h。我国所濒临的西北太平洋是热带气旋生成最多的地区，年平均约有 30 个，其中 7～10 月份最多，其他月份较少，因而我国将这段时间称为台风季节。台风在我国登陆的地点主要集中在华南、华东地区，华北、东北较少，主要在 5～10 月份，12～4 月份基本不在我国登陆。台风的特征是具有极具破坏力的强风，并伴随有巨量的降雨。并且越接近台风中心，风力越强；同时一个发展成熟的台风，一天的降雨量可达 100～150mm，总降雨量接近 400～500mm，相当于华北地区一年的降雨量。

在我国华南、华北沿海地区的仓库，都会受到台风的危害。处在这些地区的仓库要高度重视防台风工作，应设置防台办公室、配备专门人员，负责组织和管理仓库防台的各项工作，力求避免这种灾难性天气对仓储造成严重的危害。具体措施简要说明如下：

① 积极防范。台风并不是年年都在一个地区登陆，防台工作是一项防患未然、有备无患的工作。企业要对员工，特别是领导干部进行防台宣传和教育，促使保持警惕、不能麻痹。

② 全员参与，防范损害，积极组织防台演习。台风可以造成仓库的损害不仅是仓储物质，还包括仓库建筑、设备、设施、场地、树木，以及物料备料、办公设施等一切财产和生命安全，还会造成环境污染危害。防台抗台工作是所有员工的工作，需要全员参与。

③ 加强仓库的检查、维修，不断改善储存条件。为了使防台抗台取得胜利，需要有较好的硬件设施和条件，提高仓库设施设备的抗风、防雨、排水防水浸的能力；减少使用简易建筑，及时拆除危房危建和及时维修加固老旧建筑、围墙；提高仓库、货场的排水能力，注意协调仓库外围，避免对排水的阻碍；购置和妥善维修水泵等排水设备，备置堵水物料；牢固设置仓库、场地的绑扎固定绳桩。

（2）防雨汛。由于下雨水湿是造成仓储货品损害的一个重要原因，因而防雨汛危害也是仓库一项长期的安全工作。仓储防雨汛工作主要从以下几个方面入手。

① 仓库有足够的防雨建筑。仓库规划建设时，就要根据仓库经营的定位、预计储存货品的防雨需要，建设足够的室内仓库、货棚等防雨建筑，以保证怕水湿货品都能在室内储存。

② 仓库具有良好的排水能力。仓库建筑、货场场地都要具有良好的排水能力，不会积水。整个库区有良好的、足够能力的排水沟渠网络，能保证具有一定余量的正常排水需要。并且加强日常管理，随时保证排水沟渠不堵塞、不淤积；距暗渠的入出口一定距离不能堆放货品和杂物。

③ 做好货垛衬垫。货场堆放货品、低洼地的仓库或地面较低的仓库室内，雨季时仓库入口的

货位，都要采用防水湿垫垛。垫垛有足够的高度，货场地垫垛 0.3～0.5m，库房防水湿垫垛也要有 0.1～0.3m；尽可能将货场建设成平台货位，高出地面 0.3～0.5m。

④ 及时苫盖货品。在货场存放需防湿的货品，从入库作业开始就要在现场准备好苫盖物料。在作业过程中出现下雨、天气不稳定时的停工休息，作业人员离开时，都要用苫盖材料盖好；天气不好时，已堆好的货品端头也要及时苫盖；货垛堆好后，必须苫盖妥当，堆垛作业人员才能离开。无论天气如何，怕水湿货品都不能露天过夜。

2. 防雷

仓储企业应在每年雷雨季节来临之前，对防雷措施进行全面检查。主要应检查的方面有：

① 建筑物维修或改造后是否改变了防雷装置的保护情况。

② 有无因挖土方、铺设管线或种植树木而挖断接地装置。

③ 各处明装导体有无开焊、锈蚀后截面过小而导致损坏折断等情况。

④ 接闪器有无因接受雷击而熔化或折断。

⑤ 避雷器磁套有无裂缝、碰伤、污染、烧伤等。

⑥ 引下线距地 2m 一段的绝缘保护处理有无破坏。

⑦ 支持物是否牢固，有无歪斜、松动。

⑧ 引下线与支持物的固定是否可靠。

⑨ 断接卡子有无接触不良。

⑩ 木结构接闪器支柱或支架有无腐蚀。

⑪ 接地装置周围土壤有无塌陷。

⑫ 测量全部接地装置的流散电流。

3. 防震

为搞好仓库防震，首先在仓库建筑上，要以储存货品的价值大小为依据，审视其建筑物的结构、质量状况，从保存货品的实际需要出发，合理使用物力财力，进行相应的加固。新建的仓库，特别是多层建筑，现代化立体仓库，更要结合当地地质结构类型，预见地震的可能性，在投资上予以考虑，做到有所准备。其次，在情报信息上，要密切注视毗邻地区及地震部门预测和预报资料。再次，在组织抢救上，要做充分的准备。当接到有关部门地震预报时，要建立必要的值班制度和相应的组织机构，当进入临震时，仓库领导要通盘考虑，全面安排，合理分工，各负其责，做好宣传教育工作，动员职工全力以赴，做好防震工作。

4. 防静电

爆炸物和油品应采取防静电措施。静电的安全应由懂有关技术的专人管理，并配备必要的检测仪器，发现问题及时采取措施。

所有防静电设施都应保持干净，防止化学腐蚀、油垢玷污和机械碰撞损坏。每年应对防静电设施进行 1～2 次的全面检查，测试应当在干燥的气候条件下进行。

6.2 职业能力训练模块

6.2.1 仓库消防组织

【职业能力训练模拟背景】

西安瑞峰仓储公司的纸制品仓库起火，员工迅速取用消防器材将火扑灭，之后又对仓库的消防安全情况进行了一次全面检查。检查中发现消防专用通道上违反规定停放了客户和员工的各种交通车辆、灭火器内容物已过期、消防栓打不开且配套水带已丢失，同时在例行的安全检查中发现仓储防盗设施存在明显隐患，监控设施存在部分死角。

作为仓库的消防主管，你将会采取哪些措施？

【职业能力训练目标要求】

(1) 通过训练，学会根据燃烧物的性质不同，掌握正确选择消防器材和使用消防器材的技能。

（2）初步掌握仓库防火检查业务的技能，能够正确找出火灾隐患，并提出恰当的措施消除隐患。

【职业能力训练设备材料】

（1）干粉灭火器	2个	（7）消防水带	1条
（2）泡沫灭火器	2个	（8）铁桶	4只
（3）二氧化碳灭火器	2个	（9）打火机	2个
（4）1211灭火器	2个	（10）浸柴油的棉麻织物或废旧衣服	若干
（5）细沙土	2小车斗（约500kg）	（11）纸箱或废报纸	若干
（6）消防水枪	1支	（12）废旧木制品	若干

【职业能力训练方法步骤】

（1）利用多媒体教学手段让学生识别仓库火灾的种类与火灾成因，初步了解基本的灭火方法与常用灭火器的使用，掌握相关法律法规及火灾预防等多方面知识；

（2）在组长和消防安全员的组织下，利用提供的不同燃烧物制造模拟火灾现场，要求学生正确选择扑灭纸制品、棉麻织物、木制品、电器自燃等火灾的灭火器种类，并利用实训的灭火器进行现场灭火；

（3）打开消防柜，取出消防水带并完全展开（不允许水带有扭结），用接头将水带的一端与消防水栓相接，将水枪固定在另一端。接通消防水栓的开关后，打开水栓开关对准模拟火焰灭火；

（4）检查学校有关实训室、后勤仓库、图书馆等场所的消防安全，找出消防隐患（如杂物的堆积、有明火或有人在仓库吸烟等），并检查有无临时线路、电器设备是否断电？相应的消防设施是否齐全、有效？

（5）根据灭火练习效果及消防检查情况进行全班的讨论分析，提出对火源隐患的处理意见及改进措施。

【职业能力训练组织安排】

（1）学生每6人分成一组，设组长1名，消防安全员1名，由组长负责组织小组消防练习及安全检查；

（2）根据给定的燃烧物和灭火器材，以小组为单位依次练习，并提交一份可操作性强的消防检查报告书；

（3）职业能力训练过程中要求教师现场指导，及时解决学生遇到的实际问题，准确了解学生的训练动态及熟练程度；

（4）由各个小组选出代表交流训练感受并写出职业能力训练报告，教师对训练过程与完成情况进行全面的总结、考评；

（5）职业能力训练时间安排：2学时/组。

【职业能力训练报告要求】

（1）职业能力训练项目名称、训练时间、参加人员。

（2）职业能力训练目标要求与内容。

（3）各种消防器材的适用对象与使用方法、常见的仓库火灾隐患及改进措施。

（4）仓库消防组织的体会与收获。

（5）职业能力训练总结讨论及合理化建议。

【职业能力训练效果评价】

仓库消防组织职业能力训练评价评分表见表6-2。

表6-2 职业能力训练评价评分表

考 评 项 目		仓库消防组织		
考评人			被考评人	
	考评内容与要求		权重(%)	考评结果
考评标准	根据火源情况,准确选用灭火器材		20	
	灭火器材的使用正确,符合安全操作规定		20	
	能够准确查出仓库内的火灾隐患		15	
	正确检查仓库内的消防设施是否齐全有效		20	
	能够根据检查情况对仓库的消防工作提出整改意见		15	
	灭火练习主动、积极,实训态度端正		10	
合 计			100	

注：考核满分为100分。60分以下为不及格；60～69分为及格；70～79分为中等；80～89分为良好；90分以上为优秀。

【职业能力训练活动建议】

(1) 在模拟职业能力训练过程中，要尽可能选择多种灭火器材进行训练，同时配合组织一次消防演习，让学生们学会使用各种类型的灭火器；

(2) 学生可利用深入火灾隐患较多的相关经营场所，学会识别火灾隐患并提出改进完善措施；

(3) 在条件许可的情况下，邀请有关机构的消防人员对学生进行消防技能培训。

6.2.2　仓库防盗能力练习

【职业能力训练模拟背景】

2006 年 6 月 9 日上午 7 时，位于某工业园区的某公司。仓库管理员老王早早打开仓库大门，像往常一样整理、清点仓库货品，突然，她发现堆放在仓库西南角的漆包线、铜锭等贵重货品有明显移动的痕迹，老王感到一种不祥之感。她迅速翻出最近的仓库出入库账册与实物逐一核对，发现仓库账册上记载的漆包线、铜锭与实物有较大的差距。是错发到车间，还是在入库清点时出错？不可能！做了十几年仓库管理员的老王马上否认了自己的想法。肯定是被盗！老王感到事态的严重性，使匆匆跑到车间主任办公室汇报了事情的经过。

公司车间主任在确认仓库失窃后，便迅速向工业园区保卫科负责人反映了此事。保卫科当即召集有关人员举行情况分析会。工业园区出入管理规范，数十个监控探头隐蔽在园区各要道和角落，24 小时监控着园区一举一动，保安人员实行不定时巡查，从调出最近一周的监控录像资料显示，没有发现异常可疑迹象。大家认为，嫌疑人流动性作案可能性不大。有可能是安露公司人员监守自盗或熟悉公司情况、与公司有某种联系的人员盗窃。由于失窃的铜锭、漆包线较重，徒手偷运出去的可能性不大，有可能利用交通工具作案，园区保卫科负责人将大家反馈的信息一一梳理后，决定暂不惊动嫌疑人，来个蹲点守候，守株待兔。

在确定侦查方向后，园区保卫负责人决定从 6 月 9 日当晚开始按每班 2 人轮流蹲点守候。一连 12 个晚上过去了，嫌疑人却始终没有出现在守候人员的视线里，难道是嫌疑人有了警觉？守候的保安人员不顾疲劳，警惕的神筋绷得紧紧的，一刻也没有松弛过。

6 月 22 日凌晨，当公司最后一集装箱货品驶离工业园区时，整个园区又恢复了往日的平静。2 时 15 分左右，一辆农用四轮小货车从公司对面某公司的过道里开出，缓缓停靠在公司右侧的河塘旁，横堵着公司的仓库和放射室之间的通道。一道黑影从驾驶室爬出，借着小货车的掩护，快步向公司仓库的西南角靠近，瘦瘦的身影消失在昏暗的灯光下。

守候在公司二楼办公室的保安人员察觉到了可疑情况，也许是保安人员开门的轻微响声惊动了嫌疑人，嫌疑人迅速跳下窗子，回到车上，发动车子，慌慌张张驶离公司，向园区正大门方向逃离。

当守候在安露公司的保卫人员追到距公司约 500m 远的正大门时，嫌疑人驾着车以公司的送货通行证为掩护，从值班人员眼皮底下蒙混过关，驾车往金清方向逃离，消失在茫茫的夜色之中。

绝不能放过嫌疑人。在第一时间得知消息的保卫科负责人，迅速带领 3 名保安人员驾车追去。

嫌疑人将农用车停在一个小院落前，很快跳下车，闪进一栋 2 层老房子，关上房门。紧跟在可疑目标之后的保安人员迅速将嫌疑人居住的房子围了起来，并报了警。3 时左右，得到出警命令的派出所民警赶到嫌疑人家，嫌疑人在无处可逃的情况下束手就擒。

抓获的盗窃嫌疑人经常给公司送货，利用送货之便，一共盗窃公司价值达 10 多万元的铜锭。目前嫌疑人已被警方刑事拘留，等待他的将是法律的惩罚。

假定你是仓库的治安保卫负责人，你对此有何看法？

【职业能力训练目标要求】

(1) 通过训练，让学生了解仓库防盗的基本知识、工作制度以及相关表格的填写。

(2) 初步掌握仓库失窃后的分析判断技能，能够根据具体的失窃情况，查找可能的失窃原因，并提出相应的防范措施。

(3) 了解仓储安全监控系统的构成，并学会使用操作。

【职业能力训练设备材料】

(1) 门卫放行登记表　　　　　　若干
(2) 仓库巡查表　　　　　　　　若干
(3) 值班交接表　　　　　　　　若干
(4) 现代仓储安全管理信息系统
(5) 仓储安全监控系统

【职业能力训练方法步骤】

（1）利用多媒体教学手段让学生全面了解仓库的治安保卫管理工作的内容要求、现代仓储安全监控系统的构成与使用方法。

（2）在组长的带领下，巡查实训仓库或其他场所，检查门、窗和所是否符合要求？防盗设施设备的运行是否正常？发现失窃后如何处理（结合实训需要，可以设置一些盗窃隐患或失窃的情形，要求提出具体的方法措施）？

（3）参观学校的安全保卫监控室，了解监控设备的使用方法。

（4）填制门卫放行登记表、仓库巡查表及交接班表，见表6-3～表6-5。

表6-3 门卫放行登记表

日　　期	提货单位	提货内容摘要	提货人签名	备　　注

表6-4 仓库巡查表

日　　期	区　　域	巡查情况	检查人	备　　注

表6-5 仓库交接班表

交接班记录

交班人员(签名)：　　　　接班人员(签名)：　　　　日期：

（以下由交班人员填写）

1. 值班期间巡查情况

2. 值班期间防盗设施设备情况

【职业能力训练组织安排】

（1）学生每6人分成一组，设组长1名，由组长负责开展治安检查。

（2）根据检查期间发现的盗窃隐患或案例的失窃情形，就如何加强治安巡逻、完善保卫制度提出一份可行性的报告。

（3）职业能力训练过程中要求教师现场指导，及时解决学生遇到的实际问题，准确了解学生的训练动态及熟练程度。

（4）由各个小组选出代表交流训练感受并写出职业能力训练报告，教师对训练过程与完成情况进行全面的总结、考评。

（5）职业能力训练时间安排：2学时/组。

【职业能力训练报告要求】

（1）职业能力训练项目名称、训练时间、参加人员。

（2）职业能力训练目标要求与内容。

（3）仓储安全监控系统的构成与使用方法、常见的仓库盗窃隐患及改进措施。

（4）仓库防盗练习的体会与收获。

（5）职业能力训练总结讨论及合理化建议。

【职业能力训练效果评价】

仓库防盗能力练习职业能力训练评价评分表见表6-6。

表 6-6　职业能力训练评价评分表

考　评　项　目		仓库防盗能力练习		
考评人		被考评人		
考评标准	考评内容与要求		权重(%)	考评结果
	能根据仓库失窃的现场情况，分析造成失窃的可能原因		25	
	能发现仓库防盗隐患并提出有效的整改措施		25	
	正确填制门卫放行登记表、仓库巡查表及交接班表		20	
	了解仓储安全监控系统的构成，并学会使用操作		15	
	仓库防盗能力练习主动、积极，实训态度端正		15	
合　　计			100	

注：考核满分为100分。60分以下为不及格；60～69分为及格；70～79分为中等；80～89分为良好；90分以上为优秀。

【职业能力训练活动建议】

（1）在条件许可的情况下，可以安排学生参与学校的治安保卫工作（如门卫值班、夜间巡逻等）；

（2）组织学生去仓储企业参观、调研，并邀请有关安全保卫人员与学生进行交流。

6.3　职业能力拓展模块

6.3.1　高架仓库安全管理与对策

1. 高架仓库的现状

仓库是根据人们从事货品储存活动的功能需要，按照货品对储存环境的要求而建立的储存场所。随着改革开放的深入，工业生产的社会化分工越来越细化，仓库不但拥有储存功能，而且已演化成聚集货品储存、调节供需、衔接运输、流通加工和配送等功能于一身的构筑物，角色日趋重要。如厦门"太古"飞机维修车间中的高架仓库，"友达光电公司"的高架储存仓库，象屿保税区的伯灵顿公司的物流配送高架仓库等专营配送或者附属大企业总装线的高架仓库不断涌现；以致于商业运营的大卖场、大商场也都搞起高架仓储，使储卖一体化，营销方式大革新。对于这类包含仓储、配送和仓储营销的高架仓库安全管理的法律法规、规范和标准还不完善，安全管理形势严峻。

2. 高架仓库的特点

①"高"。一般仓库单层高度在 4.5～6m，而高架仓库的单层高度有 7.0～12.5m。一般不建多层的高架仓库。

②"杂"。一般仓库在垫板上分垛储存，每垛占地面积不大于100m²，并留有五距：垛与垛间距 1m，垛与墙间距不小于 0.5m，垛与梁、柱间距不小于 0.3m，主要通道的宽度不小于 2m。

高架仓库离地而存，货架高度达 6～12m，每架分层（3～5层），每层高约 2.0～2.5m，按货品的实际需要再分类、分架、分层储存，设货号、卡、签或颜色不同的标志，便于存取和结账管理。

③"大"。单层最大占地面积允许到12000m²，库容容积可达到 10 多万立方米。为减少火灾事故发生时的经济损失，库内被分隔成若干个防火分区，每个防火分区最大占地面积不超过 3000m²，都上自动喷淋、自动报警等灭火系统，并应设有两个出口，出入口的门应向疏散方向平开，门应是甲级防火门。

④"尖"。消防要求严格，运用尖端科技多，要求实现自动报警、自动喷淋灭火、防火分隔（自动卷闸分隔）、消防水幕保护、防排烟（通风、排烟、换气）、电子眼全方位监控等安全措施，并设置消防连动监控室，执行24h全天候值班监控。

3. 高架仓库的安全管理与对策

（1）防火安全是重点。因高架仓库储存的货品绝大部分是可燃易燃货品，分别来自社会大生产中不同工企的产品或半成品，部分产品或半成品的经济价值较高，一旦发生火灾，经济损失大，企业将经受沉重的打击。所以，它是企业的心脏，经济核算的中心，企业应像保护生命一样保护它的安全，特别是防火安全。因此，安全资金要舍得投入，落实到实处，完善高架仓库的自动报警、自动喷淋灭火等系统。此外，应加强员工的防火安全知识和技能培训教育，正确处理各种火情下的应对措施。这样，当有火情发生时，自动报警装置的探头首先可以感知报警，工作人员通过系统指示马上到达出事地点，正确处理火情：

① 小火源采用轻水灭火器灭之；

② 达到成灾的状况可马上启用自动消防（喷淋）灭火；

③ 如果已达到采用自动消防的程度，应启动防火分隔，放下自动卷闸门，把火情控制在单个防火分区内；

④ 如果火势很大，应加上水幕喷淋保护卷闸门，并关闭防排烟管阀，提高灭火效果，迅速把火势控制而后扑灭。

（2）保证高架仓库安全有效运营，规章制度不能免。

首先，必须成立安全领导机构：如安全生产委员会，它必是安全生产的权威领导机构，必须是企业的决策人物担当负责。在它领导下发挥各部职能作用，制订各种规章、制度和安全操作规程，并督促落实到生产实践中去。特别要提醒的是高架仓储配送企业应制订事故应急预案，每年进行1~2次的演练、修改，使之逐年完善、日臻完美；一旦发生事故就能应付自如，立于不败之地，使损失尽量降低到最低限度。

其次，是我们这里要特别介绍的划线管理方法，即把高架仓库仓储区划分成红线区、黄线区、绿线区加于管理。

① 红线区。即高架仓储区的外接区。所有外来人员、车辆在红线外活动，进出货、接送单、交接货品的接交配送由佩带红色胸卡的工作人员负责，并负责管住外来人、车入内，组织装卸、运送。

② 黄线区。这里是佩带红色胸卡与佩带黄色胸卡的管理人员、清单、货品交接配送的中转区。所以黄线划于绿线与红线之中，并称黄线区，工作人员按清单清点交接，按进货单进库，按配送单组织货源装箱发送和护送出库。

③ 绿线区。就是高架仓储区，是高架仓库的核心部位，各种高科技设备、设施和装置于各部位。设于绿线上各防火分区的卷闸门，在工作时间内门是可以打开的，佩带绿色工作卡的人员在卷闸门前设岗，与佩带黄色工作卡人员交接清单和配送货品。佩带黄色工作卡人员不能进绿线区，而佩带绿色工作卡的叉车工可在绿黄线区内活动，进出、存取货品按规定路线和规范办，下班叉车应停放于黄线区指定地点。

（3）防高空坠落、防车撞应引起重视。高架仓库货架高，货品堆得高、类别杂、规格不一，如有不慎，货品从高架掉落，砸坏货品不说，很可能造成人身伤亡事故，或其他连带事故。所以堆放进货、取货要稳当，严格执行仓库管理规定，严禁无关人员入内。仓库内必须保证主通道宽度能够让叉车自行活动，特别是转弯半径应足够，并有防撞措施，以防止叉车撞货架，造成"倒库"事件（即高架连环倾倒事故）。此外，所有叉车驾驶员必须经严格训练，考试合格持证上岗，上岗前应进行"仓库安全知识"教育，方能配卡上岗。

（4）组织、协调好人流、物流，向管理要效益。由于高架仓库的特点是聚集多家企业的物流、配送，在仓储区内同一时间的工作人员少则几人，多则数十人、几百人，叉车几十辆往来穿梭，若组织和管理不好就易出现安全事故。因此，企业只有高效组织、协调好人流、物流，减少生产安全事故隐患，缩短单位劳动工时，提高货品周转频次，仓库管理的效率才会高，经济效益才会好，所以我们特别介绍了划线管理的方法，供有关企业和从事安全管理的人员参考借鉴。

6.3.2 露天仓库的防火

1. 露天仓库的火灾危险性

① 露天仓库堆放地大都是可燃物，如棉花麻、化纤原料、稻草等，外面遮盖的又是苫布、芦席等，这些都是非常容易燃烧的物质。

② 有些露天仓库的货垛与辅助部门、生活区混在一起，人员进出频繁，火种较多。

③ 露天仓库的装卸机械到处移动，经常使用临时电线，由于机械摩擦、电线敷设不符合安全要求，经常会进出火星。

④ 有些露天仓库的堆垛过高、过大，一旦堆垛起火后，就是一片火海；堆垛布局也过密，发生火灾后蔓延迅速；发生火灾时气流会加速运动，很容易发生飞火，扩大燃烧范围；有的露天仓库远离水源，交通不便，扑救也比较困难。露天仓库扑救火灾往往延续较长时间。

⑤ 露天仓库常常是歹徒放火的首选目标。

2. 露天仓库的防火要点

① 露天仓库应当设在水源充足、交通方便、消防车能够到达的地方；仓库四周要砌筑高度不低于 2m 的围墙；仓库内货垛同生产辅助区、生活区应用围墙分隔；进入货场的人员不得携带火种，严禁吸烟，要有严格的出入库制度。

② 大型的露天货场应当分成若干组，组与组之间要留有较大的防火间距；堆垛与堆垛之间也应留有足够的通道；每个堆垛的占地面积不能过大，高度一般不超过 8m。

③ 起重装卸机械要符合防火安全要求，防止摩擦、撞击产生火星；货场内一般宜采用地下电缆，安装固定插座；使用移动式的电气线路，应用绝缘良好的橡胶绝缘电缆，接线角、开关柜、电动机等附近要经常保持清洁，防止积集麻线、飞絮。

④ 仓库内应当配备一定的消防设备，并要有值班人员随时守护；无关人员严禁入内；大型露天仓库要按照国家防雷规范的规定，安装足够的避雷装置。

⑤ 经常进行安全检查，对刚入库的货品要重点监视，防止夹入火种；对可能发生自燃的棉花、稻草和黄麻，更要经常检查，防止积热自燃。

6.3.3 包装货品仓储中静电的危害和预防

静电的危害在包装工业生产中已受到相当的关注。但在包装货品的仓储中，对静电造成的危害和预防还是个薄弱环节。随着仓储的功能和规模的不断扩展，如何控制和预防静电带来的危害已逐步引起人们的重视。

1. 包装货品仓储中的静电产生

静电的产生主要有两个原因：一是内部原因，即物质的导电特性；二是外部原因，即物质间的相互摩擦、滚动、撞击等。许多货品的包装物都具备静电产生的内因条件，另外在仓储中也都离不开搬运、堆码、苫垫、覆盖等操作，因而包装物之间不可避免地会产生摩擦、滚动、撞击等。例如石油仓库内油品输送和向油桶内灌装时，油品和管道壁及设备之间会产生摩擦，这些都会产生很高的静电积累。一般货品的塑料包装在堆码过程中由于相互摩擦也会产生静电。

2. 包装货品仓储中静电的危害

在包装物表面上聚集形成很高的静电位很容易发生静电火花。其危害主要表现在两个方面：

一是引发爆炸事故。例如仓库中存放的易燃液体（如汽油、煤油、柴油）、溶剂（苯、醚、酮类等），它们挥发出的蒸气与空气混合达到一定比例，或者固体粉尘达到一定浓度（即爆炸极限）时，一旦遇静电火花即会爆炸。

二是产生电击现象。如在搬运过程中产生静电高电位放电给操作人员带来电击的不适感，这在仓库搬运塑料包装的货品时屡有发生。搬运、堆码过程中由于强烈的摩擦产生了静电高电位放电，甚至发生过操作工人被静电放电击倒的现象。

3. 仓储中包装物静电危害的预防

在包装货品仓储中一般采用下列方法防止和控制静电带来的危害。

① 应当控制包装物尽量不产生静电。例如对易燃液体来说，要限制其在包装桶中的剧烈晃动，控制其装卸方式，防止不同油品泄漏相混及防止钢桶中进水进气。

② 采取措施使已产生的静电尽快逸散，避免产生积累。例如在搬运等工具上安装良好的接地装置，增大工作场所的相对湿度，在地面上敷设导电地板，在某些工具上喷涂导电涂料等。

③ 给带电体外加一定量的反电荷，避免静电压上升（如感应式静电中和器）。

④ 在有些情况下静电积累不可避免，静电压迅速上升甚至会产生静电火花。此时，则要采取措施使其虽然放电却不至于产生爆炸事故。例如在易燃液体储藏的空间充入惰性气体，加装报警装置，采用高效排风装置，使空气中易燃气体或粉尘达不到爆炸极限。

⑤ 在有火灾爆炸危害性的场所，如化工危险品储放场所，工作人员穿用导电鞋和静电工作服等，及时排除人体所带静电。

思考与练习

一、填空题

1. 仓库火灾有＿＿＿＿、＿＿＿＿和＿＿＿＿。

2. 泡沫灭火器主要用于扑救＿＿＿＿、＿＿＿＿、＿＿＿＿和＿＿＿＿等引起的火灾。

3. 露天存放货品应当分类、分堆、分组和分垛，并留出必要的＿＿＿＿。

4. 严禁堵塞消防通道及随意挪用或损坏＿＿＿＿。

5. 现代仓储安全管理主要包括＿＿＿＿安全管理和＿＿＿＿安全管理两大方面。

二、判断题

1. 仓库治安保卫管理的原则是：坚持预防为主、确保重点、严格管理、保障安全、谁主管谁负责。　　　　　（　　）

2. 仓库作业人员每作业 2h 应至少有 1h 的休息时间。　　　　　（　　）

3. 剧毒危险品发生被盗、丢失、误用，立即向当地公安部门报告。　　　　　（　　）

4. 库场安全责任范围内所造成的损失 100% 由仓库承担。　　　　　（　　）

5. 库房一般不应当安装采暖设备，如货品防冻必须采暖，可利用任何采暖设施。　　　　　（　　）

三、选择题

1. 在空气不流通的狭小地方使用二氧化碳灭火器可能造成的危险是（　　）。

　　A. 中毒　　　　　B. 缺氧　　　　　C. 爆炸　　　　　D. 窒息

2. 火灾致人死亡的最主要原因是（　　）。

　　A. 烧死　　　　　B. 窒息或中毒　　　C. 被人践踏　　　D. 害怕致死

3. 使用消防灭火器灭火时，人的站立位置应是（　　）。

　　A. 上风口　　　　B. 下风口　　　　C. 侧风方向　　　D. 根据着火类型确定

4. 灭火器应（　　）检查一次。

　　A. 半年　　　　　B. 一年　　　　　C. 一年半　　　　D. 两年

5. 泡沫灭火器适用于扑救（　　）。

　　A. A 类火灾　　　B. B 类火灾　　　C. 带电火灾　　　D. C 类火灾

6. 针对燃烧三要素，防火方法分为三大类，分别是（　　）。

　　A. 控制可燃物　　B. 隔绝助燃物　　C. 消除着火源　　D. 消除可燃物

7. 危险化学品必须储存在专用仓库、专用场地或者专用储存室内，储存方式、方法与储存数量必须符合（　　），并由专人管理。

　　A. 企业或行业标准　B. 国际或企业标准　C. 国家标准　　　D. 地方标准

8. 用灭火器灭火时，灭火器的喷射口应该对准火焰的（　　）。

　　A. 上部　　　　　B. 中部　　　　　C. 根部　　　　　D. 火焰大的部位

9. 液体表面的蒸汽与空气形成可燃气体，遇到点火源时，发生一闪即灭的现象称为（　　）。

　　A. 爆炸　　　　　B. 蒸发　　　　　C. 闪燃　　　　　D. 升华

10. 依据《仓库防火安全管理规则》，库存货品要分类、分垛储存，垛与垛间距不小于（　　）m。

　　A. 0.5　　　　　B. 1.0　　　　　C. 1.5　　　　　D. 2.0

11. 治安保卫管理制度应该（　　）。

A. 依据国家法律、法规，结合实际需要　　　　B. 以人为本

C. 具有稳定性　　　　　　　　　　　　　　　　D. 合并在其他制度之中

12. 依据《仓库防火安全管理规则》，进入库区的所有机动车辆，必须安装（　　　）。

A. 刮雨器　　　　　B. 防护栏板　　　　C. 防火罩　　　　D. 防雨篷布

13. 仓库的治安保卫负责人必须是仓库的（　　　）。

A. 法定代表人　　　B. 管理员　　　　C. 普通职工　　　D. 职工代表

14. 仓库安全主要包括（　　　）。

A. 库房安全　　　B. 机械设备安全　　　C. 货品安全　　　D. 人身安全　　　E. 作业安全

15. 仓库安全生产涉及（　　　）。

A. 货品的安全　　　　　　　　　　　　B. 作业人员的人身安全

C. 仓库设施与作业设备的安全　　　　　D. 管理组织的安全

16. 常用的仓库治安检查形式可分为（　　　）。

A. 定期检查　　　B. 内外联合检查　　　C. 外部抽查　　　D. 上级检查下级　　　E. 内部自查

17. 在仓储作业中减少不必要的停顿或等待，反映了仓储作业的哪项原则（　　　）。

A. 连续性原则　　　B. 节奏性原则　　　C. 低成本原则　　　D. 安全性原则

18. 将灭火剂直接喷洒在可燃物上，使可燃物的温度降低到自燃点以下并停止燃烧的灭火方法是（　　　）。

A. 冷却灭火法　　　B. 窒息灭火法　　　C. 抑制灭火法　　　D. 隔离灭火法

19. 灭火的正确方法有（　　　）。

A. 用砂土扑救电气设备及液体燃料的初起火灾　　B. 用砂土扑救爆炸性货品（如硫酸铵等）起火

C. 用水扑灭钾、钠、镁的燃烧　　　　　　　　　D. 用水扑灭油起火

20. 消防安全管理的基本措施包括（　　　）。

A. 发生火灾后立即报警　　　　　　　　B. 普及防火知识

C. 明火作业须经消防部门批准　　　　　D. 配合适量的消防设备 E. 危险品仓库必须符合防火防爆要求

四、简答

1. 结合仓库生产实际，谈谈对安全生产管理重要性的认识。

2. 作为一名仓库主管，如何做好仓库作业安全管理工作？试举例说明。

3. 储存化学危险货品，应当符合哪些要求？

4. 结合对本章案例的分析思考，说说对我们的教训有哪些？

五、案例分析

1. 某化工厂有一批货品需要临时储存在仓库中，该仓库同时储有黄磷和一些木箱，因存放地点狭小，需要挪动仓库中的一些铁架，摆放到另外一个地方。领导指派电焊工将一铁架割开，在切割过程中，火星溅到木箱上引起木箱着火。厂消防队的消防员立刻用水枪灭火，为了防止相邻的黄磷发生爆炸，厂领导要求同时对密封的黄磷桶进行喷淋降温。

请指出以上案例中存在的错误做法和正确做法，并说明原因。

2. 某气体公司经销点驾驶员杨某和押运员李某，送乙炔瓶到用户仓库卸货。在李某采用开启瓶阀放气方法检查气体压力时，正在仓库门口不足 3m 处磨光机作业产生的火星引燃放出的乙炔气，导致火焰迅速喷出 10 多米外。李某腰部以上及手背衣服着火燃烧，在急忙脱衣过程中，又伤及脸部和头发。经现场扑救灭火，乙炔瓶未受损，但李某身上多处被烧伤。

请简要回答以下问题：

（1）案例当事人李某有哪些不正确的做法？

（2）用户单位作业人员有哪些不正确的做法？

（3）事故发生后，李某对自身衣服着火的处理是否得当？

第7章　仓储管理信息技术的应用

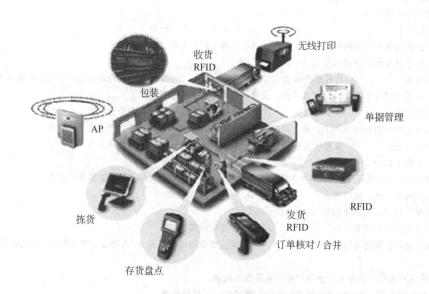

无线打印

收货
RFID

包装

单据管理

AP

RFID

拣货

发货
RFID

订单核对 / 合并

存货盘点

7.1　专业素质提升模块

【知识要点】

　条形码的构成、特点与条形码技术在仓储管理中的应用。

　射频识别系统（RFID）的组成及其在仓储管理中的应用。

　仓储管理信息系统（WMS）的构成、主要功能与操作使用。

7.1.1　仓储条形码技术

【背景资料】

储运单元条形码常识

1. 什么是储运条形码？

储运条形码是非零售货品上使用的商品条形码，是实现物流配送自动化管理的先决条件。

2. 哪些商品要采用储运条形码？

凡包装形态属箱类包装的货品均需要在外包装上采用储运条形码。

储运条形码与商品条形码的区别是，储运条形码的基本结构为商品条形码，当同一商品的包装数量不同或同一包装中有不同商品组合时，就必须加上储运条形码，以便加以识别。

3. 采用储运条形码有什么好处？

- 便于零售业验货、分拣、配送、订货等物流配送自动化管理；
- 条形码系统成员可充分利用条形码资源，建立进、销、存的内部管理系统，提高市场竞争力；
- 使外包装箱上的条形码质量得到保证。

管理科学化必然要求管理信息化，在从传统仓储向现代仓储转变的关键时期，面对竞争日趋激烈的市场环境，要实现优质、高效、便捷、周到的服务标准，加强计算机的应用水平势在必行。传统仓储管理完全由人工来完成、以手工记录为主，而社会经济的发展和工业生产的加速，使得仓库的进出更为频繁，仓库信息更为重要。仓储管理的信息化是现代化仓储管理的趋势，随着信息技术不断发展，尤其是信息网络化的应用，仓储信息处理越来越复杂，信息数据量也更为庞大，来源分布广而复杂。如果仍采用手工收集数据，会大大增加信息采集人员和信息输入人员，降低信息正确率和信息系统的执行效率。为了实现信息的快速准确的输入，现代仓储管理中必须依靠计算机系统。先让我们来看看下面这段文字：在意大利 Beneuon 仓储公司拥有 30 万个货位的自动存取系统，每天的作业只需 8 个管理人员，他们主要负责货品存取系统的操作、监控、维护等，只要操作员给系统以出库拣选、入库分拣、包装、组配、储存等作业指令，该系统就会调用巷道堆垛机、自动分拣机、自动导向车及其配套的周边搬运设备协同动作，全自动地完成各种作业。现代仓储管理中的条形码技术是适应物流大量化和高速化要求、大幅度提高物流效率，实现计算机管理和电子数据交换不可缺少的开端技术。例如日本夏普电子公司四年来采用条形码化的仓库管理系统，仓库作业量呈二位数字增加，人员数却没有增加，且库存精度达到百分之百；发货和进货作业的差异率降为零，而且一些劳动量大的工作也压缩了。过去以纸为手段的作业方式（即纸上作业法），在出库和入库方面，每月约有 200 个错误发生，错误发生后，往往需要几个月来跟踪这些差异，以免扩大其影响。现在每一件货品出入库时，操作员马上把货品上的条形码用一支掌上型 CCD 式激光枪识读，通过数据采集器把资料及时地送入计算机；而有些条形码阅读器则直接装在升降机上，避免了错误发生。

7.1.1.1　条形码构成及特点

1. 条形码及其构成

条形码简称条码，是由条形码符号和人工识读代码两大部分构成。条形码符号是一组黑白（或深浅色）相间、长短相同、宽窄不一的规则排列的并行线条，是供扫描仪识读的图形符号；供人工识读的字符代码是一组字符串，一般包括 0～9 阿拉伯数字、A～Z 等 26 个英文字母，以及一些特殊的符号。具体来说条形码隐含着数字信息、字母信息、标志信息及符号信息，主要用以表示货品的名称、产地、价格、种类等，是全世界通用的货品代码的表示方法；同时条形码是一种可印制的机器语言，它采用二进制数的概念，经 1 和 0 表示编码的特定组合单元。通常条形码符号分为左侧空白区、起始字符、数据字符、校验字符、终止字符和右侧空白区六部分，如图 7-1 所示。

2. 条形码的特点

一般的条形码都是高密度、高信息含量的便携式数据文件，是实现证件及卡片等大容量、高可靠性信息自动存储、携带并可用机器自动识读的理想手段，具有如下特点（以 PDF417 条形码为例）。

（1）信息容量大。根据不同的条空比例每平方英寸可以容纳 250～1100 个字符。在国际标准的证卡有效面积上（相当于信用卡面积的 2/3，约为 76mm×25mm），PDF417 条形码可以容纳 1848 个字母字符或 2729 个数字字符，约 500 个汉字信息。这种二维条形码比普通条形码信息容量高几十倍。

（2）译码可靠性高。普通条形码的译码错误率约为百万分之二左右，而 PDF417 条形码的误码率不超过千万分之一，译码可靠性极高。

（3）修正错误能力强。PDF417 条形码采用了世界上最先进的数学纠错理论。在八级安全的情况下，如果破损面积不超过 50％，则条形码由于沾污、破损等所丢失的信息，可以照常破译出来。

（4）容易制作且成本很低。利用现有的点阵、激光、喷墨、热敏/热转印、制卡机等打印技术，即可在纸张、卡片、PVC，甚至金属表面上印出 PDF417 二维条形码。另外，条形码标签易于制作，对设备和材料没有特殊要求，识别设备操作容易，不需要特殊培训，且设备也相对便宜。由此所增加的费用仅是油墨的成本，因此人们又称 PDF417 是"零成本"技术。

（5）条形码符号的形状可变。同样的信息量，PDF417 条形码的形状可以根据载体面积及美工设计等进行自我调整。

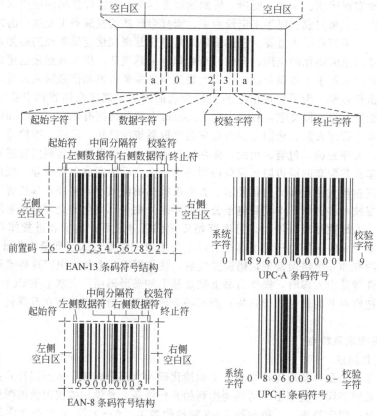

图 7-1　条形码及其构成

（6）编码范围广。PDF417 条形码可以将照片、指纹、掌纹、签字、声音、文字等凡可数字化的信息进行编码。

（7）保密、防伪性能好。PDF417 条形码具有多重防伪特性，它可以采用密码防伪、软件加密及利用所包含的信息如指纹、照片等进行防伪，因此具有极强的保密防伪性能。

7.1.1.2　物流条形码种类及特点

1. 物流条形码的种类

为了便于货品跨国家和地区的流通，适应货品现代化管理的需要以及增强条形码自动识别系统的相容性，各个国家、地区和行业，都必须制定统一的条形码标准。国际上公认的用于物流领域的条形码标准主要有通用货品条形码、储运单元条形码和贸易单元 128 条形码三种。

（1）通用货品条形码。通用货品条形码是用于标识国际通用的货品代码的一种模块组合型条形码。EAN-13 码是国际货品编码协会在全球推广使用的一种货品条形码，它是一种定长、无含义的条形码，没有自校验功能，使用 0～9 共 10 个字符，如图 7-2 所示。

图 7-2　EAN-13 码

标准版货品条形码符号由左侧空白区、起始符、左侧数据符、中间分隔符、右侧数据符、校验符、终止符、右侧空白区及供人识别字符组成。从起始符开始到终止符结束总共有 13 位数字，这 13 位数字分别代表不同的含义，且其不同的组合代表 EAN-13 码的不同结构。

EAN 码由前缀码、厂商识别码、货品项目代码和校验码组成。前缀码是国际 EAN 组织标识各会员组织的代码，我国为 690、691 和 692；厂商代码是 EAN 编码组织在 EAN 分配的前缀码的基础上分配给厂商的代码；货品项目代码由厂商自行编码；校验码为了校验代码的正确性。最后一位为校验位，由前面的 12 位或 7 位数字计算得出。

标准版货品条形码所表示的代码结构由 13 位数字组成，其结构有以下三种形式。

结构一：X13X12X11Xl0X9X8X7　X6X5X4X3X2　X1

其中：X13…X7 为厂商识别代码；X6…X2 表示货品项目代码；X1 为校验码。

结构二：X13X12X11X10X9X8X7X6　X5X4X3X2　X1

其中：X13…X6 为厂商识别代码；X5…X2 表示货品项目代码；X1 为校验码。

结构三：X13X12X11X10X9X8X7X6X5　X4X3X2　X1

其中：X13…X5 为厂商识别代码；X4…X2 表示货品项目代码；X1 为校验码。

当 X13X12X11 为 690、691 时，其代码结构同结构一；当 X13X12X11 为 692 时，其代码结构同结构二。

（2）储运单元条形码。储运单元条形码俗称箱码，是专门表示储运单元编码的条形码，见图 7-3。储运单元是指为便于搬运、仓储、订货、运输等，由消费单元（即通过零售渠道直接销售给最终用户的货品包装单元）组成的货品包装单元。它可以在全球范围内唯一地识别某一包装单元的货品，从而做到在货品的运输、配送、订货收货中方便地跟踪、统计，保证数据的准确性和及时性。使用储运单元条形码可以使企业方便地实现进、销、存自动化管理，商业批发、零售则可以实现物流、配送的自动化，大大提高工作效率，降低企业成本。在储运单元条形码中又分为定量储运单元和变量储运单元。最常见的储运单元条形码为 ITF-14 码，用 14 位数字代码进行标识。

图 7-3　储运单元条形码

① 定量储运单元。定量储运单元是指由定量消费单元组成的储运单元，如成箱的牙膏、瓶装酒、药品、烟等，一般采用 13 位或 14 位数字编码。当定量储运单元同时又是定量消费单元时，应按定量消费单元编码，采用 13 位数字编码即通用货品编码（EAN-13），如彩电、电冰箱、洗衣机等大件消费品。

当定量储运单元内含有不同种类定量消费单元时，储运单元的编码方法是按定量消费单元的编码规则，为定量储运单元重新分配一个区别于它所包含的消费单元代码的 13 位数字代码。例如某一储运单元由两种定量消费单元组成，其编码分别为 6901234567811 和 6901234567828，而储运单元的条形码为 6901234567878。

当由相同种类的定量消费单元组成定量储运单元时，定量储运单元可用 14 位数字代码进行编码标识。其中定量储运单元包装指示符用于指示定量储运单元的包装级别，取值范围为 V＝1，2，…,8。相同种类的定量消费单元组成的定量储运单元编码的代码结构，如表 7-1 所示。

表 7-1　定量储运代码结构

定量储运单元包装指示符	定量消费单元代码	校　验　码
V	X1X2X3X4X5X6X7X8X9X10X11X12	C

② 变量储运单元。变量储运单元是指按基本计量单位计价，由变量消费单元组成的储运单元，以由 14 位数字的主代码和 6 位数字的附加代码组成的储运单元，如农产品、布匹、蔬菜、鲜肉类、钢材等。前者标识其主代码，后者标识附加代码，变量储运单元的主代码和附加代码也可以用 EAN-128 条形码标识（见下文），如表 7-2 所示。

表 7-2　EAN-128 条形码标识

主　代　码			附　加　代　码	
变量储运单元包装指示符	厂商识别代码与货品项目代码	校验字符	货品数量	校验字符
L1	X1X2X3X4X5X6X7X8X9X10X11X12	C1	Q1Q2Q3Q4Q5	C2

变量储运单元包装指示字符（L1，取值为 9）表示在主代码后面有附加代码。

附加代码（Q1～Q5）表示变量储运单元内按基本计量单位（如 kg、m 等）计量取得的货品数量。

（3）交插 25 条形码。交插 25 条形码在仓储和物流管理中被广泛应用。它是一种连续、非定长、具有自校验功能、且条和空都表示信息的双向条形码。由左侧空白区、起始符、数据符、终止符和右侧空白区构成。

（4）ITF-14 条形码和 ITF-6 条形码。ITF 条形码是一种连续型、定长、具有自校验功能，并且条、空都表示信息的双向条形码。ITF-14 和 ITF-6 条形码由矩形保护框、左侧空白区、条形码字符、右侧空白区组成，其条形码字符集、条形码字符的组成与交插 25 码相同。当采用 ITF-14 条形码标识 13 位的标识代码时，需要在 13 位的代码前添加一位"0"，以满足 ITF-14 条形码标识 14 位标识代码的需要，见图 7-4。

0 48 91668 32668 9

图 7-4　ITF 条形码

2. 物流条形码的特点

物流条形码是供应链中用以标识物流领域中具体实物的一种特殊代码，是整个供应链过程，包括生产厂家、配销业、运输业、消费者等环节的共享数据。它贯穿整个贸易过程，并通过物流条形码数据的采集、反馈，提高整个物流系统的经济效益。与商品条形码相比较，物流条形码有如下特点。

（1）储运单元的唯一标识。商品条形码是最终消费品，通常是单个商品的唯一标识，用于零售业现代化的管理；物流条形码是储运单元的唯一标识，通常标识多个或多种类商品的集合，用于物流的现代化管理。

（2）服务于供应链全过程。商品条形码服务于消费环节：商品一经出售到最终用户手里，商品条形码就完成了其存在的价值，商品条形码在零售业的 POS 系统中起到了单个商品的自动识别、自动寻址、自动结账等作用，是零售业现代化、信息化管理的基础；物流条形码服务于供应链全过程：生产厂家生产出产品，经过包装、运输、仓储、分拣、配送，直到零售商店，中间经过若干环节，物流条形码是这些环节中的唯一标识，因此它涉及更广，是多种行业共享的通用数据。

（3）信息多。通常，商品条形码是一个无含义的 13 位数字条形码；物流条形码则是一个可变的，可表示多种含义、多种信息的条形码，是无含义的货运包装的唯一标识，可表示货品的体积、重量、生产日期、批号等信息，是贸易伙伴根据在贸易过程中共同的需求，经过协商统一制订的。

（4）可变性。商品条形码是一个国际化、通用化、标准化的商品的唯一标识，是零售业的国际化语言；物流条形码是随着国际贸易的不断发展，贸易伙伴对各种信息需求的不断增加应运而生的，其应用在不断扩大，内容也在不断丰富。

（5）维护性。物流条形码的相关标准是一个需要经常维护的标准。及时沟通用户需求，传达标准化机构有关条形码应用的变更内容，是确保国际贸易中物流现代化、信息化管理的重要保障之一。

3. 储运单元条形码符号的设计要求

（1）印刷位置

① 考虑到箱包的储运和保证条形码的扫描识读，条形码符号应印刷在储运单元外包装的四个垂直面（四个侧面）上；至少应印刷在相邻的两个侧面上。

② 条形码符号的下边缘距箱包底部至少为 32mm；条形码符号左右两边的第一条的外边缘距箱包垂直边的最小距离为 34mm；条形码保护框外边缘距箱包垂直边的最小距离为 19mm。

（2）码符号的尺寸

① 条形码符号的放大系数为 0.625～1.200，常用的 1.000。

② 识别字符：条形码符号下面的字符应优先选用 OCR-B 字符。

③ 条形码符号的允许误差：条、空允许误差见上表，高度允许误差为 ±0.5mm。

（3）条形码符号的颜色。条形码符号的颜色（光学特性）应按照 GB/T 16829—1997《交叉二五条形码》。条空颜色的反差要求大，但注意红色不能用。

7.1.1.3　仓储条形码技术

1. 条形码技术

条形码技术属于自动识别范畴，它是在计算机的应用实践中产生和发展起来的一种自动识别技术，它研究的是如何把计算机所需要的资料用一种条形码来表示，以及如何将条形码表示的资料转变为计算机可以自动采集的资料。条形码技术主要包括条形码编码原理及规则标准、条形码译码技术、光电技术、印刷技术、扫描技术、通信技术、计算机技术等，它提供了一种对物流中的货品进行标识和描述的方法，借助自动识别

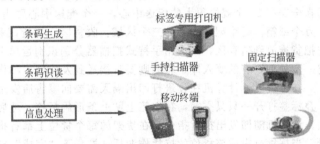

图 7-5　条形码技术的应用流程

技术、POS 系统、EDI 等技术手段，公司可以随时了解有关产品在供应链上的位置，并实时作出反应，见图 7-5。

2. 条形码系统的构成

条形码系统是由条形码符号设计、制作及扫描识读组成的自动识别系统。条形码识读装置是条形码系统的基本设备，它的功能是译读条形码符号，即把条形码条符宽度、间隔等信号转换成不同时间长短的输出信号，并将该信号转化为计算机可识别的二进制编码，然后输入计算机。识读装置由扫描仪和译码器组成。扫描仪又称光电读入器，它装有照亮被读条形码的光束检测器件，接收条形码的反射光，产生模拟信号，经放大、量化后送入译码器处理。扫描仪可以是一支光笔或激光枪，由人手持作业；也可以是一种安装在某部位的自动扫描仪，典型的有固定光束扫描仪、直线扫描仪、逐行扫描仪和全方位扫描仪。译码器存贮有需译读的条形码编码方案的数据库库译码算法。早期的识别设备，扫描仪和译码器是分开的，近年推出的设备大多已合成一体，整个设备完整、方便、灵巧。如果计算机配置了网络控制器之类的接口软、硬件时，这个条形码系统就能同时处理多个条形码识读装置输入的条形码信息。条形码系统的识读性能，即条形码系统能否成功地应用，在技术上主要取决于系统的识读能力和条形码标签的印制质量，两者密不可分。各种扫描设备都和后续的电光转换、信息信号放大及与计算机联机形成完整的扫描阅读系统，完成了电子信息的采集。

条形码识别采用各种光电扫描设备，主要有以下几种。

① 光笔扫描器。似笔形的手持小型扫描器。

② 台式扫描器。固定的扫描装置，手持带有条形码的卡片或证件在扫描器上移动，完成扫描。

③ 手持式扫描器。能手持和移动使用的较大的扫描器，用于静态货品扫描。

④ 固定式光电及激光快速扫描器。是由光学扫描器和光电转换器组成，是现在物流领域应用较多的固定式扫描设备，安装在货品运动的通道边，对货品进行逐个扫描。

3. 条形码在仓储管理中的应用

仓库管理中条形码技术的应用主要是条形码的编码和识别技术，借助货品条形码上的资料经条形码读取设备读取后，可迅速、正确、简单地将货品资料自动输入与读取，达到自动化登陆、控制、传递、沟通的目的，从而解决了仓库信息管理中数据的录入和数据采集的"瓶颈"问题，为仓库信息管理系统的应用提供了有利的技术支持，见图7-6。条形码技术在仓储管理中的应用能够精确地控制储位指派与货品的拣取，可方便有效地盘点货品，从而准确地掌握库存，控制库存；做到了实时数据收集，实时显示，并通过计算机快速处理而达到实时分析与实时控制的目的。立体仓库是现代工业生产

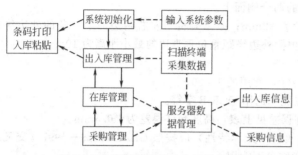

图 7-6 仓库条形码技术应用流程图

中的一个重要组成部分，利用条形码技术，可以完成仓库货品的导向、定位、入格操作，提高识别速度，减少人为差错，从而提高仓库管理水平。以美国最大的连锁商业企业 WalMart 为例，该公司在全美有 25 个规模很大的配送中心，一个配送中心要为 100 多家零售店服务，日处理量约为 20 多万个纸箱。每个配送中心分三个区域：收货区、拣货区和发货区。在收货区，一般用叉车卸货。先把货堆放到暂存区，工人用手持式扫描器分别识别运单上和货品上的条形码，确认匹配无误才能进一步处理，有的要入库，有的则要直接送到发货区，称作直通作业以节省时间和空间。

在拣货区，计算机在夜班打印出隔天需要向零售店发运的纸箱的条形码标签。白天，拣货员拿一叠标签打开一只只空箱，在空箱上贴上条形码标签，然后用手持式扫描器识读。根据标签上的信息，计算机随即发出拣货指令。在货架的每个货位上都有指示灯，表示那里需要拣货以及拣货的数量。当拣货员完成该货位的拣货作业后，按一下"完成"按钮，计算机就可以更新其数据库。装满货品的纸箱经封箱后运到自动分拣机，在全方位扫描器识别纸箱上的条形码后，计算机指令拨叉机构把纸箱拨入相应的装车线，以便集中装车运往指定的零售店。

7.1.2 射频识别（RFID）技术

【导入案例】

在供应链中采用 RFID 标签

RFID（射频识别）库存跟踪系统是指将 RFID 标签贴在托盘、包装箱或元器件上，进行元器件规格、序列号等信息的自动存储和传递。RFID 标签能将信息传递给 10 英尺范围内的射频读卡机上，使仓库和车间不再需要使用手持条形码读卡器对元器件和在制品进行逐个扫描条形码，这在一定程度上减少了遗漏的发生，并大幅提高了工作效率。RFID 的倡导者认为，此举可能大幅削减成本和清理供应链中的障碍。该技术正与物流供应链紧密联系在一起，有望在未来几年取代条形码扫描技术。种种迹象显示，RFID 技术将率先在医药物流领域得到应用与推广。

据媒体报道，美国一制药集团将在其供应链中采用 RFID 电子标签，对其实际效用进行评测。据集团的项目经理 Accenture 称，参与这一项目的企业包括药品制造商、分销商和零售商，其中有 AbbottLaboratories、Barrharmaceuticalsinc、CardinalHealth、CVSPharmacy、Johnson&Johnson、McKesson、Pfizer、Procter & GambleandRiteAid。另外，医疗配送管理委员会和国家 ChainDrugStores 委员会表示对此项目的支持，将对其成员提供相关的信息。目前 RFID 技术的开发正在零售行业进行，这主要是受沃尔玛这样的大型零售商的驱动。这一技术主要用于箱子和托盘在仓库和商店之间发生的物流流动过程中的跟踪。

德州仪器（TI）是 RFID 领域的技术领先者和一些标准的倡导者，也是世界电子标签和读写器系统最大的综合生产厂商，目前已生产了 4 亿多标签。RFID 产品在全球已经有了大量的应用，例如英国的 Marks&Spencer 超市应用 TI 的 RFID 电子标签来对新鲜食品进行供应链的管理，使用该技术是应用条形码成本的 1/10，而且大大提高了供应链的管理，提高了效率。在荷兰鲜花订货中心的 1 万个托盘上应用 RFID 技术，使鲜花的订购准确率达到 99%。Goldwin 生产的运动服装应用 RFID 技术，减少了整个成本，缩短了生产和配送的时间周期。Gap 公司应用 RFID 技术对服装进行跟踪管理，使该公司的销售额提高 20%。3M 公司的图书管理系统完全由 TI 的电子标签 Tag-it 代替了原有的条形码识别系统，图书馆利用一张电子标签就可以对图书的借阅、查找、盘点、防盗等进行管理。

7.1.2.1 射频识别系统的组成

1. 射频识别的概念

射频识别即 RFID，俗称电子标签，是一项利用射频信号通过空间耦合（交变磁场或电磁场）实现无接触信息传递并通过所传递的信息达到识别目的的技术，它通过射频信号自动识别目标对象并获取相关数据，识别工作无须人工干预，可工作于各种恶劣环境。RFID 技术的基本工作原理并不复杂：标签进入磁场后，接收解读器发出的射频信号，凭借感应电流所获得的能量发送出存储在芯片中的产品信息（无源标签或被动标签），或者主动发送某一频率的信号（有源标签或主动标签）；解读器读取信息并解码后，送至中央信息系统进行有关数据处理。RFID 具有识读距离远、识读速度快、可读写性好、可同时读写多个货品、适应各种工作环境等优点，随着 RFID 技术的不断进步，成本的不断降低，RFID 开始进入物流和供应链领域。

RFID 技术作为自动识别技术的新兴产物，它提供了不直接接触采集货品信息的手段，读写距离范围在几毫米到几米之间，已广泛的应用于物流、防伪、实时定位、动物防疫等。如全球最大零售商沃尔玛要求其前 300 位供应商在 2007 年都必须使用电子标签，我国第二代身份证也是基于 ISO/IEC14443 — B 标准的 13.56MHz 电子标签。埃森哲实验室首席科学家弗格森认为 RFID 是一种突破性的技术：可以识别单个的非常具体的物体，而不是像条形码那样只能识别一类物体；其采用无线电射频，可以透过外部材料读取数据，而条形码必须靠激光来读取信息；可以同时对多个物体进行识读，而条形码只能一个一个地读。此外，储存的信息量也非常大。

2. RFID 系统的组成

RFID 系统因应用不同其组成会有所不同，但基本都由电子标签、阅读器和数据交换与管理系统三大部分组成，如表 7-3 所示。

表 7-3　RFID 系统组成

组 成	描 述
标签	由耦合元件及芯片组成，每个标签具有唯一的电子编码，附着在物体上标识目标对象
阅读器	读取（有时还可以写入）标签信息的设备，可设计为手持式或固定式
天线	在标签和读取器间传递射频信号

（1）电子标签（或称射频卡、应答器等）。电子标签相当于条形码技术中的条形码符号，用来存储需要识别传输的信息。与条形码不同的是，电子标签必须能够自动或在外力的作用下，把存储的信息主动发射出去。电子标签由耦合元件及芯片组成，其中饱含带加密逻辑、串行 EEPROM（电可擦除及可编程式只读存储器）、微处理器 CPU 以及射频收发及相关电路。电子标签具有智能读写和加密通信的功能，它是通过无线电波与读写设备进行数据交换，一般保存有约定格式的电子数据，在实际应用中电子标签附着在待识别物体的表面。

（2）阅读器。在 RFID 系统中，信号接收机一般被称为阅读器，有时也被称为查询器、读写器或读出装置，主要由无线收发模块、天线、控制模块及接口电路等组成。阅读器可无接触地读取并识别电子标签中所保存的电子数据，从而达到自动识别物体的目的，并通过计算机网络进一步实现对物体识别信息的采集、处理及远程传送等管理功能。

（3）数据交换与管理系统主要完成数据信息的存储及管理、对卡进行读写控制等。

3. RFID 的种类

RFID 技术的分类方式常见的有下面四种。

① 根据电子标签工作频率的不同通常可分为低频（30kHz～300kHz）、中频（3MHz～30MHz）和高频系统（300MHz～3GHz）。低频系统特点是电子标签内保存的数据量较少，阅读距离较短，电子标签外形多样，阅读天线方向性不强等。主要用于短距离、低成本的应用中，如多数的门禁控制、校园卡、煤气表、水表等。中频系统则用于需传送大量数据的应用系统；高频系统的特点是电子标签及阅读器成本均较高，标签内保存的数据量较大，阅读距离较远（可达十几米），适应物体高速运动，性能好。阅读天线及电子标签天线均有较强的方向性，但其天线宽波束方向较窄且价格较高，主要用于需要较长的读写距离和高读写速度的场合，多在火车监控、高速公路收费等系统中应用。

② 根据电子标签的不同可分为可读写卡（RW）、一次写入多次读出卡（WORM）和只读卡（RO）。RW 卡一般比 WORM 卡和 RO 卡贵得多，如电话卡、信用卡等；WORM 卡是用户可以一次性写入的卡，写入后数据不能改变，比 RW 卡要便宜；RO 卡存有一个唯一的号码，不能逐改，保证了安全性。

③ 根据电子标签的有源和无源又可分为有源的和无源的。有源电子标签使用卡内电流的能量、识别距离较长，可达十几米，但是它的寿命有限（3～10 年），且价格较高；无源电子标签不含电池，它接收到阅读器（读出装置）发出的微波信号后，利用阅读器发射的电磁波提供能量，一般可做到免维护、重量轻、体积小、寿命长、较便宜，但它的发射距离受限制，一般是几十厘米，且需要阅读器的发射功率大。

④ 根据电子标签调制方式的不同还可分为主动式和被动式。主动式的电子标签用自身的射频能量主动地发送数据给读写器，主要用于有障碍物的应用中，距离较远（可达 30m）；被动式的电子标签，使用调制散射方式发射数据，它必须利用阅读器读写器的载波调制自己的信号，适宜在门禁或交通的应用中使用。

4. RFID 的六大优势

据 Sanford C. Bernstein 公司的零售业分析师估计，通过采用 RFID，沃尔玛每年可以节省 83.5 亿美元，其中大部分是因为不需要人工查看进货的条形码而节省的劳动力成本。尽管另外一些分析师认为 80 亿美元这个数字过于乐观，但毫无疑问，RFID 有助于解决零售业两个最大的难题：货品断货和损耗（因盗窃和供应链被搅乱而损失的产品），而现在单是盗窃一项，沃尔玛一年的损失就差不多有 20 亿美元，如果一家合法企业的营业额能达到这个数字，就可以在美国 1000 家最大企业的排行榜中名列第 694 位。研究机构估计，这种 RFID 技术能够帮助把失窃和存货水平降低 25%。与目前广泛使用的自动识别技术例如摄像、条形码、磁卡、IC 卡等相比，射频识别技术具有很多突出的优势：

① 非接触操作，长距离识别；

② 无机械磨损，寿命长，并可工作于各种油渍、灰尘污染等恶劣的环境；

③ 可识别高速运动物体并可同时识别多个电子标签；

④ 读写器具有不直接对最终用户开放的物理接口，保证其自身的安全性；

⑤ 数据安全方面除电子标签的密码保护外，数据部分可用一些算法实现安全管理；

⑥ 读写器与标签之间存在相互认证的过程，实现安全通信和存储。

7.1.2.2 RFID 系统的应用

1. RFID 系统的工作原理

RFID 系统的工作原理如下（见图 7-7）：阅读器将要发送的信息，经编码后加载在某一频率的载波信号上经天线向外发送，进入阅读器工作区域的电子标签接收此脉冲信号，卡内芯片中的有关电路对此信号进行调制、解码、解密，然后对命令请求、密码、权限等进行判断。若为读命令，控制逻辑电路则从存储器中读取有关信息，经加密、编码、调制后通过卡内天线再发送给阅读器。

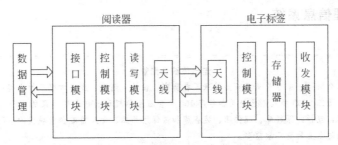

图 7-7　RFID 系统的工作原理

阅读器对接收到的信号进行解调、解码，解密后送至中央信息系统进行有关数据处理；若为修改信息的写命令，有关控制逻辑引起的内部电荷泵提升工作电压，提供擦写 EEPROM 中的内容进行改写，若经判断其对应的密码和权限不符，则返回出错信息。

在 RFID 系统中，阅读器必须在可阅读的距离范围内产生一个合适的能量场以激励电子标签。在当前有关的射频约束下，欧洲的大部分地区各向同性有效辐射功率限制在 500mW，这样的辐射功率在 870MHz，可近似达到 0.7m。美国、加拿大以及其他一些国家，无需授权的辐射约束为各向同性辐射功率为 4W，这样的功率将达到 2m 的阅读距离，在获得授权的情况下，在美国发射 30W 的功率将使阅读区增大到 5.5m 左右。

2. RFID 系统在仓储管理中的应用

电子标签因为其具有防冲撞性、封装任意性、使用寿命长、可重复利用等特点，适合应用于现在科学的库存管理系统中。现在的库存管理系统通常使用条形码标签或是人工库存管理单据书写等方式支持自有的库存管理。但是条形码的易复制、不防污、不防潮等特点，还有人工书写单据的烦琐性，容易造成人为损失等无法避免的缺点，使得现在国内的库存管理供应链始终存在着缺陷。随着电子标签这一最新科技产品的投入应用，可以从根本上解决上述的问题。

将电子标签封成卡状，贴在每个货品的包装上或托盘上，在标签中写入货品的具体资料、存放位置等信息。同时在货品进出仓库时可写入送达方的详细资料，在仓库和各经销管道设置固定式或手提式卡片阅读机，以辨识、侦测货品流通，见图 7-8。

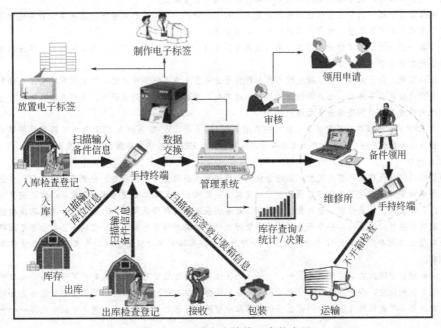

图 7-8　RFID 在仓储管理中的应用

7.1.3　仓储管理信息系统

【导入案例】

走出传统仓储管理

四川某石油设备公司是一家专业从事石油钻采设备研究、设计、制造、成套和服务的大型民营企业。公司总部占地面积400余亩，员工2000多人，已经具备年产100台套石油钻机和500台钻井泵的生产能力。目前该公司总部拥有多个大型仓库，包括：原料库、配件库、装备库和劳保用品库，而且随着企业规模的不断发展壮大，仓库也将不断地扩建才能满足企业物资存放需要。

为了能规范仓储物资管理，提高库房管理工作效率，该公司最终选择了精诚EAS—WMS仓储物资管理系统来控制整个生产过程，以使企业向生产制造柔性化和管理精细化方向发展，提高市场应对的实时性和灵活性，降低管理成本、改善库房管理水平、提高库房管理工作水平。

1. 需求分析

该公司在WMS仓储物资管理方面的实际需求如下。

(1) 条形码批次/唯一化管理。该公司在仓储物资条形码管理系统采用条形码按批次和唯一化管理的混合模式，对于便于唯一化管理的物资采用条形码唯一化管理，一件货品对应一个条形码；对于不便唯一化管理的物资，采用批次条形码来管理。

(2) 智能货位管理。要求入库时通过扫描物资条形码能列出能存放该物资的具体货位号，出库时能通过分析同类物资在库时间长短根据先入先出原则自动做出出库物资货位的选择。

(3) 虚拟货位管理。即对于一些特殊的物资，在入库时，我们不能按正常物资那样存放到指定货位，而只能存放到库房的一定区域。因此要求系统对于用来存在这些特殊物资的区域（非货位）进行编号管理，相当于货位的概念。在此类特殊物资入库时，系统能自动判断其应该存放的区域，在出库时，能自动指导库管人员到指定区域去办理出库操作。

(4) 出入库管理。能按设定的工作流程快速完成物资的入库、出库操作，包括：物资采购入库、生产退料入库、产成品入库、生产领料出库、销售出库、售后出库等。要求能进行各种查询分析，提供各种报表。在入库时，按编码规则生成并打印物资条形码，完成对物资条形码的粘贴，同时需要相当部门完成相关操作（如采购到货单据的制作，验收移交清单的填报等）。出库时，根据相应部门流转过来的单据（如领料单、销售发货单等），系统能自动生成相应的出库单，并能指导操作员到相应的货位去完成出库扫描操作。

(5) 临时出入库管理。对于由于采购部门不能及时制作采购到货单的物资入库，要求采用临时入库管理；同时提供该类物资的临时出库管理。要求能提供临时出入库的物资的统计汇总和查询功能。临时入库也要求能完成物资的条形码生成打印操作，在系统中也能做到条形码批次或唯一化管理。

(6) 仓库盘点管理。由于目前该公司采用的是人工盘点，费时费力，工作效率低，因此要求新系统能够在盘点管理上能尽量减少人工工作量，提高工作效率和盘点准确率。

(7) 库龄分析。对于在库物资提供库龄分析报表可供查询，并且在物资出库时要求系统按先入库先出库的原则根据库龄分析数据自动选择出库物资。

(8) 工作提醒。由于某些业务单据处理不及时往往会造成整个业务链停滞不前，所以在系统中应该增加工作提醒功能，按预先设定工作流程，业务单据流转到某一用户处，在该用户登录到系统时，系统自动弹出待处理业务提醒，用户根据提醒即可顺利完成业务处理。

(9) 与ERP的数据接口。目前该公司使用的是用友的U8系统，WMS系统从ERP系统中获取物资基础资料信息，在物资条形码管理系统中完成的出入库业务及库存数据，在ERP中能够查询到相关数据及处理单据。

2. 系统功能

配合该公司信息化建设的整体进度，实施仓储物资管理系统必须遵循整体规划、分步实施的原则，经过讨论我们认为条形码物资管理系统可分为前后两期来分别完成，一期项目定义为总公司仓库进行试点，重点完成出入库管理、临时出入库管理、盘点管理、智能货位管理等，能够实现基础的数据采集和出入库管理，实现库房特殊业务的管理；二期项目将针对该公司各分公司仓库的物资管理系统进行条形码化改造，最终实现全公司物资条形码化追踪管理。一期项目必须考虑预留ERP系统的接口，同时为二期条形码化管理预留接口，为实现公司整体信息化建设奠定好基础。

(1) 智能货位管理。在基础资料建立时，对每一个货位可存放的物资进行预先设定，同时对每一类物资可以放置的货位也作预先设定，即将物资与货位进行双向关联。这样，在进行物资入库时，只需要扫描物资条形码，系统就能自动查找可以存放该物资的货位，并且将这些货位中空闲的货位列表显示出来，用户可从中选择一个货位存放该物资。

同样，在物资出库时，只要导入出库物资资料，系统即可查找出哪些货位存放该物资，并能根据物资在库库龄分析，按库龄时间长短进行排序，让操作员能快速选中库龄时间最长的物资，完成出库操作手续。

传统的货位管理只能做到事后记账，即物资存放在哪个货位在系统中记录，出库时按其存放位置去取货出库；精诚软件在该项目上提出的智能货位管理理念必将成为今后一段时间 WMS 系统的一大热点。

(2) 物料出入库管理

① 物资入库。供应商送货后，由仓库检验员验收，并在系统中开具"实物验收移交清单"，实物验收清单由系统传递给库管人员和采购部，采购部根据订货合同和"实物验收移交清单"制作"采购到货单"，系统将由采购部制作的"采购到货单"传送给库管人员，系统只有在"采购到货单"和"实物验收移交清单"同时齐备时才允许进行正常入库操作。

对于"采购到货单"迟迟不能到位的情况，系统提供特殊业务处理功能，就是允许库房管理处进行临时入库操作，即只要有"实物验收移交清单"即可办理临时入库手续。

在完成入库手续前，仓库管理员先用扫描枪扫描要入库的物资条形码（没有条形码的要先给物资生成并打印条形码），采集完后，把扫描枪跟条形码管理系统连接并导入条形码信息，系统会提示存放货位。

选择物资明细和入库仓库，就可以"生成入库单"并物资明细导入到"材料入库单"里，就可确认入库，保存相应入库单据。

② 物资出库。物资出库包括三种情况：生产领料出库、销售出库和售后出库。

a. 生产领料出库。由生产车间在系统中开具"领退料单"，经生产部审批后，传送到库房管理处审核，审核完成后生成"材料出库单"，并根据库龄分析将最早入库的物资进行出库处理。

在完成审批手续后，仓库管理员先用扫描枪扫描要出库的物资条形码，采集完后，把扫描枪跟条形码管理系统连接并导入采集的条形码，完成材料出库手续。

b. 销售出库。由销售部在系统中制作"销售发货单"，经销售部领导审批后，系统自动将单据传送至库房管理处，库房管理处领导审批后，系统自动根据库龄分析将最早入库的物资出库，提示库管人员物资存放货位，生成"销售出库单"。库管人员根据系统提示，找到相应出库物资，用条形码扫描枪对出库物资进行条形码采集，并将采集数据导入系统，完成物资销售出库手续。

c. 售后出库。售后出库由售后部在系统中制作"售后发货单"，经售后部审核后，传送到库房管理处，经库房管理处审核，办理售后出库。出库流程基本与生产领料出库一致。

(3) 仓库盘点管理。我们在仓库盘点操作上，通常采用这样的方法完成：在手持扫描终端上选择盘点操作，然后用手持终端逐一扫描库存物资，完成后再将采集的条形码信息导入系统，进行盘点操作。系统会根据库存信息与采集到的条形码信息进行比较，然后列出盘亏盘盈物资明细，确认后即可生成仓库盘点统计表，对所有盈亏数据进行汇总统计。经相关权限的用户确认盘点数据后，系统会更正实际库存数据。

(4) 临时出入库管理。临时出入库管理主要指对于那些实物入库但手续未完成的物资管理。在系统中提供提供一个虚拟的临时库区用于存放临时入库物资，同时系统提供临时入库物资的查询、统计和分析功能和对于临时入库且已出库物资的查询功能。在入库手续完备后，系统对临时入库物资提供补办入库手续，并从临时库中将相应的数据转入正常入库。

(5) 查询统计。本部分功能主要有：

① 在库物资明细表：查看某仓库某物资的当前库存明细信息；

② 在库物资汇总表：查看某仓库某物资的当前库存汇总信息；

③ 采购入库流水账：所有采购入库单的单据汇总信息；

④ 临时入库物资明细表：查看临时入库物资明细信息；

⑤ 临时入库物资汇总表：查看临时入库物资汇总信息；

⑥ 业务出库流水账：所有业务出库单的单据汇总信息；

⑦ 生产领料流水账：所有生产领料单的单据汇总信息；

⑧ 生产退料流水账：所有生产退料单的单据汇总信息；

⑨ 入库、出库单汇总：查看某时间段内采购物资的流动情况；

⑩ 生产领料、退料单汇总：查看某时间段内在生产线上的物资的流动情况。

各种统计表均提供了组合查询和自定义表格式的功能。

(6) 库龄分析管理。系统根据入库时间，自动将同类物资按入库时间进行排序。系统提供库龄分析统计表，同时提供按在库年限的查询，此功能主要是为物资出库提供依据，按先入先出的原则，在出库时优先选择库龄时间较长的物资出库。

(7) 工作督办功能。我们根据以往实施 OA 系统、DRP 系统的经验，同时结合该公司在某些业务环节由于办理不及时造成出入库业务不能及时办理的实际情况，我们在设计此套仓储物资条形码管理系统时，在系统中增加一个待处理业务提示的工作督办功能。用户在登录到系统时，在用户界面上将给出待办事宜的提示信息。用户只需要点击相关的提示信息即可处理相关的业务。这样，用户只要登录业务系统，就能及时处理相关业务。

除此之外，系统还提供了生产退料入库、销售退货入库、采购退货出库、数据导入导出（EXCEL、TXT 格式）等业务功能。

如今的仓库作业和库存控制作业已十分复杂化多样化，传统简单、静态的仓库管理已无法保证企业各种资源的高效利用。仓储管理信息系统是一种实时的、相关的、动态的库存控制系统，它能够按照仓储运作的业务规则和运算法则，对仓库内部的人员、库存、工作时间、订单和设备实施全过程控制管理，并可对货品进行货位、批次、保质期、配送等实现条形码标签序列号管理，对整个收货、发货、补货、集货、送货等各个环节的规范化作业，使其最大化满足有效产出和精确性的要求，还可以根据客户的需求制作多种合理的统计报表。作为仓储管理中应用性很强的操作系统，仓储管理信息系统正日益受到我国众多物流仓储企业的青睐和重视。

7.1.3.1　仓库管理信息系统概述

1. 仓库管理信息系统的构成

仓库管理信息系统是以条形码技术和数据库技术为基础，从而实现仓库管理中货品的进货、出货、库存控制、点仓等管理功能，并可依托互联网进行客户订单和查询管理的管理信息系统，简称 WMS。WMS 包括计算机软件、计算机硬件及其他外围设备，其支持技术主要有条形码技术、射频识别技术及其他附属技术，其中软件系统分别是由入库作业管理子系统、出库作业管理子系统、库存控制与数据管理子系统以及系统管理子系统等构成的。

(1) 入库作业管理子系统

① 入库单数据处理（录入）。入库单可包含多份入库分单，每份入库分单可包含多份托盘数据。入库单的基本结构是每个托盘上放一种货品，因为这样会使仓储的效率更高、流程更清晰。

② 条形码打印及管理。条形码打印及管理的目的仅是为了避免条形码的重复，以使仓库内的每一个托盘货品的条形码都是唯一的标识。

③ 货品托盘及托盘数据登录注记（录入）。入库单的库存管理系统可支持大批量的一次性到货。该管理系统的运作过程是：批量到货后，首先要分别装盘，然后进行托盘数据的登录注记。所谓托盘数据是指对每个托盘货品分别给予一个条形码标识，登录注记时将每个托盘上装载的货品种类、数量、入库单号、供应商、使用部门等信息与该唯一的条形码标识联系起来。注记完成后，条形码标识即成为一个在库管理的关键，可以通过扫描该条形码得到该盘货品的相关库存信息及动作状态信息。

④ 货位分配及入库指令的发出。托盘资料注记完成后，该托盘即进入待入库状态，系统将自动根据存储规则（如货架使用区域的区分）为每一个托盘分配一个适当的空货位，并由手持终端发出入库操作的要求。

⑤ 占用的货位重新分配。当所分配的货位实际已有货时，系统会指出新的可用货位，通过手持终端指挥操作的完成。

⑥ 入库成功确认。从注记完成至手持终端返回入库成功的确认信息前，该托盘的货品始终处于入库状态。直到收到确认信息，系统才会把该托盘货品状态改为正常库存，并相应更改数据库的相关记录。

⑦ 入库单据打印。打印实际收货入库单。

(2) 出库作业管理子系统

① 出库单数据处理。是指制作出库单的操作。每份出库单可包括多种、多数量货品，出库单分为出库单和出库分单，均由手工输入生成，每份出库单可以包含多种货品。

② 出库品项内容生成及出库指令发出。系统可根据出库内容以一定规律（如先进先出、就近出货等），具体到托盘及货位，生成出库内容，并发出出库指令。

③ 错误货品或倒空的货位重新分配。当操作者通过取货位置扫描图确认货品时，如果发现货

品错误或实际上无货，只要将信息反馈给系统，系统就会自动生成下一个取货位置，指挥完成操作。

④ 出库成功确认。手持终端确认货品无误后，发出确认信息，该托盘货品即进入出库运行中的状态。在出库区现场终端确认出库成功完成后，即可取数据库中的托盘条形码，并修改相应数据库的记录。

⑤ 出库单据打印。出库单据打印是指货品出库时打印与托盘相对应的出库单据。

（3）库存控制与数据管理子系统

① 库存控制管理。库存控制系统主要完成库存货品分类分级、定购数量和订货地点的确定、库存跟踪管理及库存盘点等作业。

a. 货位管理查询：查询货位使用情况（空、占用、故障等）。

b. 以货品编码查询库存：查询某种货品的库存情况。

c. 入库时间查询库存：查询以日为单位的在库情况。

d. 盘点作业：进入盘点状况，实现全库盘点。

② 数据库管理

a. 货品编码管理：提供与货品编码相关信息的输入界面，包括：编码、名称、所属部门、单位等的输入。

b. 安全库存质量管理：提供具体到某种货品的最大库存、最小库存的参数设置，从而实现库存量的监控预警。

c. 供应商数据管理：录入供应商编号、名称、联系方法，供入库单使用。

d. 使用部门数据管理。录入使用部门、编号、名称等，供出、入库单使用。

e. 未被确认操作的查询和处理。提供未被确认操作的查询和逐条核对处理功能。

f. 数据库与实际不符记录的查询和处理。逐条提供选择决定是否更改为实际记录或手工输入记录。

（4）系统管理子系统

① 使用者及其权限设定。使用者及其权限设置包括使用者名称、代码、密码、可使用程序模块的选择。

② 数据库备份操作。数据库备份操作提供存储过程每日定时备份数据库或日志。

③ 系统通信开始和结束。因系统有无线通信组成部分，因此提供了对通信的开始和关闭进行控制的功能。

④ 系统的登录和退出。提供系统登录和退出界面相关信息。

2. 仓库管理信息系统的特点

① 系统可以满足物流型的企业使用，也可以满足第三方物流型企业的使用。

② 无纸化作业，生产企业、提供物流服务的企业，以及各种供货商之间通过该系统都可以了解到各自所需的信息与资料。

③ 多样化的管理机制：解决货品多批号、有效期的管理。

④ 系统有效提高仓储作业的效率与存储设备利用率。将储位管理自动化，强化条形码以及托盘等仓储作业的系统功能，使资源得到最佳化使用并降低运营成本。

⑤ 系统利用标准化作业流程提高效率，并降低操作错误率。

⑥ 系统针对不同的客户提供个性化的服务，为客户做好存货管理。

⑦ 模块化设计方式，可根据客户不同需求灵活配置各模块，既可以独立自成系统，也可作为综合物流管理系统的一个模块。

⑧ 系统支持多种数据库，如 SOL Server、Oracle 等。

⑨ 系统采用了最流行的多文档用户界面，详尽的在线帮助，友好的业务导航图，任意需要的精确、模糊查询，方便的多种录入方式，所见即所得的打印风格。

3. WMS 的主要功能

WMS 的管理范围涉及仓储从收货到发货所发生的所有的具体操作内容，一般具有收货管理、储存管理、上架管理、订单处理、拣选管理、发货管理、站台直调以及库存数据管理等主要功能，见图 7-9。

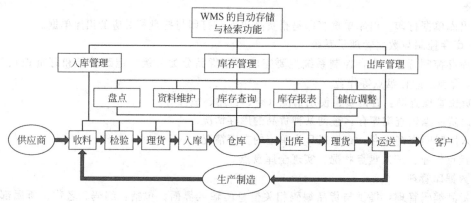

图 7-9　WMS 的主要功能

（1）收货管理。货到站台，收货员将到货品数据由射频终端（RF）传到 WMS，WMS 随即生成相应的条形码标签，粘贴（或喷印）在收货托盘（或货箱），经扫描，这批货品即被确认收到，再由 WMS 指挥进库储存。

（2）储存管理。WMS 按最佳的储存方式选择空货位，通过叉车上的射频终端，通知叉车司机并指引最佳途径，抵达空货位时扫描货位条形码，以核实正确无误。货品就位后，再扫描货品条形码，WMS 即确认货品已储存在这一货位，可供以后订单发货。

（3）上架管理。WMS 在自动计算最佳上架货位的基础上，支持人工干预，提供已存放同品种货品的货位以及剩余空间，并根据避免存储空间浪费的原则给出建议的上架货位并按优先度排序，操作人员可以直接确认或人工调整。

（4）订单处理。订单到达仓库，WMS 按预定规则分组，区分先后，合理安排。例如：交由 UPS 公司快运的货品要下午 3 时前发货；需由公路长途运输的货品要上午 8 时前发货；有些货品需特别护送等。WMS 按这些需要确定安排如何及时有效地交付订单货品。

（5）拣选管理。WMS 确定最佳的拣选方案，安排订单拣选任务。由射频终端指引拣选工人到货位，并显示拣选数量。经扫描货品和货位的条形码，WMS 确认拣选正确，货品的库存量也同时减除。

（6）发货管理。WMS 制作包装清单和发货单，交付发运。称重设备和其他发货系统也能同时与 WMS 联合工作，完成发货任务。

（7）站台直调。货品到达收货站台后，如已有订单需要这批货品，WMS 会指令叉车司机将货品直送发货站台，不再入库。

（8）库存数据管理。WMS 除根据仓储流程提供以上功能，还提供日常的库存数据管理功能，这是 WMS 的核心功能之一。库存管理功能包括库存查询、库存盘点，并根据现有数据提供预计到货数量、预计出库数量，必要时根据具体情况发出库存预警，包括库存上下限预警、保质期预警、呆料预警等。系统还支持自动补货，通过自动补货算法，不仅确保了拣选面存货量，而且能最大化地提高仓储空间利用率，降低货位蜂窝化现象出现的概率。系统能够对货位通过深度信息进行逻辑细分和动态设置，在不影响自动补货算法的同时，有效提高空间利用率和管理控制精度。

除此之外，WMS 还能提供更多的附加支持，包括循环盘存、班组工作实时监管等。更先进的 WMS 还能连接自动导向车（AGV）、输送带、回转货架和高架自动储存系统（AS/RS）等，而最新的趋势则是与企业的其他管理系统相结合，例如：运输管理系统（TMS）、订单管理系统

（OMS）和企业资源规划调度系统（ERP）等，使之融入企业的整体管理系统之内。

7.1.3.2 WMS 在仓储管理中的应用

1. WMS 在仓储管理中的作用

（1）WMS 能指示最优储存库位，节约仓库空间。WMS 通过序列号、日期、库区和货箱等综合数据追踪货品，利用这些信息指示工人上架、补货、取货，从而达到库存在仓储需求的基础上以最理想的方式自动地周转、合并。

（2）WMS 能实时、在线更新仓储数据。平稳的物流作业要求存货信息的准确度最好在 99% 以上，而 WMS 能保证仓储管理中货品从入库开始到出库结束的整个过程中，各作业环节的信息都在系统的准确调度、使用、处理和监控之下。由于仓储操作的每一个环节都有精确、快速的数据更新，仓库中人员、设备的流动不会因为信息传递的滞后而出现等待货品、等待任务和设备空转的状态，仓库内部的流动速度大大提高。

（3）WMS 可以整合人力资源，进行集中管理。WMS 通过无线终端实时向工人发出工作指令，系统随时掌握仓库工人当前所处的位置，以最经济、高效的方式，精确地指挥他们从一个库位转移到另一库位，工作效率大幅度提高。

2. WMS 操作使用

WMS 主要操作流程为入库操作流程、出库操作流程和库内管理，如图 7-10 所示。

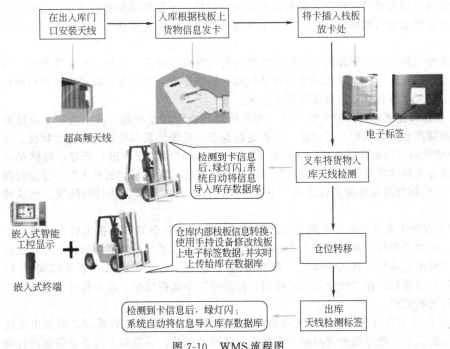

图 7-10 WMS 流程图

（1）入库操作流程。入库管理主要对货品数量管理，如箱数、件数、RT/CBM（t/m³）；对货品的储位管理；对货品的管理，如客户、到期日、重量、体积、批次（号），并可结合条形码管理；对运输工具的管理，如运输公司、车牌号，司机名管理；对验收的确认，根据入库通知单的数量和实际入库数量比较分析，以解决少货、多货、串货等情况。

根据 WMS 的入库操作流程，货品入库后，首先生成入库单，每份入库单可以包含多种货品，不同的货品种类又可生成不同的入库分单。装盘完毕后，在经人工预检认为外观、尺寸等合格的托盘上贴以条形码标识，通过扫描托盘条形码标识，确认货品种类和数量的输入后，即完成托盘条形码与所载货品信息的注识，即入库数据登录注记。此时，该托盘货品进入"待入库状态"，注记完成的货品托盘所处的状态会一直被管理系统跟踪和监控，直至出库确认成功取消该注记为止。

注记完成的货品托盘由管理系统分配一个目标储存货位，同时，该操作需求被发送至手持终端，手持终端接受需求后扫描托盘条形码，即可得到该托盘的目标操作货位和货品信息。根据手持终端指示，由操作人员驾驶堆垛机行驶至目的货位。若一切正常，操作人员将用手持终端扫描确认目标货位，操作成功后再做确认反馈，与此同时，管理系统收到操作成功确认后，即可修改数据库相关记录，该次入库操作最终完成。如果出现了异常情况，如目的货位已有货品，手持终端将扫描现有货品条形码，并发送给管理系统。然后再由管理系统将该异常情况记入数据库，并生成一个新的推荐目标货位，指挥重新开始操作，直至成功完成本次入库操作。

（2）出库操作流程。出库管理主要对出库货品数量管理，如箱数、件数、RT/CBM（t/m³）；如对出货方式的选择；如先进先出（FIFO）、后进先出（LIFO）、保质期管理、批次（号）；对出货运输工具的管理，如运输公司、车牌号、司机名管理。

根据 WMS 的出库操作流程，首先要生成出库单，接着管理系统将根据出库单内容以一定规律（如先入先出、就近出货等）生成出库品项和内容，即出库货位和货位信息，并发出出库指令。手持终端接到操作目的货位信息后，由操作人员驾驶堆垛机至目的货位，扫描确认货位货品信息。经确认无误，操作人员即可取出货品并送至待出库区。此时货品的状态为"位于待出库区"，并最终由出货终端扫描确认后，发送操作成功确认信息给系统，系统收到此确认信息后即可修改数据库的相关记录。

若堆垛机扫描发现异常情况，如货品错误或空货位，手持终端则将信息发送给管理系统，管理系统将该异常情况记入数据库，并生成一个新的推荐货位，指挥重新开始操作，直至成功完成本次出库操作。

（3）库内管理。库内管理是对仓库内的货品进行盘点、转库、转储、作业等管理，具体包括仓库储存货品的盘点作业、仓库内部货品在储位间的转储作业、货品在不同仓库间的转库作业、保管货品的报废管理、不合格品的退库管理等业务。

① 盘点管理提供对货品的全面盘点、随机抽盘与指定盘点功能。其中指定盘点提供根据储位盘点和根据货品盘点的功能，可分区、分类进行盘点。系统记录和处理盘盈盘亏状况。

② 转储管理主要对货品在同一仓库内不同储位之间转移的作业进行管理。转储单号由系统自动产生，选择要转移货品的所在"仓库"、"转储部门"等，并填写"制单人"、"转储时间"、"制单时间"。在"转储货品及存储货位清单"中选择库物，输入数量及选择目的区域，完成转储货品的选择。

③ 转库管理主要对货品在不同仓库之间转移的作业进行管理，即提出转仓申请，指定货品的转出仓库、区域及储位，并指定转入仓库的区域和储位等。系统自动产生转库单号，选择要转移货品的所在"转出仓库"、"转入仓库"、"转仓部门"，填写"转仓时间"、"制单时间"，填写"制单人"、"备注"等信息。在"转仓货品及存储货位清单"中选择货品，输入数量及选择目的区域，并完成整个转仓的过程。

④ 报废管理主要对仓库中的报废货品的名称、编号、位置等进行管理，即提出报废申请，录入报废货品的信息，指定报废货品的所在仓库、区域及储位，以及对上述报废信息进行维护。

⑤ 退货管理主要对被退回货品的编号、名称、数量、存放位置、处理方法等信息进行管理，主要处理退货申请、审批、转结等相关事务。

3. 仓储企业 WMS 的成功实施

（1）系统开发商选择。仓储企业在实施 WMS 之前，第一步也是最重要的一步，是选择合适的系统开发商。企业在购买 WMS 时，不仅是在买一种产品和服务，而且是在买一种与开发商的关系。企业不能仅仅从库存系统的预算额或价格标准的角度来选择开发商，而应意识到企业与系统开发商之间不应仅仅是简单的合同关系，更应是双赢的合作伙伴关系。即仓储企业在准备实施新的仓储管理系统，或者提升现存的库存管理系统时，在库存经理和系统开发商之间应该形成一种良好的双边合作关系。

具体来说，企业在选择开发商的过程中要注意两点：第一，经专家建议选择一家从事物流仓储业或类似行业的 WMS 开发商；第二，仓储经理还应努力获取其目标开发商过去和现在的一些客户名单，并单独和他们进行私下沟通，以全面了解开发商的综合实力和服务水平。

（2）系统软件要符合企业自身情况。亚特兰大的曼哈顿咨询协会理事长德勒·巴比认为，开发商的一个普遍缺点是其提供的系统往往不能满足仓储企业商业运作的需要。开发商可能在仓储管理系统设计好之前，或者系统软件还未经全面的测试就提供给仓储企业。仓储企业对开发商提供的 WMS 在实施后能否符合企业需要而进行特定识别和挑选是至关重要的。企业应慎重思考特定软件包如何才能推动库存系统实施特定的库存任务，不能简单地以为开发商所提供的产品就是最适合自己的。

物流企业所采用的仓储系统软件也许是一个新的库存系统，但它也只是软件开发商诸多方案中的一部分或某几种方案的综合体。因此，物流企业理应对方案计划和开发商的系统实施日程安排，并加以严格管理。

（3）企业决策要量体裁衣，保证需要。在选择系统开发商的过程中，最为关键的是企业购买决策的正确实施。由于具体环境不同，每个物流企业都需要定制自己的 WMS 建设计划。如果企业购买的系统不能恰当、及时地安置并按照仓库主管人员的要求运作，这种仓储管理系统的价值就将大打折扣，也达不到实施 WMS 对提高库存管理水平的预期目标。所以，企业要确保所选择的 WMS 实施后能满足自己的需要，开发商也要能很好地解释其产品如何能够达到企业所预期的目标。同时，还要确保新的系统软件能够与企业现有的硬件设施，尤其是特殊的软件要与企业的主机系统相匹配和自由交流。

除此之外，WMS 实施流程中的其他一些环节也应受到仓储企业的足够重视。

第一，物流仓储企业的工作重点应放在 WMS 实施的总体层面上。企业要牢记软件和硬件建设只是整个系统建设的一部分。其他一些配套工作，如物料的搬运和管理、设施的布局及员工的培训等，都需要企业加以关注。建议仓储企业在完善库存系统功能以前，要把 WMS 的工作重点先集中于某一特定的商业利益点上，如提高存货的精确度、提高仓库空间的利用率或员工的劳动效率。因为任何企业都不可能一下子把所有的工作都做好。

第二，工作进度安排。物流仓储企业需要适时控制 WMS 的工作进程。企业要引导开发商将 WMS 软件建设和物质设施处理工作都向规定的工作日程安排靠拢。

7.2 职业能力训练模块

7.2.1 货品条形码的制作与识读

【职业能力训练模拟背景】

快乐购大卖场是一家大型综合性超市，主要销售瓜果、蔬菜、豆制品、肉类、日化等货品，深受广大市

表 7-4 促销货品信息

品 类	产地	储运单元	销售价	促销价	会员价
红枣蜜粽	西安	40g×48 个/箱	2.5 元/个	2.3 元/个	2.2 元/个
豆沙凉粽	西安	45g×50 个/箱	2.6 元/个	2.3 元/个	2.2 元/个
南方肉粽	南京	48g×24 个/箱	3.1 元/个	2.8 元/个	2.7 元/个
华圣红富士	洛川	20kg/箱	6.8 元/斤	6.5 元/斤	6.2 元/斤
杨凌圣女果	杨凌	16kg/箱	4.8 元/斤	4.5 元/斤	4.0 元/斤
兴盛白条鸡	莱芜	1.2kg×12 只/包	12.8 元/只	11.8 元/只	10.8 元/只
浓香日本豆腐	西安	450g×12 盒/箱	3.2 元/盒	2.8 元/盒	2.5 元/盒
圣桑果汁	安康	255mL×12 瓶/箱	4.8 元/瓶	4.6 元/瓶	4.5 元/瓶
银桥纯牛奶	西安	1×221mL×18 袋/箱	25.5 元/箱	24.5 元/箱	24.0 元/箱
霸王中药世家	广州	1L×12 瓶/箱	48.8 元/瓶	42.8 元/瓶	41.5 元/瓶
益发拉杆箱包	温州	个	258.8 元/个	189.0 元	168.0 元/个
雕牌洗衣皂	丽水	165 个×50 块/箱	1.8 元/块	7.0 元/(4+1)块	6.8 元/(4+1)块

民喜爱。2009 年初，为了吸引更多的顾客成为超市会员，卖场经常开展一些促销活动。端午节来临之际，计划进行促销的货品见表7-4。

快乐购大卖场的配送中心要求对入库单元包装和销售包装货品分别编制出条形码，作为条形码制作员，你是如何考虑的？

【职业能力训练目标要求】

(1) 了解货品条形码及储运单元条形码的构成，学会货品分类并设置货品信息。

(2) 了解条形码打印机的正确使用，熟练掌握条形码标签的编制和打印方法。

(3) 掌握条形码识读设备的应用环境、安装和操作，结合模拟软件通过条形码识读完成入、出库作业。

【职业能力训练设备材料】

(1) 实验设备服务器、交换机和 PC 机组成 NT 网络。

(2) 条形码打印机。

(3) 激光枪。

(4) CCD 条形码扫描器。

(5) 条形码标签打印纸。

【职业能力训练方法步骤】

(1) 设置货品信息。学生根据其所选择的货品，定义目录信息和货品信息，目录信息体现货品分类情况。货品信息包括货品代码、货品名称、货品规格、单位等。

(2) 双击打开条形码批量打印软件，设置条形码格式，选择条形码类型。

(3) 编制条形码。输入条形码上方文字和下方文字，在起始条形码处输入人工识读代码，产生数量，选择产生规律，使用快捷键 Ctrl＋F 产生条形码。

(4) 打印条形码标签。利用条形码打印机打印已经制作好的条形码进行打印。

(5) 使用激光枪对条形码进行识读，执行货品入库业务。将激光枪连接完毕并接入电脑，进入仓储作业软件系统，到出入库环节时，入库方式选择使用"条形码设备"；将鼠标放在"产品编码"外，利用激光枪扫描入库货品，自动出现货品的产品编码、名称、规格和单位，填写"入库数量"。

(6) 使用 CCD 条形码扫描器对条形码进行识读，执行货品出库业务。将 CCD 扫描器连接完毕并接入电脑，进入仓储作业软件系统，到出入库环节时，出库方式选择使用"CCD 扫描器"；将鼠标放在"产品编码"外，利用 CCD 扫描器扫描出库货品，自动出现货品的产品编码、名称、规格和单位，填写"入库数量"。

【职业能力训练组织安排】

(1) 学生每 6 人分成一组，设组长 1 名，由组长安排依次编制条形码。

(2) 根据给定的资料和条件，以小组为单位熟悉货品条形码的结构及编制原则，学会设置货品信息。

(3) 利用提供的训练模拟背景资料，每人制作 4 个不同类别货品的条形码标签。

(4) 职业能力训练过程中要求教师现场指导，及时解决学生遇到的实际问题，准确了解学生的训练动态及熟练程度。

(5) 职业能力训练结束后由各个小组选出代表交流训练感受并写出职业能力训练报告，教师对训练过程与完成情况进行全面的总结、考评。

(6) 职业能力训练时间安排：2 学时/组。

【职业能力训练报告要求】

(1) 职业能力训练项目名称、训练时间、参加人员。

(2) 职业能力训练目标要求与内容。

(3) 列出编制货品条形码时所考虑的因素与步骤，并附 4 个不同货品的条形码标签。

(4) 货品条形码编制的体会与收获。

(5) 职业能力训练总结讨论及合理化建议。

【职业能力训练效果评价】

货品条形码的制作与识读职业能力训练评价评分表见表 7-5。

表 7-5 职业能力训练评价评分表

考 评 项 目		货品条形码的制作与识读		
考评人		被考评人		
考评标准	考评内容与要求		权重(%)	考评结果
	模拟训练中态度积极、端正,协作能力强		15	
	准备充分,分类标准目的明确,数据处理合理		20	
	理论联系实际能力强,货品信息设置有效		25	
	条形码的编制方法正确,标签打印效果好		25	
	条形码识读设备的使用正确、熟练		15	
合　　计			100	

注:考核满分为100分。60分以下为不及格;60~69分为及格;70~79分为中等;80~89分为良好;90分以上为优秀。

【职业能力训练活动建议】

(1) 在模拟职业能力训练过程中,学生要严肃认真,明确货品条形码的编制原则,标签内容应符合作业要求。

(2) 在操作过程中对已经磨损的条形码标签进行扫描,或者用不透明纸张对打印的完整条形码标签进行扫描,分析影响条形码识读的因素,总结条形码的原理和优缺点。

(3) 当条形码无法识读时,在出入库环节中,入库方式选择"手工输入",手工选择货品代码,再填写"入库数量"。

(4) 本实验采用一维条形码,学生根据货品情况自行设定条形码编码规则。

7.2.2 仓储管理信息系统软件的应用

【职业能力训练模拟背景】

快乐购大卖场为确保库存货品的结构合理,避免销售过程中出现的缺货或滞销现象,2009 年初引入仓储管理信息系统软件以加强货品管理。2009 年 5 月 27 日仓储作业计划见表 7-6。

表 7-6 仓储作业计划清单

品　类	产地	储运单元	货品数量	货品状态
红枣蜜粽	西安	40g×48 个/箱	80	待检
豆沙凉粽	西安	45g×50 个/箱	100	待检
南方肉粽	南京	48g×24 个/箱	68	入库
华圣红富士	洛川	20kg/箱	230	出库
杨凌圣女果	杨凌	16kg/箱	40	出库
兴盛白条鸡	莱芜	1.2kg×12 只/包	50	在库
浓香日本豆腐	西安	450g×12 盒/箱	65	入库
圣桑果汁	安康	255mL×12 瓶/箱	80	在库
银桥纯牛奶	西安	1×221mL×18 袋/箱	200	待检
霸王中药世家	广州	1L×12 瓶/箱	56	理货
益发拉杆箱包	温州	个	43	理货
雕牌洗衣皂	丽水	165 个×50 块/箱	54	在库

作为仓储主管,请你根据需要向有关人员下达作业任务书,并打印相关作业单证。

【职业能力训练目标要求】

(1) 了解仓储管理业务流程及系统软件的功能,掌握系统软件与其他系统的接口。

(2) 掌握系统用户管理、系统数据库、货品类别设置及入出库管理、客户管理和库存管理等功能模块的操作方法,并学会各种单证的制作。

【职业能力训练设备材料】

(1) 仓储信息管理系统实训软件。

（2）多媒体教学系统。

【职业能力训练方法步骤】

（1）登录仓储管理信息系统。在模拟系统的首页界面上会看到依次排列的五个功能模块：客户端系统模块、总部管理系统模块、区域中心系统模块、仓储管理系统模块、运输配送系统模块。当鼠标挪移到相应模块链接（仓储管理系统）时，图标和"仓储管理系统"字样显亮。此时，单击鼠标左键则切换"仓储管理系统"模块的登录界面。

在用户名处输入正确的库区名称，在密码处输入与该用户名相应的密码，然后点击确定或按回车键。即可进入仓储管理系统并进行仓储管理端作业。

在登录界面，点击取消则可以回到系统的首页。

（2）用户管理。对仓储管理系统的用户进行维护，并赋予相应权限、密码修改等。

① 新增用户。在增加新用户页面的相应栏位输入用户名称、密码后，点击确定完成新增用户的操作。

用户名设置规则：用户名自动生成，用户名统一为 sjm＊＊＊，其中字母为小写，＊代表数字。第一个总部的用户名可用数字"1"表示，即用户名为 sjm001。第二个总部的用户名可用数字"2"表示，即用户名 sjm002，依次类推。

密码设置规则：密码可任意设置成3位数字。

② 用户管理。在查询条件输入框中输入用户编号、用户名称后，点击搜索。下面列出与该仓储管理中心关联的用户信息、权限信息。点击欲管理的用户编号，进入用户权限设定页面。在用户权限页面中对欲赋予该用户的权限细项进行勾选，反之则留白不勾选。设定完毕，点击确定，完成该客户权限设定的用户管理工作。

③ 修改密码。在修改密码页面中输入新的密码和再次确认后，点击确定，完成密码修改。

（3）收货作业

① 预收单处理。在查询条件框中输入入库指令单号、客户名称、单据状态等后点击搜索。下面列出待处理的入库指令单信息列表。点击到库的入库指令单号，切换到预收单处理页面。点击生成任务，完成预收单的处理。预收单信息转为可执行入库作业收货的信息。

② 收货处理。客户货品送到仓库现场后，在收货处理页面输入入库指令单号。输入正确的入库指令单号后，点击确定。切换到输入货品条形码页面。输入正确的货品条形码后，点击确定。切换到输入该笔货品入库的实际数量和到期时间信息页面。输入实收数量和到期时间后，点击确定。弹出收货完毕的提示页面。点击确定，完成货品的验收入库作业。

③ 入库单据填写。收货入库后填写相应的入库单。点击入库指令单号，弹出选择入库指令单号的页面。选择与该入库单相关联的入库指令单号后，点击确定。添加其余入库人等信息后，点击自动库位建议按钮。则系统提示该入库单上的货品的库位摆放位置。点击提交表单。弹出提示确认信息框。点击确定，系统弹出成功填写入库单的提示信息。点击确定。切换到入库单页面。阅览（打印）该入库单，则入库单填写完毕。

④ 入库单据查询。在查询条件框中输入入库单号、库位名称等后，点击搜索，下面列出符合查询条件的入库单信息列表。点击欲详细查询的入库单号，切换到单一的入库单信息页面。阅览（打印）入库单，该入库单的查询作业完成。

（4）发货作业

① 预出单处理。在查询条件框中输入出库指令单号、客户名称、单据状态等后点击搜索。下面列出待处理的出库指令单信息列表。点击将出库的出库指令单号，切换到预出单处理页面。阅览（打印预出单）完成预出单处理。

② 拣货单处理。在拣货单处理页面中选择待处理的预出单。点击拣货位拣货单生成按钮，生成拣货位拣货单。点击整托盘拣货单生成按钮，生成整托盘拣货单。点击打印，打印出相应的拣货单，作为指导拣货用途。

③ 拣货作业。在拣货作业页面输入相应的拣货单号。点击确定后，切换到下一页面。输入正确的拣货位条形码，点击确定后，切换到下一页面。输入正确的货品条形码，点击确定后，切换到下一页面。输入实际拣货数量，并点击确定，完成拣货作业。

④ 出库确认。出库确认页面显示的已拣货的拣货单前面点选。点击确定后，切换到下一页面进行出库单的填写。输入必要的信息：出库人、出库车号等，点击提交表单。系统提示对该出库单进行正确性确认。点击确定，则完成该出库单填写作业。

⑤ 出库单据查询。在查询条件框中输入出库单号，单据状态等信息后，点击搜索。下面列出符合条件的信息列表。点击出库单号，切换到出库单页面。阅览（打印）该出库单完成出库单的查询作业。

⑥ 补货作业。若该拣货位数量不足，则弹出提示，要求补货。点击确定，自动切换到补货操作界面。输入相应的拣货位号码后，若库房没有可以用于补充拣货位的货品，则弹出提示。若库房有可以用于补充拣货位的货品，则切换到下一页面。输入储货位条形码后，则切换到下一页面。输入拣货位条形码后，点击确定，若货品未补足，则重复此步骤。若补货完毕，则弹出提示框。点击确定，完成补货作业。

（5）库存查询

① 在库货品跟踪。首先输入查询条件，点击搜索。列出待跟踪货品列表。点击查询货品列表中的货品编码，查询到该货品出入库记录的详细信息。点击欲查询的出入库指令单号即可得到相应的指令单的详细信息。

② 出入库记录。对货品的出入库记录进行审核查验。

首先输入查询条件（库区、出入库类型、出入库日期、货品名称），点击搜索。列出相应的出入库记录的列表。点击欲查询的出入库指令单号即可得到相应的指令单的详细信息。

③ 库位示意图。点击库位示意图后，系统自动显示库位示意图信息。

④ 货损跟踪。首先输入查询条件（库区、车队、操作日期、货品名称等），点击搜索。列出相应的货损记录的列表。

（6）理货作业

① 安全期定义。点选欲作管理的货品，选中货品并点击定义/修改切换到货品安全期定义页面。输入收货安全期，出货安全期后。点击确定完成货品安全期定义作业。

② 出库安全期查询。勾选欲冻结的货品并点击冻结。则该货品被冻结处理。勾选欲解冻的货品并点击解冻。则该货品被作解冻处理。

③ 盘点频率管理。点选欲作管理的货品，并点击定义/修改，切换到下一页面。输入盘点频率后，点击确定。完成该货品盘点频率的管理作业。

④ 盘点列表。点选欲盘点的货品。点击生成循环盘点单。弹出提示框。点击确定。显示循环盘点单的详细内容。打印该盘点单号。完成该此盘点列表作业。生成总盘点单与生成循环盘点单类同，具体参照循环盘点单的作业步骤。

⑤ 盘点作业。输入盘点单号，点击确定切换到下一页面。输入库位，点击确定切换到下一页面。输入货品条形码，点击确定切换到下一页面。输入实际数量，点击确定切换到下一页面。点击确定，完成该货品的盘点作业。依次选择其他货品，则完成整个盘点单的作业。

⑥ 差异分析。点击差异分析表，切换到下一页面。阅览完成差异分析。

⑦ 数量调整。输入 TU 号或储位号后点击确定。切换到下一页面，输入调整后的数量和调整原因后，点击确定后完成本次调整。

⑧ 移出作业。输入 TU 号或储位号后依次操作，完成本次移出作业。

⑨ 待移与分割 TU。第一页面可以直接查询得到。

输入要分割的 TU 号后，依次处理完成本次分割 TU 作业。

⑩ 移入作业。输入 TU 号或储位号后，依次作业完成本次移入作业。

【职业能力训练组织安排】

（1）全班学生集中，指导教师介绍实验软件的功能及操作程序，提出实验要求。

（2）实验软件为基于 Internet 的 B/S 中的仓储管理系统，模拟操作时全班一人一机。

（3）利用提供的训练模拟背景资料，严格按照仓储管理系统软件的操作步骤和要求，完成作业任务清单中的有关货品的仓储作业。

（4）职业能力训练过程中要求教师现场指导，及时解决学生遇到的实际问题，准确了解学生的训练动态及熟练程度。

（5）职业能力训练结束后由各个小组选出代表交流训练感受并写出职业能力训练报告，教师对训练过程与完成情况进行全面的总结、考评。

（6）职业能力训练时间安排：4 学时/人。

【职业能力训练报告要求】

（1）职业能力训练项目名称、训练时间、参加人员

（2）职业能力训练目标要求与内容

（3）仓储管理信息系统软件的应用步骤，并附相关作业单证

（4）仓储数据库关键信息处理，生成数据报告

（5）仓储管理信息系统软件应用的体会与收获

（6）职业能力训练总结讨论及合理化建议

【职业能力训练效果评价】

仓储管理信息系统软件的应用职业能力训练评价评分表见表7-7。

表 7-7　职业能力训练评价评分表

考　评　项　目	仓储管理信息系统软件的应用			
考评人		被考评人		
考评标准	考评内容与要求		权 重(%)	考评结果
	模拟训练中态度积极、端正,协作能力强		15	
	准备充分,作业任务要求明确		20	
	理论联系实际能力强,熟练掌握仓储作业流程		25	
	使用仓储软件处理的单证符合作业要求		25	
	仓储管理信息系统软件的使用正确、熟练		15	
合　　　计			100	

注：考核满分为100分。60分以下为不及格；60～69分为及格；70～79分为中等；80～89分为良好；90分以上为优秀。

【职业能力训练活动建议】

（1）在模拟职业能力训练过程中，学生要严格遵守实训室有关规章制度，围绕作业任务要求按时完成实训任务。

（2）安排学生深入物流仓储企业调查了解仓储管理信息系统软件的使用要求与存在的管理问题。

7.3　职业能力拓展模块

便携式数据终端（PDT）

1. 便携式数据终端概述

便携式数据终端（简称PDT）是集激光扫描、汉字显示、数据采集、数据处理、数据通信等功能于一体的高科技产品，是手持式扫描器与掌上电脑的功能组合为一体的设备单元。PDT一般包括一个扫描器、一个体积小但功能很强并带有存储器的计算机、一个显示器和供人工输入的键盘。PDT在只读存储器中装有常驻内存的操作系统，用于控制数据的采集和传送，存储器中的数据可随时通过射频通信技术传送到主计算机。操作时先扫描位置标签，货架号码、产品数量就都输入到PDT，再通过RF技术把这些数据传送到计算机管理系统，可以得到客户产品清单、发票、发运标签、该地所存产品代码和数量等。

PDT基本工作原理是：首先按照用户的应用要求，将应用程序在经过计算机编制后下载到便携式数据采集器中。便携式数据采集器中的基本数据信息必须通过PC的数据库获得，而存储的操作结果也必须及时地导入到数据库中。

2. 数据采集器的选择原则

（1）适用范围。如果是在大型、立体式的仓库使用，就应当选择扫描景深大、读取距离远且首读率较高的采集器。而对于中小型仓库的使用者，可以选择一些功能齐备、便于操作的采集器。

（2）译码范围。大多数便携式数据采集器都可以识别FAN码、UPC码等几种甚至十几种不同码制。在物流企业应用中，还要考虑：EAN-128码、三九码、库德巴码等。

（3）接口要求。明确自己原系统的操作环境、接口方式等情况，再选择适应该操作环境和接口方式的采集器。

（4）对首读率的要求。在货品的库存（盘点）过程中，对首读率的要求并不严格，但在自动分拣系统中，对首读率的要求则很高。

（5）价格。各种便携式数据采集器由于配置不同、功能不同，其价格也会有很大差异。

3. PDT 的应用

由于条形码的识别具有快速、准确、易于操作等特点，在货品流通的仓储管理环节、配送中心的库存和配送管理环节以及货品卖场的管理中引入条形码，能够使管理工作更富效率，减少差错、提高工作效率，并保障货品流转的顺利进行。应用 PDT 可以方便、准确地完成货品流转的相关管理。仓储及配送中心应用 PDT 的情况如下。

（1）货品的入库验收。根据订货合同（或订货单）将订货数据传送给 PDT，没有原包装货品条形码的货品准备好内部条形码，货到后先将内部条形码粘贴到没有原条形码的相应货品包装上，用 PDT 扫描一种货品的条形码后，便携式数据终端的显示屏上可以自动显示出该货品应到货的数量，经核对无误后可直接确认，否则用键盘输入实际到货数量。货品入库后按照其分类和属性将其安排到相应货位上，用 PDT 扫描要放置货品的条形码后再扫描一下货架上的位置条形码，所有该次到货货品安排完后，将 PDT 放到与计算机系统相连的通信座上，就能够将货品的到货和库存位置数据传送给计算机。

（2）货品的出库发货。根据各分店的补货申请，由计算机系统对照库存相应货品数量，制订出各分店的补货指示书，将需补货的货品集中后，使用已存储好该批出库数据的手持终端，扫描货品的条形码和确认出库的数量，完成后将 PDT 数据传送至计算机系统。

（3）库存盘点。使用 PDT 依次扫描仓库货架上的货品条形码，并输入实际库存数量，操作完成后将实际库存数传送至计算机系统，由计算机系统进行处理，做出各种库存损益报告和分析报告。

（4）货品卖场中的应用。货品卖场用来完成货品的补货、到货、销售、盘点等处理，对原包装没有通用货品条形码的货品必须粘贴自制的内部条形码。

（5）自动补充订货。用 PDT 进行自动补货处理。首先将货品货架上的货品条形码读入，然后根据货品在架数量用键盘再输入补货数；将取得的数据通过通信座传送给计算机主机。用 PDT 读取条形码自动补货，可以防止货品编码的输入错误，通过网络进行补货可以发挥系统的效率，缩短从要求补货到到货的时间。

（6）到货确认。应用 PDT 可以方便地进行到货确认处理。申请补货的货品到货后，用 PDT 进行每种货品条形码的读入并输入到货数量，将本次到货数据传入计算机系统后，按补货单确认该批到货货品。

（7）盘点管理。用 PDT 将在架的所有货品的条形码和数量读入，然后传送到计算机系统中，与计算机中的在架货品进行比较，就可以进行盘点处理，并由计算机做出损益报告。使用 PDT 避免了用货对单或用单找货的麻烦，减少了手工处理的漏盘和重复盘货的现象。

思考与练习

一、填空题

1. 条形码是由_____、_____、_____、_____、_____构成的。

2. 国际上公认的用于物流领域的条形码标准主要有_____、_____和_____三种。

3. 条形码的应用有可靠准确、数据要输入速度快、_____、灵活、实用、_____、设备简单和易于制作的优点。

4. 在 RFID 系统中，信号发射机在不同的应用场合会以不同的形式存在，典型的形式是_____。

5. 标签具有_____、_____、_____、_____等特点。

6. 条形码打印及管理的目的是_____，以使仓库内的每一个托盘货品的条形码都是唯一的标识。

7. 无线数据采集器的特点是_____、_____。

8. 仓储管理系统的一般功能包括数据采集、_____和_____。

二、判断题

1. 条形码是由一组规则排列的条、空以及对应的字符组成的标记，"空"指对光线反射率较低的部分，"条"指对光线

反射率较高的部分。 （　　）

2. 起始符是条形码符号的第一位字符，可以避免连续阅读时几组条形码互相混淆。 （　　）

3. 条形码信息主要靠条和空的不同宽度和位置来传递，包括的条和空越多，信息量越大。 （　　）

4. 与主动标签相比较被动标签成本很低，体积较小，但使用寿命较长。 （　　）

5. 储运单元条形码是专门表示储运单元编码的条形码，储运单元是指为便于搬运、仓储、订货、运输等，由消费单元组成的货品包装单元。 （　　）

6. 定量储运单元是指由定量消费单元组成的储运单元，如成箱的牙膏、瓶装酒、药品、香烟等。 （　　）

7. 仓库管理中条形码技术的应用主要是条形码的编码和识别技术。 （　　）

8. 在 RFID 系统中，阅读器是电子标签与阅读器之间传输数据的发射、接收装置。 （　　）

9. 射频识别技术作为自动识别技术的新兴产物，是目前最热门的技术。 （　　）

10. 当操作者通过取货位置扫描图确认货品时，如果发现货品错误或实际上无货，只要将信息反馈给系统，系统就会自动生成下一个取货位置，指挥完成操作。 （　　）

三、选择题

1. （　　）是条形码的核心，是所要传递的主要信息。

　　A. 起始符　　　　　　B. 数据符　　　　　　C. 校验符　　　　　　D. 终止符

2. 条形码按维数分类可以分为（　　）。

　　A. 普通的一维条形码　B. 二维条形码　　　　C. 多维条形码　　　　D. EAN 码

3. 条形码系统是由（　　）组成的自动识别系统。

　　A. 条形码符号设计　　B. 条形码符号编写　　C. 条形码符号制作　　D. 扫描识读

4. WMS 的首要功能是（　　），通过模拟位置查询相应库存货品及状态。

　　A. 入库管理　　　　　B. 理货管理　　　　　C. 库位设定　　　　　D. 入库信息录入

5. WMS 出库管理包括出库计划、出库指示内容，其中出库指示表现为输出各种出库（　　）。

　　A. 单证与票据　　　　B. 账单　　　　　　　C. 明细表　　　　　　D. 数量和批量

6. 最基本的电子标签系统由三部分组成（　　）。

　　A. 天线　　　　　　　B. 阅读器　　　　　　C. 标签　　　　　　　D. 信号发射机

7. （　　）是无线射频的简称，是一种非接触式的自动识别技术。

　　A. EDI　　　　　　　B. WMS　　　　　　　C. RFID　　　　　　　D. GIS

8. 仓储管理信息系统由（　　）构成。

　　A. 入库管理子系统　　B. 出库管理子系统　　C. 数据管理子系统　　D. 系统管理子系统

9. 数据采集器的选择原则是（　　）。

　　A. 译码范围　　　　　B. 接口要求　　　　　C. 适用范围　　　　　D. 对首读率的要求　　　E. 价格

10. 编码管理包括（　　）。

　　A. 编码的输入　　　　B. 单位的输入　　　　C. 名称的输入　　　　D. 所属部门的输入

四、简答题

1. 条形码的特点有哪些？简述条形码技术与自动识别技术的关系。

2. RFID 系统由哪几部分构成，每个部分的作用分别是什么？

3. WMS 的主要支持技术是什么？其主要功能有哪些？

4. 简述便携式数据采集器的基本工作原理。

5. 结合你所熟悉的某公司的仓储业务，画出该公司的仓储作业数据处理流程图。

第8章 仓储绩效评价

8.1 专业素质提升模块

【知识要点】

❀ 准确理解仓储成本的含义及构成，熟练掌握仓储成本控制的途径。

❀ 了解仓储绩效评价的意义及其评价标准与原则。

❀ 系统掌握仓储作业绩效评估指标的制订与管理，及综合评估方法的运用。

8.1.1 仓储成本管理

仓储及相关的库存会增加费用，但也可能提高运输和生产的效率，降低运输和生产成本，达到新的均衡。这说明仓储成本管理在企业物流系统中具有十分重要的作用。例如，美国联合慈善公司的全国办公室为许多美国著名的慈善机构、政治组织的筹款活动准备资料。公司将资料印好，然后由 UPS 直接将资料由印刷厂送往各地的分拨点。公司考虑到如果在全美各地租用仓库可能会降低总成本。资料送往各个仓库后，由 UPS 从大约 35 个仓库做短距离运输，送到当地分拨点。这样当地分拨点可以直接从仓库提货，而不必向印刷厂订货。该公司针对需要印刷 500 万册资料的典型活动，其成本核算如表 8-1 所示。

表 8-1 联合慈善公司成本核算表 /美元

方 案		方 案 一 从工厂直接运输	方 案 二 通过仓库运输	成本变化
生产成本		500000.00	425000.00	−75000.00
运输成本	至仓库	0.00	50000.00	+50000.00
	至当地	250000.00	100000.00	−150000.00
仓储成本		0.00	75000.00	+75000.00
总 计		750000.00	650000.00	−100000.00

从上表可以看出：500 万册资料从工厂直接运输到用户手中和通过仓库运输到用户手中所支出的生产费用、运输费用和仓储费用是不同的，虽然方案二的实施会增加一定的仓储成本，但运输费用的降低在抵消增加的仓储成本后还结余 100000.00 美元。因此利用仓库来节约成本是一种非常有吸引力的方法。

8.1.1.1 仓储成本的含义与构成

1. 仓储成本的含义与构成

仓储成本是指一段时期内储存或持有货品而导致的成本，它是伴随着物流仓储活动而发生的各种费用。仓储成本与所持有的平均库存量大致成正比，主要由资金成本、库存服务成本、储存空间成本、库存风险成本四部分构成。

（1）资金成本。资金成本是指库存占用资金的成本，反映的是资本的隐含价值。如果资金投入到其他方面，就会要求取得投资报偿，因此，资金成本就是计算这种尚未获得的报酬的费用，通常用库存货品的货币价值的百分比来表示，该项成本可占到总库存成本的 80%（见表 8-2），同时也是各项库存持有成本中最捉摸不定、最具主观性的一项。其中原因有两个：第一，库存是短期资产和长期资产的混合，有些库存仅为满足季节性需求服务，而另一些则为迎合长期需求而持有；第二，从优惠利率到资金的机会成本，资金成本差异巨大。

表 8-2 库存持有成本因素的相对比重

成　本	利息和机会	仓　耗	存储和搬运	财产税	保险费	总　计
比例	82.00%	14.00%	3.25%	0.50%	0.25%	100.00%

（2）库存服务成本。库存服务成本是指为库存货品提供各项服务的成本，包括信息服务、访见服务、保险费和税金，它们的水平取决于持有的库存量。保险作为一种保护措施，帮助企业预防火灾、风暴或偷窃所带来的损失，它依据货品的价值、类型、丢失和破损的风险来确定；仓储的税收包括仓储营业税或者企业所得税在仓储中的分摊。一般来说，税收只占仓储成本的一小部分比重，税率很容易从会计报表或公共记录中获得。保险和税收费依据货品的不同而不同。库存服务成本与服务水平成正相关关系。

（3）储存空间成本。储存空间成本是指占用储存建筑内立体空间所支付的费用。如果是租借的仓库，储存空间成本一般是按一定时间内储存货品的重量或占据的空间来计算，例如元/（吨·月）；如果是自有仓库或合同仓库，则空间成本取决于分担的固定成本或运营成本，这些运营成本都是与存储空间有关的（如供暖和照明），同时取决于与仓储量相联系的固定成本，如建筑和储存设施成本。在计算在途库存的持有成本时，不必考虑空间成本。

（4）库存风险成本。库存风险成本是与货品变质、缺少（偷窃）、损害或报废相关的费用。在保管库存的过程中，存货会被污染、损坏、腐烂、被盗或由于其他原因不适于或不能用于销售，与之相关的成本可用货品价值的直接损失来估算，也可用重新生产货品或从备用仓库供货的成本来估算。仓库未履行合同的违约金、赔偿金也构成库存的风险成本。存货风险成本有四种，即陈旧成本、损坏成本、窃损成本和易地成本。

① 陈旧成本。指的是无法再按原价销售、不得不削价处理的货品的单位成本之和。如果为避免货品过时而采取降价出售的方式，陈旧成本就是货品的初始成本与其残值之差，或初始售价与降价后的售价之差。

② 损坏成本。指的是货品在仓储过程中由于被污染、损坏、腐烂而发生的成本。

③ 窃损成本。指的是货品在仓储过程中被盗而发生的成本，很多企业认为存货失窃比现金盗用更难以管理与控制。

④ 易地成本。指的是公司为避免货品陈旧过时，将其从　处仓储地运到另一仓储地所花费的成本。

具体来说，仓库经营中的成本是由投入仓储生产中的各种要素的成本和费用所构成的。这些要素包括：人员工资和福利费、固定资产折旧、能源费、耗损材料、设备维修费、劳动保护安全费、资金利息、保险费、管理费用、外部协作费等。此外，由仓储企业承担的税费也应作为成本计入。仓储成本可以分为固定成本和变动成本。固定成本是指不随储存量发生变化的固定投入；变动成本则是随着储存量的增加而增加的成本支出。对仓储保管的过程来讲，可以将仓储成本分为保管费和搬运费两大组成部分。而其中随库存量增加而增加的费用有资金成本、仓储空间费用、货品变质和陈旧损失费、税金和保险费；随库存量增加而减少的费用有订货费、调整准备费、生产管理费、购买费和加工费、缺货损失费等。

2. 仓储费用的含义与构成

仓储费用指货品在储存保管过程中所发生整体成本的总和，它是仓储成本在货品仓储过程中所表现出来的具体费用，它是由一定时期仓储经营的资本费用、保管费、搬运费、耗损费、保险费、税费等构成。其中资本费用表现为所使用资本的利息，包括自有资本的利息，即

仓储管理费＝资本费用＋保管费＋搬运费＋耗损费＋保险费＋税费

仓储管理费直接反映了仓储的成本，是仓储成本核算、成本管理、仓储费定价的依据。它主要

包括以下几个方面的内容。

（1）储存业务费用。储存业务费用指的是货品在经济活动过程中所消耗的物化劳动和活劳动的货币表现，由此所发生的储存业务费用是社会必要劳动的追加费用，主要由代运费、机修费、验收费、代办费、装卸费、管理费组成。

（2）仓储费。仓储费指的是货品储存、保管业务发生的费用。它主要包括仓库管理人员的工资、货品在保管过程中的防腐、倒垛等维护保养费、固定资产折旧费以及低值易耗品的摊销、修理费、劳动保护费、动力照明费等。

仓储费的核算指标有：

① 库存费用。将仓储费分摊到同期的仓储量中，就可以确定每单位仓储量的仓储成本，其计算公式为

$$库存费用 = \frac{库存管理费}{库存额}$$

② 单位资金库存费率。将库存管理费分摊到库存货品的资产上，就形成了单位资金库存费率，其计算公式为

$$单位资金库存费率 = \frac{库存管理费}{库存金额} \times 100\%$$

（3）进出库费。进出库费指的是货品进出库过程中所发生的费用。它主要包括进出库过程中装卸搬运和验收等所开支的工人工资、劳动保护费、固定资产折旧费、大修理费、照明费、材料费、燃料费、管理费等。

（4）服务费用。服务费用指的是仓库在对外保管服务过程中所消耗的物化劳动和活劳动的货币表现。

3. 仓储成本的计算方法

一般来讲，仓储成本的计算可采用以下三种方法。

（1）按支付形态计算仓储成本。把仓储成本分别按仓储搬运费、仓储保管费、材料消耗费、人工费、仓储管理费、仓储占用资金利息等计算出仓储成本的总额，见表 8-3。这样可以了解花费最多的项目，从而确定仓储成本管理的重点。

计算公式如下：

① 人数比率 $= \dfrac{物流工作人员数}{全公司人员数} \times 100\% = \dfrac{36}{127} \times 100\% = 28.3\%$

② 面积比率 $= \dfrac{物流设施面积}{全公司面积} \times 100\% = \dfrac{3090}{5869} \times 100\% = 52.7\%$

③ 仓储费用比率 $= \dfrac{1 \sim 8 的仓储费}{1 \sim 8 的销售管理财务等费用} \times 100\%$

式中，$1 \sim 8$ 指表 8-3 中所列第 1 项到第 8 项的项目。

表 8-3　某仓库按支付形态划分的仓储成本计算表　　　　　　　　　/元

序号	项　目	管理等费用	仓储成本	计算基准/%	备　注
1.	仓库租赁费	100080	100080	100	金额
2.	材料消耗费	30184	30184	100	金额
3.	工资津贴费	631335	178668	28.3	人数比率
4.	燃料动力费	12645	6664	52.7	面积比率
5.	保险费	10247	5400	52.7	面积比率
6.	修缮维护费	19596	10327	52.7	面积比率
7.	仓储搬运费	28114	14816	52.7	面积比率
8.	仓储保管费	39804	20977	52.7	面积比率
9.	仓储管理费	19276	8115	42.1	仓储费比率
10.	易耗品率	21316	8974	42.1	仓储费比率
11.	资金占用利息	23861	10045	42.1	仓储费比率
12.	税金等	33106	13937	42.1	仓储费比率
仓储成本合计		869484	408187	6.0	仓储费占费用总额比率

（2）按仓储项目计算仓储成本。要降低仓储成本，应把仓储总额按照项目详细区分开来，以便掌握仓储的实际状态，了解在哪些功能环节上有浪费，以达到控制成本的目的。按仓储项目计算仓储成本，与按支付形态计算成本的方法相比，更能进一步找出妨碍实现仓储合理化的症结；而且可以计算出标准仓储成本（单位个数、重量、容器的成本），进而确定合理化目标，见表8-4。

表 8-4 某仓库按功能计算的仓储成本计算表 /元

序号	项　　目	管理等费用	项　　目				
			仓储租赁费	仓储保管费	仓储管理费	材料消耗费	搬运费等
1.	仓库租赁费	100080	100080				
2.	材料消耗费	30184	8074	12405	4889	4816	
3.	工资津贴费	631335	3305	438030	90000		10000
4.	燃料动力费	12645	2700		7245	2700	
5.	保险费	10247	5134	5163	50		
6.	修缮维护费	19596	7408		4780	7408	
7.	仓储搬运费	28114			7117		20997
8.	仓储保管费	39804		39804			
9.	仓储管理费	19276	2991	2991	2991	10303	
10.	易耗品费	21316				21316	
11.	资金占用利息	23861	10045	13816			
12.	税金等	33106	3332	26442	3332		
	合　　计	869484	143069	538651	109955	53660	120997
物流成本构成		100	16.45	61.95	12.65	6.17	13.92

（3）按适用对象计算仓储成本。按不同功能的仓储成本来计算，不仅实现了降低成本，而且还能分别掌握按货品、地区、客户的不同而产生的仓储成本。这就是一般所说的按适用对象计算仓储成本。由此可以分析出产生仓储成本的不同对象。

按支店或营业场所计算仓储成本，就是要计算出各营业单位仓储成本与销售金额或毛收入的对比，用来了解营业单位仓储成本中存在的问题，以便加强管理。

按货品计算仓储成本是指把按项目计算出来的仓储费，以各自不同的基准，分配给各类货品，以此计算出仓储成本。这种方法可以用来分析各类货品的盈亏。

8.1.1.2 仓储成本的控制

1. 仓储成本控制的意义

仓储成本控制是指运用各种方法、通过各种途径、减少花费在仓储作业上的各种成本，以此来提升企业的经济效益和竞争力。仓储成本控制的重要性主要体现在以下几个方面。

（1）仓储成本控制有利于实现企业的最终目标。仓储成本控制是企业增加利润的"第三利润源"，直接服务于企业的最终目标。增加利润是企业的目标之一，也是社会经济发展的动力。仓储成本的降低可以增加利润。在收入不变的情况下，降低仓储成本可以使利润增加；在收入增加的情况下，降低仓储成本可以使利润更快增长；在收入下降的情况下，降低仓储成本可以抑制利润的下降。

（2）仓储成本控制是企业应对竞争的有效手段。企业的生产经营活动是在巨大的压力下进行的，外有同业竞争者、经济环境逆转、消费者需求多变的压力，内有职工改善待遇和企业盈利的压力。企业用以抵抗内外压力的武器，主要是通过降低各种成本，来提高货品质量、创新货品设计和增加产销量。仓储成本是货品成本的重要组成部分，为了在激烈的竞争中获胜，企业拼命降低货品的价格。如果仓储成本降低了，货品成本和售价也会降低，货品的价格低于竞争者同类的货品，销量和利润就会增加。所以，降低仓储成本可以提高企业的价格竞争能力，从而提高企业的竞争力。

（3）仓储成本控制是企业求得生存和发展的重要保障。企业的资金是有限的，企业必须在限定的资金条件下，完成对生产的供给。只有仓储成本降低了，企业才有更多的资金去提高货品质量、创新货品设计、寻求新的发展。许多企业陷入困境的原因之一，是在仓储成本失去控制的情况下，一味在扩大生产和开发新货品上冒险，一旦市场萎缩或决策失误，企业没有抵抗能力，面临困境。而且，仓储成本一旦失控就会造成大量的资金沉淀，严重影响企业的正常生产经营活动。

2. 仓储成本控制的途径

（1）提高仓储各环节的效率、建立健全仓储制度。在仓储的各个工作环节中，由于实际功效不一，所耗费的劳力、机械设备损耗、燃料费也是不同的，提高各环节的工作效率，可以从整体上降低仓储成本。为了提高各环节的效率，必须制订出一套相互牵制、相互验证的仓储制度，例如保障存货资金的合理占用和安全、加速存货资金的周转、提高存货资金的效益，使得资金周转速度加快、资本效益高、货品损失小、仓储吞吐能力增强，仓储成本就会下降。

（2）采取有效的储存定位系统。储存定位指的是被储存货品位置的确定。如果定位系统有效，能大大节约找寻、存放、取出货品的时间，节约不少物化劳动及活劳动，而且能防止出现错误，便于清点及实行订货点订货的管理方式，达到降低仓储成本的目的。

储存定位系统一般采用计算机定位系统，在入库时，将库存放货的位置输入计算机。放货的位置除了遵循计算机的指令以外，一般采取自由货位方式，计算机指示货品入库时存放于容易取出的地方，或根据入库货品的存放时间和特点，指示合适的货位。这种方式可以充分利用每一个货位，而不需要专位待货，有利于提高仓库的储存能力，当吞吐量相同时，可比一般仓库减少建筑面积，有效地控制了仓储成本。

（3）运用现代化的储存保养技术。储存货品的质量完好、数量准确，在一定程度上反映了仓储的质量。但由于货品的品种多、数量大、货品特性不同，产生损耗的原因和具体情况也不同。为了避免和降低货品的损耗，仓储管理时应了解损耗发生的原因，认真做好货品在库检查工作，采取有效的措施，采用现代化的储存保养技术。现代化的储存保养技术主要有以下几种：气幕隔潮，即在较高压力和流速条件下，在仓库门口形成一道气墙，有效防止库内外空气交换，防止湿气进入；气调储存，即通过调节和改变环境空气成分，抑制被储存货品的化学变化和生物变化，它对于有新陈代谢作用的水果、蔬菜、粮食等货品的长期保质、保鲜储存十分有效；塑料薄膜封闭，即货品用塑料薄膜封闭起来，避免其与外界发生作用，从而达到保持货品质量的目的。

（4）提高仓储企业的自动化和信息化水平。高效信息管理能力是削减成本、提升利润的关键。从目前我国仓储企业的经营和服务内容来看，传统的储运服务占主导地位。这种状况与发达国家第三方仓储与物流配送企业的服务相比，不仅服务内容和手段过于简单，而且在信息服务、库存管理、成本控制、方案设计以及供应链管理等以信息技术为基础的增值服务方面，我国仓储企业也难以全面展开，这正是我国仓储企业应该努力发展的方向。

8.1.1.3 仓储成本的管理

1. 仓储成本管理的原则

仓储成本管理是企业赢利的"第三利润源泉"，是企业加强竞争力、求得生存和扩展的主要保障。在仓储成本的管理控制过程中我们应该遵循以下原则：

① 降低仓储成本要在保证仓储质量的前提下进行；

② 企业降低仓储成本不能损害国家、集体和消费者的利益；

③ 仓储成本要全员、全过程和全方位地管理；

④ 仓储成本管理要在重要领域和环节上对关键因素加以控制；

⑤ 仓储成本管理要能起到降低成本、纠正偏差的作用，并具有实用、方便、易于操作的特点；

⑥ 仓储成本管理活动将注意力集中于重要事项。

2. 降低仓储成本的方法与手段

(1) 合理规划仓储空间的取得方式，降低仓储成本。企业取得仓储空间的方式有三种选择，即自有仓库、租赁仓库或采用公共仓库。在满足一定客户服务水平的前提下，以成本为依据，选择其中之一或结合使用，既是降低仓储成本的重要手段，也是进行仓储管理的一项重要内容。

自有仓库、租赁仓库与公共仓库各具特色，因此有的企业适合自有仓库，有的企业适合租赁仓库，有的企业适合公共仓库，但大多数企业则由于不同地区的市场条件及其他因素而适合混合的策略。企业在决定采用哪一类型的仓库进行仓储时，需要考虑以下因素。

① 周转量。自有仓库固定成本相对较高，而且与使用程度无关，所以必须有大量存货来分摊这些成本，才能使自有仓库的平均单位成本低于公共仓库的平均单位成本。通常，存货周转量越高，使用自有仓库便越经济。相反，当周转量相对较小时，应选择公共仓库。

② 需求的稳定性。具有多种产品线，需求稳定的企业，仓库具有稳定的周转量，因此选择自有仓库最经济。否则，当需求的稳定性相对较差时，选择公共仓库。

③ 市场密度。市场密度较大或供应商比较集中时，有利于修建自有仓库。因为零担运输费率比较高，经自有仓库拼箱后，采用整车装运，运费率便会大大降低。相反，市场密度较低时，在不同的地方使用公共仓库要比一个自有仓库服务二个很大市场区域更为经济。

(2) 合理选择仓储类型与作业模式，降低仓储成本。任何拥有储存空间的企业都必须支付仓储成本，当企业通过租赁仓库或公共仓库的形式实施仓储活动时，仓储成本是由外部提供仓储服务的物流企业按费率向企业收取的；当企业通过自有仓库实施仓储活动时，仓储成本是由企业自有仓库产生的内部成本。由于不同仓储系统表现出不同水平的固定成本和可变成本，因此，不同吞吐量下，采用不同的仓储类型与作业模式会带来不同的仓储成本，如图 8-1 所示。为了降低企业的仓储成本，必须根据企业吞吐量的规模，恰当地选择仓储类型与作业模式。

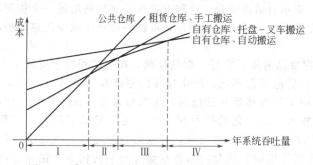

图 8-1　采用不同仓储类型与作业模式时的仓储成本

由图 8-1 可知，Ⅰ区域为公共仓库的经济范围；Ⅱ区域为租赁仓库、手工搬运的经济范围；Ⅲ区域为自有仓库，托盘-叉车搬运的经济范围；Ⅳ区域为自有仓库、全自动搬运的经济范围。随着企业货品吞吐量的不断提升，"公共仓库"、"租赁仓库，手工搬运"、"自有仓库、托盘-叉车搬运"、"自有仓库、自动搬运"会依次成为企业最佳的选择。

(3) 合理布局仓库结构与空间，降低仓储成本。仓库的规模确定之后，企业还要进一步对仓库的结构与空间布局进行决策，制订这些决策的基本思路就是要在仓库的建筑成本与仓储作业成本之间进行权衡，以期将仓储总成本控制在最低。

① 仓库结构决策。仓库长度与宽度的决策主要取决于仓库的搬运成本和仓库的建筑成本之间的权衡。根据弗朗西斯的研究，可以通过搬运成本与仓库周长成本之间进行的比较权衡来确定仓库最优的长与宽，所谓周长成本是指单位仓库周长的年建筑和维护成本。

仓库的高度与建筑成本、仓储作业成本以及货品的堆码要求等方面有关。如果仓库的高度增加，则仓库的容积也会增加，但由于仓库的屋顶和地面都没有发生变化，因此，仓库的建筑成本不会随容积的增大而发生同比例变动，仓库建筑成本的上升速度要小于容积上升的速度，换句话说就是：增加仓库的高度可以带来仓库建筑成本的节约。但是，仓库高度的增加，会提升仓储作业成本；备货作业和入库时货品堆码作业的时间会加长，难度会加大，货品搬运成本会上升；同时为了能够进行高空作业还有可能要购买新的设备，当货品不适合进行多层堆码时，还必须购买货架等设施设备，从而导致相关成本的增加。仓储作业成本与其他相关成本的增加会抵消建筑成本的下降，因此，在进行仓库高度决策时，应当对各方面的成本进行权衡。

② 仓库的空间布局。仓库的基本结构确定了以后，便要研究货位、货架和巷道的布局，缩小库内通道宽度以增加储存有效面积。具体方法有采用窄巷道式通道，配以轨道式装卸车辆，以减少车辆运行宽度要求；采用侧叉车、转柱式叉车，以减少叉车转弯所需的宽度。另外，还可采用密集型货架、可卸式货架、各种贯通式货架，采用不依靠通道的桥式吊车技术等，减少库内通道数量，增加储存有效面积。

（4）降低装卸搬运成本的方法。装卸搬运是仓储作业中的主要作业，为了降低装卸搬运成本，应遵循以下原则。

① 经济合理地选择装卸搬运设备。装卸搬运设备占企业投资的比重很大，同时装卸搬运设备的装卸搬运能力、配件损坏的修理、动力系统和燃料的使用等都会影响装卸搬运成本。由于装卸搬运设备的选择对日后日常操作成本的固定支出和变动支出影响很大，因此，选择合适的装卸搬运设备可降低装卸搬运成本。

② 在高峰期间或试用期间可暂时租用补充装卸搬运设备，以减少设备投资。

③ 合理布局仓库，优化搬运路线，尽量减少装卸、搬运次数与搬运距离。如使整个仓库处于一层之中，尽量避免有楼梯等。

④ 采用机械化、自动化装卸搬运作业，既能大幅度削减作业人员，又能降低人工费用。为此，应合理规划装卸搬运工艺，设法提高装卸作业的机械化程度，尽可能地实现装卸搬运作业的连续化，从而提高装卸搬运效率，降低装卸搬运成本。

（5）降低备货作业成本的方法

① 合理选择备货作业方式。备货作业是仓储作业中最复杂的作业，有全面分拣、批处理分拣、分区分拣和分拨分拣四种作业方式。当产品的种类比较多时，应当采取全面分拣的方式；产品种类比较少时，采取批处理分拣方式；仓储面积比较大，存放不同产品的区域相隔较远时，应当采用分区分拣方式；当不同的订单由不同的承运商承担运输，并对分拣好的产品有不同的要求时，应当采用分拨分拣方式。以此原则选择备货作业方式，可以节约成本。

② 合理分区，降低备货成本。为了提高备货的作业效率，应当将仓库分成"储藏区"和"备货区"。两个区的分配方法有两种：一种是将仓储空间水平分成储藏区和备货区两部分；另一种是将货架垂直分成储藏区和备货区两部分，货架的最下面一格作为备货区，其他的部分作为储藏区。另外，将备货区分成"散货备货区"和"整箱货品备货区"，也有利于减少备货时间，降低备货成本。

③ 加强场地管理，提高备货作业效率。为提高备货作业的效率，应该恰当地选择场地管理方法，如在储藏区采用流动场地管理法，在备货区采用固定场地管理法。这样可以降低备货成本。另外，对于同一条过道左右两边货架上的产品加上左右编号，将出库频率比较高的产品集中堆放在一条过道上或者是仓库门附近，这样安排产品的存储位置，也有利于降低备货成本。

备货人员必须熟悉产品存放的位置，迅速准确地找到要分拣的货品，节省备货时间，提高效率，从而降低备货成本。

（6）降低验货与出入库作业成本的手段。在仓库中，产品检验的费工程度仅次于备货作业。要降低验货作业的成本，最理想的是一次就能准确地完成整个货品的检验，要做到这一点，可以利用各种类型的扫描仪来读取产品条形码。这种方法与工作人员根据经验来检验货品相比，具有准确程度高、误差少、速度快的优点。

此外，条形码与计算机管理信息系统还可以大大提高出入库作业的准确度与效率，通过扫描产品包装上的条形码，计算机可以读取产品信息，并记入相应的入库与出库记录。

（7）降低流通加工成本的手段。流通加工需要花费大量的成本，降低流通加工的成本便可以降低企业的物流成本，提高企业的物流竞争力。为了降低流通加工成本，可采取"备货作业"、"贴价格标签"、"验货作业"一条龙的办法，来提高作业效率。

8.1.2 仓储管理的绩效评估

【导入案例】

某企业仓储作业绩效考核质量指标说明书

序号	指标名称	指标定义	达标标准数			计 算 方 法		备注
			A类客户	B类客户	C类客户	按票数	按件数	
1	物品破损率	在集货、配送和仓库管理中总的物品破损率					（集货破损数＋配送破损数＋仓库中破损数）÷总件数×100%	避免同件物品多次记录,收发差错不计在内
2	在途物品破损率	在集货、运输和配送中总的破损率,以票数计算				（集货货损票数＋运输配送货损票数）÷总票数×100%		避免同件物品多次记录,收发差错不计在内
3	物品丢失率	物品在仓储部控制期间丢失的比率					所有的物品丢失件数÷总件数×100%	由于含有仓库内丢失的物品,所以不按票数计算
4	物品收发差错率	在收货和发货过程中,错发、少发和错送物品占总物品的比率				（发错物品票数＋少发物品票数＋错送物品票数）÷总票数×100%	（发错物品件数＋少发物品件数＋错送物品件数）÷总件数×100%	
5	集货延误率	未按照合同约定时间到达指定地点的比率				集货延误票数÷总票数×100%	集货延误件数÷总件数×100%	
6	配送延误率	未按合同约定时间到达指定配送地点的比率				配送延误票数÷总票数×100%	配送延误件数÷总件数×100%	
7	签收率	城际运输、市内配送单据签收的比率				（城际运输签收单数＋市内配送签收单数）÷总票数×100%		
8	签收单返回率	城际、市内运输签收单返回比率				已签收单返回票数÷总票数×100%		返回但未签收按未返回处理
9	通知及时率	到货、货损、延误等信息及时告知率				（1－所有未通知信息数/总信息数）×100%	所有未通知信息＝未通知到货信息次数＋未能预先通知延误信息次数＋未能预先通知货损信息次数（可重复记录）,总信息次数是应该通知的信息总数	
11	信息准确率	各部门指标的准确及时的比率				（1－信息失误率/总信息数）×100%	信息含集货、发货、运输商发运、到货、配送信息及跟踪中发现的投诉信息	
12	客户满意度	客户对本公司整体满意比率				满意的客户反馈/所有调查个数×100%	每月定期向客户及收货人进行抽查,随机抽查或重点检查	

　　绩效评估是对企业经营效益和效率的一种事后的评判与度量，从而判断是否完成了预定的任务、规定的水平、预期的效益。为了使仓储管理发挥最大的效益，必须对仓储管理的绩效进行评估，分析其作业效率是否满足企业的实际需要，仓储作业的各环节之间是否有瓶颈现象，如果有异常情况发生，仓储系统是否能够作出反应，满足顾客的要求。

8.1.2.1　仓储绩效管理评估的意义

　　仓储绩效管理是以目标管理为基础，以过程管理为重点，各方参与，定量与定性考核相结合，考核标准公平公正公开，考核结果与被考核人见面，与培训、激励、薪酬、职务变动挂钩。仓储绩效考核的目的是降低成本、提高效率、加强积极因素，不是为了考核而考核，不是为了实现某些部门或领导的权威和私利，更不是为了惩罚员工和减少员工工资收入。考核是为了解决问题，尽量少批评和少扣工资，要让 70％～80％的员工通过努力能够达到考核目标，并及时进行奖励和激励。

　　1. 降低物流成本

　　现代物流中的仓库不仅是"储存和保管货品的场所"，还是促使货品更快、更有效流动的场所。对仓储管理进行绩效评估，能正确把握仓储成本的大小并从时间序列上看清仓储成本的发展趋势，以便与预期情况进行横向对比。这种绩效评估有利于将一些不合理的物流活动从仓储作业中分离出来，使得仓储成本降低。此外，对仓储管理进行绩效评估，能够正确评价各部门对仓储管理的贡献，为高层管理者提供有效仓储管理的依据，有利于企业在改善仓储系统的同时控制相应的费用。

　　2. 保存货品的使用价值和价值

　　对仓储管理进行绩效评估，有利于实现对货品的科学保养和养护，使货品的使用价值和价值得到完好的保存。

　　库存货品看上去好像静止不动的，但实际上受内因和外因两方面因素的影响，它每时每刻都在发生着物理或者化学变化，但这种变化是从隐蔽到明显、从量变到质变的，所以有时必须经过一段时间才能发现。但这种变化是有规律的，对仓储管理进行绩效评估，可以提高工作人员货品保养的水平、丰富货品保养的知识，还可以认识和掌握仓储货品的变化规律，采取相应的技术和组织措施，削弱和抑制外界因素的影响，使得货品变形、变质和陈腐所产生的损失减到最小，减少呆废料的发生，实现及时供货，满足顾客的要求。

　　3. 掌握库存货品的信息

　　货品的储存，除了对货品实体的保管之外，还要对货品信息进行管理。信息流和物流是密不可分的，信息流是物流的前提。仓储货品信息管理，主要包括各种原始单据、凭证、报表、技术证件、图纸、资料的填制、整理、保存、传递、分析和运用。对仓储管理进行绩效评估，可以清楚分析出实物和信息两者是否一致，提高仓储作业的信息化水平。

　　4. 加快仓储管理的现代化建设

　　对仓储管理进行绩效评估，可以促进企业改进仓储技术装备和作业方法，提高劳动生产率。对消耗高、效率低、质量差的仓储设备进行革新、改造和更新，检测仓储设备在物流企业中利用的情况，合理利用和规划仓储设备，充分发挥现代化物流设备对提高企业生产效率的作用。同时还要有计划、有步骤地采用先进技术，提高仓储管理的机械化、自动化和现代化水平。

　　5. 提高现代仓储的经营管理水平

　　对仓储管理进行绩效评估，将有助于企业对仓储部门的经营运作情况进行了解，找出自身与行业内领先企业的差距，清晰地看出仓储管理中所存在的问题，针对这些问题提出修改措施，提供管理决策的依据。同时，通过绩效评估把一些成功的管理经验用规章制度的形式确定下来，建立、健全有关货品仓储的规章制度，如岗位责任制、经济责任制、盘点制和奖惩制度等。

　　6. 激励员工的工作热情

　　评估仓储管理的绩效能够作为评价部门和仓储人员工作状况的参考，进一步成为一个激励因素。仓储绩效管理评估能够清楚地反映仓储部门和仓储工作人员的工作表现，一方面可以将仓储部门的绩效彰显出来，另一方面也可以成为人事考核的参考资料。同时仓储工作人员也将更清楚地了解自己的工作状态和工作效率，及时总结仓储工作中的不足与成绩，从而产生更高的工作热情。

8.1.2.2 仓储绩效管理评估的标准与方法

1. 仓储绩效管理评估的标准

评估标准是对评估对象进行分析评判的标尺，它反映了评估主体对评估对象的要求。评估标准的科学合理性是评估结果公正、合理的必要条件。从经济分析角度看，评估标准一般可以分为三类。

(1) 历史标准。历史标准是以企业以前年度的绩效状况作为衡量标准。它是一种自身最优判断方法，可以进行企业自身的纵向比较。历史标准的评价结果缺乏行业间的可比性，通常在企业自行评价时使用。这是一种很自然、很有效的做法。尤其是适用于那些处于起步和发展阶段的企业，但使用这种标准要求仓储活动没有战略性变化，仓储部门组织结构稳定，人员及其职责也没有重大变动。

(2) 预算 (计划) 标准。预算标准是指以事先制订的年度预算和预期达到的目标作为评估标准，以预算为基础，通过比较实际绩效和预算绩效，反映企业经营者的努力情况，产生企业经营激励效应。但是在变化的经营环境下，预算很难做到面面俱到，另外评估过程中还存在外界因素的影响，因此预算标准主观性较大，人为因素较强。

(3) 客观 (行业) 标准。客观标准是指以其他同类企业的绩效状况作为标准。它是以一定时期一定范围内同类企业为样本。作为对照的企业在仓储组织结构、仓储目标等方面与本企业相似，而且往往是本企业的竞争对手。这种方法可以将企业不可控的经济环境变动影响排除在外，更能客观体现企业的外部经营绩效。但是它忽视了企业所处的发展阶段，抹杀了企业的独特战略，产生盲目的企业跟从思想。

2. 仓储绩效管理评估的综合方法

近几年来，我国对多指标综合评价的研究越来越深入，从总体上讲，仓储管理常用的综合评价方法可以分为经济分析法、专家评分法、运筹学和其他数学方法等。

(1) 经济分析法。这是一种以事先议定好的某个综合经济指标来评价不同对象的方法，常用的有：直接给出经济指标的计算模型的方法、费用——效益分析方法等。该方法含义明确，便于不同对象的对比。不足之处是计算模型不易建立，而且对于涉及较多因素的评价对象来说，很难给出一个统一于一种量纲的公式。

(2) 专家评价法。这是一种以专家的主观判断为基础，通常以"分数"、"序数"、"评语"等作为评价标准的方法。常用的方法有：评分法、加权评分法及排序法等。该方法简单方便、易于使用，但主观性较强。

(3) 运筹学和其他数学方法。关于这类方法，目前应用比较广的有下面几种：

① 多目标决策方法。主要包括有化多为少法，即通过多种汇总的方法将多目标转化成一个综合目标来评价；分层序列法，即将所有目标按重要性依次排列，重要的先考虑；重排次序法；对话法等。该方法较严谨，要求对评价对象的描述清楚，评价者能明确表达自己的偏好，这对于某些涉及模糊因素、评价者难以确切表达自己的偏好和判断的评价问题的求解带来了一定困难。

② 层次分析法。这种方法是一种定性和定量相结合的方法。它的基本原理是：根据具有递阶结构的目标、子目标 (准则) 来设计评价层次，用两两比较的方法确定判断矩阵，然后把判断矩阵的最大特征根的特征向量作为相应的系数，最后综合出方案的优先程度。该方法可靠性较高、误差小；但遇到因素众多、模糊较大的问题时，判断矩阵难以满足一致性的要求，难以对指标分组并进行评价。

③ 数理统计方法。该方法是一种不依赖于专家判断的客观方法，可以排除评估中人为因素的干扰和影响。但是该方法给出的评价结果仅对方案决策或排序比较有效，并不反映现实中评价目标的真实重要性程度，而且应用时要求评价对象的各因素须有具体的数据值。

8.1.2.3 仓储绩效管理评估指标的制订与管理

随着仓储管理的不断发展和逐渐深入，客观上要求建立与之相适应的绩效评价方法，并确定相应的绩效评价指标体系，以科学、客观地反映仓储管理的经营情况。

1. 建立仓储绩效管理评估的基准

仓储绩效管理评估指标体系的建立，将有助于企业对仓储部门经营运作的情况进行了解，提供管理决策的依据。但是绩效评估数据本身并没有目的性，只是企业经营运作情况的数据记录，这说明必须同时建立一套客观的评审标准，通过对仓储绩效管理指标的评估，找出自身与行业内领先企业的差距，最终达到改善企业管理的目的，进而提升企业的核心竞争力。

在现代企业管理方法体系中，标杆法得到了越来越多的运用，广泛用于建立绩效评估标准、设计绩效过程、确定量度方法及管理目标上。标杆法的实施过程可分为五个阶段。

（1）计划阶段。计划阶段是标杆法实施过程的首要阶段，也是最关键的阶段。一般是企业感觉到仓储管理某方面工作的绩效太差，或在竞争的压力下认为有必要提高仓储工作的效果和效率，因而选用标杆法来进行评估和改进。在此阶段，企业首先要确定需要实施标杆管理的业务流程、货品、服务和选择哪个企业作为标杆目标，以及如何确保数据来源和信息来源的准确性等。计划阶段应集中精力解决标杆实施的过程和方法问题，而不是追求某些数据指标。

（2）分析阶段。分析阶段的主要工作是找到衡量本企业仓储管理与目标企业仓储绩效管理的具体项目和指标，这需要进行一系列的工作：首先要通过实地调查，搜集数据、处理加工数据、分析比较等，了解目标企业仓储管理的现有绩效水平如何，分析出目标企业是采用怎样的方式达到这一绩效水平的；其次，企业必须通过数据分析，确定目标企业在某些方面取得优势的原因，找出差距，以及如何将目标企业成功的经验用于本企业的改进。

（3）整合阶段。整合阶段是将标杆法实施过程中的新发现进行组织沟通，首先要从思想上在本企业内部达成共识，创造一种环境，使仓储工作人员了解和接受这些新发现，然后基于新发现建立企业的运作目标和操作目标，制订一系列行之有效的计划，并积极付诸行动，向着比较目标的基准努力。

（4）行动阶段。行动阶段的主要工作是确定仓储管理项目、子项目的负责人，具体落实仓储绩效管理评估预计实现的目标，建立行之有效的及时报告系统，在行动过程中，一旦发现异常情况，能够对计划和目标进行及时的修改，使目标切实可行又不缺乏挑战性，这样才能符合企业提升仓储绩效管理的实际需要。

（5）正常运作阶段。实施基准化管理是一个循序渐进的过程，需要付出长期的努力。当企业的标杆能成为制订仓储绩效管理计划、绩效目标的方法时，就进入了正常运行的阶段。

2. 评估指标的选取原则

在实际操作中，为了建立仓储绩效管理评估的指标体系，做到评估结论尽可能的客观、全面和科学，指标选取应遵循以下原则。

（1）科学性。指标的选用一定要与仓储管理的实践活动相一致，如实反映实际情况。

（2）可比性。各指标的内涵应是确定的、可以比较的，也就是说指标与指标之间可比，每一指标时间序列变化之间可比。为了反映出动态变化，应尽可能采用现行统计系统的数据或专题抽样调查数据，进行标准化处理，并且以相对形式出现为最宜。

（3）系统性。评估指标必须能够全面地反映仓储管理目前的竞争力、综合水平和整体性能，完整展现仓储管理的功能特性、经济、技术、顾客服务水平等完整的信息。

（4）稳定性。指标一旦选定，在一定时间内是有效的，不宜频繁变动。

（5）协调性。各项指标之间存在着密切的关系，相互制约、相互影响、相互协调，不能相互矛盾。

（6）适用性。评价指标含义要明确，口径要一致，资料收集要简便。指标设计必须符合国际、国内和地方的方针、政策、法规，部分定量指标的计算要与通用的会计、统计的业务核算协调一致。评估模型设计要有可操作性，结构模块化、计算程序化，便于在计算机上实现。

（7）重点性。指标既要能全面地、客观地反映企业经营的各方面性能，又要重点突出，避免次要冗余的信息冲淡主题，指标要具有代表性。

（8）定量与定性指标相结合。仓储绩效管理评估中，有些影响因素是难以定量的，比如市场和信誉指标，它们无法按模型去精确量化，但若不考虑这些方面的影响，又失去了评价的全面性，所以要定量与定性相结合。

3. 评估指标分析的方法

（1）对比分析方法。对比分析方法是指标分析方法中使用最普遍、最简单和最有效的方法。运用这种方法进行分析时，一般都应首先选定对比指标。根据分析问题的需要，主要有：实际完成指标与计划指标相比；部分指标与总体指标相比；本企业指标完成情况与同行业企业指标完成情况相比；本年度指标完成情况与历年指标完成情况相比，如表 8-5 所示。

表 8-5　某仓储企业仓储经济效益的对比分析

指　　标	本期		上年实际	同行先进	差距（增＋、减－）		
	实际	计划			比计划	比上年	比先进
仓储总成本							
单位仓储成本							
吞吐量							
收发差错率							
业务赔偿费率							
平均收发货时间							
仓库面积利用率							
仓库空间利用率							
周转次数							
……							

（2）单因素变化分析法。单因素变化分析法是用来分析影响指标变化的各项因素对指标的影响程度。其基本做法是：假定影响指标变化的诸因素之中，某一项因素单独变化，而其他因素不变来分析每项因素对指标的影响程度。

（3）结构分析法。结构分析法又称百分比法，它是研究构成总体的各组成部分在总体中所占的比重。因为一些技术经济指标，往往是由若干项目组成，而每个项目在总体指标中所占的比重不同，对总体所起的作用和影响也不同。利用结构分析法可以分清主次，找出关键因素。例如在分析货品保管损失时，可分析霉变残损、丢失短少、错收错发、违规作业等各部分发生损失所占的比重，如表 8-6 所示。

结构分析法的计算公式为

$$结构百分比 = \frac{总体中某一部分数值}{总体数值} \times 100\%$$

表 8-6　货品保管损失结构对比分析

货品保管损失分类	计量单位	数量	金额（元）	所占比重/%	
				数量	金额
霉变残损					
丢失短少					
错收错发					
违规作业					
合计					

随着现代企业的发展和现代物流思想的广泛传播，很多企业建立了大型的、现代化的仓储体系，增加了仓储企业的技术含量，提高了仓储企业的经济效益，也使得仓储绩效管理评估指标日益复杂。

4. 绩效评估指标的管理

在制订出仓库生产绩效评估指标之后，为了充分发挥指标在管理中的作用，仓库各级管理者和作业人员应进行指标的归口、分级和考核。

（1）实行指标的归口管理。指标制订的目标能否完成，与仓库每个员工的工作有直接联系，其中管理者对指标的重视程度和管理方法更为关键。将各项指标按仓储职能机构进行归口管理、分工负责，使每项指标从上到下层层有人负责，可以充分发挥各职能机构的积极作用，形成一个完整的指标管理系统。归口管理、分工负责方法如图 8-2 所示。

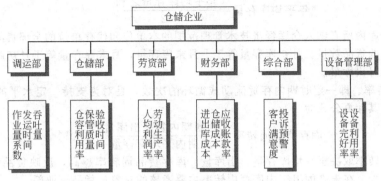

图 8-2　指标归口管理

（2）分解指标，落实到人。这一系列的生产绩效考核指标需要分解、分级落实到仓库各个部门、各个班组，直至每个员工，使每级部门、每个班组、每个员工明确自己的责任和目标。

（3）开展指标分析，实施奖惩。定期进行指标执行情况的分析，是改善仓库工作、提高仓库经济效益的重要手段。只有通过指标分析，找出差距，分析原因，才能对仓库的生产经营活动作出全面的评价，才能促进仓库绩效不断提高。

8.1.2.4　仓储绩效管理评估的指标体系

仓储企业的各项经济技术核算指标是从不同角度反映某一方面的情况，仅凭某一项指标很难反映企业的总体情况，也不容易发现问题，更难找出产生问题的原因。因此，要全面、准确、深刻地认识仓储工作的现状和规律，必须借助于各种指标分析方法，对各个指标进行系统而周密的分析，以便发现问题；同时还可以透过现象认识其内在规律，以采取相应的措施，使仓储企业的各项管理工作水平得到提高，从而有利于企业经济效益的实现。

仓储绩效管理评估指标体系是反映仓库生产成果及仓储经营状况的各项指标的总和。指标的种类由于仓库在供应链中所处的位置或仓库的经营性质不同而有繁简。

1. 技术管理指标

仓储管理的技术管理指标主要包括：

（1）仓库生产成果数量指标。反映仓库生产成果数量的指标主要是吞吐量、库存量、存货周转率、库存品种数等。

① 吞吐量。是指一定时期内货品实际进出仓的吨数，也称货品周转量，计量单位通常为"吨"，计算公式为：

$$吞吐量＝入库量＋出库量＋直拨量（吨/期）$$

入库量是指经仓库验收入库的数量，不包括到货未验收、不具备验收条件、验收发现问题的数量。出库量是指按出库手续已经交给用户或承运单位的数量，不包括备货待发运的数量。直拨量是指企业在车站、码头、机场、供货单位等提货点办理完提货手续后，直接将货品从提货点分拨转运给用户的数量。

吞吐量取决于仓库的仓储面积、仓储设备、劳动力等因素，可分为月、季、年吞吐量，一般常以年吞吐量计算，它反映仓储工作强度，是仓储工作考核中的主要指标，并影响和决定其他指标。

② 库存量。库存量通常指计划期内的日平均库存量，有实时库存量和平均库存量。该指标通常指平均库存量，反映储存能力及利用情况，同时也反映仓库平均库存水平和库容利用状况。其计量单位为"吨"，计算公式为

$$月平均库存量=\frac{月初库存量+月末库存量}{2}$$

$$季平均库存量=\frac{三个月平均存量之和}{3}$$

$$年平均库存量=\frac{年平均库存量之和}{12}$$

库存量指仓库内所有纳入仓库经济技术管理范围的本单位和代存单位的全部货品数量，不包括待处理、待验收的货品数量。月初库存量等于上月末库存量，月末库存量等于月初库存量加上本月入库量再减去本月出库量。

③ 存货周转率。即一定时期内存货流动或循环的次数，是对为支持一定水平的销售活动的库存投资的度量。其计算公式为

$$库存货品周转率=\frac{计划期内货品出库量}{同期内平均库存量}\times100\%$$

库存货品周转率取决于平均库存量、出库量。库存货品周转率越高，反映货品销售情况越好，库存占压资金越少。在未来的组织中库存周转率主要考核的对象是货品事业部。

存货平均余额为年初数加年末数除以2。

(2) 仓库生产作业质量指标。仓库生产质量是指货品经过仓库储存阶段，其使用价值满足社会生产的程度和仓储服务工作满足货主和用户需要的程度。由于库存货品的性质差别较大，货主所要求的物流服务内容也不尽相同，所以，各仓库反映生产作业质量的指标体系的繁简程度会有所不同。通常情况下，反映质量的指标主要是：收发差错率（收发正确率）、业务赔偿费率、账实相符率、货品损耗率等。

① 收发差错率（收发正确率）。收发差错率是以收发货所发生差错的累计笔数占收发货总笔数的百分比来计算，此项指标反映仓库收发货的准确程度，计算公式为

$$收发货差错率=\frac{收发货差错量}{期内吞吐量}\times100\%$$

$$收发货正确率=1-\frac{收发货差错量}{期内吞吐量}\times100\%$$

$$=\frac{期内吞吐量-收发货差错量}{期内吞吐量}\times100\%$$

收发差错包括因验收不严、责任心不强而造成的错收、错发，不包括丢失、被盗等因素造成的差错，这是仓库管理的重要质量指标。通常情况下，一般货品收发差错率要求 0.1%～0.01%。而对于 些单位价值高的货品或具有特别意义的货品，客户将会要求仓库双人复核，收发正确率是 100%，否则将根据合同予以赔偿。

② 业务赔偿费率。业务赔偿费率是以仓库在计划期内发生的业务赔罚款占同期业务总收入的百分比来计算，此项指标反映仓库履行仓储合同的质量，计算公式为

$$业务赔偿费率=\frac{期内业务赔偿费之和}{期内仓储业务收入}\times100\%$$

业务赔罚款是指在入库、保管、出库阶段，由于管理不严、措施不当而造成库存物损坏或丢失所支付的赔款和罚款，以及为延误时间等所支付的罚款，意外灾害造成的损失不计。业务总收入指计划期内仓储部门在入库、储存、出库阶段提供服务所收取的费用之和。

③ 货品损耗率。货品的损耗率是指保管期中，某种货品自然减量的数量占该种货品入库数量的百分比，此项指标反映仓库货品保管和维护的质量和水平，计算公式为

$$货品保管损耗率=\frac{期内损坏、变质、损失量}{期内平均库存量}\times100\%$$

$$货品保管完好率=\frac{期内平均库存量-损坏、变质、损失量}{期内平均库存量}\times100\%$$

货品损耗率指标主要用于易挥发、易流失、易破碎的货品，仓储部与货主根据货品的性质在仓

储合同中规定一个相应的损耗上限，当实际损耗率高于合同中规定的损耗率时，说明仓储部管理不善，对于超限损失部分仓储部要给予赔付。反之，说明仓储部管理更有成效。

④ 账货相符率。账货相符率是指在进行货品盘点、抽查时，仓库保管的货品账面上的结存数与库存实有数量的相互符合程度。在对库存货品进行盘点时，要求根据账目逐笔与实物进行核对。计算公式如下

$$账货相符率 = \frac{账货相符笔数}{储存货品笔数} \times 100\%$$

$$或账货相符率 = \frac{账货相符件数}{期内储存总件数} \times 100\%$$

账货相符率要求整进整出的仓库不低于 99.5%，整进零出的仓库不低于 98.5%。通过这项指标的考核，可以衡量仓库账面货品的真实程度，反映保管工作的完成质量和管理水平，是避免货品损失的重要手段。

(3) 仓储生产物化劳动和活劳动消耗指标。反映仓储生产物化劳动和活劳动消耗的指标包括：材料、燃料和动力等库用货品消耗指标；平均验收时间、整车（零担）发运天数、作业量系数等工作时间的劳动消耗指标；进出库成本、仓储成本等综合反映人力、物力、财力消耗水平的成本指标等。

① 库用货品消耗指标。储存作业的货品消耗指标即库用材料（如防锈油等）、燃料（如汽油和机油等）、动力（如耗电量）的消耗定额。

② 平均验收时间。平均验收时间即每批货品的平均验收时间，即从货品到库、入库通知单或入库验收单及有关资料到齐之日起到货品验收入库后，把入库单送交账务员登账之日止，计算公式如下

$$平均验收时间 = \frac{各批验收天数之和}{验收总批数}（天/批）$$

每批货品验收天数是指从货品具备验收条件的第二天起，至验收完毕单据返回财务部门止的累计天数，当日验收完毕并退单的按半天计算。入库验收批数以一份入库单为一批计算。

③ 发运时间。是指由仓库接到调拨单开始，经过备货、包装、填发装运清单等，到办妥备货手续为止。在库待运时间不列为发货时间。仓库发运的形式主要分为整车、集装箱整箱发运和零担发运，所以发运天数的计算公式也不同，计算公式分别如下

$$整车(箱)平均发运天数 = \frac{各车发运天数之和}{发运车总数}（天/车）$$

整车（箱）发运天数是从出库调单到库第二日起，到向承运单位点交完毕止的累计天数，在库内专用线发运的货品，是从调单到库第二日起至车皮挂走止的累计天数。

$$零担平均发运天数 = \frac{各批零担发运天数之和}{零担发运总批数}（天/批）$$

发运天数指标不仅可以反映出仓库在组织出库作业时的管理水平，而且可以反映出当期的交通运输状况。

④ 作业量系数。作业量系数反映仓库实际发生作业与任务之间的关系，计算公式为

$$作业量系数 = \frac{装卸作业总量}{进出库货品总量}$$

作业量系数为 1 是最理想的，表明仓库装卸作业组织合理。

(4) 仓库生产作业物化劳动占用指标。反映仓库生产作业物化劳动占用的指标主要有：

① 仓库利用率。仓库利用率表明仓库在一个计划期内被有效利用的程度。它可以通过仓库面积利用率、单位面积储存量、仓库高度利用率等具体指标来表示。

a. 仓库面积利用率。它表明仓库可供使用的面积中被实际有效利用的程度，仓库面积利用率越大，表明仓库面积的有效使用情况越好，其计算公式为

$$仓库面积利用率 = \frac{仓库存放货品实际占用的面积}{仓库内可供占用的面积}$$

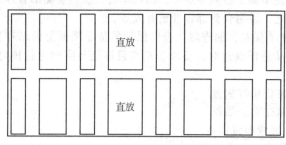

图 8-3　简单的直放式堆码

b. 单位面积储存量。它可以判断储位指派是否合理、有效地利用储位空间，其计算公式为

$$单位面积储存量 = \frac{平均库存量}{可储存面积}$$

c. 仓库高度利用率。它表明仓库可利用的有效高度被实际利用的程度，其计算公式为

$$仓库高度利用率 = 某类货品占全库货品的比重 \times \frac{存放某类货品料架或料垛的高度}{仓库可供利用的高度}$$

d. 仓库空间利用率。它是指仓库的整个空间或容积被充分利用的程度，是全面反映仓库面积与高度利用程度的一项综合指标。仓库空间利用率越大，表明仓库的利用效率越高。其计算公式为

$$仓库空间利用率 = 仓库面积使用率 \times 仓库高度利用率$$

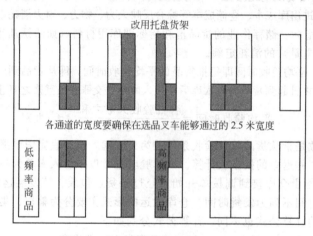

图 8-4　变更通道与保管方式后的布局

仓库面积利用率和仓库空间利用率是反映仓库管理工作水平的主要经济指标。考核这两项指标，可以反映货品储存面积与仓库实际面积的对比关系及仓库面积的利用是否合理，也可以为挖潜多储、提高仓库面积的有效利用率提供依据。例如，某仓储企业拥有常温、单层封闭仓库面积约8000m²，储存货品为一般日用百货。其原有仓库布局采用直放式，纵向主要通道为1.9m，其他通道为1.2m，比较狭窄且未使用货架，货品直接从地面堆码。仓库面积虽可充分利用，但仓库空间利用率差，仓容利用率低，如图 8-3 所示。

为提高仓容利用率，可采用两种改进方法。

a. 通过变更通道与保管的布局设计。各通道的宽度扩大到2.5m，确保拣货叉车能够通过。使用托盘货架并指定高低频率货品的货位，如图 8-4 所示。

b. 通过改变货品存放方式，使用托盘货架，实行货品上下两段存放，如图 8-5

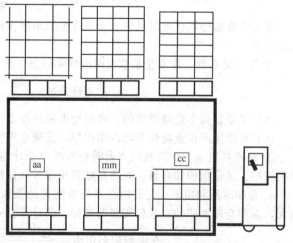

图 8-5　实行货品上下两段存放

所示。

通过改进，能够提高出库作业的搬运效率，减少存放货品的取出等作业动作，降低 10％ 的出库作业工数，提高 20％ 的保管能力。

② 仓储设备利用率。仓储设备利用率表明仓储管理中各种设备被有效利用的程度。一般可通过工时利用率、工作日利用率、仓储设备容积利用率和仓储设备作业能力利用率等具体指标来表示。

工时利用率：它是指装卸、搬运等设备法定日工作时间被利用的程度，计算公式为

$$工时利用率 = \frac{设备每日平均工作小时数}{设备每日法定工作小时数}$$

工作日利用率：它是指仓储装卸等工作设备在计划期工作日被利用的程度，计算公式为

$$工作日利用率 = \frac{计划期内设备实际工作天数}{计划期内设备法定工作天数}$$

仓储设备容积利用率：它是指料架、料仓等仓储设备的储存空间被利用的程度，计算公式为

$$仓储设备容积利用率 = \frac{计划期内储存设备平均实际利用面积}{储存设备的有效容积}$$

仓储设备作业能力利用率：它表明设备的技术作业能力被利用的程度，计算公式为

$$设备作业能力利用率 = \frac{计划期内设备实际作业能力}{设备的技术作业能力}$$

③ 仓储管理劳动生产率。仓储管理劳动生产率是指在计划期内，仓储人员平均每人所完成的供应量任务，以表明仓储管理人员的劳动效率，计算公式为

$$仓储劳动生产率 = \frac{年仓储量}{仓储平均人员数}$$

2. 经济效益指标

仓储管理的经济指标反映了仓储管理的经济效益，主要有如下指标。

(1) 固定资产投资系数。它表明仓储管理平均完成单位仓储量所需要的固定资产的投资额，计算公式为

$$固定资产投资系数 = \frac{各类固定资产投资金额}{仓储管理年作业量}$$

(2) 流动资金占用系数。它表明每一元的仓储收入所占用的流动资金，计算公式为

$$流动资金占用系数 = \frac{流动资金平均余额}{仓储收入}$$

(3) 资金利用率。它表明仓储收支相抵后的盈余部分及仓储管理的利润，计算公式为

$$资金利用率 = \frac{仓储管理所得利润}{全部资金占用} \times 100\%$$

(4) 利润总额。利润是企业追求的目标，利润总额是指仓储企业在一定时期内已实现的全部利润，它表明利润的实际情况，是企业经济效益的综合指标。

利润总额计算公式为

$$利润总额 = 仓库营业利润 + 投资净损益 + 营业外收入 - 营业外支出$$

$$仓库营业利润 = 仓库主营业务利润 + 其他业务利润 - 管理费用 - 财务费用$$

(5) 劳动生产率。仓库的劳动生产率可以用平均每人每天完成的出入库货品量来表示，出入库量是指吞吐量减去直拨量，其计算公式为

$$全员劳动生产率 = \frac{期内吞吐量}{期内全员人数}$$

$$每月全员平均人数 = \frac{月内每天实际人数之和}{该月日历天数}$$

$$每年全员平均人数 = \frac{年内各月平均人数之和}{12}$$

（6）平均保管费用。是指为保管一吨货品平均所支付或发生相关费用的金额。这项指标就是反映保管每吨货品的实际成本，即费用总额，也称"吨成本"，它能够说明储存部门的经营管理、劳动生产率、技术设备利用率等情况，计算公式是

$$平均保管费用(元/吨)=\frac{计算期保管费开支总额}{同期平均储存量}$$

保管费用开支包括仓库职工工资、临时工工资、奖金、福利基金、固定资产折旧、低值易耗品摊销、修理费、税金、货品养护费及行政管理费等。不包括为货品运输开支的费用、基建费用、固定资产购置等开支。

3. 客户服务指标

在市场经济条件下，顾客就是企业的上帝，企业也把提高顾客服务水平和服务质量作为自己的一个目标。客户服务指标主要衡量客户对企业提供的仓储管理服务是否满意，见表 8-7。它可以通过订单准确率、客户投诉、准时交货率和缺货率来表示。

（1）订单准确率。把客户的任何业务委托看作一项订单输入，仓储部门在处理的过程中完全按照客户要求，未发生任何差错的比率，计算公式为

$$订单准确率=1-\frac{差错次数}{客户委托订单总数}$$

（2）客户投诉率。客户投诉次数占客户业务委托次数的比例，计算公式为

$$客户投诉率=\frac{客户投诉次数}{客户业务委托次数}×100\%$$

（3）准时交货率。准时交货占客户委托业务总和的比率，计算公式为

$$准时交货率=\frac{准时交货次数}{客户业务委托次数}×100\%$$

（4）缺货率。仓储管理中客户提货需求无法满足的情况所占的比重，计算公式为

$$缺货率=\frac{缺货次数}{总提货次数}×100\%$$

表 8-7　某仓库向客户承诺的服务指标

仓储配送指标	运输指标
仓储提供能力：100%	运输准确率：100%
仓储扩充能力：100%	货损赔付率：100%
满足仓储要求：90%	响应速度：≤2 小时
库存完好率：100%	延期率：≤2%(零担物品)；
库存安全保障能力：100%	≤0.3(整车物品)
出入库保障能力：100%	物品出险率：≤4 次/年
配送及时率：>80%	货损率：≤0.1%
配送准确率：100%	物品卸错率：≤2 次/年
在途信息失控率：≤5 次/年	
信息技术的应用率：90%	
远程信息提供能力：≥90%	
账实相符率：100%	
客户满意度：≥99%	

在选择一个合适的顾客服务衡量手段时，管理者必须完善和补充各种用来提供核心数据的内部测量措施，主要有以下几种措施。

① 服务信息。即什么是与顾客服务期望和实际绩效相关的信息？这些信息的可靠性和时效性

如何？

② 可靠性。即顾客对仓储条件是否满意？顾客对货品交付情况是否满意？货品线货品供给错误的比例如何？

③ 收益和信誉。顾客是否满意？收益水平如何？信用情况是否随时更新？

④ 发货。开账单的准确度如何？与顾客预期相符吗？

4. 仓储安全指标

仓储安全指标是用来反映仓储作业的安全程度，它主要可以用发生各种事故的大小和次数来表示，如人身伤亡事故、仓库失火、爆炸、雷击和被盗事故、机械损坏事故等。这类指标一般不需计算，只是根据损失的大小来划分不同等级，以便于考核。

8.2　职业能力训练模块

仓储成本管理案例分析

【职业能力训练模拟背景】

某生产制造企业发现由于竞争对手的降价促销，该公司同类产品的市场份额逐渐下滑，总经理组织相关人员进行了一次市场调研，同时召开了一次公司中层管理者的会议后总结发现：公司的产品定价偏高的原因主要是由于仓储环节的成本过高导致。

① 公司自有仓库的仓容利用率不高，而由于配套仓储设施不足，致使出入库效率低下，仓储作业管理成本、人工成本偏高，作业期间货品存破损严重。

② 公司的库存量较高，包括原材料库存和产品成品库存，主要是采购部门订货比较随意，导致原材料库存失控，同时由于原材料库存时间长导致过期报废。

③ 成本库存量也在逐渐增加，由于发货作业流程复杂，涉及多个部门的参与，致使差错率较高，客户的退、换货频次也在增加，产生逆向物流。

如果你是该公司的仓储部经理，请针对该公司现状对存在的问题进行详细分析，制订有效降低仓储作业成本的方案。

【职业能力训练目标要求】

① 通过课程设计使学生熟悉仓储成本的构成，影响仓储成本的因素、仓储成本控制原则和方法。

② 针对企业在仓储成本管理方面的实际做法，进行案例分析，能够结合实际提出有建设性的对策。

③ 结合课堂教学及相关案例资料，总结仓储成本控制的经验及降低企业仓储成本的途径。

【职业能力训练设备材料】

① 案例资料

② 教材

③ 计算器与纸张等

【职业能力训练方法步骤】

① 要求学生熟悉仓储成本构成、仓储成本计算、仓储成本分析方法与控制技术。

② 向学生发放案例资料，让学生阅读案情，以 6 人为一组，分组讨论分析以下问题：

a. 仓储成本管理在物流管理中的地位和作用？

b. 企业仓储成本偏高的原因有哪些？

c. 企业降低仓储成本的途径有哪些？具体措施分别是什么？

③ 小组代表发言，提出适用的仓储成本控制方法，并提交详细的成本控制依据。

④ 全班进行综合的讨论分析，总结有效降低仓储成本的方法措施，条件许可的话可邀请企业代表参与。

⑤ 撰写案例分析报告。

【职业能力训练组织安排】

① 学生每 6 人分成一组，设组长 1 名，由组长负责组织小组讨论案例资料。

② 根据给定的资料和条件，以小组为单位提交一份翔实有效的案例分析报告（500 字左右）。

③ 职业能力训练过程中要求教师现场指导，及时解决学生遇到的实际问题，准确了解学生的训练动态及熟练程度。

④ 由各个小组选出代表交流训练感受并写出职业能力训练报告，教师对训练过程与完成情况进行全面的总结、考评。

⑤ 职业能力训练时间安排：2 学时/组。

【职业能力训练报告要求】

① 职业能力训练项目名称、训练时间、参加人员

② 职业能力训练目标要求与内容

③ 企业仓储成本偏高的原因、仓储成本分析与控制依据及降低仓储成本的途径措施

④ 仓储成本管理案例分析的体会与收获

⑤ 职业能力训练总结讨论及合理化建议

【职业能力训练效果评价】

仓储成本管理案例分析职业能力训练评价评分表见表 8-8。

表 8-8 职业能力训练评价评分表

考 评 项 目	仓储成本管理案例分析		
考评人		被考评人	
考评标准	考评内容与要求	权重(%)	考评结果
	模拟训练中态度积极、端正,协作能力强	15	
	准备充分,明确仓储成本的构成	25	
	理论联系实际能力强,仓储成本分析方法正确,措施具体有效	30	
	案例分析报告撰写条例通顺,问题认识准确、分析透彻	30	
合　计		100	

注：考核满分为100分。60分以下为不及格；60～69分为及格；70～79分为中等；80～89分为良好；90分以上为优秀。

【职业能力训练活动建议】

① 在模拟职业能力训练过程中，学生要结合案例资料提出降低仓储成本的措施，不能照搬其他企业的做法。

② 安排学生深入物流仓储企业调查了解仓储成本的构成及其控制措施，发现仓储企业绩效管理中存在的问题。

8.3 职业能力拓展模块

8.3.1 仓储保管费的计算

储存保管费的计算有按面积计算和按吨位计算两种方法。如果按面积计算时，要结合仓库具体所处的位置、仓库的设施条件、租赁面积大小及租赁时间长短等因素综合而来定。如果按吨位计算时，则要掌握以下问题。

1. 储存保管费费率制订的依据和方法

（1）依据。计划成本是储存保管费费率制订的依据。计划成本的高低，将直接影响仓储企业的收入和存货部门流通费用的水平。为此在核定计划成本时，必须本着提高储存量，挖掘潜力，降低劳动消耗的原则，使计划成本与实际成本接近。

（2）方法。首先，测定储存保管费每吨每天成本。其公式为

$$日吨成本 = \frac{年计划成本总额(元)}{核定年商品储存量(吨)} \div 365(天)$$

其次，确定储存货品的等级。根据储存货品的性质、保管难易、价值大小、操作繁简和使用仓容多少等情况，将货品分成若干等级。每个等级核定一个保管费率。确定等级后，以最低一个等级为成本级，并确定每一个等级费率的级差；在成本级上依次递增，一般为每级递增10%左右。费率等级确定后，还需将货品分成若干个大类，然后逐类确定费率等级。

2. 储存货品日期的计算

(1) 入库时间的确定。入库时间是从货品到库日算起。单货同行的本市到货，当天送齐的，入库时间以当天为准；分批入库的，应以第一天入库日期为准；单货不同行的外地到货，以第一件货品到库日期为准。

(2) 出库时间的确定。出库时间是以货品最后出清日期为准。单货同行的，以当天出库时间为准；分批出库的，以最后一批出清为准。

3. 储存保管费的结算

(1) 储存保管费的结算公式

$$储存保管费(元)＝储存吨(货品实际储存吨＋其他折合吨＋合同差额吨)×$$
$$相应等级费率(元／吨)$$

储存吨包括以下三个方面：

① 货品实际储存吨。指保管账或电脑上记载的货品在库保管期间逐日的储存吨数的累计数。计算公式为

$$今日结存数＝昨日结存数＋今日进仓数－今日出仓数$$

② 其他折合吨。是指仓库保管账上未能反映的累计吨数，如每日待进仓货品吨数，按实际摊用面积折算的吨数等，也逐日累计。

这里待进仓吨数是指已送达仓库的储存货品，但由于各种原因未能在当天签出储存凭证，故在当天保管账上未能反映出进仓的吨数。

按实占摊用面积折算的吨数，是指在仓库无法直接按进仓、出仓、结存等项目进行折算的，而又需占用一定的仓库面积存放的储存货品折算的吨数。

③ "合同差额" 吨。存货方与保管方在签订仓储保管合同后，为了维护合同的严肃性，双方应承诺一定的经济责任。在存货方不能满足合同数的情况下，合同差额由存货方承担储存费。"合同差额" 是指实际储存吨、待进仓吨、实占摊用面积折算吨三者之和小于仓储保管合同签订数差额吨数。

(2) 储存保管费的结算方法。一般是每一个月结算一次，通过银行转账计收，也有例外，如非结算期，也可以现金结算。

(3) 使用月结单时应注意的问题

① 一个货主单位储存货品都是一个费率的，应该按货主单位名称分别填制月结单。

② 不同费率的货品应分别填制，否则无法结算费用。因此一个货主单位往往有几份月结单。

8.3.2　仓储业务定额管理制度

仓储业务定额管理制度，就是用数字指标来表现在一定的管理水平和劳动生产率的条件下，对仓储业务提出的具体要求。合理的定额是考核仓储管理水平和经济效果的主要依据，是制订和实现仓储计划和财务计划的基础，也是职工的奋斗目标。加强定额管理，对于调动广大职工积极性，提高仓储工作的效率和质量，更好地完成仓储作业的任务有着重要作用。

仓储业务定额的种类主要有：仓库面积定额、仓库储存量定额、劳动生产量走额、机械设备完好率定额、机械设备耗油量定额、苦垫物料定额、差错事故定额等，其具体内容分述如下。

1. 仓库面积定额

仓库面积定额是规定合理地使用仓库面积的标准，也是正确地制订其他定额的基础。

(1) 仓库可用面积利用率定额。即规定出用以堆放货品的可用面积与实际面积合理比例，以便限制固定走道和墙距占用的面积。把可以堆放货品的面积充分利用起来。

(2) 仓库可用面积使用率定额。即规定出仓库实际储存货品所使用面积与可用面积的合理比例。可以限制可用面积的空闲部分，提高仓库可用面积实际使用率。

2. 仓库储存量定额

包括单位面积储存量定额和日平均储存量定额。它是衡量仓库利用的指标，是仓库面积使用合理程度的标准，也是核算仓储收益和成本的基础。

（1）单位面积储存最定额。即每一平方米可用面积储存货品的吨数。每平方米储存量越多，表明仓库使用率越高。单位面积储存量定额能促使仓库保管员根据储存货品的特点合理安排仓位，改进堆码技术，及时调整，归并零星货垛，节约仓容面积。充分发挥仓库的使用效能，不断提高每平方面积的储存量。

（2）仓库日平均储存量定额。即一处仓库和一个仓间每天应储存货品的吨数。

3. 劳动生产量定额

主要是考核保管员、工人、司机的劳动工作效率和质量的指标。其中包括：

（1）保管员工作量定额。是明确每个保管员负责管理库房（货场）的面积数。

（2）工人劳动量定额。在保证安全质量前提下，结合机械化水平和劳动强度，按作业吨计算每个工人平均每天的作业吨数，按不同作业条件、不同的货品或不同的工种等分别确定。

（3）机力作业量定额。按照机械功率的大小、作业条件等的不同，分别确定叉车、吊车、拖车、行车等每台每日（时）的作业吨数。

4. 机械设备完好率定额

即仓库每天可以正常使用的机械，占机械总数的比例，可按机械种类分别确定。

5. 机械设备耗油量定额

即根据机械设备的机种、功率，结合运距远近等条件，分别确定每台机械的作业吨或每小时耗油量。

6. 苫垫物料定额

根据不同地区、不同仓库的具体情况，确定各种苫垫物料的需要量、使用量和每年的耗用量。

7. 差错事故定额量

主要是指差错累计笔数占收货、发货总笔数的百分比。它是检查仓库的收、发作业是否准确，衡量仓库管理水平的重要指标。

为了保证走额的实现，要把各项定额落实到仓间、班组或个人。同时，要配备专职或兼职定额管理员，负责统计和检查定额指标完成情况。考核、分析研究完成或未完成的原因，针对存在的问题，提出改进措施，推动仓储经营管理的改善。

8.3.3 仓库各项关键运作指标

1. KPI 1——盘点准确率

定义：每月盘存箱数差异与系统实际盘存箱数的百分比。

考核标准：99.9％。

计算方法

$$KPI 1 = 实际盘存数/系统库存数 \times 100\%$$

2. KPI 2——破损率

定义：操作中发生的累计破损量与累计操作量的百分比。

考核标准：不超过 0.1％。

计算方法

$$破损率\% = 操作中发生的累计破损量/累计操作量 \times 100\%$$

3. KPI 3——收发货不及时率（车辆到达 15 分钟以内收发为合格）

定义：每月收发货不及时单数与每月收发货总单数。

考核标准：2％。

计算方法：每月收发货不及时单数/每月收发货总单数。

思考与练习

一、填空题

1. 货品仓储的成本开支主要是货品保管的各种支出，其中一部分是_____，另一部分是用于仓储作业所消耗的物化劳动和活劳动。

2. 仓储收入可以分为货品进出库的装卸收入，_____以及对货品所进行挑选、整理、包装等加工的收入。

3. 仓储活动经济指标应该包括价值方面的指标、_____、费用方面的指标以及_____等。

4. 关键运作指标简称_____。

5. 发生在货品持有期间，因市场变化造成的货品贬值属于_____。

二、判断题

1. 库存周转率是指在一定时期内库存货品周转的速度，库存周转率越快，说明仓库经营效率越高。　　　（　　）

2. 仓库空间利用率是指仓库有效面积与有效高度之乘积，主要描述仓库立体的能力和利用情况。　　　（　　）

3. 如果存货周转量较高，自有仓储更经济。相反，当周转量相对较低时，选择公共仓储更为明智。　　（　　）

4. 仓储费以仓储成本为基础确定。　　　　　　　　　　　　　　　　　　　　　　　　　　　　（　　）

5. "合同差额"是指实际储存吨天数与仓储保管合同签订吨天数的差额。　　　　　　　　　　　　（　　）

6. 平均保管费用是指报告期内平均每保管 t 货品所需的费用。　　　　　　　　　　　　　　　　（　　）

7. 计算货品的储存保管费用时，待进仓的吨天数不应计入。　　　　　　　　　　　　　　　　　（　　）

8. 减少仓储的"蜂窝率"，则能提高库房的高度利用率。　　　　　　　　　　　　　　　　　　（　　）

9. 定额计算法是利用仓库面积使用定额来计算仓库面积的方法。　　　　　　　　　　　　　　　（　　）

三、选择题

1. 仓储管理中的经济技术指标有（　　）。
　　A. 吞吐量　　　　　B. 库存量　　　　　C. 库存货品周转率　　D. 仓容利用率　　　　E. 运输速度

2. 仓库收发货差错率一般应控制在（　　）。
　　A. 0.1％以下　　　B. 0.3％以下　　　C. 0.5％以下　　　　D. 0.7％以下

3. 反映利润的指标是（　　）。
　　A. 收发货差错率　　B. 每人平均劳动产率　C. 资金利润率　　　　D. 仓储费率

4. 以下哪些是仓储经营的成本（　　）
　　A. 空间成本　　　　B. 仓储服务成本　　　C. 资金成本　　　　　D. 风险成本

5. 仓储成本是由（　　）电力和燃、润料费；铁路线、码头租用费；其他业务开支组成的。
　　A. 保管费　　　　　B. 折旧费　　　　　C. 工资与福利费　　　D. 修理费　　　　　E. 货品仓储保险费

6. 货品仓储费率由（　　）组成。
　　A. 存储率　　　　　B. 进出库装卸搬运费率　　　　　　　C. 其他劳务费率
　　D. 固定资产消耗的费率　　　　　E. 外界不可控因素的费率

7. 仓储企业指标考核的内容包括（　　）。
　　A. 仓储经营成果的指标评价　　　　B. 仓储劳动消耗的指标评价　　　　C. 资金的指标评价
　　D. 固定资产消耗的评价指标　　　　E. 赢利的指标评价

8. 下列指标中表示仓储管理的质量指标，用于衡量收发货的准确性，保证仓储的服务质量的是（　　）。
　　A. 账货相符率　　　B. 收、发货差率　　C. 货品自然损耗率
　　D. 平均收发货时间　E. 成本指标　　　　F. 每人平均劳动生产率

9. （　　）是仓储企业经营管理指标分析方法中最普遍、最简单和最有效的方法。
　　A. 因素分析法　　　B. 对比分析法　　　C. 价值分析法　　　D. 结构分析法

10. 库存持有成本中的变动成本主要包括以下成本（　　）。
　　A. 存储空间成本　　B. 缺货成本　　　　C 库存服务成本　　　D. 库存风险成本　　E. 资金占用成本

11. 下列做法中可以提高库存周转率的方法有（　　）。
　　A. 压缩库存量　　　B. 建立预测系统　　C. 增加出货量
　　D. 决定适当的采购、补货的时机　　E. 决定适当的存货量

12. 下列仓储绩效评价指标中属于储存作业评价指标的有（　　）。
　　A. 站台利用率　　　B. 设备空间利用率　C. 呆废货品率
　　D. 库存周转率尝　　E. 人员负担和时间耗用

13. 仓储运作变动成本包括（　　）。
　　A. 库房租金　　　　B. 库房折旧　　　　C. 设备折旧　　　　D. 水电费用

14. 在库存持有成本中反映企业失去的盈利能力的指标是（　　）。
　　A. 存储空间成本　　B. 资金占用成本　　C. 库存风险成本　　　D. 库存服务成本

15. 由库存供应中断而造成的损失是（　　）。
　　A. 资金占用成本　　B. 缺货成本　　　　C. 在途运输成本　　　D. 订货成本

四、简答题

1. 什么是仓储成本管理？它有哪些特点？
2. 仓储成本的构成项目有哪些？各自有哪些特点？
3. 如何把握绩效评价指标的原则？
4. 仓储绩效考核的主要指标有哪些？
5. 库存周转率高与库存绩效成正比吗？为什么？
6. 如何对仓储企业的绩效进行考核？

五、计算题

1. 某公司 2006 年仓库中货品的周转量（或消耗总量）价值人民币 2 亿元。该仓库年平均储存量价值人民币 1000 万，货品件数 100 万件，月平均储存量 800 万元，货品件数 80 万件。该仓库全年运作中消耗的材料及燃料费为 15 万元，人工及福利费为 240 万元，仓库租赁费 300 万元，固定资产折旧及其他费用合计 45 万元。2007 年该公司准备提高货品周转次数和降低平均存货费用。

(1) 计算 2006 年该公司货品周转次数和平均存货费用。

(2) 分析 2007 年该公司要提高货品周转次数和降低平均存货费用，应采取哪些方法。列举三种方法，并做相应分析。

2. 有个 10000m² 的仓库，起货架区含通道的面积 8000m²，不含通道的面积为 7000m²，仓库全年出货量为 3.4 亿元，年初库存 2000 万元，年末库存 1400 万元，全年的仓储费用 300 万元，每月平均库存约 10 万件，请计算以下三个指标：

(1) 仓库面积利用率；

(2) 货品年周转次数；

(3) 平均存货费用。

3. 某仓储公司仓库面积 40000m²，建造费用 8000 万元，按照 40 年折旧；大型设备 2 台，每台购置费用 450 万元，按照 15 年折旧；电动叉车 2 台，其他操作工具多部，合计 50 万元，按照 5 年折旧；另外，公司还长期租赁外部仓库 10000m²，租赁金额每天每平方米 0.5 元（全年以 360 天为标准）；员工数量 100 名，平均每人每月基本工资为 1500 元；平均每人每月加班 10 小时，每小时加班费为 20 元；本年度发生的设施、设备维护维修费用为建造和购置费的 5‰，维护维修的零部件费用为 10 万元。

请计算：该公司本年度的固定成本、变动成本及总成本。

参 考 文 献

[1] 郭元萍主编. 仓储管理与实务. 北京：中国轻工业出版社，2005.
[2] 刘毅主编. 仓储作业实务. 北京：机械工业出版社，2006.
[3] 秦英，包红霞主编. 仓储配送管理. 北京：北京师范大学出版社，2007.
[4] 张三省主编. 仓储与运输物流学. 广州：中山大学出版社，2007.
[5] 劳动和社会保障部书办公室组织编写. 物流师（基础知识 物流员 助理物流师 物流师 高级物流师）. 北京：中国劳动社
     会保障出版社，2006.
[6] 刘俐著. 现代仓储运作与管理. 北京：北京大学出版社，2004.
[7] 黄浩主编. 仓储管理实务. 北京：北京理工大学出版社，2008.
[8] 李洪奎主编. 仓储管理. 北京：机械工业出版社，2007.
[9] 李雪松等编著. 现代物流仓储与配送. 北京：中国水利水电出版社，2007.
[10] 乜堪雄主编. 物流管理实验实训教程. 南京：东南大学出版社，2007.
[11] 郑克俊主编. 仓储与配送管理. 北京：科学出版社，2006.
[12] 李永生，郑文岭主编. 仓储与配送管理. 北京：机械工业出版社，2003.
[13] 朱新民主编. 物流仓储. 北京：清华大学出版社，2007.
[14] 王霄涵编著. 物流仓储业务管理模块与岗位操作流程. 北京：中国经济出版社，2005.
[15] 浦震寰主编. 现代仓储管理. 北京：科学出版社，2006.
[16] 田源编著. 仓储管理. 北京：机械工业出版社，2007.
[17] 赵启兰，刘宏志主编. 库存管理. 北京：高等教育出版社，2005.
[18] 霍红主编. 物流管理（物流师考试指南）. 北京：中国物资出版社，2006.
[19] 杨爱花，苗长川主编. 物流供应链管理. 北京：清华大学出版社，北京交通大学出版社，2008.
[20] 刘莉主编. 仓储管理实务. 北京：中国物资出版社，2006.
[21] 申作兰，王波主编. 仓储与库存管理. 北京：电子工业出版社，2008.
[22] 韦弢勇主编. 供应链管理. 北京：机械工业出版社，2008.
[23] 钱芝网主编. 仓储管理实务情景实训. 北京：电子出版社，2008.
[24] 李雪松，张理编著. 现代物流作业管理. 北京：北京大学出版社，2004.
[25] 真虹，张婕姝主编. 物流企业仓储管理与实务. 北京：中国物资出版社，2007.
[26] 刘彦平主编. 仓储和配送管理. 北京：电子工业出版社，2006.
[27] 袁长明，刘梅主编. 物流仓储与配送管理. 北京：北京大学出版社，2007.
[28] 李络嘉主编. 模拟库管员岗位实训. 北京：高等教育出版社，2006.
[29] 杨永明，周剑敏主编. 物流信息系统管理. 北京：电子工业出版社，2005.
[30] 董昌孝主编. 物流信息管理系统. 北京：中国轻工业出版社，2006.
[31] 孙丽芳，欧阳文霞主编. 物流信息技术与信息系统. 北京：电子工业出版社，2004.